동물 윤리의 최전선

동물 윤리의 최전선
비판적 동물 연구 입문

지은이   이노우에 타이치
옮긴이   정혜원

1판 1쇄 발행   2024년 3월 29일

펴낸곳   두번째테제
펴낸이   장원
등록   2017년 3월 2일 제2017-000034호
주소   (13290) 경기도 성남시 수정구 수정북로 92, 태평동락커뮤니티 301호
전화   031-754-8804
팩스   0303-3441-7392
전자우편   secondthesis@gmail.com
블로그   blog.naver.com/secondthesis

ISBN   979-11-90186-37-7 03190

동물
윤리의
최전선

비판적 동물 연구 입문

이노우에 타이치 지음 | **정혜원** 옮김

Critical Animal Studies

차례

일러두기

1. 이 책은 이노우에 타이치井上太一의 《動物倫理の最前線: 批判的動物研究とは何か》(人文書院, 2022)를 우리말로 옮긴 것이다.

2. 지은이 주석 및 옮긴이 주석은 모두 각주로 처리하고, 옮긴이 주의 경우 [옮긴이]로 구분했다. 본문의 방점은 굵은 글씨체로 표기했다. 도서, 저널, 언론사명의 경우 겹화살괄호로, 논문 및 기사, 영화명은 홑화살괄호로 표기했다. 인용 도서 중 국역본이 있는 경우 최대한 그 서지사항을 달아 주었다.

3. 인명 및 단체명 등의 고유명사는 외래어 표기법을 따르되 널리 사용되는 표현이 있는 경우, 저자의 요청이 있을 경우(저자의 이름) 그에 따랐다. 이해에 필요한 경우 원어나 한자를 병기했다.

한국어판 간행에 부쳐

한국에 계신 여러분, 안녕하세요. 《동물 윤리의 최전선》의 저자 이노우에 타이치입니다. 이 책이 한국어로 번역되어 정말 기쁩니다. 번역자, 출판사 관계자 그리고 앞으로 이 책을 접할 모든 분들께 감사 드립니다.

이 책은 제가 집필한 첫 작품으로 동물 윤리의 실천과 이론에서 발전한 비판적 동물 연구라는 학술 체계를 가능한 한 전체적인 관점에서 설명하고자 노력했습니다. 동물 윤리는 동물실험 반대 활동과 공장식 축산 반대 활동 등을 거쳐 동물권 철학으로 결실을 맺었습니다. 동물권 철학은 인간의 목적을 달성하기 위해 동물을 단순한 수단으로 다루는 일에 반대합니다. 이러한 중심축에 억압적 사회구조를 비판하는 모든 학문 지식을 융합한 결과, 인간과 동물의 동시 해방, 종합적 해방을 위한 학제적 영역으로서 탄생한 것이 비판적 동물 연구입니다. 한국어판 간행을 기념하며 다음으로 오늘날의 정세를 개괄하고 이 영역을 배우는 의의를 살펴보겠습니다.

오늘날 식품·의복·오락을 비롯한 우리의 생활은 동물을 이용한 산물들로 넘쳐 납니다. 그 배경에는 먹거리·입을거리 또는 실험거리로 자원이 되고 상품이 되어 죽어 가는 동물들, 오락을 제공하기 위해 우리에 갇혀 재주를 부리는 동물들이 있습니다. 동물권 철학은 이러한 폭력의 배경에 동물 존재를 경시하는 차별 의식, 즉 종차별이 있다고 주장하고 더는 종차별에 가담하지 않도록 사람들에게 호소함과 동시에 그것을 대체할 삶의 방식으로서 비거니즘=탈착취를 널리 퍼뜨려 왔습니다. 이 운동은 동물에게 많은 승리를 안겨 주었습니다. 특히 동물실험을 대체할 만한 수단의 개발, 동물성 의복으로부터의 탈피, 동물 서커스 폐지를 이끌어 내고 비건 생활을 보급한 것은 무시할 수 없는 성과입니다.

그러나 여전히 많은 과제가 남아 있습니다. 동물권 의식이 높아졌다지만 다른 한편에서 동물 이용의 규모가 확대되는 추세입니다. 여러 기업이 선전(프로파간다)을 통해 사람들의 마음속에 동물 소비에 대한 욕망을 심어 주고 잇따라 동물 상품의 판로를 개척합니다. 거리를 걷다 보면 곳곳에서 동물성 식품의 광고가 눈에 띄고 텔레비전을 켜면 가죽, 모피, 깃털을 걸친 아이돌이 성공의 상징으로 등장해 시청자를 매혹합니다. 동물 산업은 미디어, 연예계, 광고대행사, 교육기관 그리고 소매·식품·외식 체인점 등과 이어져 복합체를 형성하고 우리의 욕망과 가치관에 큰 영향을 미칩니다. 늘 인터넷에 접속되어 있는 요즘 사람들의 사고는 끊임없이 동물을 소비하는 쪽으로 유도되기 때문에 개인이 윤리 의식을 기른다고 해도 동물 소비에서 벗어나기란 쉽지 않습니다.

그뿐만이 아닙니다. 현대사회가 구석구석까지 동물 이용의 산물로 점철되어 있다는 것은 우리 선택지가 제한되거나 박탈되어 있음을 의미합니다. 자본주의, 가부장제, 우생 사상, 식민주의 같은 억압 구조는 빈곤을 낳고 인간을 계층화하여 선택지의 숫자에 영향을 끼칩니다. 다시 말해 이미 많은 사람이 간파했듯이 탈착취를 실천하려면 그것을 선택할 수 있는 생활 조건이 갖춰져야 하는데 억압 구조는 그 생활 조건을 근본부터 망가뜨립니다. 겹겹이 중첩된 불평등이 극소수 사람만을 불균형하게 배불리고 나머지 대다수 사람에게서 선택지와 삶의 수단을 빼앗습니다. 그렇다면 구조를 검토하지 않은 채 개인의 차별 의식만을 문제로 삼아 개인의 윤리적 향상만 추구하는 운동은 난관에 직면할 수밖에 없겠지요. 그뿐 아니라 개인의 책임에 포커스를 맞춘 운동은 생활에서 선택지를 빼앗겨 온 사람들을 더욱 주변화하는 압력으로 작용할 수도 있습니다.

억압 구조는 적어도 두 가지 측면에서 사회정의의 발걸음을 가로막습니다. 첫째, 억압 구조는 인간에게 욕망의 충족 수단을 제공하여 사회에 대한 불만을 잠재우고 정의를 약화합니다. 사람들이 고기음식을 먹고 모피를 걸치고 애완동물을 사고 낚시나 경마나 서커스를 즐기는 것은 동물을 괴롭히기 위해서가 아닙니다. 주된 목적은 위안이나 만족을 얻는 데 있습니다. 동물을 소비하는 쾌락은 사회에 대한 사람들의 저항 의식을 누그러뜨립니다. 한편 동물을 소비하는 관습에 이의를 제기하는 동물권론자들은 대중의 적, 나아가 대중의 '권리'를 빼앗는 자로 간주됩니다. 이것은 마치 포르노나 성매매를 통하여 여성을 소비하는 행태에 비판의 목소리를 높이는 페미니스트들이 남자의 쾌락과 '권리'를 빼앗는 자, 이른바 킬조이killjoy[1]로 간주되는 것과도 비슷합니다(육식 옹호론의 주장과 성매매업 옹호론의 주장에는 놀라울 만큼 공통점이 많습니다). 가부장적인 자본주의 사회에서 타자화된

---

1 [옮긴이] 분위기에 동조하지 않고 흥joy을 깨는kill 사람, 특히 여성 혐오적인 발언에 문제의식을 느껴 항의하는 페미니스트를 가리키는 말.

집단을 착취하는 행위는 다수파의 쾌락이자 '권리'로 자리매김하여 사회정의를 철저히 주변으로 내몰았습니다.

둘째, 심지어 억압 구조는 소수자 당사자와 그 연대자마저 착취에 가담시켜 정의 사이를 대립하게 만듭니다. 동물성 식품은 이제 부유층만이 누리는 사치품이 아닙니다. 오히려 앞서 언급한 선택지가 박탈된 이들에게는 때때로 지금 당장 구입할 수 있는 값싼 식료품이 되기도 하지요. 나아가 가난한 사람에게나 개발도상국에 지원 물자로 제공되기도 합니다. 동물은 주변화된 사람들의 한정된 오락 프로그램, 집단 정체성과 결부된 문화 행사에 동원되는가 하면 장애나 질병을 가진 사람들을 보조하고 치료하는 데도 이용됩니다. 한편 인간을 착취하는 사례로는 불임 커플이나 동성애 커플의 생활을 지원한다면서 대리 출산을 추진하는 경우를 들 수 있습니다. 이처럼 현대 소비 사회는 착취를 상품화하여 삶 곳곳에서 억압하는 자와 억압받는 자를 공범으로 만들고 사회정의가 충돌하도록 부추깁니다. 동물 옹호파는 인간중심적인 사회 관습에 비판 어린 시선을 던지기에 여러 소수파나 인권 옹호자들과 대립하기 쉽습니다. 여성의 신체를 도구처럼 이용하는 데 항의하는 페미니스트들은 남성 중심적인 자유주의와 맞서 싸울 수밖에 없습니다.

억압이 확대됨에도 점점 다양한 영역의 정의가 연대하기는 힘들어져 가는 오늘날, 비판적 동물 연구는 우리에게 중요한 시각을 제공합니다. 비판적 동물 연구는 부정의의 근원에 도사린 각종 억압 구조를 가시화하고 그 메커니즘과 연관 관계를 규명합니다. 동물 옹호 운동은 전략을 다시 짜야 할 것입니다. 우리는 자칫 동물 이용에 가담한다는 이유로 개인에게 적의를 드러내거나 인류라는 너무 큰 표적에 저주를 퍼부을 수 있습니다. 그렇지만 구조를 분석해 보면 어디에 권력이 집중되고 어디에 가장 큰 책임이 따르는지 분명해집니다. 이런 인식은 빼앗겨 온 자들끼리의 싸움에서 벗어나 빼앗아 온 자들, 즉 억압의 수혜자들에게 맞서는 운동을 펼치려 할 때 빼놓을 수 없는 것입니다. 또한 구조를 이해하는 일은 정의의 분리를 극복하는 열쇠로도 작용합니다. 비판적 동물 연구는 각종 인간 해방과 동물 해방의 공통 쟁점을 표면에 드러냈습니다. 종차별이 비인간화의 원리로 기능하고 성차별·인종차별·식민지주의를 정당화해 왔다는 사실은 여러 연구자가 주장한 바 있습니다. 한편 동물 착취는 성性과 생식 기능의 착취, 생산성 지상주의 등 인간 억압의 기반이 되어 온 원리를 다수 내포하고 있습니다. 다방면에 걸친 억압의 공통 원리를 이해하면 동물 옹호·탈식민지화·페미니즘 같은 기존 운동이 각자의 틀을 뛰어넘어 연합의 정치를 구축할 수도 있을 겁니다. 바로 그것이 이 책에서 강조한 종합적 해방으로 가는 길이라고 믿습니다.

마지막으로 이 책에서 자세히 다루지는 못했지만, 비판적 동물 연구 자체에 내재된 과제도 있습니다. 특히 이 분야는 영어권을 중심으로 발전해 왔기에 문화적 다양성을 포용하려 노력하고 있음에도 여전히 서구 중심적, 백인 엘리트 중심적이라는 비판을 피할 수 없습니다. 이 책에서는 비판적 동물 연구와 동물 윤리를 처음으로 접할 독자를 배려하여 지금껏 오간 논의를 가급적 정확히 설명하는 데 중점을 두었습니다. 그래서 비영어권의 상황은 아주 일부만 언급되고 뒷전으로 밀려났습니다. 저 또한 일본에서 태어나 살아가는 건강한 시스젠더 헤테로 남성의 관점에서 이 분야를 이해하고 설명했습니다. 그러니 스스로도 미처 깨닫지 못한 시야의 한계가 많이 있을 것입니다. 따라서 저는 이 책을 비판적으로 읽어 주시기를 기대합니다. 다른 문화, 다른 역사, 다른 경험을 가진 이들이 비판적 동물 연구의 논의에 참여한다면 분명 기존 틀에 결여되었던 문제 의식이 생겨나고 독자적인 통찰이 형성될 것입니다. 한국어판 《동물 윤리의 최전선》의 간행을 계기로 모든 사람, 모든 동물을 해방하기 위한 새로운 지식과 시도가 탄생하기를 간절히 바랍니다.

2024년 1월
이노우에 타이치

감사의 말

과거 회식 자리에서 자신의 책을 쓰라고 강력하게 권해 준 존 소렌슨 씨, 아쓰코 마쓰오카 씨에게 감사드린다. 전에도 많은 분이 같은 말을 해 주었지만 이 책을 집필하기로 결심하는 데 이 두 분의 권유가 결정적인 계기가 되었다.

대만·중국에서 펼쳐지고 있는 동물 옹호 운동에 대해 자세히 이야기해 준 롱위앤즈 씨, 포스트휴머니즘의 개요와 자본주의와의 관계에 대해 귀중한 의견을 들려준 디네시 조셉 와디웰 씨에게도 감사 인사를 전하고 싶다. 두 분과 나눈 편지와 대화가 없었다면 이 책에 지금 내용을 담을 수 없었을 것이다.

초고를 읽고 유용한 조언을 해 준 히가시 사치코 씨, 다가미 고이치 씨, 나카무라 무네유키 씨, 몬마 사오리 씨, A. L. 씨께 이 자리를 빌려 감사의 뜻을 표한다. 세부에 이르기까지 꼼꼼하게 썼다고 생각한 글도 다른 시점에서 읽으면 여러 가지 빈틈이 있음을 새삼 실감했다. 많은 분과의 교류로 풍부한 식견을 얻어 책의 완성도를 높일 수 있었다.

흔쾌히 출판 기획을 허락하고 제작 전반에 걸쳐 도움을 준 진분쇼인人文書院의 마쓰오카 다카히로 씨에게도 깊이 감사드린다. 초고를 읽고 내용을 높이 평가해 주어서 진심으로 용기를 얻었다.

끝으로 이 책의 밑바탕을 이루는 윤리관, 생명관 그리고 인격은 어머니와 사는 동안 기른 것임을 밝힌다. 어머니와의 생활이 없었다면 지금의 나도 없었다. 그 보답이라고 하기에는 너무나도 보잘것없지만 행복도 고통도 함께 나눴던 지난 40여 년 분의 감사를 담아 이 책을 어머니께 바친다.

2021년 12월
이노우에 타이치

들어가며

    동물과 인간의 관계를 돌아보는 일은 오늘날 시급한 과제가 되었다. 규모가 커진 축산업은 집계 수치만 보더라도 매년 수백억 마리에 달하는 동물을 매장하고 있고, 축사 화재라든지 감염 폭발이 일어날 때마다 이루어지는 살처분은 막대한 죽음을 초래한다. 일본 국내만 하더라도 광우병 발생 이후 조류인플루엔자, 구제역, 돼지열병(돼지 콜레라) 등이 유행하자 감염 확산을 막는다는 미명하에 무수한 동물이 죽임을 당했다. 어업은 매년 수조 마리의 어패류를 잡아 죽여 해양 생물의 멸종 위기, 나아가 해양 생태계의 황폐화를 초래했다. 어업 활동과 그 파괴의 흔적은 이제 우주에서도 관찰할 수 있을 정도다.[1] 문제는 식용 부문에서만 일어나는 것이 아니다. 무분별한 동물 거래는 각지에 외래 생물을 풀어놓는 원인이 되어, 외래 생물에 의한 생태계 교란에서부터 생태계 보전을 명목으로 한 외래 생물 소탕으로까지 이어지는 죽음의 연쇄를 낳았다. 더 넓게 보면 세계 전역에서 이루어

---

1 Johnny Simon (2018) "The global fishing industry casts an otherworldly light when seen from space," *QUARTZ*, https://qz.com/1278321/an-image-from-space-reveals-the-fishing-industrys-massive-scale/ 및 NASA (2007) "Mudtrails from Fishing Trawlers in Gulf of Mexico," NASA earthobservatory, https://earthobservatory.nasa.gov/images/7751/mudtrails-from-fishing-trawlers-in-gulf-of-mexico 참조(2021년 7월 16일 접속).

지는 환경 파괴는 지구 생태계를 급격히 변화시켜 조류와 포유류를 비롯해 조개류와 곤충류에 이르기까지 크고 작은 무수한 생명이 연루된 '여섯 번째 대멸종'을 일으키고 있다. 고생대에서 중생대까지 일어난 다섯 번의 대멸종은 거대 운석의 충돌이나 화산 활동에 의한 환경 변화가 원인이었다고 한다. 오늘날 인류 활동이 지구에서 살아가는 생명에 가하는 위협은 거대 운석에 맞먹거나 능가한다. 태곳적 하늘을 찢은 운석은 누구의 힘으로도 막을 수 없었지만 오늘날은 다르다. 인간의 행위가 초래하는 살육은 인간이 어떻게 하느냐에 따라 막을 수 있다. 이것이 다른 동물에 대한 인간의 책임이라는 윤리적 물음과 마주하는 의의다.

인간 동물 관계의 윤리를 둘러싼 사색은 예부터 세계 각지에 존재해 왔다. 유대-기독교 성서는 동물에 관해 다면적으로 기록하고 있어 어떤 부분에는 인류의 동물 지배를 용인하는 어조로 쓰여 있는 반면 어떤 부분은 동물을 배려하라는 가르침으로 가득하고 육식에 대한 여러 제약도 두고 있다. 이슬람교의 창시자 무함마드는 동물 학대를 일절 허용하지 않았는데, 그의 언행록 《하디스*Hadith*》에는 동물을 포함한 모든 타자에게 자비를 베풀라고 쓰여 있다. 고대 그리스의 철학자 피타고라스는 자신의 교단에 살생하지 말라고 가르쳤고 채식에 힘썼다고 전해진다. 그래서 영어권에서는 베지테리언이라는 말이 생기기 전에는 채식을 실천하는 사람을 피타고리언이라고 불렀다. 또한 고대 인도의 여러 종교에서 공통 원칙으로 삼았던 비폭력은 인간이 아닌 생명체까지도 보호의 범주에 넣는다. 원칙상 자이나교는 채식은 물론이고 작은 벌레를 죽이지 않도록 여러모로 신경 쓰라고 가르쳤다. 불교는 종파에 따라 교리가 다르지만 가급적 육식을 피해야 한다는 사상이 주류를 이뤄 왔다. 힌두교도 종을 뛰어넘는 비폭력 정신을 퍼뜨렸고 남아시아의 풍요로운 채식 문화를 형성했다. 정도나 동기의 차이는 있겠지만 인간 아닌 동물[2]에 대한 보호는 때와 장소를 초월해 강조되어 왔다고 해도 좋다.

그렇지만 동물에 대한 윤리적 배려가 계율이나 수양의 영역을 뛰어넘어 명확한 이타 정신에 입각한 사회 변혁의 실천으로 결실을 맺은 곳은 근현대 서구권이었다. 언뜻 보기에 이는 역설적이다. 그도 그럴 것이 서구권의 사상 문화를 형성한 서구 철학은 전 세계 모든 정신적 전통과는 반대로 동물은 마음 없는 기계라는 견해를 주류의 자리로까지 끌어올렸기 때문이다. 그것이 동물실험을 비롯해 마차를 끄는 말을 혹사시키고, 열악한 축산 환경에서 벌어지는 동물 학대를 정당화하는 근거가 되어 왔다. 하지만 오히려 그렇기에 동물의 처지에 마음 쓰는 사람들도 뿌리 깊은 동물 착취의 전통에 대항할 만큼 강한 반대론을 펼칠 수 있었으리라. 선구적인 운동은 19세기에 일어났고 같은 시기에 동물권이라는 개념도 산발적으로나마 제창되기 시작했다. 그 전통은 달아올랐다가 식었다가 하면서 후대까지 이어진다. 20세기 후반에는 인권 운동이 고조되면서 새롭게 동물 옹호 움직임이 일어 이를 뒷받침하는 형태로 동물 해방과 동물권 철학 논리가 구축되었다. 인간 사회의 정의를 추구하는 운동은 인간 아닌 존재의 취

2 [옮긴이] 생물학적으로는 인간도 동물에 포함된다. 따라서 인간을 제외한 동물만을 말해야 할 때 흔히 '비인간동물非人間動物'이라는 말을 사용한다. 다만 이 책에서는 시종일관 '인간 아닌 동물人ならぬ動物'이라고 쓰고 있으며, 저자의 표현을 존중해 그대로 옮기기로 했다. '비인간'의 사전적 의미는 인간답지 않은 인간인데, 이 말은 은연중에 인간과 동물 모두를 타자화하기 때문에 종합적 해방을 논하는 이 책에 적합하지 않을 것이다.

급을 둘러싼 도덕 사상에도 통찰을 가져다주었다. 동물 옹호는 이제 인간의 덕과 순수함을 높이기 위해서뿐만 아니라 폭력 피해 당사자인 동물을 위해 이루어진다. 그것은 여러 가지 측면에서 우리와 다르지만 행복과 불행 한복판에서 살아가는, 근본적 차원에서 우리와 같은 동물을 까닭 없는 인간의 가해에서 해방시키는 운동이다. 동물 해방과 동물권이라는 두 철학은 정교한 이론을 통해 그 주장을 명확히 하고 현대 동물 윤리학의 기초를 이루기에 이르렀다.

이후의 전개는 거의 정리되어 있지 않으나, 초기 이론이 형성된 후 동물 윤리학은 동물 옹호 운동과 일체화되어 협력과 비판을 거듭하며 서로를 단련시켰다. 성장을 이룬 운동은 다른 사회정의처럼 각국의 정부 당국에 위험 요소로 몰리면서도 확실한 근거에 입각한 주장으로 사람들의 지지를 모아 왔다. 한편 그 논의는 여러 인문·사회과학에 영향을 끼쳐 인간 문화의 갖가지 양상에 얽힌 동물의 역할과 그 윤리성을 탐구하는 학문적 조류를 낳았다. 이것들은 종합되어 동물 연구나 인간 동물학이라고 불리는 학제적인 지식을 형성했으며, 비록 옥석이 섞여 있기는 하지만 동물 윤리학에 다양한 시각을 도입했다. 그런 가운데 다른 사회정의와 해방 이론에서 유용한 성과를 받아들인 동물 윤리학은 좁은 의미에서의 윤리학, 동물 옹호론의 틀을 뛰어넘어 포괄적 정의를 지향하는 실천 이론, 비판적 동물 연구Critical Animal Studies, CAS를 형성하기에 이르렀다. 그것이 이 책이 다루는 영역이다.

비판적 동물 연구

비판적 동물 연구CAS의 역사는 새롭다. 그 발단은 9·11 테러 이후 환경 보호와 동물 옹호를 위해 애쓰는 활동가를 테러리스트로 탄압하려는 움직임에 맞서 미국의 활동가 앤서니 노셀라 2세Anthony J. Nocella II와 스티븐 베스트Steven Best가 2001년에 창설한 연구 기관 동물 해방 문제 센터Center for Animal Liberation Affairs, CALA이다. 이 조직에 관계하는 연구자와 활동가 들이 거듭 논의하여 2006년, 비판적 동물 연구 CAS라는 명칭이 탄생했고, 같은 해 동물 해방 문제 센터도 비판적 동물 연구 협회Institute for Critical Animal Studies, ICAS로 기관명을 바꾼다. 그에 맞춰 센터에서 발행하던 학술지《동물 해방 철학 정책Animal Liberation Philosophy and Policy Journal》도《비판적 동물 연구Journal for Critical Animal Studies》로 거듭났다. 한편 캐나다 브록 대학교Brock University에서는 사회학자 존 소렌슨이 동물 옹호 단체 나이아가라 동물 행동 네트워크 Niagara Action for Animals, NAFA와 공동으로 비판적 동물 연구CAS 전공·부전공을 개설했다. 이 거점들을 바탕으로 비판적 동물 연구CAS는 북미뿐만 아니라 전 세계 연구자와 활동가를 끌어들이는 커다란 학술 운동으로 성장했다.[3] 동물 윤리에 관한 연구는 끝없이 확장하고 있는데 비판적 동물 연구CAS는 그 안에서 하나의 큰 조류를 이룬다.

---

3 비판적 동물 연구의 역사는 Anthony J. Nocella II, John Sorenson, Kim Socha, and Atsuko Matsuoka eds. (2013) *Defining Critical Animal Studies: An Intersectional Social Justice Approach for Liberation*, New York: Peter Lang Publishing, pp. xxii-xxiii 및 Institute for Critical Animal Studies (n.d.) "About," http://www.criticalanimalstudies.org/about/을 참조하라(2020년 2월 3일 접속).

그렇다면 비판적 동물 연구CAS의 특징은 무엇일까. 가장 먼저 꼽을 수 있는 것은 영역 횡단성, 즉 분야의 벽을 뛰어넘어 연대solidarity하는 자세이며 이는 다음 문제 인식에 의거한다. 인간 아닌 동물, 인간 그리고 자연을 괴롭히는 폭력은 각각 뿌리에서부터 연결되어 서로를 강화한다. 대다수 인간 차별은 특정 사람들을 '동물적'이라고 간주하는 인식에서 생겨나고, 동물 착취는 인간 사회의 불평등과 환경 파괴적인 개발 사업에 의해 뒷받침되며, 환경 파괴는 동물 살육과 인권 침해를 동반한다. 기존 학문과 운동은 이 문제들을 분리하여 동물의 처지를 무시한 인간성 회복이나 인간 차별에 둔감한 동물 옹호, 인간 중심, 북쪽 국가 중심인 환경 보호를 추구해 왔다. 하지만 인간 문제, 동물 문제, 환경 문제가 유기적으로 연결된 현실을 돌아본다면 그런 접근에 한계가 있음이 분명하게 보일 것이다. 현대 세계의 폐단을 없애고 싶다면 우리는 인간에 한한 정의나 동물에 한한 옹호와 같은 좁은 관심에서 벗어나 모든 지배·차별·억압 체계와 싸워야 한다. 그것은 이미 단일한 학문 분과나 운동이 짊어질 수 있는 과제가 아니며 여러 분야를 결집한 학제적 지식으로 맞서야 할 사명이다. 비판적 동물 연구CAS는 그간 지나치게 경시되어 온 인간 아닌 동물에 대한 옹호를 주축으로 하면서도 각각 다르게 나타나는 여러 억압 관계를 응시하고, 영역을 뛰어넘어 지식과 경험을 집적함으로써 살아 있는 모든 것을 해방시키고자 한다.

그로부터 알 수 있듯이 비판적 동물 연구CAS는 이론과 실천의 통합을 두 번째 특징으로 한다. 비판적 동물 연구CAS가 '비판적'인 이유는 그 의도가 전통적인 시각으로 동물을 바라보는 것에 반성을 촉구

하는 데 있기 때문이다. 동물 연구나 인간 동물학[4]이라 불리는 분야
는 대체로 인간의 동물 지배를 무조건 기정사실로 받아들이는 경향
이 있다. 자연과학에서 이루어지는 동물 연구는 동물실험의 형태로
직접 폭력을 가하고 인문학에서 이루어지는 동물 연구나 인간 동물
학은 인간과 인간 아닌 동물의 관계를 다각도로 분석하기만 할 뿐
그 관계에 깃든 폭력성이나 힘의 불균형은 비판하지 않는다. 그것
이 중립적, 객관적 혹은 비정치적 태도로서 실증성을 중시하는 학
문의 금과옥조로 여겨져 왔다. 하지만 그 어떤 기록도 완전히 중립
적이거나 객관적일 수 없고 아무런 정치성도 띠지 않을 수는 없다.
폭력성이 따르는 현실 앞에서 긍정도 부정도 하지 않는 선택지는
있을 수 없다. 인간과 그 밖의 동물 사이에 작용하는 역학 관계를 불
문에 부치는 태도는 결국 억압을 묵인하는 것이나 다름없다. 그 순
간 이론은 억압의 재생산 장치가 되어 버린다. 비판적 동물 연구CAS
는 그런 허울뿐인 중립성과 객관성을 배제하고 종합적 해방의 의도
를 명확히 해서 이론적 고찰을 정치적 실천으로 연결한다. 즉, **이론
은 지배를 없애기 위해 있다**는 이념이 그 중심이 되는 것이다.

그러므로 비판적 동물 연구CAS의 세 번째 특징은 풀뿌리 시민이
나 활동가와의 연대에 힘쓰고 열린 학문을 지향한다는 것이다. 대학
이 자본의 논리에 넘어가면서 학문의 세계에 기이하고 수수께끼 같
은 개념을 남용하는 경향이 퍼졌다.[5] 그 영향으로 인간 동물학도 가끔

---

4   [옮긴이] anthrozoology 또는 human–non-human-animal studies, HAS. 인간 사회 속에서
    인간과 동물의 관계, 동물 간의 상호 작용을 다루는 학문이다.

5   John Sanbonmatsu (2004) *The Postmodern Prince: Critical Theory, Left Strategy, and the Making
    of a New Political Subject*, New York: Monthly Review Press 참조. [한글본] 신기섭 옮김, 《탈
    근대 군주론》, 갈무리, 2005.

이상한 용어를 나열하고 비전문가로서는 전혀 이해할 수 없는 고찰에 빠져들어 버렸다. 동물은 지적 탐구의 대상물로 전락하고, 지배와 폭력은 은폐되었으며, 학문은 닫혔다. 철학자 존 산본마쓰는 그런 풍조를 비판하고 '이론의 역할은 가뜩이나 복잡하고 알기 힘든 세계를 공연히 **비트는** 것이 아니라 **알기 쉽게** 풀어서 핵심이나 바탕에 있는 내용을 **잘 이해시키는** 것입니다'라고 말했다.[6] 이론과 실천의 통합을 중시하는 비판적 동물 연구CAS는 그 생각에 동의하여 쓸데없이 난해한 표현을 사용하거나 이론을 위한 이론을 만드는 일을 경계한다. 학계와 일반 세상에 경계를 긋지 않고 폭넓게 사람들의 참여를 독려하려면 가급적 명확할 필요가 있다. 이는 고등교육기관의 권위에 깃든 억압성을 배제한다는 점에서도 중요한 의미가 있다.

　네 번째로 비판적 동물 연구CAS는 이론을 이론으로 끝내지 않는다는 방침에 따라 연구자에게 윤리적 실천을 요구한다. 지배와 억압에 저항하려면 관련 저작물을 집필하는 데 골몰할 것이 아니라 오히려 그런 이론적 접근을 실제 행동에 반영해야만 한다. 아무리 입으로 훌륭한 주장을 하더라도 직접적인 실천이 따르지 않으면 탁상공론의 영역을 벗어날 수 없다. 동물 해방을 원점에 둔 비판적 동물 연구CAS는 기본 정치 행동으로서 사람들에게 탈착취(비거니즘)의 실천을 요청한다. 탈착취는 건강·미용을 지향하는 채식과 달리 가능한 한 동물 이용에 관여하지 않기 위한 윤리적 노력이며 인간 아닌 동물에 대한

6　Saryta Rodriguez (2014) "Interview with John Sanbonmatsu, Associate Professor of Philosophy at Worcester Polytechnic Institute," Direct Action Everywhere, https://www.directactioneverywhere.com/theliberationist/2014-12-1-interview-with-john-sanbonmatsu-associate-professor-of-philosophy-at-worcester-polytechnic-institute(2021년 8월 16일 접속).

폭력에 반대한다는 의지의 표명이다. 우선 스스로가 발을 빼는 데서부터 폭력에 대한 저항이 시작되는 만큼 탈착취는 동물 옹호의 첫걸음이라고 해도 좋다. 그뿐 아니라 비판적 동물 연구CAS에 종사하는 연구자들은 학생 식당에 채식 메뉴를 도입하고 이과대학에서 이루어지는 동물실험에 항의하는 한편, 종합적 해방을 전망하며 반전·반자본주의·반제국주의·반글로벌화 및 노동자·장애인·LGBTQ 옹호 등 각종 사회정의 운동에 몸을 던져 왔다.

끝으로 중요한 점은 비판적 동물 연구CAS가 피억압자들의 주체성과 주권성에 빛을 비춘다는 사실이다. 동물에게는 목소리가 없다는 생각을 물리치고 그 주체적·주관적 마음의 작용, 다시 말해 삶의 소망, 행복 추구와 저항의 의지뿐만 아니라 그 이상을 헤아려 비록 불완전하더라도 동물의 시점에 서서 생각하고자 한다. 비판적 동물 연구CAS는 전문 분야를 초월한 연대, 즉 학계와 풀뿌리의 연대뿐만 아니라 억압받는 자와의 연대 또한 도모한다. 동물만이 아니다. 종합적인 해방을 전망하는 비판적 동물 연구CAS는 곤란에 처한 모든 인간 집단의 주관적인 경험을 중시한다. 따라서 억압의 상호 관련성을 시야에 넣은 비판적 동물 연구CAS가 육성하는 것은 억압에 놓인 모든 당사자—인간 및 인간이 아닌 당사자—에게 성큼 다가서는 전체론적인 사회정의이다.

비판적 동물 연구 협회ICAS의 창설자들은 2007년 위의 이념들을 10대 원칙으로 정리했다. 그것은 1) 협동 촉진, 2) 주관성 중시, 3) 이론과 실천의 연결, 4) 전체론적·변혁적 입장, 5) 무정부주의, 6) 연대·동맹·교차성, 7) 종합적 해방, 8) 이원론 해체, 9) 모든 필요 수단의 투입,

10) 비판적 대화의 촉진이다.[7]

1. 동물 연구에서 곧잘 무시되었던 정치경제학 등의 관점까지 포함시켜 풍부하고 폭넓은 학제적 공동 집필과 공동 연구를 추구한다.
2. 객관성을 가장한 학술 분석을 피하고자 규범적 가치관과 정치적 관여를 명확하게 드러낸다. 따라서 이론이 공평무사하다거나 집필물이나 연구가 비정치적이라고 하는 실증주의적 환상은 어디에도 설 자리가 없다. 경험적 지식과 주관성을 중시한다.
3. 좁은 학술적 시점과 이론을 위한 이론 등 나쁜 요소를 피하고 이론을 실천으로, 분석을 정치로, 대학을 사회로 연결한다.
4. 억압의 공통성을 전체론적으로 이해할 것을 촉구하고 종차별, 성차별, 인종차별, 능력 차별, 계급 차별, 국가주의, 군국주의 그리고 그 밖의 서열적인 이데올로기와 제도를 상호 연결된 커다란 세계적 지배 체계의 구성 요소로 본다.
5. 정치적 무관심주의, 보수주의, 자유주의의 입장을 물리치고 반자본주의, 나아가 더 폭넓게 급진적인 반서열 정치를 추진한다. 이 방침에 따라 모든 착취·지배·억압·고문·살해·권력의 구조를 해체하고 세계적 규모의 모든 차원에서 탈중앙집권화된 민주 사회를 세우는 데 힘쓴다.
6. 개량주의, 단일 쟁점, 국가 기반, 입법형, 동물의 이익을 제한하는 정치학을 물리치고 억압이나 서열에 맞선 다른 투쟁과의 동맹 정치 및 연대를 꾀한다.

---

7 Institute for Critical Animal Studies (2016) "ICAS 2016 Handout—Institute for Critical Animal Studies," http://www.criticalanimalstudies.org/wp-content/uploads/2016/03/ICAS-Handout-2016.pdf(2020년 2월 6일 접속).

7. 인간, 인간 아닌 동물, 지구 해방과 자유가 필요 불가분하다는 것을 고려한 종합적 해방의 정치학에 따라 모두를 아우르는 하나의 포괄적이고도 다양한 투쟁을 전개한다. 마틴 루터 킹 주니어가 말했듯 '어떤 곳의 불의든 모든 곳의 정의를 위협한다'.

8. 주류 동물 연구의 기본 노선에 따라 사회적으로 구축된 인간과 인간 아닌 동물의 이항 대립을 해체·재고하고 그와 관련된 이분법으로서 문화와 자연, 문명과 야생 같은 지배자의 서열을 분명히 드러낸다. 그리하여 인류, 인간 아닌 동물, 문화적·정치적 규범, 자연 해방을 얽매온 역사적 제약을 부각하고 그 제약을 뛰어넘어 더 큰 자유, 평화, 생태학적 조화로 나아가기 위한 변혁의 토대를 다진다.

9. 평화를 위한 보이콧이나 직접행동 등 경제적 방해 활동을 비롯하여 모든 사회정의 운동에서 내세우는, 찬반이 엇갈리는 급진적 정치학과 전략을 명확하게 지지·검토한다.

10. 학술단체, 시민, 풀뿌리 활동가, 정책·사회 사업 조직의 스태프, 민간·공공·비영리 부문의 종사자들이 폭넓게 비판적 동물 연구에 관해 논의할 수 있도록 건설적이고 비판적인 대화의 장을 마련한다. 새로운 틀의 환경 교육, 다른 사회운동과의 관계 구축, 연대에 입각한 동맹 정치를 통해서만 새로운 형태의 의식·지식·사회 제도가 탄생할 수 있다. 그것이야말로 과거 1만 년에 걸쳐 추종되어 온 이 별의 서열 사회를 무너뜨리기 위해 필요한 일이다.[8]

---

8   10대 원칙 전문은 Steve Best, Anthony J. Nocella, II, Richard Kahn, Carol Gigliotti, and Lisa Kemmerer (2007) "Introducing Critical Animal Studies," *Journal of Critical Animal Studies* 5(1): 4-5에서 볼 수 있다. 또한 '지구 해방'이 지구 생명에 대한 억압의 말소나 지구 환경의 보호를 의미하는 것임은 말할 필요도 없다.

이 책의 구성

이 책은 동물론이나 사회정의에 관심이 있는 학생, 사회인, 연구자를 비판적 동물 연구CAS 논의에 참여시키기 위해 개요를 설명하는 입문서이다. 비판적 동물 연구CAS는 영역 횡단적인 해방 이론이기에 그 전체를 제시하기란 애초에 불가능하다. 그 대신 이 책에서는 비판적 동물 연구CAS를 구성하는 주요 분야의 궤적을 돌아본다. 앞서 말했듯이 동물 옹호 이론은 좁은 의미의 윤리학으로서 탄생했으나 그 틀을 뛰어넘어 다른 분야 지식을 적극적으로 받아들여 비판적 동물 연구CAS로 성장했다. 이 책은 그중에서도 특히 중요한 공헌을 이룬 분야를 선별해 동물 윤리와의 관계를 중심으로 기본 이론을 소개하고자 한다.

제1장에서는 동물 윤리를 배우기 위한 전제로서 동물들의 현 상황을 살펴본다. 인간의 동물 이용은 축산, 오락, 실험을 비롯해 종교 의례, 문화 행사에 이르기까지 놀라울 만큼 다방면에 걸쳐 있고, 그 대부분이 해당 동물에게 고통이나 죽음을 안긴다. 동물이 직접 이용되지 않는 곳일지라도 인간의 활동은 서식지를 파괴하고 오염시켜 동물을 죽음으로 내몬다. 이 장에서는 그중 동물 식용 산업, 동물실험, 동물원 및 수족관, 애완동물 산업을 다룬다. 이 현실을 받아들여야 비로소 다음 탐구가 시작될 것이다.

제2장에서는 동물 윤리학의 기초를 쌓은 도덕철학자들의 논의를 돌아본다. 철학자 피터 싱어Peter Singer는 공리주의라고 불리는 접근법에 따라 동물 옹호론의 이론적인 토대를 구축해 학술 분야로서 동물 윤리학을 창시했다. 그 후 등장한 톰 레건Tom Regan은 싱어와 마

찬가지로 동물 옹호 입장을 보이면서도 그 이론이 품은 문제를 직시하고 대체 철학으로서 동물권론을 제창한다. 게리 프란시온Gary L. Francione은 시민운동의 실상을 토대로 동물권론을 실천할 수 있는 형태로 고쳐 활동가들에게 절대적인 영향을 미쳤다.

제3장에서는 동물 윤리의 흐름을 결정적으로 바꾼 사회학의 공헌에 주목한다. 이전까지 인류의 동물 지배를 개개인의 태도나 편견 탓으로 돌렸던 윤리학자들과 달리 데이비드 니버트David Nibert는 그런 억압의 바탕에 사회의 권력 구조가 있음을 분명히 했다. 이를 계기로 동물 윤리는 윤리학의 틀을 뛰어넘어 사회 권력을 해명하게 된다. 거기서 큰 부분을 차지하는 것이 자본주의 분석인데, 밥 토레스Bob Torres와 바버라 노스케Barbara Noske 등은 마르크스의 철학을 응용한다. 나아가 동물 옹호를 둘러싼 상황도 사회학의 연구 대상인데, 존 소렌슨은 동물 활동가를 에코 테러리스트라며 탄압하는 각국의 움직임을 모든 사회정의와 관련된 우려스러운 사태라고 비판한다.

제4장에서는 포스트휴머니즘이라 불리는 이론적 입장을 살펴본다. 유럽 대륙 철학에서 기원한 포스트휴머니즘은 지금껏 철학에서 자명한 것으로 여겨졌던 '인간'이라는 범주의 문제성을 파헤치고 동물 윤리학의 고전 이론마저 얽매 온 인간중심주의의 근본적인 해체를 꾀한다. 그것을 바탕으로 매슈 칼라르코Matthew Calarco 등은 기존의 인간적인 시점에서 벗어난 윤리 틀을 구축하고자 한다. 캐리 울프Cary Wolfe와 디네시 조셉 와디웰Dinesh Joseph Wadiwel은 생명정치나 동물 노동 같은 개념 장치를 응용해 동물 착취 분석에 새로운 방향성을 제시했다. 그러나 한편으로 포스트휴머니즘 논의는 가끔 정치적인 실천을 벗어나 유희적 동물론으로 빠지는 경향도 있어 비판적 동물 연구CAS

안에서도 평가가 엇갈린다. 그러므로 이 장에서는 포스트휴머니즘의 유익한 성과를 소개하고 그와 동시에 이 사상의 조류가 빠져든 나쁜 경향을 확인하고자 유명 저술가 도나 해러웨이Donna J. Haraway의 이론을 검증한다.

제5장에서는 동물 윤리에 영역 횡단성을 부여한 페미니즘 이론을 좇는다. 에코페미니스트 캐럴린 머천트Carolyn Merchant와 발 플럼우드Val Plumwood 등은 여성과 자연을 깎아내리는 사고 양식의 계보를 추적하여 가부장제와 자연 지배의 관계를 드러냈다. 앙드레 콜라드Andrée Collard와 캐럴 애덤스Carol J. Adams는 이 가부장적 논리가 동물 억압의 양식에 짙은 그림자를 드리우고 있음을 규명한다. 한편 킴벌리 크렌쇼Kimberlé Crenshaw 등이 이론화한 교차성이라는 개념은 인간·동물·자연의 억압을 잇는 복잡한 역학을 제시했다. 억압의 연관과 교차를 직시하며 조세핀 도노번Josephine Donovan 등은 다양한 당사자의 상황이나 특수성에 대응하기 위한 틀로서 캐럴 길리건Carol Gilligan이 내세운 돌봄의 윤리ethics of care를 조명한다.

마지막 장에서는 비판적 동물 연구CAS의 원칙에 녹아 있는 중요 개념인 '전체에 걸쳐 있는 하나의 포괄적이고도 다양한 투쟁'에 대해 생각해 본다. 오늘날 세계 각지에서는 불의에 대한 다양한 투쟁이 펼쳐지고 있는데, 그것들은 종종 다른 운동과 연대하는 자세가 부족해서 고립화와 단편화로 흐르는 경향이 있다. 하지만 뒤얽힌 억압을 불식하기 위해서는 운동도 상호 연계해야 한다. 이 장에서는 지금까지 시도되어 온 종합적 해방의 노력을 돌아본 뒤 특권 개념을 축으로 하여 사회정의 현상을 비판적으로 살펴보고 정의를 통합하기 위한 길을 모색한다.

비판적 동물 연구CAS를 구성하는 기본 이론의 개요를 설명하고 자 한 이 책은 결과적으로 동물 윤리의 행적을 좇는 내용이 되었다. 그래도 동물 윤리의 전체상을 전부 나타낼 수는 없었다. 여기에는 분명 비판적 동물 연구CAS에서 벗어나는 논의도 존재하지만 그것들도 많건 적건 이 책에서 다루는 모든 이론과 관련이 있다. 비판적 동물 연구 CAS의 구성 이론을 배우는 일은 동물 윤리의 최전선을 파악하는 일의 핵심이 된다고 해도 과언이 아니다. 오늘날에 이르기까지 일본에서 는 동물 윤리를 다루는 개론서가 거의 간행되지 않았고 특히 고전 이론이 형성된 후 동물 윤리가 더듬어 간 흐름을 체계적으로 전달하는 자료는 그야말로 거의 전무했다. 그런 의미에서 이 책은 일본에서 이루어지는 첫 시도인데, 해외 여러 나라와 일본 사이에 가로놓인 동물 윤리 연구의 골을 메우는 데 적잖이 공헌하기를 기대한다.

1
동물들의 현 상황

비판적 동물 연구CAS는 단순히 사고 실험을 펼치거나 아름다운 이론을 구축하는 작업이 아니라 현실에 개입해 동물의 처지를 개선하기 위한 학문이다. 따라서 동물의 현 상황을 직시하지 않고서는 이야기를 시작할 수 없다. 현 상황을 막연하게 인식한 채 공연히 이론과 개념만 배우면 마냥 현실과 겉돌게 된다. 우리가 인간 동물 관계를 둘러싸고 현재 어떤 과제와 마주하고 있으며 마주해야 하는지 아는 것이 탐구의 첫걸음이 된다.

인신매매나 남북 문제[1]의 예를 생각하면 알 수 있듯이 오늘날에는 거의 모든 착취나 폭력이 교묘하게 사람들의 시야에서 가려져 있다. 동물 이용에 관해서도 상황은 거의 같은데, 차이가 있다면 후자가 종종 미사여구로 장식된다는 점이리라. 말하자면 '인간과 동물은 친구나 가족이다', '우리는 동물에게 살 집과 먹이와 사랑을 주고 그 보답으로 동물은 우리에게 고기와 우유와 위안을 준다'라는 이상한 호혜 신화가 인간 동물 관계의 기본 구도로 그럴듯하게 전해져 왔다. 하지

---

1 [옮긴이] 남반구에 분포하는 개발도상국과 북반구에 다수 분포하는 선진국 및 신흥 공업국들 간의 사회 경제적 격차에 따라 발생하는 국제적 문제를 말한다.

만 쌍방의 관계가 그토록 건전하다면 애초에 동물에 대한 처우가 윤리 문제로 부상할 리 없다. 일부 지역에 있는 오로지 자급자족만을 위한 동물 이용이면 모를까, 세계를 석권한 대규모 산업의 동물 이용은 호혜라는 표현과 거리가 먼 실정이고 그것이야말로 사람들에게 윤리적 문제 의식을 갖게 하는 계기가 되었다.

이 장에서는 동물 윤리를 탐구하기 위해 짚고 넘어가야 할 기초 지식으로 산업화된 동물 이용에 대해 대략적으로 설명하고자 한다. 다만 인간의 동물 이용은 놀라울 만큼 다방면에 걸쳐 있기에 그 전모를 드러내자면 몇 권짜리 전집이 될 것이다. 그러므로 여기서는 대표적인 예로 식용 이용, 동물실험, 동물원 및 수족관, 애완동물 산업으로 좁혀 동물 윤리를 배우는 데 중요한 해외 사정과 국내 사정을 조망하기로 한다.

식용 이용

동물권을 부르짖는 법학자 게리 프란시온은 이렇게 말한다. '지구 역사가 시작된 이래 이 세상에 나고 죽어 간 인간의 수는 약 1100억 명에 이른다. 우리는 … **고작 1년 만에 그보다 많은** 인간 이외의 동물을 학살하고 있다.'[2] 사실 현재 세계에서는 식용으로만 연간 약

---

2 Gary L. Francione (2000) *Introduction to Animal Rights: Your Child or the Dog?* Philadelphia: Temple University Press. 이노우에 타이치 옮김 (2018) 《동물권 입문: 내 아이를 구하느냐 개를 구하느냐》, 료쿠후슛판, 3쪽.

800억 마리의 육생 동물[3]과 같은 수의 양식어[4]가 도축되고, 1조에서 3조 마리의 야생어[5]가 도살된다. 이 경이로운 규모의 동물 이용은 동물 윤리를 다루고자 할 때 최대 초점이다.

동물의 식용 이용은 크게 축산업·양식업·어업으로 나뉜다. 축산업은 제2차 세계대전 이후 서구권에서 농학이 발달함에 따라 기계화된 거대 시설에서 동물을 집단 관리하는 '공장식 축산' 형태가 주류로 부상하면서 세계로 퍼져 나갔다. 값싼 축산물을 효율적으로 생산하기 위해 많은 동물을 최소 비용으로 사육하는 공장식 축산에서는 돌봄이 필연적으로 간소화되어 동물은 더할 나위 없는 고통에 빠진다. 양식업은 최근 들어 급성장한 부문으로 공장식 축산과 같은 문제를 안고 있다. 그리고 현대 기술의 도입으로 대규모화된 어업은 바다 생물을 고통스러운 방법으로 포획하고 멸종 위기로 내몬다.

고기소

부유국의 식습관을 상징하는 것이 소고기 대량 소비다. 평론가 제러미 리프킨의 말에 따르면 식육 기업에 의한 축산물의 보급은 종종 그 나라의 풍요를 가늠하는 지표로 여겨진다. 국가 경제가 성장함에 따라 국민의 식탁 위에는 제일 먼저 닭고기와 달걀이 등장하고 이어

---

3   Hannah Ritchie and Max Roser (2019) "Meat and Dairy Production," Our World in Data, https://ourworldindata.org/meat-production(2020년 3월 8일 접속).

4   A Mood and P Brooke (2012) "Estimating the Number of Farmed Fish Killed in Global Aquaculture Each Year," *Fishcount*, http://fishcount.org.uk/published/std/fishcountstudy2.pdf(2020년 3월 8일 접속).

5   A Mood and P Brooke (2010) "Estimating the Number of Fish Caught in Global Fishing Each Year," *Fishcount*, http://fishcount.org.uk/published/std/fishcountstudy.pdf(2020년 3월 8일 접속).

서 돼지고기, 유제품, 소고기가 차례차례 모습을 드러낸다.[6] 일본에서는 전후 경제 성장과 더불어 소고기 소비량이 늘어 1960년대 초반 일인당 1킬로그램 남짓했던 소비량이 1990년대 후반에는 7킬로그램에 달했다. 그 후 광우병 소동 등의 여파로 소비량이 줄었으나 오늘날에도 일인당 약 6킬로그램의 소고기가 소비된다. 한편 세계 최대 소고기 소비국인 미국에서는 현재 일인당 연간 소비량이 약 25킬로그램에 달한다. 그리하여 세계 전체를 놓고 보면 소고기 연간 소비량은 현재 5900만 톤에 육박한다.[7]

이 막대한 수요를 충족시키려면 그에 걸맞은 수의 소를 사육해야 한다. 미국은 소고기 소비량뿐 아니라 생산량도 세계 최대 규모로[8] 국내에 약 2만 7천 곳의 비육장feedlot을 갖추고 있다.[9] 소들은 태어나면 일단 펀치식 기구로 귀에 구멍이 뚫리고 개체 식별용 번호가 적힌 표식(귀표)을 단다. 그때 머리를 움직이거나 하면 귀가 찢어질 수 있는데 충분히 소독받지 못하면 귀에 난 구멍 주변이 곪기도 한다. 뒤이어

6 Jeremy Rifkin (n.d.) "Introduction," *Feed the World*, Viva! Guide 12, https://www.viva.org.uk/resources/campaignmaterials/guides/feed-world에서 입수 가능하다(2020년 3월 8일 접속). [2024년 3월 현재 접속 가능 웹페이지 https://viva.org.uk/wp-content/uploads/2020/03/feed-the-world-06.pdf]

7 Rob Cook (2020) "World Beef Consumption Per Capita (Ranking of Countries)," *Beef2Live*, https://beef2live.com/story-world-beef-consumption-per-capita-ranking-countries-0-111634 (2020년 3월 8일 접속). [2024년 3월 현재 접속 불가.]

8 Hannah Ritchie and Max Roser (2019) 및 Rob Cook (2020) "World Beef Production: Ranking Of Countries," *Beef2Live*, https://beef2live.com/story-world-beef-production-ranking-countries-0-106885 참조(2020년 3월 8일 접속). [2024년 3월 현재 접속 불가.]

9 James S. Drouillard (2018) "Current situation and future trends for beef production in the United States of America: A review," *Asian-Australasian Journal of Animal Sciences* 31(7): 1007–1016.

공격성을 억제하고 부드러운 지방질 고기를 생산하기 위해 거세를 당하는데 보통 마취는 이루어지지 않는다. 또 동료와 주인을 해치지 않도록 뿔이 잘린다. 제각除角은 피가 나고 통증이 따르는 과정으로, 절단 시의 충격이나 그 후의 식욕 부진으로 목숨을 잃는 소도 있다.

일련의 시술 후 미국 소는 생후 6개월간 목초지에서 지낸다. 이때는 본연의 식성에 맞는 목초를 먹으며 비교적 자유로이 생활할 수 있지만, 그 후 비육肥育[10]이 시작되면 생활 환경이 현격히 악화된다. 소들은 혼잡한 화물차를 타고 장거리를 이동하여 비육장에 다다르는데, 그곳은 소규모일 경우 수백 마리, 대규모일 경우 수만 마리에서 수십 만 마리의 소로 북적인다. 미국 소의 80퍼센트는 1천 마리 이상 수용하는 대규모 시설에서 사육된다.[11] 비육장은 목초도 자라지 않는 불모지로 소들은 자신이 싼 배설물 더미에 무릎까지, 심하면 배까지 잠겨 생활한다. 야외에 노출되어 있어 뜨거운 햇살은 물론이고 폭풍우나 눈보라도 피할 수 없기에 날씨가 궂은 날에는 많은 소가 목숨을 잃는다. 혼잡·권태·오물·악취로 고통받는 생활 속에서 소들의 스트레스는 극한에 달하는데 혹시 서로 싸우다가 다쳐 고기 품질이 떨어지면 안 되므로 그들의 뿔은 미리 제거된다.

비육 시에는 효율적인 증량을 위해 소에게 목초가 아닌 옥수수 같은 곡물 위주의 농후사료를 준다. 고칼로리인 농후사료는 비육의 효율을 높이지만 전분질이 다량 함유되어 있어 소의 되새김질을 억제한다. 이때 소의 제1위장은 가스로 팽창해 폐를 압박하는데 그냥 두

10 [옮긴이] 고기 등을 얻기 위해 가축을 통통하게 기르는 일.

11 Ibid.

면 소가 질식사하게 된다. 또한 농후사료는 위장 내 세균총의 균형을 무너뜨려 제1위장에 산독증acidosis이라는 증상을 유발한다. 위장의 산도가 높아지면 위벽에 구멍이 뚫려 세균이 피 속으로 퍼지고 그것이 간에 이르면 농양이 된다. 비육되는 소 10에서 30퍼센트는 간농양을 앓는다.[12]

비위생적인 과밀 환경과 비자연적인 농후사료에 따른 질병을 막기 위해 축산업자는 소에게 항생물질을 투여하기로 했다. 항생물질은 성장을 촉진하는 효과도 있어 일거양득이다. 현대 축산에서는 소 이외의 다른 동물에게도 항생물질을 투여하는 습관이 자리를 잡아 다제내성균을 키우는 세계 최대의 온상이 되었다.

운동할 기회를 빼앗긴 채 고칼로리 사료를 먹으며 6~8개월 비육 기간을 보낸 후 소들은 한 살에서 두 살 사이에 도살된다. 소의 수명은 원래 20년 정도로, 한 살에서 두 살이면 인간 나이로 십 대에 해당한다. 효율을 중시하는 축산업은 동물의 삶을 단축하는 데 힘써 왔다.

일본은 미국만큼 거대한 비육장을 지을 땅이 없으므로 주로 우사에 밀집시켜 소를 키운다. 소들은 목초지를 모른 채 어릴 때부터 분뇨 위에서 먹고 자며 생활한다. 따라서 그 몸은 오물(농가에서 말하는 '갑옷ㅋㅁㅣ')로 뒤덮여 있고, 좁고 열악한 환경 탓에 이상 행동을 보이는 소도 드물지 않다. 식사도 소의 생리에 위배된다. 어려서부터 먹는 농후사료는 너무 소화가 잘 되는 탓에 위장의 융털을 퇴화시켜 소들은 걸핏하면 아프다. 그뿐만이 아니라 효율적으로 비육하기 위해 사

---

12   T. G. Nagaraja and M. M. Chengappa (1998) "Liver abscesses in feedlot cattle: a review," *Journal of Animal Science* 76(1): 287–298.

료 속의 비타민 A를 제한하기도 하는데 그래서 여러 마리의 소가 시각 장애와 식욕 부진, 악성 수종을 겪는다. 품종소의 경우 비타민이 제한될 뿐만 아니라 운동을 억제하기 위해 어둠 속에서 길러지는데 그 결과 소는 건강을 해치고 실명에 이른다.[13] 이처럼 빛을 잃고 오로지 살만 찌워진 그들은 생후 30개월도 안 되어 인간 나이로 치면 스무 살 정도에 최후를 맞는다.

젖소

옛날 우유팩에는 푸른 하늘이 펼쳐진 목장에서 풀을 뜯는 소 그림이 그려져 있었다. 지금도 대형 우유회사 홈페이지에는 가끔 비슷한 풍경 사진이 걸린다. 낙농업체가 푸른 하늘과 초원 이미지를 우유와 연결 지어 선전해 온 영향으로 그것을 전형적인 낙농 풍경으로 믿는 소비자가 적지 않다. 사실 사람들이 떠올리는 목가적인 풍경은 전형적이라기보다 스테레오타입에 가까우며 그것만큼 현실의 낙농업과 동떨어진 정경도 없다.

낙농업에서 이용되는 소 대부분은 태어나자마자 뿔을 잘리는 등 통증이 따르는 처치를 받은 뒤 운이 좋으면 목초지에서 1년 내외의 육성기를 보내다가 초산 이후 울타리가 쳐진 야외 시설drylot이나 우사에서 평생을 보낸다. 광활한 땅을 가진 미국이나 중국에는 이런 야외 시설이 많이 보인다. 그곳은 풀 한 포기 나지 않는 흙밭에 많은 소를 가둔 구역으로, 운동 면적은 그럭저럭 넓지만 불모지의 권태로움

---

13 나카무라 야스히코 (2002)《식품의 세계에 지금 무슨 일이 일어나고 있는가》, 이와나미쇼텐, 117-118쪽.

이나 배설물의 축적 등 고기소 비육장과 같은 문제를 안고 있다. 한편 세계적으로 우사 사육이 주류를 이루는 가운데 청소나 건강 관리가 쉽다는 이유로 많은 낙농장에서 소를 평생 울타리에 묶어 놓고 키운다. 이름하여 계류식 우사인데, 사슬이나 줄로 목이 울타리에 묶이면 옆구리쯤은 핥을 수 있지만 몸을 틀 수는 없다. 그 밖에도 자유를 빼앗는 수단으로 스탠천stanchion이라는 세로로 긴 금속 틀을 이용하기도 하는데, 그것에 목이 낀 소는 고개를 위아래로 움직이는 것 말고는 다른 행동을 전혀 할 수 없다. 묶여서 큰 소는 운동 부족에 빠지고 콘크리트 바닥에 부대껴 관절염에 시달린다. 잘 때조차 줄이나 사슬, 스탠천에 목을 묶여 편히 잠들 수 없다. 많은 젖소가 그 상태에서 몇 년의 생애를 보낸다. 일본에는 특히 계류식 농가가 많아 비율로 치면 전체의 70퍼센트를 넘고 그중 스탠천 사용률은 30퍼센트에 육박한다.[14]

그뿐만이 아니다. 생산성 향상을 위해 품종 개량을 거듭한 결과 현대의 소는 반세기 전에 비해 약 2배 더 많은 젖을 분비하는 몸이 되었다.[15] 많은 젖을 생성하고 분비하려면 그에 걸맞는 에너지를 섭취해야 한다. 옛날 소는 목초를 먹는 것으로 충분했지만, 많은 모유를 만드는 오늘날의 소는 더 많은 에너지를 쓰기 때문에 대두나 옥수수가 주성분인 고칼로리 농후사료를 먹는다. 그 결과 고기소와 마찬가지로 산독증이 발생한다. 소들은 위궤양에 걸려 식욕을 잃고 갈증에 시

14   축산기술협회 (2015a) 《2014년도 국산 축산물 안심 확보 지원 사업(쾌적함을 고려한 가축의 사육 관리 추진 사업), 젖소의 사육 실태 앙케이트 조사 보고서》, 10쪽.

15   Anne Mendelson (2010) "The Milk of Human Unkindness: Industrialization and the Super-cow." in Daniel Imhoff ed., *The CAFO Reader: The Tragedy of Industrial Animal Factories*, Los Angeles: University of California Press: pp. 131-138.

달린다. 젖을 분비하는 데 쓰는 에너지를 섭식으로 보충하지 못한 소는 모유를 생성하기 위해 스스로의 근육마저 분해한다. 한편 산도가 높아진 위장 속에서는 세균이 증식하고, 그로 인해 생긴 염증 물질이 발끝에 도달하면 발굽에 염증(제엽염)이 생긴다. 소는 발이 아파 제대로 걷지도 서지도 못한다. 젖 분비량을 늘리기 위한 품종 개량과 비위생적인 사육 환경 탓에 젖꼭지 통증과 부기를 수반하는 유방염도 일반화되었다. 그래서 산독증과 유방염을 억제하기 위해 낙농장에서도 항생물질을 남용한다.[16]

질병으로 인한 신체적 고통에 더해 소들은 정신적 고통도 맛본다. 이것은 우리가 이상적으로 여기는 푸르른 목초지에서 크는 소조차도 피할 수 없다. 젖을 만들려면 새끼를 낳아야 한다. 그러므로 낙농인은 발정기를 맞은 소에게 인공수정을 시킨 뒤 출산하면 새끼를 빼앗고 어미 소의 젖을 짠다. 원래 어미 소와 새끼 소는 강한 애정으로 묶여 있어, 새끼 소는 반년에서 일 년간 어미 젖을 빨다가 서서히 젖을 뗀다. 낙농업은 이런 가족 관계를 파괴한다. 어미 소는 슬픔에 잠겨 식욕을 잃고, 때때로 며칠씩 새끼를 부르며 마지막으로 새끼를 본 장소를 배회한다.[17] 새끼 소는 엄마와 이별한 스트레스로 면역계가

16 일본에서는 우유에 항생물질 포함을 금지하는 유등 성령(우유 및 유제품의 성분 규격 등에 관한 성령)이 있으나 유방염이 만연하는 시설에서는 항생물질을 일상적으로 쓰는 것이 현실이고, 그 우유를 '항생물질이 사용되지 않은 우유와 섞어 희석함으로써 [항생물질의] 농도 기준 검사를 통과하는' 등의 사기도 벌어진다고 한다. 일본자손기금 편집 (2003)《식품을 통해 퍼지는 내성균》, 산고샤, 62-63쪽.

17 Sherry F. Colb (2013) *Mind If I Order the Cheeseburger?: And Other Questions People Ask Vegans*, New York: Lantern Books, p. 42.

망가져 쉽게 병에 걸리고 때로는 죽어 버린다.[18] 이를 막기 위해 낙농인은 출산 직후 모자를 떼어 놓아 둘의 대면을 막기도 한다. 설령 새끼 소가 스트레스로 죽지 않더라도 수컷의 경우 고독한 우리에 갇혀 5개월쯤 유동식으로 비육된 뒤 도살되어 송아지 고기가 된다. 암컷의 경우 어미 소와 같은 운명을 밟는다. 한편 새끼를 빼앗긴 어미 소는 젖을 짜이다가 출산 후 50일 전후의 수유 절정기에 이르면 다음 새끼를 배고 같은 불행을 되풀이한다. 이처럼 많은 병을 앓고 새끼란 새끼는 죄다 빼앗겨 심신이 모두 한계에 부딪친 소는 젖이 잘 돌지 않는 네 살에서 일곱 살 사이에 '폐물'이 되어 일어서기도 힘든 몸으로 도살장으로 보내진다. 반복된 임신을 강요당하는 소들은 무려 20에서 30퍼센트가 도살장에 도착한 순간에도 새끼를 배고 있다. 그 태아는 적출되어 채혈실로 보내진다. 그리고 과학 연구에서 세포 배양에 쓸 혈청을 채취한다는 이유로 살아 있는 심장에 바늘이 꽂혀 죽을 때까지 피를 뽑힌다(최근 각광받는 배양 고기도 이 혈청으로 개발된다). 어미 소는 고기용 품종과 달리 육질이 나빠 도살된 후 주로 햄버거용으로 다져진다.

돼지

일부 문화권에서 돼지는 풍요와 번영의 상징으로 숭상되어 왔으나 많은 나라에서 돼지는 예부터 멸시의 대상이었다. 사람들은 미운 자, 추한 자, 천한 자를 돼지에 빗대어 말한다. 제 자식을 낮춰 말할 때

---

18 Élise Desaulniers (2017) *Vache à lait: Dix mythes de l'industrie laitière*, Paris: Éditions La Plage, p. 105.

는 '못난 자식'이라는 뜻에서 '꿀돼지'라고 부르고 여성을 깎아내릴 때는 '암퇘지'라고 욕한다. '돼지 같다'라는 표현은 늘 최악의 모욕으로 기능한다. 사람들은 고기를 먹으면서 종종 '생명에 감사한다'라고 인사하는데, 실제로는 감사를 드리기는커녕 마음속 깊이 돼지를 무시해 왔다.

현대 양돈업은 마치 이 죄 없는 동물에 대한 사람들의 멸시가 형태화된 듯 잔인성을 띤다. 돼지는 한 번에 약 10마리 단위로 태어나는데 새끼 돼지는 태어나자마자 신체를 파괴당한다. 수컷은 육질 향상을 위한 거세 과정에서 음낭을 찢기고 정소를 뜯긴다. 마취가 이루어지지 않아 새끼 돼지는 비명을 지른다. 작업이 서툴면 장이 비어져 나오기도 하고[19] 처치 후에는 복막염이나 감염증, 심적외상성 질환에 걸려 목숨을 잃는 경우도 드물지 않다.[20] 게다가 집단 사육에 앞서 돼지들은 줄칼이나 니퍼로 이빨을 깎이고 꼬리를 잘린다. 개체 식별을 위해 귀표를 부착하거나 귀를 표처럼 잘라 표시(이각)하기도 한다. 그 어떤 처치에서도 마취는 이루어지지 않는다.

어째서 이빨과 꼬리를 제거해야 하는지는 사육 환경을 보면 알 수 있다. 비육 돈사는 6~14제곱미터(약 2~4평) 정도 공간으로 여기에 약 1미터 크기의 돼지가 10여 마리 갇혀 있다. 움직일 공간이 거의 없어 네 발을 뻗고 드러누울 수조차 없다. 바닥에는 주로 격자 판이 깔려 있어 아래의 분뇨 더미로 배설물이 떨어지게 되어 있는데, 돈사가 악

---

19   나카무라 다카시, 후루이치 도모히로 (2014) 〈분만 돈사의 문제점이 보이나요?〉, 《양돈계》, 49(5): 20-25.

20   나카네 다카시, 야마구치 도모코, 기노시타 도모히데, 누마오 마사토 (2012) 〈수퇘지의 면역학적 거세 제제의 효과 및 정소 기능〉, *All about swine* 41: 12-29.

취와 암모니아로 가득 차는 것을 피할 수 없다. 원래 돼지는 호기심이 왕성해서 하루 대부분을 산책 등으로 보내고, 성격이 깔끔해서 먹고 자는 장소와 배설 장소를 나누어 생활한다. 표준 양돈장에서는 그런 욕구를 만족시킬 수 없다. 무미건조하고 악취가 풍기는 환경에서 돼지는 큰 스트레스를 받아 공격적으로 변한다. 어릴 때 이빨과 꼬리를 절단하는 이유는 광기에 빠진 돼지가 동료의 꼬리를 물어 출혈이나 질병을 유발하면 안 되기 때문이며 서로에게 상처를 입혀 육질을 떨어뜨리면 안 되기 때문이다. 그래도 돼지는 질병을 피할 수 없다. 바닥 재질이 나쁜 탓에 발에 상처가 생기고, 공간을 가득 메운 암모니아 탓에 폐렴을 앓으며, 농후사료 탓에 위궤양에 걸리고, 스트레스 탓에 우울증과 이상 행동을 보인다. 스트레스는 다각도로 영향을 미치는데, 갑작스러운 자극이 방아쇠가 되어 몸이 굳거나 숨을 헐떡이고 급기야 죽음에까지 이르는 돼지 스트레스 증후군Porcine Stress Syndrome, PSS이라는 현상도 일어난다. 일본에서는 무려 70퍼센트에 달하는 돼지가 아프고 다친 채 도축장에 출하되어 도축된 몸의 전부 내지 일부가 폐기된다.[21] 물론 출하 전에 기력이 다하는 돼지도 있다는 사실을 잊으면 안 된다.

수명이 원래 15년 정도인 돼지는 질병이나 부상으로 목숨을 잃지 않는 한 생후 6개월 전후에 도살장으로 출하된다. 그런데 번식에 이용되는 암돼지에게는 더 끔찍한 생지옥이 기다리고 있다. 발정기를 맞으면 인공수정으로 새끼를 갖고 임신 스톨stall이라 불리는 전용 우리에 옮겨지기 때문이다. 임신 스톨은 가로 60센티미터에 세로 2

---

21 후생노동성 〈식육 검사 등 정보 환원 조사〉, 2017년도 데이터 참조.

미터 정도로, 안에 들어간 돼지는 전진도 후퇴도 할 수 없고 뒤를 돌아볼 수도 없다. 114일의 임신 기간 중 돼지에게 주어지는 공간은 이게 전부다. 당연히 스트레스가 극에 달해 돼지는 상동행동이라고 불리는 반복적인 이상 행동을 보인다. 출산 시기가 다가오면 마찬가지로 비좁은 분만용 우리로 옮겨져 출산하고, 약 20일간 쇠창살 사이로 새끼에게 젖을 물린다. 새끼가 젖을 떼면 집단으로 돌아갔다가 일주일 전후로 다시 인공수정을 받고 임신 스톨에 갇힌다. 1년에 두 번 출산하는 돼지들은 연간 10개월을 모든 움직임이 봉쇄된 우리 안에서 보내고 네 살에서 다섯 살 사이에 도살된다. 이것이 근대화된 나라의 표준 돼지 사육법으로, 특히 동물복지를 무시하는 일본에서는 임신 스톨 사용률이 90퍼센트에 달한다.[22]

예부터 인간은 차별받는 개인이나 집단의 고통을 무시하고 조롱해 왔다. 돼지에 대한 문화적 경멸을 반영하듯이 양돈 관계자의 언행에서도 고통을 경시하는 태도가 엿보인다. 전미 양돈업자 위원회 National Pork Producers Council, NPPC의 데이브 워너는 다음과 같이 말했다.

> 확실히 저희 돼지는 2년 반 동안 몸을 틀지도 못한 채 스톨 안에서 새끼 돼지를 생산하지만 … 제가 알기로 암돼지에게 몸을 틀고 싶은지 물어본 사람은 한 명도 없습니다.[23]

---

22 축산기술협회 (2015b) 《2014년도 국산 축산물 안심 확보 지원 사업(쾌적함을 고려한 가축의 사육 관리 추진 사업), 젖소의 사육 실태 앙케이트 조사 보고서》 9쪽.

23 Ben Terris (2012) "Animal–Rights Issue Complicates Farm Bill," *Humane Society*, https://blog.humanesociety.org/wp-content/tp-files/national-journal-article-july-24.pdf(2020년 3월 15일 접속).

'돼지들은 대자연 속에서 건강하게 쑥쑥 크고 있습니다'라고 홈페이지에 게시한 일본의 가족 경영 농가도 스톨 사육은 문제가 아닐 뿐더러 오히려 복지적이라고 말한다.

> 무리 사육에서는 상하관계가 생겨 약한 돼지는 괴롭힘을 당하고 먹이도 먹을 수 없죠. 조금 비좁더라도 금방 적응할 수 있으니 돼지도 그걸 더 좋아하지 않겠소.[24]

이 농가의 눈에는 모든 움직임을 막는 공간도 '조금 비좁은' 정도로 보이는 모양이다. 다음은 동물 해방 운동이 시작된 1970년대에 업계지에 실린 글인데, 위의 사례와 비교하면 알 수 있듯이 축산 업계의 동물관은 당시와 거의 달라지지 않았다.

> 돼지가 동물이라는 사실을 잊읍시다. 공장의 기계와 똑같이 다룹시다. 기름을 치는 것처럼 사육 스케줄을 짭시다. 번식 시즌은 조립 라인의 첫 공정에 해당합니다. 가축 거래는 완성품 납품에 해당합니다.[25]

고기닭
닭은 원래 동남아시아에 서식하는 붉은멧닭이 선조이며 약 8천

---

24 《마이니치신문》 오사카 지방판 2013년 8월 10일 자 기사 〈임신 돼지용 스톨 사육, 일본에서는 80퍼센트 도입〉.

25 J. Byrnes (1976) "Raising Pigs by the Calendar at Maplewood Farm." *Hog Farm Management* (September): p. 30.

46   동물 윤리의 최전선

넌 전부터 아시아의 여러 지역에서 가축화된 듯하다.[26] 처음에는 아침을 알리는 신성한 새로서 제사나 점술에 이용되었고(일본의 투계도 옛날에는 점을 치는 행사였다) 알이나 고기를 얻기 위해 사육된 것은 그보다 나중 일이다. 그런데 이제 닭의 신성함은 잊혀지고 식용 목적의 양계가 세계를 석권하기에 이르렀다. 현재도 전 세계에 수백 종의 닭이 존재하는데, 식용으로 알려진 닭의 대부분이 미국에서 탄생한 교잡종 브로일러다.

브로일러의 생애주기는 번식 시설, 부화장, 비육 시설에 따라 다르다. 번식용 닭은 생후 5개월까지 암수가 따로 크다가 이후 10개월은 교배를 위해 암수가 함께 보낸다. 번식이 목적이므로 비육 시설보다는 움직이는 공간이 넉넉히 확보되어 있지만 마리당 공간은 0.2제곱미터도 되지 않는다.[27] 뒤에서 말하겠지만 브로일러는 몸이 극단적으로 빨리 성장하므로 번식에 지장이 없도록 그들은 반기아 상태에 놓인다. 공복을 달래기 위해 물을 찾지만 물을 과잉 섭취하면 설사를 할 수 있으므로 그들에게는 물 공급도 제한된다. 암컷은 자기 짝이 아니면 교미를 거부하기에 허약한 수컷, 번식력이 없는 수컷은 사육 도중 배제되어 죽임을 당한다. 닭은 배고픔과 목마름으로 고통받다가 10여 개월의 짧은 삶 끝에 도살장으로 끌려가고 둥지의 달걀은 부화장으로 보내진다. 어미 닭이 새끼의 모습을 보는 일은 없다.

26   K. Kris Hirst (2019) "The Domestication History of Chickens (Gallus domesticus)," *ThoughtCo.*, https://www.thoughtco.com/the-domestication-history-of-chickens-170653(2020년 3월 16일 접속). 또한 Andrew Lawler (2012) "In Search of the Wild Chicken," *Science*, 338(6110): 1020–1024 참조.

27   Karen Davis (2009) *Prisoned Chickens, Poisoned Eggs: An Inside Look at the Modern Poultry Industry* [REVISED EDITION], Summertown: Book Publishing Company, p. 117.

비육 농가는 부화장에서 매입한 병아리를 수만 마리 단위로 닭장에 풀어놓는다. 성장하면 밀도가 1제곱미터당 10여 마리에 달해 닭들은 거의 움직일 수 없다. 닭장에는 배설물이 켜켜이 쌓이고 사방에 때, 깃털, 분진, 각종 세균, 암모니아가 가득하다. 환풍기가 돌아가도 공기는 맑아지지 않아 인간 작업원조차 닭장에 들어가는 순간 눈과 목이 타는 듯한 통증에 사로잡히고 호흡 곤란에 빠진다. 암모니아의 영향으로 닭은 기도가 타 들어가 종창, 출혈, 폐울혈을 일으킨다. 눈에는 각결막염이 생겨 고통 어린 비명을 지르며 눈꺼풀을 날개에 비빈다. 증상이 악화되면 시력 장애를 일으키거나 실명에 이르는데 빛을 잃은 닭은 먹이와 물을 찾지 못해 기력을 잃어 간다. 여름에는 간혹 환기가 잘 되지 않아 질식과 열사병으로 많은 닭이 목숨을 잃는다.

동물복지에 관심이 높은 유럽에서는 일본 등에 비하면 다소 사육 밀도가 낮지만, 밀도와 상관없이 닭은 고통을 맛본다. 많은 고기를 얻기 위해 애그리비즈니스agribusiness[28] 업체에서 품종 개량을 거듭한 결과, 브로일러는 비정상적인 급성장으로 고통받는 닭이 되었다. 브로일러는 1930년대에는 4개월간 약 1.3킬로그램까지 성장했는데 현재는 6~7주간 2~4킬로그램으로 성장한다. 심폐 발육이 몸의 성장을 따라가지 못해 울혈성 심부전이나 돌연사가 많이 발생한다. 뼈도 근육의 성장을 쫓아가지 못해 관절이 틀어지고 골절이 일어난다. 가금류 보호 활동에 힘쓰고 있는 캐런 데이비스는 이렇게 말한다. '닭은 생후 10주까지도 뼈가 충분히 성장하지 않는다. 생후 6주면 뼈가 겨

---

28 [옮긴이] 기업으로 운영되는 농업 관련 산업을 말한다. 농기구 조달부터 식품 가공까지 전부 포괄하는 개념으로 넓은 의미에서는 농업 그 자체도 포함한다.

동물 윤리의 최전선

우 85퍼센트밖에 형성되지 않는데 그 몸으로 일반 닭보다 몇 배는 무거운 체중을 지탱해야 하는 셈이다.[29] 그런 이유로 다리 변형, 경골 형성 부전증을 비롯해 어긋난 척추가 척수를 압박하여 생기는 척추미끄럼증이 급성장하는 가금류의 3대 골질환이 되었다.[30]

만성적인 뼈와 관절의 통증에 시달리는 닭은 분뇨가 퇴적된 바닥에 가만히 웅크리고만 있다. 그로써 증상이 더 악화된다. 바닥에 닿은 발과 가슴은 암모니아에 녹아 궤양과 수포로 덮인다. 그 상처가 세균에 감염되어 각 신체 부위가 대퇴골두 괴사나 괴사성 장염, 괴저성 피부염 등으로 무너져 내린다. 미국 오클라호마주의 한 양계 농가는 닭들이 '안에서부터 썩어 문드러졌다'라고 증언한다.[31] 일본도 다른 나라와 같거나 그보다 나쁜 상황이다. 식조 처리장에 출하된 국산 브로일러 45그룹(약 9천 마리)을 대상으로 조사한 결과, 족저 피부염(발바닥 피부염)이 '모든 그룹에서 높은 비율로 관찰'되었으며 어떤 그룹에서는 모든 닭이 그 증상을 보였다고 한다.[32]

과밀한 환경, 심장병, 만성적인 통증, 괴사에 시달리던 닭은 생후 40일에서 50일 사이에 도살된다. 닭의 원래 수명이 8년에서 10년임을 감안하면, 도살장으로 보내지는 닭은 아직 어린아이에 불과하다. 커다란 몸집의 어린 닭은 해체 라인의 족쇄에 매달린 채 병아리 같은

---

29   Davis, 2009, p. 105.

30   Davis, 2009, p. 104.

31   Davis, 2009, p. 103.

32   하시모토 신이치로 (2011) 〈일본 브로일러 닭의 족저 피부염 발생 실태에 관한 연구〉, https://ir.kagoshima-u.ac.jp/?action=repository_uri&item_id=4903&file_id=16&file_no=1에서 입수 가능하다(2021년 12월 14일 접속).

목소리를 쥐어짜 공포를 호소한다.

알닭

자유로운 닭은 헌신적으로 달걀을 돌본다. 산란을 마친 암탉은 알이 부화할 때까지 3주간 둥지의 청결을 유지하고 수시로 알을 굴리며 천적을 경계한다. 섭취나 배설, 운동에는 하루에 10에서 20분만 쓰고 나머지 시간에는 둥지를 떠나지 않은 채 굴러간 알이 있으면 제자리에 돌려놓고 스스로의 몸으로 알을 데운다. 알이 성숙하면 어미 닭은 알에 말을 건네고 알에 든 새끼들도 지저귐으로 화답한다.[33] 새끼들이 당당히 알을 깨고 나오면 공복인 어미 닭은 그들을 이끌고 산책과 식사에 나선다. 이는 결코 의인화한 것이 아닌 실제 상황으로, 닭 본연의 세계는 돌봄과 애정, 언어로 가득 차 있다.

그러나 채란업에서는 그런 닭들의 관계성과 내면성이 부정된다. 부화장에서는 연간 수백만에서 수천만 마리 병아리가 태어나지만 그들은 어미 닭의 모습을 볼 수 없다. 산란용 병아리는 자웅 감별 공정에서 암컷과 수컷으로 나뉘고 알을 낳지 못하는 수컷은 이용 가치가 없어 바로 죽임을 당한다. '인도적'인 죽음을 중시하는 스위스에서는 나치처럼 가스로 수평아리를 도살하고, 동물복지 선진국으로 알려진 유럽 각국에서는 의식이 있는 병아리들을 분쇄기에 넣고 돌린다. 일본에서는 상자나 비닐봉지에 담아 압사시키거나 질식사시켜 산업폐기물로 처리한다. 세계에서 매년 약 70억 마리의 수평아리가 죽임을 당

---

33   Brian Barth (2016) "The Inner Lives of Chickens: 5 Things You Never Knew About Your Beloved Birds," Modern Farmer, https://modernfarmer.com/2016/03/chicken-facts/(2020년 3월 19일 접속).

한다.[34]

　암평아리는 부화장 혹은 육추 시설에서 부리를 잘린다. 보통 달군 칼로 긋거나 레이저로 조직을 파괴해 끝을 자르는데 부리는 신경이 모인 부위이기에 병아리들은 절단으로 심한 통증을 느끼고 식욕을 잃어 먹이를 잘 쪼아 먹지 못한다.[35] 그뿐 아니라 '윗부리와 아랫부리의 길이 차이와 좌우 어긋남으로 인한 부정합. 선단부의 일그러짐과 날카로워짐. 완전히 다물리지 않고 벌어짐. 선단부에 종양 같은 물질이 생김 등'의 문제로 '절단 후 병원체에 감염되어 발병하거나 사망할 위험도 있다.'[36] 신체 손상을 막기 위해 소와 돼지의 뿔이나 이빨을 자르듯이 병아리의 부리를 자르는 것도 후에 열악한 사육 환경에서 스트레스를 받은 닭들이 서로 쪼거나 잡아먹는 사태를 방지하기 위한 조치다. 동물 업계는 이처럼 스트레스의 원인을 없애는 대신 스트레스로 인한 행동을 미연에 방지하는 방침으로 일관한다.

34　Agence France-Presse (2020) "France moves to ban mass live-shredding of male chicks," *The Guardian*, https://www.theguardian.com/world/2020/jan/29/france-moves-to-ban-mass-live-shredding-of-male-chicks(2020년 3월 19일 접속).

35　부리를 자를 때 레이저를 쏘는 방식이 고온의 칼로 긋는 것보다 복지적이라고는 하지만 그 역시 닭의 행동에 악영향을 미친다. R. M. Marchant-Forde, A. G. Fahey, H. W. Cheng (2008) "Comparative effects of infrared and one-third hot-blade trimming on beak topography, behavior, and growth," *Poultry Science* 87(8): 1474-1483 및 Milou J. Angevaare, Sander Prins, Franz Josef van der Staay, Rebecca E. Nordquist (2012) "The effect of maternal care and infrared beak trimming on development, performance and behavior of Silver Nick hens," *Applied Animal Behavior Science*, 140: 70-84 참조.

36　다바타 미키, 오비 다케시, 다카세 고조 (2018) 〈부리 절단 처치 후 부리의 이상이 알 닭의 체중, 산란 성적(산란 수, 알의 무게) 및 사료 섭취 기능에 미치는 영향〉, 《닭의 질병 연구 회보》, 54(1): 1-4.

그렇다면 스트레스를 주는 사육 환경이란 어떤 것일까. 산란기를 맞이한 암탉은 일반적으로 배터리battery 케이지라고 불리는 철조망 우리에 갇힌다. 우리 면적은 6마리용의 경우 40×50센티미터, 2마리용의 경우 24×40센티미터[37]로 각기 다른데, 마리당 면적은 보통 400제곱센티미터 안팎에 불과해 닭들은 움직일 수 없으며 약한 닭은 가끔 동료 밑에 깔리기도 한다. 둥지를 틀 수 없게 된 닭은 당혹감에 빠지고 산기를 참으며 케이지를 벗어나기 위해 서로 싸운다. 낳은 알은 경사진 철조망 바닥에서 벨트 컨베이어로 굴러가기에 어미 닭이 품어 데울 수 없다. 발톱은 자랄 대로 자라 철망에 감기고 다리는 다치고 부러져 변형에 이른다. 철망을 통과해 바닥에 모인 배설물에서는 암모니아가 발생해서 암탉은 브로일러와 마찬가지로 호흡기 질환이나 각막염에 걸리고 나아가 실명에 이른다. 유럽 각국에서 배터리 케이지를 개량하거나 폐지하는 방향으로 나아가고 있으나 추산에 따르면 전 세계 달걀의 약 80퍼센트는 케이지에서 사육되는 닭이 낳은 것이고[38] 일본에서는 배터리 케이지의 사용률이 95퍼센트를 넘는다.[39]

한편 케이지에서 크는 닭은 물론이고 평지에서 크는 닭도 피할 수 없는 관행 중에서 강제 털갈이가 있다. 자연에서라면 닭은 가을이 되면 털갈이를 하고 알을 낳지 않는 휴산기에 접어들었다가 겨울이

---

37 일본자손기금 편집 (2003) 110쪽.

38 Canadian Coalition for Farm Animals (2005) "Battery Cages and the Welfare of Hens in Canada: A Summary of the Scientific Literature," https://www.humanefood.ca/pdf%20links/BatteryReport.pdf. [2024년 3월 현재 접속 가능 웹페이지 https://www.vancouverhumanesociety.bc.ca/wp-content/uploads/Battery-Cages-and-the-Welfare-of-Hens-in-Canada-Factsheet-v3.pdf]

39 축산기술협회 (2015c) 《2014년도 국산 축산물 안심 확보 지원사업(쾌적함을 고려한 가축의 사육 관리 추진 사업), 젖소의 사육 실태 앙케이트 조사 보고서》, 4쪽.

지나 다시 알을 낳기 시작한다. 양계 농가는 알의 품질이나 산란율이 떨어진 닭에게 강제로 털갈이를 시켜 다시 질 좋은 알을 얻고자 한다. 암탉은 먹이를 빼앗기고 때로는 물 공급도 끊긴 채 털을 잃는다. 체중이 약 70퍼센트까지 줄고 면역력은 떨어져 감염증이 퍼진다. 기아에 빠진 닭은 서로의 깃털을 먹기 시작한다. 굶주림과 충격으로 많은 닭이 목숨을 잃지만 살아남은 닭은 산란 능력을 되찾아 계속해서 알을 낳는다.

알을 원하는 인간의 지칠 줄 모르는 욕망은 닭의 생리 기능까지 파괴했다. 야생종 닭이 1년에 10개 안팎의 알을 낳는데 비해 채란업에서 이용되는 닭은 품종 개량의 결과 1년에 300개의 알을 낳는 몸이 되었다. 생후 5개월 이후부터 미성숙한 몸으로 끊임없이 커다란 알을 낳는다. 그러다 산란에 실패하면 난관이 막히거나 자궁이 빠지고, 탈출구 없는 과밀한 환경 속에서 밖으로 노출된 자궁은 동료에게 쪼아먹힌다. 자궁의 상처는 심한 통증, 감염, 죽음을 초래한다. 그뿐 아니라 알껍데기를 만드는 데는 체내의 칼슘이 필요하기에 산업용 암탉은 중증 골연화증과 골다공증을 앓아 생활 속에서나 이동 중에 간혹 뼈가 부러진다. 심신이 한계에 달한 그들은 생후 18개월 정도면 '폐계'로 도살된다. 육용이 아닌 닭의 몸은 경제적 가치가 없으므로 업자는 난폭하게 그들을 이송용 상자에 담는다. 빈사 상태로 도살장에 보내진 닭은 부러진 뼈가 살을 찔러 옴짝달싹도 못하는 상태에서 최후의 순간을 기다리는데, 그러는 동안에도 계속 알을 낳는다.

어패류

1981년, 소형 범선 '혜성(호키보시ほうき星)'호에 탑승한 항해사 우

에무라 아키라上村彰는 쓰시마 해협에서 바라본 광경을 다음과 같이
기록했다.

> 밤, 어선 70~80척 정도가 발하는 등불과 그 빛살이 북쪽에서 남동쪽을
> 빙 둘러싸고 있다. 마치 네온 빛이 소용돌이치는 대도시가 해상에 들어
> 선 듯하다. 그러니 편히 잠들 수 있을 리 없다. 어선들 틈새를 누비며 달
> 리는데 엄청난 숫자의 집어 조명에 눈앞이 아찔할 정도다. 신음하는 듯
> 한 엔진과 발전기의 다중주가 '우웅' 하며 바다와 대기에 묘한 진동을 일
> 으킨다. 하늘은 대낮처럼 밝고 별은 거의 보이지 않는다.
> 이곳은 결코 바다 위가 아니다. 인간이 빚은 엔진 소리와 전기 조명과
> 폐기물로 메워진 공간, 생명으로 돈을 생산하기 위한 거대 공장이다. 공
> 장을 돌리는 자는 소박한 어민이 아니다. 생물 생태계에서는 일개 소비
> 자로서 자원 낭비에 광분하는 자칭 문명인일 뿐이다.[40]

위의 글에는 기계화와 대규모화를 이룬 현대 어업이 바다의 풍
경을 확 바꾼 모습이 생생하게 묘사되어 있다. 육지에 사는 우리가 모
르는 사이에 농업의 공업화와 함께 어업의 공업화도 나란히 진행되
었다. 생선의 영양 가치가 각광을 받아 세계에서 어패류 소비량이 계
속 늘어나자 그 막대한 수요에 힘입어 어업은 거대 산업이 되었다.
1950년 약 1900만 톤이었던 포획량이 2000년에는 9500만 톤까지
치솟았으며, 어패류량의 감소를 어업 기술의 진보가 상쇄하여 이후

---

40 사오 가즈코, 단고 레이코, 네모토 미노루 편집 (1995)《플라스틱의 바다: 위협받는
    바다 생물들》, 해양공학연구소출판부, 114-115쪽.

에도 매년 거의 같은 양의 어패류가 잡히고 있다.[41] 바다는 넓다지만 이토록 무분별한 포획에 생물이 버틸 수 있을 리 없다. 긴 세월에 걸친 상업 어업이 대형 육식어의 약 90퍼센트를 잡아 없앴다는 말마저 나돈다.[42]

전통 낚시로 꼽히는 외줄낚시도 버드 레이더bird radar[43]나 어군탐지기, GPS 같은 하이테크 기술과 조합하면 물고기 떼를 효율적으로 발견해서 한 마리도 남김없이 낚아 내는 파괴력을 발휘할 수 있다.[44] 가다랑어 같은 작은 어종은 잡히는 족족 뒤로 내던져지며 갑판에 부딪쳐 몸에 손상을 입는다. 다친 물고기들은 괴로움에 몸부림치지만 곧장 얼음이 든 상자에 미끄러져 들어가 숨도 못 쉬고 서서히 죽어 간다. 참다랑어 같은 대형 어종을 노린 외줄낚시에서 몇 시간에 걸친 물고기와의 '격투'를 자랑하는 낚시꾼도 있는데, 장시간의 전투는 물고기에게는 고문일 뿐이다. 다랑어는 공포에 질려 버둥거리면 색이 변해 품질이 떨어지므로 낚자마자 죽이는 것이 업계의 철칙인데, 경매에 나온 다랑어 가운데는 종종 심하게 변색된 것들이 눈에 띈다. 그들

---

41 "FishstatJ," Food and Agriculture Organization of the United Nations, http://www.fao.org/fishery/statistics/software/fishstatj/en에서 입수 가능(2019년 3월 24일 접속). [2024년 3월 현재 접속 가능 웹페이지 https://www.fao.org/fishery/en/publications/263143]

42 Ransom A. Myers and Boris Worm (2003) "Rapid Worldwide Depletion of Predatory Fish Communities," *Nature* 423(6937): 280–283.

43 [옮긴이] 새가 모인 바다 밑에는 항상 물고기가 있으므로 낚시 전에 일단 새를 탐지할 수 있는 버드 레이더로 새 떼를 찾는다. 특히 참치 선망 어선은 버드 레이더를 비롯한 각종 첨단 장비를 갖추고 있다.

44 일본어에서 '생선魚'은 '술안주肴', 즉 식재료를 연상시킨다. 여기서는 동물 이야기를 하고 있으므로 어류를 일관되게 '물고기'라고 부르겠다.

이 고통으로 가득 찬 죽음을 맞이했다는 증거다. 더불어 정어리, 샛줄 멸, 오징어처럼 생미끼로 쓰이는 어패류도 고통을 겪는다. 이들은 이 송이나 항해 과정에서 대부분 신체 손상이나 수온 상승, 산소 부족으로 목숨을 잃는다.

수백에서 수천 미터에 이르는 거대한 띠 모양 그물로 물고기 떼를 에워쌌다가 밑부분을 오므려 단번에 끌어올리는 선망 어업 방식으로는 외줄낚시 1년 치에 맞먹는 물고기를 하루 만에 포획할 수 있다. 선망 포획이 일반화된 결과 다랑어류 등은 지난 수십 년 사이 멸종 위기에 처했고 참다랑어는 어업이 없던 시절의 2.6퍼센트까지 숫자가 줄어들었다.[45] 가다랑어는 번식력이 강하고 성장도 빨라 많이 잡더라도 숫자가 줄지 않는다는 믿음이 있었다. 그러나 선망 포획량은 1950년에 16만 5천 톤, 1995년에는 그 10배가 넘는 170만 톤, 2021년에는 2배에 육박하는 306만 톤으로 급증하여 가다랑어를 존속 위기로 몰아넣었다.[46] 가다랑어 숫자가 줄어든 증거로 일본 연안부의 외줄낚시 포획량이 최근 20년 사이 4분의 1까지 감소한 것을 들 수 있다. 선망 어업은 규모도 규모지만 물고기가 겪는 죽음과 고통이 어마어마하다. 패닉 상태에 빠진 물고기들은 그물에 감겨 상처를 입는다. 그물을 끌어올리면 몇 톤에 달하는 물고기가 한데 포개져 질식과 압사로 최후를 맞이한다. 더욱이 선망은 방대한 '혼획'으로도 악명이 높다. 동태평양의 황다랑어 잡이는 황다랑어와 함께 헤엄치는 돌고래를 혼획하는

45   ISC (2016) *Annex 9: 2016 Pacific Bluefin Tuna Stock Assessment. Report of the Pacific Bluefin Tuna Working Group*, Sapporo, Hokkaido, Japan: International Scientific Committee for Tuna and Tuna-Like Species in the North Pacific Ocean.

46   "FishstatJ."

바람에 회복하기 힘들 만큼 돌고래 수가 줄었다.[47] 한편 오스트레일리아의 다랑어 어선은 매년 바다거북과 상어류 수십 만 마리를 혼획하고 사체를 쓰레기로 바다에 투기한다.[48]

그렇지만 해양에서 무차별 살육을 자행하는 것만으로는 저인망 어업을 이길 수 없다. '바다의 불도저'라고도 불리는 저인망은 해저를 지나면서 온갖 생물을 집어삼켜 산호, 해면, 해조 등으로 이루어진 어패류 서식지와 산란 장소—수백 년에 걸쳐 조성된 생태계—를 단 한 번의 조업으로 파멸시킨다. 그 효율성 때문에 저인망 어업은 이제 세계 최대의 포획량을 자랑하는데, 그로써 파괴되는 해역 면적은 매년 세계 삼림 벌채지의 150배, 미합중국 본토의 2배에 달한다.[49] 저인망에 걸린 물고기는 몇 시간 동안 해저를 끌려다니면서 딸려 온 돌이나 산호에 비늘을 깎인다. 끌어 올려질 때는 수압 변화로 부레가 팽창하여 내장이 터지는 한편 혈관은 기포에 막혀 출혈이 생기고 안구, 직장, 식도가 밖으로 튀어나온다.[50] 심지어 그렇게 죽을 고생을 시켜 놓고서도 어업자는 저인망에 걸린 어패류 대부분을 무가치한 혼획물로

47   Philippe Cury, Yves Miserey (2008) *une mer sans poisons*, Calmann-Lévy. 하야시 마사히로 옮김, 가쓰카와 도시오 감수 (2009) 《물고기 없는 바다》, NTT 출판, 101-103쪽.

48   Sarah Michael (2016) "How your tuna salad is killing the ocean: Greenpeace video shows horrific fishing methods used to catch fish," *Daily Mail*, https://www.dailymail.co.uk/news/article-2810563/How-tuna-salad-killing-ocean-Greenpeace-video-shows-horrific-fishing-methods-used-catch-fish.html(2020년 3월 24일).

49   Murray Patterson and Derrylea Hardy (2008) "Economic Drivers of Change and their Oceanic-Coastal Ecological Impacts," In Murray Patterson and Bruce Glavovic, ed. *Ecological Economics of the Oceans and Coasts*, Cheltenham: Edward Elgar, p. 204.

50   Jonathan Balcombe (2017) *What a Fish Knows: The Inner Lives of Our Underwater Cousins*, New York: Scientific American, pp. 219-220.

투기하는데, 새우잡이에서는 그 숫자가 원래 어획 대상의 10배에 육박한다.[51]

대규모 어업으로 바다 생물이 소멸의 길을 걷는 가운데 여전히 늘어나는 수요를 충족하고자 양식업이 성장했다. 1970년에 식용으로 소비되는 어패류의 5퍼센트를 공급하는 데 지나지 않았던 양식업이 이제는 약 47퍼센트를 공급하기에 이르러[52] 현재 세계 생산량에서 양식어가 차지하는 비율은 새우 55퍼센트,[53] 연어 70퍼센트,[54] 장어 90퍼센트[55]에 달한다.

육지 축산장처럼 양식장도 과밀 사육이 문제다. 양식장에서는 길이 70센티미터를 넘는 연어가 욕조만 한 공간에 한두 마리의 밀도[56]로 수용되고 30센티미터급 송어는 같은 넓이에 무려 27마리 단위[57]로 갇

51   이를테면 Margot L. Stiles, Julie Stockbridge, Michelle Lande, Michael F. Hirshfield (2010) "Impacts of Bottom Trawling on Fisheries, Tourism, and the Marine Environmen," *Oceana*, https://oceana.org/sites/default/files/reports/Trawling_BZ_10may10_toAudrey.pdf 참조(2020년 3월 25일 접속).

52   FAO (2018) *The State of World Fisheries and Aquaculture 2018: Meeting the sustainable development goals.* Rome. Licence: CC BY-NC-SA 3.0 IGO.

53   World Wildlife Fund (n.d.a) "Farmed Shrimp," https://www.worldwildlife.org/industries/farmed-shrimp(2020년 3월 25일 접속).

54   World Wildlife Fund (n.d.b) "Farmed Salmon," https://www.worldwildlife.org/industries/farmed-salmon(2020년 3월 25일 접속).

55   시라이시 히로미, 비키 크룩 (2015) 《장어 시장의 동태: 동아시아에서의 생산·거래·소비 분석》, 트래픽.

56   존 험프리스 지음, 나가이 기쿠코, 니시오 유코 옮김 (2002) 《광식狂食의 시대》, 고단샤, 154쪽. [한글본] 홍한별 옮김, 《위험한 식탁: 이대로 먹을 것인가?》, 르네상스, 2004.

57   Philip Lymberly (2002) "In Too Deep: Why Fish Farming Needs Urgent Welfare Reform," Compassion in World Farming, https://www.ciwf.org.uk/media/3818689/in-too-deep-summary.pdf (2020년 3월 25일 접속).

힌다. 물고기는 가두리 안에서 서로 충돌하는데 그 스트레스로 치고받고 싸워 상처투성이가 된다. 밀집한 환경 탓에 바다물이sea lice라는 기생충도 만연하여 물고기의 지느러미나 몸, 안구에 손상을 입힌다. 감염을 막기 위해 항생물질과 살충제를 대량 투입하지만 양식장에서 10~30퍼센트의 사망률 정도는 허용 범위 안이다.[58]

　번식을 시킬 때는 주로 작업원이 암컷 물고기를 건져 올려 복부를 압박하고 그렇게 해서 짜낸 알을 용기에 회수하는 방법을 쓴다. 물고기는 물로 되돌아갈 때까지 공포와 질식으로 몸부림친다. 새우나 일부 어종의 경우 번식에 야생 개체를 이용하기도 한다. 다랑어의 경우 치어나 산란 후의 성어를 선망어업으로 잡고 가두리에 가둬 수개월에서 수년간 비육한다. 축양이라고 하는 이런 '불완전 양식'은 야생 생물이 향유하던 자유를 빼앗고 그들의 멸종 위기에 박차를 가한다. 또 일부 양식의 경우 알의 품질을 향상시킨다면서 7개월에서 8개월간 양식용 물고기를 기아 상태에 둔다.[59] 그리고 물속이 분뇨로 오염되는 일을 줄이고자 도살을 앞둔 물고기도 약 10일간 기아 상태에 두는데, 가뜩이나 스트레스가 쌓인 육식어들은 먹이마저 빼앗긴 채 동종 포식의 참극을 벌인다.[60]

　끝으로 신선함을 추구하는 사람들의 욕망은 잔혹한 문화를 형성했다. 어시장에서는 수조나 톱밥 속에 자유를 빼앗긴 갑각류가 갇혀 있고 문어도 산 채로 얼음에 재워져 있다. 해물 음식점에서는 아무것

58　Balcombe, 2017, p. 216.

59　Balcombe, 2017, p. 218.

60　Mark Hawthorne (2013) *Bleating Hearts: The Hidden World of Animal Suffering*, Winchester: Changemakers Books, pp. 334.

도 없는 수조에 살아 있는 어패류가 갇혀 있고 그들은 조리 과정에서 종종 의식이 붙은 채 손질되기도 한다. 일본에서는 신선함을 너무 숭배한 나머지 산 어패류의 살을 얇게 저며 먹는가 하면 숨이 붙은 어패류를 통째로 먹거나 다져 먹는 문화가 생겼다. 일본 요리에서는 대하 따위를 산 채로 굽고 서양 요리에서는 랍스터가 같은 식으로 고문당는다. 물에 사는 생물을 둘러싼 윤리 문제는 이제껏 거의 논의된 적이 없기에 그들의 처지는 아직도 절망적인 수준이다.

지금까지 식용으로 공급되는 동물의 일상을 요점만 간추려 살펴보았다. 여기 적은 것은 어디까지나 제도권에서 이루어지는 동물 이용 실태이며 예외적인 학대가 아니다. 실제로 동물 옹호에 종사하는 활동가들은 축산장이나 도살장에 동물 학대가 만연한 실태를 규명해 왔다. 일본 기업에 관한 사례만 보더라도 2012년에는 이토햄伊藤ハム과 거래하는 양돈장에서 돼지를 마구 걷어차는 등의 학대가 횡행한다는 사실이 폭로되었다.[61] 2012년에는 니혼햄日本ハム과 큐피キユーピー의 계약 농장에서 처참한 학대가 이루어진 사실도 발각되었다.[62] 일본에서 여러 축산장과 도살장을 목도한 전직 직원의 증언에 따르면 '업무 중 폭력 행위는 일상화되어 있다'[63]고 한다. 그 밖에 도살장에서 미

61 The Humane Society of the United States (2012) "Shocking Animal Cruelty at Tyson Foods Supplier," https://www.youtube.com/watch?v=bNY4Fjsdft4(2021년 10월 4일 접속).

62 니혼햄에 관해서는 PETA (2021a) "Piglets Slammed Into Concrete, Left to Die at Nippon Ham Farm in Japan," https://investigations.peta.org/nippon-ham-pig-farm-japan/, 큐피에 관해서는 PETA (2021b) "Kewpie, Ditch Eggs! Video Exposé Shows Cruelty to Chickens for Mayo," https://investigations.peta.org/miyapo-egg-farms-japan/ 참조(2021년 10월 4일 접속).

63 2020년 7월 30일 청취.

처 기절하지 못한 동물이 산 채로 겪는 열탕 처리와 박피, 거의 매달 일어나는 축사 화재와 감염 폭발에 따른 일제 살처분 등 이른바 '사고' 내지 '예기치 못한 사태'도 사실상 일종의 관행이 되었다. 여기서는 특별히 인간의 식생활과 관련이 깊은 동물종으로 이야기를 한정했으나 그 밖에도 푸아그라를 생산하기 위해 살을 찌우는 거위나 오리, 캐비아 용으로 알을 빼앗기는 철갑상어, 지느러미를 뜯기는 상어류 등 무수한 동물이 식용 목적으로 이용되어 저마다 독자적인 곤경에 처해 있음을 잊으면 안 된다. 나아가 이 절에서는 이용되는 동물 각자의 처지로만 논점을 좁히고 각 산업이 일으키는 다른 문제는 굳이 언급하지 않았다. 그 점은 뒷장에서 자세히 설명하겠다.

동물실험

식용 이용과 함께 동물 윤리에서는 과학에서의 동물 이용을 큰 주제로 다룬다. 고대 그리스 시대부터 이루어졌던 동물실험은 17세기에 실험 과학 이론이 체계화된 후 과학의 기본적인 연구 방법으로 뿌리내렸고, 20세기에 산학이 통합되자 다양화·대규모화를 맞았다. 오늘날 세계에서 적어도 연간 1억 1500만 마리의 동물이 실험에 이용되는 것으로 알려졌으며, 동물실험 횟수로 보면 미국·일본·중국은 전세계 상위 3개국으로 꼽힌다.[64] 동물 옹호 활동에 힘입어 화장품 개발

---

64 Cruelty Free International (n.d.) "Facts and figures on animal testing," https://crueltyfreeinternational. org/about-animal-testing/facts-and-figures-animal-testing(2020년 3월 25일 접속). 그러나 다른 연구에 따르면 미국에서만 족히 1억 마리 이상의 동물이 실험에 쓰이는 것으로 추산

실험 등에서는 규제 내지 철폐되는 경향이 나타나고는 있지만 많은 나라에서 동물실험 횟수가 1980, 1990년대와 다르지 않거나 오히려 증가하고 있다.[65]

실험용 동물은 대부분 번식업자가 공급하는데 염소나 돼지는 축산 농가에서 구입하는 반면 영장류 등은 자연계에서 포획하거나 동물원에서 구입하는 방식으로 공급이 이루어진다. 미국 매사추세츠주에 근거지를 둔 찰스 리버 연구소는 일본 외에도 14개국의 연구 시설에 실험용 동물을 공급하는 세계 최대의 번식 업체인데, 허술한 관리로 동물을 죽음에 이르게 하는 등 동물복지법을 무수히 위반해 왔다. 한편 야생동물 포획으로 시선을 돌리면, 멸종위기에 처한 야생 동식물의 국제 거래에 관한 협약(워싱턴 협약, CITES) 부속서 II는 실험을 위한 야생동물 매매를 규제하지 않아 필리핀원숭이가 거래되고 있으며 그 밖에도 희소종을 비롯한 많은 영장류가 거래된다.[66]

연구 시설에서는 개체를 식별하기 위해 동물에게 귀표 부착이나 이어펀치(귀에 식별용 구멍을 뚫는 조치), 꼬리 혹은 귀 문신, 손·발가락 절단 등의 방법을 쓴다. 모두 고통이 따르는 시술이지만 마취를 한다는 보장은 없다. 미국 약학대학에서 일했던 전직 연구자는 햄스터의 이어펀치를 이렇게 회상한다.

되어 이 추계치는 너무 낮게 잡은 것일 가능성도 부정할 수 없다. Larry Carbone (2021) "Estimating mouse and rat use in American laboratories by extrapolation from Animal Welfare Act-regulated species," *Scientific Reports* 11(493), https://doi.org/10.1038/s41598-020-79961-0 참조 (2021년 12월 21일 접속).

65   Cruelty Free International, n.d.

66   Hawthorne, 2013, pp. 177–178.

많은 햄스터가 비명을 지르면서 깨물려고 했다. 가끔 펀치가 완전히 다 물어지기 전에 햄스터가 무리하게 고개를 흔들면 귀가 찢어지기도 했다. 그럴 때면 다른 쪽 귀에 새로 구멍을 뚫거나 다른 기호(오른쪽 귀가 찢어지면 '오른쪽 ×'라고 한다든지)를 식별 ID로 삼았다.[67]

실험용 동물은 사육실 케이지에서 생활한다. 케이지의 크기는 동물의 몸길이에 따라 다른데 7센티미터인 마우스는 20×35×14센티미터, 20센티미터인 래트는 25×40×20센티미터, 40센티미터인 개는 70×80×80센티미터 크기에 수용되어 자유로운 행동이 거의 불가능하다. 실험용으로 교배된 마우스와 래트도 자유가 허락되면 바로 야생 행동을 되찾는다고 한다. 그러니 고를 수만 있다면 동물도 넓고 다채롭고 친구가 있는 환경을 고르려고 하겠지만,[68] 실험 시설의 사육 공간은 모든 욕구를 부정한다. 좁고 단조롭고 고독한 환경에 놓인 동물은 스트레스에 시달린 결과 같은 장소를 맴돌거나 몸을 흔들고 피부가 벗겨질 때까지 케이지 창살에 몸을 비비는 등의 정형행동[69]을 보인다. 사육 환경에 따른 마우스의 스트레스를 조사한 연구에서는 표준 케이지에 수용된 마우스가 항불안제가 든 물을 섭취하려고 한다

67 Michael A. Slusher (2016) *They All Had Eyes: Confessions of a Vivisectionist*, Danvers, MA: Vegan Publishers, p. 117.

68 Jonathan Balcombe (2006) "Laboratory environments and rodents' behavioural needs: a review," *Laboratory Animals* 40(3): 217–235.

69 [옮긴이] 동물이 극심한 스트레스를 받을 때 보이는 이상 행동을 말한다. 목적이 없는 행동을 강박적으로 반복하는데 주로 사육되는 동물에게서 나타난다. '상동행동'이라고 할 수도 있지만 동물에 관해서는 '정형행동'이라는 말을 더 많이 쓴다. 상동행동은 자폐아 등 인간의 행동을 설명할 때 많이 쓰인다.

는 사실이 확인되었다.[70] 실제로 연구 시설에서는 사육 환경 외에도 인간의 출입, 케이지 청소, 실험자의 거친 손길, 체중 측정이나 채혈 등 동물에게 불안과 공포를 주는 스트레스 요인이 무수히 존재한다. 실험은 둘째 치고 연구 시설에서의 일상생활 자체가 동물에게 견디기 힘든 고통을 낳는다.

행동 연구

동물실험이라고 하면 의료 관련 실험을 맨 처음 떠올리는 사람이 많겠지만, 다른 한편에는 질병 치료나 의약품 개발로 직결되지 않는 방대한 기초 연구가 있다는 사실을 잊으면 안 된다. 심리학이나 신경과학 분야에서는 인간의 행동이나 정신 기능을 더 깊이 이해하기 위해 동물실험을 해 왔다. 절망과 공격성을 조사하기 위해, 사랑과 교류의 의의를 확인하기 위해 또는 여러 정신질환에 관한 식견을 늘리기 위해 동물은 인간의 지식이 허락하는 한 온갖 기괴한 장치 아래에 놓여 때로는 인위적으로 정신이 파괴된 채 행동을 관찰당한다.

이제는 동물 윤리학과 심리학 양쪽에서 '고전' 사례가 된 연구로 미국의 심리학자 해리 F. 할로우의 '모성 박탈' 실험이 있다. 할로우는 모자 간 사랑의 형성 요인을 밝히고자 1950년대부터 1970년대에 걸쳐 갓 태어난 붉은털원숭이 새끼를 어미와 격리시켜 다양한 실험에 활용했다. 우리에 갇힌 원숭이 새끼가 천으로 몸을 덮으려 하는 것에 주목한 할로우는 나무토막에 천을 두르고 젖병을 달아 '대리모'를 만

---

70 C. M. Sherwin and Anna Olsson (2004) "Housing conditions affect self-administration of anxiolytic by laboratory mice," *Animal Wwelfare* 13(1): 33–38.

들고 철망으로 같은 모양의 대리모를 또 하나 만들어 새끼 원숭이가 어느 쪽을 선호하는지 관찰했다. 새끼 원숭이는 전자를 선호했고 철망 대리모에게서만 모유를 얻을 수 있는 상황에서도 결과는 바뀌지 않았다.

헝겊이 새끼에게 안정감을 준다는 사실을 깨달은 할로우는 대리모를 '괴물'로 바꾸면 새끼 원숭이를 우울증에 빠뜨릴 수 있을지도 모른다고 생각했다. 그래서 그 '매력적인 발상'[71]을 실현하기 위해 이번에는 천 대리모와 똑같이 생긴 괴물 네 개를 만들었다. 첫 번째 괴물은 품에 안긴 새끼 원숭이를 압축 공기로 날려 버리려 했다. 하지만 새끼 원숭이는 공포에 질려 더 세게 대리모에게 매달렸다. '그러나 우리는 포기하지 않았다'라고 할로우는 술회한다.[72] 두 번째 괴물은 몸을 강하게 털었다. 하지만 머리가 마구 흔들리는데도 새끼 원숭이는 떨어지지 않으려고 세게 매달렸다. 세 번째 괴물은 복부에서 철제 프레임을 발사하여 새끼 원숭이를 밀어젖혔다. 하지만 새끼 원숭이는 프레임이 대리모의 몸에 들어가기를 기다렸다가 다시 매달렸다. 네 번째는 괴물은 '고슴도치 엄마'였는데 이것은 복부에서 날카로운 가시가 튀어나왔다. 그래도 새끼 원숭이들은 가시가 사라지기를 기다렸다가 다시 대리모에게 매달렸다.

괴물 대리모로 새끼 원숭이의 정신을 파괴하지 못한 할로우는 '진짜 괴물 엄마'[73]를 만들기로 했다. 완전히 격리된 환경에서 자란 암

---

71 Harry F. Harlow and Stephen J. Suomi (1970) "Induced Psychopathology in Monkeys," *Engineering and Science* 33(6): p. 9.

72 Ibid.

73 Harlow and Suomi, 1970, p. 10.

컷 원숭이를 강제로 임신시켜 출산 후 행동을 관찰하는 실험이 시작되었다. '3분의 2 이상의 원숭이가 **부적절하거나 부덕한** 어미[74]가 되었다. 몇 마리는 자신이 낳은 새끼를 방치한 데 그쳤지만, 다른 여러 마리는 새끼의 두개골을 씹어 으깨거나 새끼의 얼굴을 바닥에 내팽개치고 앞뒤로 문지르는 등의 공격 행동을 보였다. '그런데 정신 치료의 관점에서 흥미로운 사실은 이 괴물 엄마 밑에서 자라는 새끼 원숭이가… 죽임을 당할 때까지 포기하지 않았다는 점이다'라고 할로우는 유쾌한 어조로 말한다.[75]

그 밖에도 할로우는 다양한 모성 박탈 실험을 진행했고 그가 죽은 후에는 후계자들이 같은 종류의 실험을 이어 나갔다. 21세기인 오늘날에도 모성 박탈과 신체활동의 관계,[76] 모성 박탈과 니코틴 섭취의 관계,[77] 모성 박탈과 알코올 섭취의 관계[78] 등 여러 가지 설정 속에서 유사한 연구가 이루어진다. 시가滋賀 의과대학의 후치가미 다카히로渕上孝裕, 고야마 나쓰小山なつ, 히토시 세이지等誠司 등이 진행한 공포 기억

---

74   Ibid. 강조는 인용자.

75   Ibid.

76   Priscila Marques Sosa, Ben-Hur S. Neves, Guilherme Salgado Carrazoni, Gabriela Mendes Gomes, Gabriel Del Rosso, Bruna Piaia Ramborger, Rafael Rohers, Pâmela Billig Mello-Carpes (2019) "Maternal Deprivation Induces Memory Deficits That Are Reduced by One Aerobic Exercise Shot Performed after the Learning Session," *Neural Plasticity* 2019(3608502): 1–11.

77   Hong Wang and Marjorie C. Gondré-Lewis (2013) "Development of CA1, CA3, and Dentate Gyrus Neurons in Hippocampus of Infant Rats," *PLoS One* 8(6): 1–16.

78   Sara Peñasco, Virginia Mela, Jose Antonio López-Moreno, María-Paz Viveros, Eva M. Marco (2015) "Early Maternal Deprivation Enhances Voluntary Alcohol Intake Induced by Exposure to Stressful Events Later in Life," *Neural Plasticity* 2015(342761): 1–10.

연구에서는 어린 마우스가 부모 형제로부터 격리된 후 공포 반응을 심어 주는 전기 충격에 노출되었다.[79] 보에이防衛 의과대학의 도다 히로유키戸田裕之 등에 의한 유년기 환경과 PTSD에 관한 연구에서도 어미와 떨어진 래트가 전기 충격을 받은 뒤 피할 수 없는 고통에 저항하지 않는 '학습성 무력' 상태에 빠졌다.[80]

심리학과 정신과학의 영역에서 눈에 띄는 것은 중복 실험이 많다는 점으로, 전형적인 사례로 모성 박탈 이외에 공감 연구를 꼽을 수 있다. 과학자들은 인간 이외의 동물도 공감을 나타내거나 이타적으로 행동할 수 있는지 수십 년에 걸쳐 연구했다. 일찍이 1950년대에는 미국 브라운 대학의 러셀 M. 처치가 래트 실험을 진행했다.[81] 처치는 레버를 누르면 먹이가 주어지는 장치를 래트에게 학습시켰다. 이어서 레버를 누르면 이웃 케이지의 래트에게 전기 충격이 가해지는 장치를 만든 뒤, 레버 훈련을 받은 래트가 먹이를 얻기 위해 이웃 래트에게 고통을 주는지 아니면 고통을 주지 않기 위해 공복을 견디는지 관찰했다. 래트는 이웃 친구가 고통을 받는다는 것을 알자 레버를 누르지 않았다.

이후 먹이를 위해 친구에게 고통을 주는지 친구를 위해 먹이를

79 Kenny Anak Daun, Takahiro Fuchigami, Natsu Koyama, Noriko Maruta, Kazuhiro Ikenaka, Seiji Hitoshi (2020) "Early Maternal and Social Deprivation Expands Neural Stem Cell Population Size and Reduces Hippocampus/Amygdala-Dependent Fear Memory," *Frontiers in Neuroscience* 14(22): 1–14.

80 도다 히로유키 (2018) 〈과학 연구비 조성 사업 연구 성과 보고서, 유전·환경 요인의 상호 작용이 PTSD에 미치는 영향과 그 병태 규명〉, https://kaken.nii.ac.jp/ja/file/KAKENHI-PROJECT-15K09815/15K09815seika.pdf(2021년 12월 15일 접속).

81 Russell M. Church (1959) "Emotional reactions of rats to the pain of others," *Journal of Comparative and Physiological Psychology* 52(2): 132–134.

포기하는지에 관한 양자택일 실험이 심리학자와 신경과학자 사이에
서 크게 유행하여, 세부 조건만 바꿨을 뿐인 실험이 끝없이 되풀이되
었다. 1980년대에는 공감 연구의 일인자인 게이오기주쿠慶応義塾 대
학의 와타나베 시게루渡辺茂 등이 비둘기를 이용해 처치와 같은 실험
을 했다.[82] 2020년에는 네덜란드 신경과학연구소Netherlands Institute for
Neuroscience, NIN의 유렌 에르난데스-랄멍 등이 한쪽은 먹이만 주어지는
레버, 다른 한쪽은 먹이가 주어짐과 동시에 이웃 래트에게 전기 충격
이 가해지는 레버를 준비해 래트가 전자를 고르는 모습을 확인했다.
친구에게 전기 충격이 가해지는 레버를 누르면 먹이를 더 얻을 수 있
는 경우에도 래트는 그쪽을 피했다고 한다.[83]

　전기 충격이야말로 이 분야 동물 실험자에게는 최고의 벗일 텐
데, 그 밖에도 고문법이 있다. 2011년에는 시카고 대학의 신경과학자
장 데세티Jean Decety 등이 원기둥 모양의 용기에 래트를 가뒀다. 그러
고서 자유로운 래트가 용기에 갇힌 래트를 구하는지 아니면 초콜릿
이 든 다른 용기를 여는지 관찰했다. 래트는 친구를 구하고 초콜릿을
나눠 먹었다.[84] '이는 공감 능력에 따른 래트의 구조 행동을 입증하는
첫 증거입니다'라고 데세티는 자랑스럽게 말했다.[85] 이미 반세기 전에

82　Watanabe S. and Ono K. (1986) "An experimental analysis of 'empathic' response: Effects of pain
　　reactions of pigeon upon other pigeon's operant behavior," *Behavioral Processes* 13(3): 269–277.

83　Julen Hernandez-Lallement, Augustine Triumph Attah, Efe Soyman, Cindy M. Pinhal, Valeria Gazzola,
　　Christian Keysers (2020) "Harm to Others Acts as a Negative Reinforcer in Rats," *Current Biology*
　　30(6): 949–961.

84　Inbal Ben-Ami Bartal, Jean Decety, Peggy Mason (2011) "Empathy and pro-social behavior in rats,"
　　Science 334(6061): 1427–1430.

85　Rob Mitchum (2011) "Helping your fellow rat: Rodents show empathy-driven behavior," *Uchicago News,*

실험[86]으로 래트가 공중에 매달린 채 괴로워하는 친구를 구하는 모습이 확인되었는데도 말이다. 그래도 부족한지 간세이가쿠인関西學院 대학의 신경과학자 사토 노부야佐藤暢哉 등은 래트가 물에 빠져 죽어 가는 친구를 구하는지 먹을 것을 우선하는지 실험했다.[87] 결과는 '래트에게 고통받는 친구를 구하는 일은 음식을 얻는 일보다 가치가 높다'[88]라는 진즉에 알려진 사실이 재확인되었을 뿐이다. 끝으로 가와사키川崎 의료복지대학의 우에노 히로시上野浩司 등은 데세티와 거의 같은 용기에 마우스를 가둠으로써[89] 래트뿐만 아니라 마우스도 '구출**하는 듯한** 행동을 보였음을 세계 최초로 발견'했다.[90] 이쯤 되면 인간 사회의 실익

http://news.uchicago.edu/story/helping-your-fellow-rat-rodents-show-empathy-driven-behavior (2020년 4월 4일 접속. 강조는 인용자).

86 G. E. Rice and P. Gainer (1962) "'Altruism' in the albino rat," *Journal of Comparative and Physiological Psychology* 55(1): 123–125.

87 Sato, N., Tan, L., Tate, K., & Okada, M. (2015) "Rats demonstrate helping behaviour towards a soaked conspecific," *Animal Cognition* 18(5): 1039–1047.

88 간세이가쿠인 대학 (2015) 〈물에 빠진 벗에게 손을 내미는 래트: 래트의 구조 행동〉, https://www.kwansei.ac.jp/cms/kwansei/file/press/2015/0000071697.pdf(2020년 4월 4일 접속).

89 Hiroshi Ueno, Shunsuke Suemitsu, Shinji Murakami, Naoya Kitamura, Kenta Wani, Yosuke Matsumoto, Motoi Okamoto, Takeshi Ishihara (2019) "Helping-Like Behaviour in Mice Towards Conspecifics Constrained Inside Tubes," *Scientific reports* 9(1): p. 5817.

90 학교 법인 가와사키가쿠엔 (2019) 〈[연구 발표] 마우스도 곤란에 처한 동료를 구한다?! ~마우스가 타자를 돕는 듯 행동하는 것을 발견~〉 https://k.kawasaki-m.ac.jp/cgi-image/1399/1399_mPYCNHExahyAkinDuwMvBexVgHhkCezEgANiACAXuVzqogIwu.pdf(2020년 4월 4일 접속. 강조는 인용자). 기묘하게도 연구자는 동물에게 특정 심리 기능이 있는지 묻고 스스로 그 유무를 확인하는 선택지를 설정해 놓고서, 막상 동물이 해당 심리 기능이 있음을 시사하는 선택을 하자 '구출로 보이는 행동', '공감하는 듯한 행동'이라고 비단정적으로 기록했다. 그러므로 동물은 연구자가 제시한 선택지 중 무엇을 택하든 해당 심리 기능이 있음을 증명할 수 없는 셈이다.

과는 아예 동떨어진, 연구를 위한 연구라고 해도 좋지 않을까.

심리학자나 신경과학자가 인간 이외의 동물에게도 공감 능력이 있음을 확인하기 위해 앞으로 몇만 번 더 비슷한 실험을 되풀이해야 직성이 풀릴지 알 수 없다. 그런데 이 실험들은 한 가지 중요한 진실을 이야기해 준다. 마우스나 래트에게는 자신의 이익을 희생해서라도 친구를 구하는 강한 공감 능력이 갖춰져 있는 반면, 논문 작성이라는 이기적인 목표를 위해 그 모습을 희희낙락 관찰하는 실험자들에게는 털끝만큼의 공감 능력도 없다는 진실을.

의학 연구

의학 연구에서는 질병 메커니즘을 이해하고 치료법을 개발하기 위해서 동물실험을 한다. 인간이 앓는 병을 다른 동물이 자연적으로 앓는 일은 거의 드물거나 전무하므로 실험에서는 인위적으로 병을 재현한 '질환 모델' 동물을 쓴다. 동물 공급 업자는 비만·당뇨병·고혈압·관절염·뇌경색·백내장·피부염·면역 부전·암 등 다양한 질병에 걸린 동물을 제작하고 판매한다. 공급 업체 중 하나인 일본 SLC는 피부염 모델 마우스에 대해 '피부염을 일으키는 진드기를 붙여서 공급할 수도 있다'고 선전한다.[91] 또는 동물을 매입한 연구자들이 스스로 종양을 이식하거나 척수를 파괴해서 질환 모델을 제작하는 일도 드물지 않다.

그간 질환 모델 동물을 제작할 때는 동물의 피부나 내장에 상처

---

91 일본 SLC (n.d.) 〈실험 동물, 마우스〉, http://www.jslc.co.jp/animals/mouse.php(2020년 4월 5일 접속).

를 내거나, 질병을 일으키는 독물이나 사료를 먹이거나, 인간이 감염되는 병원체를 동물에게 감염시키는 등의 방법을 썼다. 그런데 유전자 편집(이하 GE) 기술이 등장해 혁신이 일어났다. GE 기술이 낳은 가장 초기의 질환 모델 동물로는 1980년대 하버드 대학의 분자생물학자 필립 레더Philip Leder와 티머시 스튜어트Timothy A. Stewart 등이 제작한 앙코마우스OncoMouse를 꼽을 수 있다. 이 마우스는 수정란일 때 다른 포유류로부터 추출한 암 유전자(앙코 유전자)를 주입받는다. 그로 인해 암컷의 경우 절반이 한 살 안에 유방암에 걸리는 등 높은 암 발병률에 시달리고 자손에게도 그 형질을 전달한다. 하버드 대학은 앙코마우스를 제작해 다세포생물 개발 부문에서 세계 최초로 특허를 취득했으며, 그 후 해당 마우스의 생산권·판매권을 듀폰DuPont에 팔아넘겼다. 이후로는 에이즈나 백혈병으로 고생하는 마우스나 알츠하이머병과 비슷한 증상을 보이는 마우스 등 인간에 의해 고통 유전자가 삽입된 동물이 잇따라 만들어지게 되었다.[92] 2009년에는 일본 실험동물중앙연구소의 사사키 에리카佐々木えりか와 게이오기주쿠 대학의 오카노 히데유키岡野栄之 등에 의해 GE 마모셋의 제작 기술이 확립되어 파킨슨병 모델이 만들어졌고, 근위축성측색경화증 모델 등도 개발되고 있다.[93] 2012년에는 지치自治 의과대학이 혈우병 돼지를 개발했다. 이

92 앙코마우스에 관한 상세한 내용은 F. Barbara Orlans, Tom L. Beauchamp, Rebecca Dresser, David B. Morton, and John P. Gluck (1998) *The Human Use of Animals: Case Studies in Ethical Choice*, New York: Oxford University Press 참조.

93 과학기술진흥기구JST, (재)실험동물중앙연구소, 게이오기주쿠 (2009) 〈유전자 편집 영장류 제작에 성공(영장류를 이용한 파킨슨병 등 난치병 연구가 가능해지다)〉, https://www.jst.go.jp/pr/announce/20090528/index.html(2020년 4월 6일 접속).

돼지는 '출혈을 일으키는 경향이 강해 유전자 세포 치료 등 차세대 치료법을 연구하는 데 적합한 모델 동물'이라고 한다.[94]

　　GE 기술에 의존하지 않는 질환 모델 제작법도 계속 개발되고 있다. 예를 들어 교토 대학의 야마나카 신야山中伸弥 등이 개발한 iPS 세포는 재생 의료에서의 응용이 기대되는데, 그 연구에 이용된 희생양 중에는 외과적 처치로 척수가 파괴된 동물이 있다. 게이오기주쿠대학의 오카노 등은 iPS 세포 기술에 의한 척수 손상 치료법을 모색하는 과정에서 척수를 망가뜨려 운동 기능을 빼앗은 마우스나 마모셋을 이용했다.[95] 마우스와 래트의 척수를 파괴하는 장치는 이미 동물실험기기 업체에서 양산하고 있다. 마모셋의 척수 파괴법은 오카노 등이 직접 확립하여 2009년에 특허를 취득했다. 일단 '마모셋의 경추 경막을 노출시키고 … 15~25그램의 추를 20~60밀리미터 위에서 낙하'시킨다. 그러면 '인간의 척수가 손상되었을 때와 같은 운동 기능 장애가 일어난다'[96]고 한다.

　　동물을 이용하는 의학 연구에서 또 하나 주축으로 자리 잡은 것이 이종 이식이다. 동물의 장기를 인간에 이식한다는 발상 자체는 고대부터 존재했지만 현대 의료의 일환으로 이루어지기 시작한 것은 19

94　지치 의과대학 (2012) 〈[의학부] 혈우병 A 돼지 개발에 세계 최초로 성공했습니다〉, https://www.jichi.ac.jp/news/research/2012/20121130.html(2020년 4월 6일 접속). [2024년 3월 현재 접속 불가.]

95　《니혼케이자이 신문》 (2010) 〈원숭이도 운동 기능 회복, iPS 세포로 척수 손상 치료〉, https://www.nikkei.com/article/DGXNASDG0704K_X01C10A2CR8000/(2020년 4월 6일 접속).

96　J-STORE (2011) 〈척수 손상 원숭이 모델의 제작법 및 그 이용〉, https://jstore.jst.go.jp/nationalPatentDetail.html?pat_id=24776&lang=en(2020년 4월 6일 접속). 일부 표기를 변경했다. [2024년 3월 현재 접속 불가.]

세기 말부터다. 20세기 후반 이후에는 다수의 시험 수술이 실행에 옮겨졌다.[97] 그러나 거의 모든 사례에서 인간 환자는 수술 후 바로 목숨을 잃었다. 실패 사례가 워낙 많고 이종 이식이라는 발상에 많은 사람이 거부감을 보이는데도 연구자들은 이 엽기적인 기술의 확립을 여전히 포기하지 않았다. 현재는 이식 후 몇 분 이내에 일어나는 초급성 거부 반응을 억제하는 것이 초미의 과제로, 여기서도 연구자들은 바이오 기술에 기대를 건다. 1990년대에는 초급성 거부 반응의 원인이 되는 단백질이 작용하는 것을 막기 위해 인간 유전자를 도입한 GE 돼지를 만들었는데[98] 오늘날까지도 돼지에서 영장류로 이식하기 위한 실험이 이어지고 있다.[99] 한편 iPS 세포를 주입한 키메라 돼지[100]도 개발되고 있다. 그 세포는 돼지 몸 안에서 인간의 장기로 자라난다. 일본에서는 2019년 키메라 동물의 배아에 대한 연구 규제가 완화되어 인간의 장기를 가진 동물을 제작할 법적 지반이 공고해졌다.[101]

지치 의과대학은 대형동물을 이용·개발해 '복제 돼지, 심근경색

---

97 J-Y. Deschamps, F. A. Roux, P. Saï, E. Gouin (2005) "History of xenotransplantation," *Xenotransplantation* 12: 91–109.

98 일반 사단법인 예방위생협회 (2000) 〈이종 이식의 과제와 전망〉, https://www.primate.or.jp/serialization/%EF%BC%91%EF%BC%8E/(2020년 4월 7일 접속).

99 이를테면 Matthias Längin et al. (2018) "Consistent success in life-supporting porcine cardiac xenotransplantation," *Nature* 564: 430–433 참조.

100 GE 동물은 다른 종의 생물 유전자를 도입한 동물이나 특정 유전자를 결손시킨 동물을 말한다. 키메라 동물은 GE 동물과 달리 다른 종의 세포가 섞인 동물을 말한다. 후자의 경우 각각의 세포 유전자가 편집되는 것은 아니다.

101 교토대 iPS 세포연구소CiRA (2019) 〈일본에서 동물성 집합 배아 연구 규제 대폭 완화〉, https://www.cira.kyoto-u.ac.jp/j/pressrelease/news/190408-120000.html(2020년 4월 7일 접속).

돼지, 혈우병 돼지'를 비롯해 '원숭이를 이용한 심근경색·파킨슨병 줄기세포 치료 모델, 인간의 혈액을 가진 양' 등을 제작해 왔다.[102] 그 연구를 주도하는 하나조노 유타카花園豊는 미야자키 하야오의 영화《붉은 돼지》를 언급하며 앞으로의 전망을 이야기했다.

주인공 포르코 롯소의 대사 중에 '날지 않는 돼지는 그냥 돼지다'라는 말이 있죠. 제 생각에 미야자키 감독에게 "붉은 돼지"와 "나는 돼지"란 실현 불가능한 것을 상징하지 않나 싶어요. 저는 돼지 iPS 세포로 붉게 빛나는 돼지를 만들었습니다. 붉은 돼지를 만든 거죠. 세계 최초로요. …

그리고 이번에는 나는 돼지를 만들 겁니다. 미야자키 감독이 불가능하다고 했던 것을 만들려고요. 제게 "나는 돼지"란 인간의 혈액을 가진 돼지입니다.[103]

의료 개발, 즉 인간을 구한다는 대의명분 아래 연구자들은 스스로의 지칠 줄 모르는 개척자 정신에 몸을 맡긴 채 '멋진 신세계'를 개척하느라 여념이 없다. 윤리에 대한 물음은 뒷전으로 미루고 동물들의 고통은 한편에 치워 두고서.

102 지치 의과대학 (2013) 〈마우스에게서 사람에게로: 대형동물을 이용한 가교 연구〉, https://www.jichi.ac.jp/kenkyushien/strategic/large.html(2020년 4월 7일 접속).

103 지치 의과대학 (2013) 〈Episode.3, iPS 세포의 임상 응용에 대한 기대와 대형동물 연구〉, https://www.jichi.ac.jp/hello/study/episode3_3.html(2020년 4월 7일 접속). [2024년 3월 현재 접속 불가.]

제품 시험

세계에서 매년 무수한 의약품과 일용품이 개발되는데, 그 독성과 안정성을 확인하는 시험에도 동물이 이용된다. 동물 옹호 단체들의 노력으로 2015년에는 이탈리아의 파스타 제조사 바릴라Barilla와 일본의 간장 회사 깃코만キッコーマン이 동물실험을 폐지했다. 이것은 바꿔 말하면 기업에서 공언하지 않는 한, 파스타나 간장 같은 아주 평범한 상품조차 동물실험을 거칠 가능성을 배제할 수 없다는 뜻이다. 동물을 이용한 제품 시험은 그만큼 아주 일반화되어 있다.

동물 옹호 운동에서 예부터 문제 삼아 온 제품 시험법 중 하나가 반수치사량LD 50 시험이다. 1927년 영국의 약학자 존 윌리엄 트레번John William Trevan이 개발한 이 시험은 피험물질의 급성 독성을 평가하기 위한 것으로 해당 물질이 피투여 동물 절반을 죽음에 몰아넣는 양을 측정한다. LD 50 수치가 낮다는 것은 소량만으로도 많은 동물이 죽는다는 사실, 즉 독성이 높다는 사실을 의미한다. 피험물질이 강제로 경구투여되거나 피하주사된 동물은 시간이 경과함에 따라 죽어 간다. 주름 제거용 보톡스 주사에 쓰이는 보툴리누스botulinus 독소의 LD 50 시험에서는 해당 신경독이 주사된 마우스가 호흡기 마비로 질식사에 이르렀다. 추산에 따르면 보툴리누스 독소가 쓰이는 제품의 LD 50 시험만 따져도 여전히 연간 60만 마리 이상의 마우스가 죽음에 이르고 있다.[104]

또 하나 대표적인 제품 시험법으로 미국 독성학자 존 드레이즈John H. Draize 등이 1944년 개발한 드레이즈 시험이 있다. 이것은 화장

104   Silke Bitz (2010) "The botulinum neurotoxin LD 50 test-problems and solutions," *ALTEX* 27(2): 114-116.

품·세제·농약·치약 등의 자극성을 확인하는 독성시험으로 크게 눈 점막에 미치는 영향을 알아보는 드레이즈 눈 자극성 시험과 피부에 미치는 영향을 알아보는 드레이즈 피부 자극성 시험으로 나뉜다. 눈 자극성 시험에는 주로 토끼를 이용하는데 여러 마리의 목을 형틀처럼 생긴 구속 기구에 끼운 뒤 액체형, 분말형, 과립형 물질을 한쪽 눈에 넣는다. 토끼는 아파 몸부림치고 아우성치며 이따금 날뛰다가 목뼈가 부러지기도 한다. 그 후 사흘간 자극 유무를 관찰하고 손상이 있으면 3주 정도 더 경과를 관찰한다. 토끼의 눈은 부어오르고 피가 나며 궤양으로 덮여 빛을 잃는다. 결과가 어떻든 시험이 끝난 다음에는 모든 토끼가 죽임을 당한다. 한편 피부 자극성 시험에서는 동물의 털 일부를 깎아 피험물질을 바르고 거즈로 덮은 뒤 시간을 두고 손상 유무와 정도를 관찰한다. 물론 시험이 끝나면 동물은 몰살된다.

그나마 LD 50 시험과 드레이즈 시험은 윤리적인 관점에서뿐만 아니라 과학적인 관점에서도 꾸준히 문제가 제기되어 대폭 감소했다. 경제협력개발기구OECD에서 정한 가이드라인[105]에 따라 오늘날의 급성 경구 독성시험에서는 피험물질의 대략적인 독성을 화학물질 정보로부터 예측하고 소수의 동물에게만 고정용량을 투여한 뒤 그 사망 숫자로 LD 50 값을 추정한다. 또한 드레이즈 눈 자극성 시험에서는 동물을 이용하기 전 국소마취 등의 조치를 한다. 그러나 보툴리누스 독소 시험이 그렇듯이 낡은 시험 형태는 지금도 남아 있으며 개량된 시험에서도 희생양으로 뽑힌 동물이 몽땅 죽임을 당한다는 점에

---

105   국립 의약품 식품위생 연구소 안전성 예측 평가부 (2020) 《OECD 독성시험 가이드라인 옮김판》, http://www.nihs.go.jp/hse/chem-info/oecdindex.html(2020년 4월 7일 접속).

는 변함이 없다.

최근에는 건강식품 시장이 팽창하여 체력 향상 효과나 생활습관병 예방 효과를 선전하는 상품이 끝없이 개발되고 있다. 이런 상품군의 건강 효과를 증명하는 데 질환 모델 동물이 자주 이용된다. 도쿄대학 연구자들이 상품화한 유글레나(연두벌레) 시험에서는 각종 질환의 예방과 억제에 이바지하는 효과를 확인하고자 고혈압, 꽃가루 알레르기, 당뇨병, 인플루엔자, 간 장애, 비알코올성 지방간염, 류머티즘관절염을 앓는 래트와 마우스를 이용했다.[106] 화학 회사 가오花王는 차의 카테킨[107]과 커피 성분,[108] 유성분[109] 연구에서 고지방식을 먹여 살찌운 마우스와 제브라피시, 노화가 촉진된 마우스 등을 이용했고, 운동 능력 시험에서는 마우스를 강제로 수영시켰다. 물론 이처럼 그 의의가 의심스러운 건강 성분 연구는 다른 기업에서도 실시된다.

동물실험의 주요 3대 부문에 관해 대략적인 상황을 살펴보았다. 각 부문에서 시행되는 실험은 여기 쓰인 내용이 전부가 아니며 두 부문 이상에 걸쳐 있어 분류하기 힘든 실험도 적지 않다. 그 밖에 군사 연구, 야생동물 연구, 농업 연구(가축 개량)가 있으며 실험이라고 할 수

106   유글레나 헬스케어랩 (n.d.) 〈유글레나에 대하여〉, https://www.euglab.jp/report/euglena/ (2021년 12월 15일 접속).

107   가오 (n.d.a) 〈폴리페놀 연구 2, 차 카테킨, 논문 리스트〉, https://www.kao.com/jp/nutrition/about-cat/catessay/(2020년 4월 7일 접속).

108   가오 (n.d.b) 〈폴리페놀 연구 1, 커피 클로로겐산류, 논문 리스트〉, https://www.kao.com/jp/nutrition/ about-cga/cga-essay/(2020년 4월 7일 접속).

109   가오 (n.d.c) 〈유지방 구막 MFGM 연구, 스핑고미엘린, 논문 리스트〉, https://www.kao.com/jp/ nutrition/about-mfgm/mfgm-essay/ (2020년 4월 7일 접속).

는 없지만 과학 교육의 일환으로 이루어지는 해부 실습도 있다. 현재 GE 기술을 활용해 동물에서 유용한 물질을 얻고자 하는 시도도 활발한데, 과학자들은 모유에 의약품용 단백질이 함유된 염소나 빛나는 실 같은 신소재를 뽑는 누에를 개발하는 데 열심이다. 동물실험의 범위는 끝이 없다.

이번 절에서는 어디까지나 동물의 처지에만 초점을 맞추고 실험의 의의 그 자체에는 파고들지 않았다. 비록 동물이 고통을 받는다고 해도 인간 사회의 편익이 높아진다면 동물실험은 불가피하다는 사람이 있을지도 모르겠다. 하지만 그 주장은 윤리적으로 문제의 소지가 있는 데다가 과학적으로도 말이 안 된다. 동물실험은 인간과 기타 동물의 해부학적·생리학적 차이(종차)나 실험 시설에 존재하는 스트레스 요인에 따라 연구 결과가 크게 좌우되므로 대체로 유익한 결과를 낳지 않는다.[110] 권위 있는 과학 저널에서 600번 이상 인용된 동물실험 76건을 분석한 리뷰에 따르면 의료에 응용된 실험은 고작 8건뿐이었다.[111] 동물실험이 엄격히 규제되는 독일의 대학에서 윤리 위원회의 허가를 거쳐 이루어진 실험 17건의 리뷰에 따르면 새로운 치료법의 개발이나 임상 응용에 기여한 연구는 전무했다.[112] 엄선된 동물실험조

---

110 종차와 스트레스 요인의 문제에 관해서는 마이클 A. 슬루셔 지음, 이노우에 타이치 옮김 (2017) 《동물실험의 어둠: 그 이면에서 일어나는 불합리한 진실》, 고도슛판, '역자 후기'를 참조하라. 더 자세한 것은 Aysha Akhtar (2015) "The Flaws and Human Harms of Animal xperimentation," *Cambridge Quarterly of Healthcare Ethics* 24(4): 407–419 참조.

111 D. G. Hackam and D. A. Redelmeier (2006) "Translation of research evidence from animals to humans," *JAMA* 296(14): p. 1731–1732.

112 T. Lindl, M. Völkel and R. Kolar (2005) "Tierversuche in der biomedizinischen Forschung," *ALTEX* 22(3): 143–151.

차 이런 상황이다. 가장 인간 종에 근접하다는 침팬지가 이용된 실험 95건의 리뷰에 따르면 절반에 가까운 47건이 이후 논문에서 한번도 인용되지 않았으며 치료에 응용될 만한 연구에 참조된 실험은 고작 14건뿐이었다.[113] 전체적으로 봤을 때 기초 연구가 유용한 의약품 개발로 이어질 가능성은 0.004퍼센트에 지나지 않는다.[114] 또 동물실험을 통과한 실험 약의 96퍼센트는 임상 실험 단계에서 폐기된다.[115] 우리가 직면한 문제는 인간을 구하기 위해 동물을 희생할지 말지가 아니라 인간에게 거의 도움이 될 것 같지도 않은 연구를 위해 동물을 희생할지 말지이다. **백 보 양보해서** 동물 윤리에서는 동물실험이 유익한 경우를 상정해 문제를 제기하지만 사실상 '유익한 동물실험'이란 예외 중의 예외에 불과하다.

동물원과 수족관

식용 목적이나 연구 목적의 동물 이용은 인간을 위해 다른 동물을 최대한 이용한다는 발상에서 비롯된 것이다. 그와 달리 동물원과 수족관은 헌신적인 전문 스태프가 동물의 행복을 최우선으로 생각해

---

113 Andrew Knight (2007) "The Poor Contribution of Chimpanzee. Experiments to Biomedical Progress," *Journal of Applied Animal Welfare Science* 10(4): 281–308.

114 William F. Crowley Jr. (2003) "Translation of basic research into useful treatments: how often does it occur?" *American Journal of Medicine* 114: 503–505.

115 John J. Pippin (2013) "Animal research in medical sciences: Seeking a convergence of science, medicine, and animal law," *South Texas Law Review* 54: 469–511.

쾌적한 환경을 제공하는 장소로 비친다. 축산 시설이나 실험 시설에서는 동물이 놓인 비참한 환경을 감추고 싶어 하는데 동물원이나 수족관에서는 동물의 모습을 기꺼이 사람들에게 보여준다. 동물원과 수족관의 동물이 불행하지 않다는 것은 방문자가 눈으로 확인할 수 있으며 거기에는 윤리적인 문제가 없는 듯하다.

그러나 공교롭게도 방문자 대부분은 동물이 행복한지 불행한지 꿰뚫어볼 수 있는 전문가가 아니다. 불행해 '보이지 않는다'라는 것이 실제로 동물이 불행하지 않다는 증거가 될 수는 없다. 자연계에서는 하루에 수 킬로미터에서 수십 킬로미터를 이동하는 동물이 동물원과 수족관에서는 사방 몇 미터밖에 안 되는 우리나 수조에 갇힌다. 대부분의 수용 공간은 약간의 식물이나 구조물만 있는 척박한 환경으로 청소가 미비해서 먹이와 배설물이 어지럽게 널린 경우도 드물지 않다. 여기서 동물은 엄청난 권태 속에서 하루 종일 자거나 같은 장소를 맴돌고 연신 고개를 흔드는 등의 정형행동을 보인다. 수족관에서는 수조가 좁아 물고기가 충돌 사고를 일으킨다. 도쿄도 가사이린카이葛西臨海 수족원에서는 다랑어가 한 달에 한 마리꼴로 수조 벽에 부딪쳐 목숨을 잃는다. 또 많은 수족관에서는 작은 물고기가 다랑어, 상어, 돌고래 같은 포식동물과 같은 수조에 갇혀 늘 공포에 떤다. 포식동물에게 충분한 먹이를 주고 있기에 작은 물고기가 잡아먹힐 염려는 없다고 수족관 측은 장담하지만, 물고기로서는 그 사정을 알 리 없고 실제로 포식동물은 간혹 심심풀이로 물고기를 습격한다.

작은 동물이나 일부 수생동물에게는 또 다른 재앙이 닥치곤 한다. 동물원 '체험 코너'에는 여러 명의 아이와 부모가 모여들어 동물을 건드리고, 안고, 만지작거린다. 자기와 종이 다르고 크기도 몇 배는 차

동물 윤리의 최전선

이 나는 대형동물에게 말 그대로 손 노리개 취급을 받는 동물의 스트레스는 이루 헤아릴 수 없다. 일반 손님은 동물을 거칠게 다루다가 실수로 손에서 떨어뜨리는가 하면 고의로 던지기도 한다. 동물 옹호 단체 PEACE^{Put an End to Animal Cruelty and Exploitation}의 요청으로 도쿄도 이노카시라井の頭 자연문화원은 동물의 낙하 횟수를 공개했는데, 그 정보에 따르면 손님이 기니피그를 떨어뜨리는 횟수는 하루 평균 2~3회이며 많은 날은 10회가 넘는다. 심지어 던짐 사건은 연간 30번 이상 발생한다.[116] 기니피그는 손님의 무릎이나 손수레에 부딪쳐 다친다. 이런 사고가 자주 발생하는데도 동물원 사육사는 동물을 함부로 다루는 손님에게 좀처럼 주의를 주지 않는다. 한편 '체험'용 동물은 얌전해야 하기에 보통 암컷이 이용되는데, 번식 과정에서 태어난 수컷은 살처분되거나 거세 후 이용되며 때로는 초등학교 등에 양도된다. 이런 업체들에서 동물은 그저 소모품일 뿐이다. 요코하마시 노게야마野毛山 동물원 등에서는 '원내 재활용'이라면서 '체험'에 이용했던 병아리나 쇠약해진 동물을 육식동물에게 먹이로 줬다.[117]

동물원과 수족관에서는 멸종 위기에 처한 동물을 구하고 번식을

---

116 PEACE, 생명 착취가 아닌 존엄을 (2019) 〈이노카시라 자연문화원의 기니피그, 낙하기록〉, https://animals-peace.net/zoos_and_menageries/inokashira_guineapigs_list.html(2020년 4월 10일 접속).

117 AERA (2014) 〈체험 동물이 먹이가 된다, 잔혹한 '원내 재활용'〉, https://dot.asahi.com/aera/2014021900004.html?page=1(2020년 4월 10일 접속). 참고로 세계에서 '원내 재활용'은 예외적인 일은 아니다. 해외 사례에 관해서는 이를테면 Bethany Dopp (2015) "Keeping Caged Animals, Keeping Secrets: Working as a Keeper at the Zoo," in Lisa Kemmerer ed., *Animals and the Environment: Advocacy, Activism, and the Quest for Common Ground*, London: Routledge, pp. 313–323 참조.

돕는다고 주장하지만 설득력이 없다. 이런 시설에서 태어나는 동물은 자연계에서 살아가는 법을 배우지 못한 데다가 인간과 너무 친해져서 대체로 서식지로 돌아가기 힘들다.[118] 현실에서는 돌아가기는커녕 번식조차 힘든 동물이 태반으로, 전과 달리 야생동물을 매입하기 힘들어지자 동물원에서는 보유 동물의 '후계자' 부족 문제가 과제로 떠올랐다. 일본 동물원 수족관 협회Japanese Association of Zoos and Aquariums, JAZA의 예측에 따르면 2015년 당시 일본 국내에 38마리 있었던 아프리카코끼리는 2030년에 7마리로 줄어들고, 서부고릴라는 13마리에서 6마리로 줄어들며, 맥tapir과 펭귄종 하나는 아예 사라질 전망이다.[119] 한편 수족관은 여전히 많은 어패류를 자연계에서 조달하는데, 다랑어 등은 야생 물고기를 잡아 비육하는 축양장에서 매입한다. 2015년 JAZA는 가맹 시설을 대상으로 와카야마현 다이지초의 돌고래 사냥에서 잡힌 고래류를 구입하지 못하도록 규제했는데, 당시 여러 수족관이 반발했다. 돌고래는 인공 번식이 힘들어서 계속 전시하기 위해서는 반드시 야생 돌고래를 공급받아야 했기 때문이다. 이처럼 동물원과 수족관은 야생동물 포획으로 유지되는 산업이며, 자연을 보호해 왔기는커녕 농락해 왔다고 하는 편이 타당하다.

동물원에서는 동물을 적절한 형태로 자연계로 돌려보내지 못하는 대신 최악의 형태로 외부에 풀어놓는다. 허술한 관리 때문에 동물

---

118 이를테면 Zoe Cormier (2018) "Can captive animals ever truly return to the wild?" *BBC*, https://www.bbcearth.com/blog/?article=can-captive-animals-ever-truly-return-to-the-wild 참조(2020년 4월 9일 접속).

119 다카하시 겐키 (2017) 〈동물원의 심각한 '후계자' 부족, 규제로 번식 점점 어려워져〉, 덴시바 Spotlight, https://style.nikkei.com/article/DGXMZO18451880U7A700C1EAC000/ (2020년 4월 10일 접속).

원은 지금껏 무수히 많은 동물 실종 사건을 일으켰다. 2019년만 해도 일본 각지의 동물원에서 침팬지, 캐나다산미치광이, 야쿠원숭이, 일본원숭이, 야쿠사슴, 웃음물총새 등이 잇따라 탈출했다. 원래 살던 곳과 다른 환경에 놓인 동물은 인간, 인공물, 다른 동물과의 접촉으로 다치거나 죽을 가능성을 배제할 수 없고 자칫하면 외래종이나 유해 생물로 몰려 살해될 위험에 처할 수 있다. 실제로 2004년에 가가와현에 위치한 유원지 뉴레오마월드New Reoma World의 버드파크가 태풍으로 파손됐는데, 약 300여 마리 새가 도망쳐 외래종으로 정착했다 (그 후 뉴레오마월드는 도산했고 시설에서 살던 동물은 방치된 끝에 서서히 죽어 갔다).[120] 지바현과 도쿄도 이즈 반도에서는 사슴의 일종인 아기사슴이 동물원을 탈출하여 현지에 정착했다가 농업과 임업에 피해를 준다는 이유로 살육되었다.[121] 와카야마현에서는 동물원에서 도망친 타이완원숭이가 현지 일본원숭이와 교잡했다가 재래종의 '순혈'을 흐린다는 이유로 몰살되었다.[122] 아이치현 니혼몽키센터日本モンキーセン タ ー에서 도망친 아메리카너구리가 전국에 퍼져 근절 정책의 표적이 되었다.[123] 이 모두가 동물원이 낳은 희생양이다.

120 가가와의 들새를 지키는 모임 (n.d.) 〈외래종 문제, 뉴레오마에서의 대량 탈출 사건〉, http://www.5d.biglobe.ne.jp/~kogera/hogo/reoma_alian.htm(2020년 4월 10일 접속).

121 마이니치 신문 (2017) 〈아기사슴, 보소에서 대량 번식해 14년 만에 50배인 5만 마리로, 농업 피해 확대〉, https://mainichi.jp/articles/20170413/k00/00e/040/242000c(2020년 4월 10일 접속).

122 교토 신문 (2019) 〈교잡종 원숭이, 불임수술이냐 안락사냐, 엇갈리는 인간의 공과〉, https://www.kyoto-np.co.jp/articles/-/2135(2020년 4월 10일 접속).

123 아게쓰마-야나기하라 요시미 (2004) 〈아이치현의 아메리카너구리 야생화 과정과 향후 대책에 관하여〉, 《포유류 과학》 44(2): 147-160.

인간이 동물원과 수족관의 동물에게 끼치는 주된 해악을 열거해 보았는데 시야를 넓히면 그 밖에도 폐해가 있다. 방문자를 대상으로 한 먹이 주기 체험이 그중 하나로, 이런 놀이는 인간과 동물의 부적절한 교류를 부추긴다. 동물원과 수족관에서 먹이 주기 체험을 즐긴 사람은 야생동물에게도 먹이를 주려 한다. 그것을 받아먹으며 인간과 친해진 관광지 등지의 야생동물이 인간의 거주 구역에 들어갔다가 죽임을 당하는가 하면 인간이나 애완동물에게서 감염증을 옮기도 한다. 유해 성분이 포함된 음식을 받아먹어 질병이나 기형이 확산되기도 한다.[124] 먹이로 동물을 길들이는 일은 동물에게 백해무익한 어리석은 짓인데, 그 행위를 부추기는 최대 원흉이 동물원과 수족관이다. 이런 산업은 자연계에 살아가는 동물에게는 위협이나 다름없다.

일본에는 동물원과 수족관의 사육 수준에 관한 규정이 없어 매우 열악한 시설이 많다. 차마 눈 뜨고 볼 수 없는 사례로 홋카이도에 위치한 노스 사파리 삿포로North Safari Sapporo, NSS의 상황을 살펴보며 이 절을 마무리하고자 한다. '직접 경험하는 체험형 동물원'을 콘셉트로 내건 그곳은 관람객이 동물에 접근하고 접촉할 수 있도록 여러모로 머리를 썼다. 가령 올빼미를 우리에 가두는 대신 나무 기둥에 묶어 관람객에게 장난감으로 제공하는데, 올빼미는 발을 헛디딜 때마다 허공에 매달려 발버둥 친다. 동물에게 스트레스를 주는 갖가지 '안기 체험'도 이루어지는데, 악어와 기념사진을 찍는 코너에서는 입이 테이프로 묶여 저항할 수 없는 악어가 관람객에게 안긴다. '만져 보기' 코

---

124 먹이 주기의 폐해에 관해서는 하타케야마 다케미치 감수, 고지마 노조무, 다카하시 미쓰히코 편저 (2016)《야생동물 먹이 주기 문제: 선의가 일으킨다? 생태계 교란, 금수 피해, 감염증, 생활 피해》, 치진쇼칸 참조.

너에서는 연약한 병아리와 새끼 올빼미, 아직 눈도 못 뜬 새끼 쥐가 관람객에게 노출된다. 스릴 넘치는 체험을 제공하기 위해 한편에서는 공중에 먹이를 매달아 동물이 달려들게 한다. 이른바 '곰 낚시', '사자 낚시'라는 것인데 오락성을 추구하느라 동물에 대한 배려는 완전히 뒷전이다. 또 식사 코너의 '이색 동물관'에서는 통째로 튀긴 도마뱀붙이와 전갈, 개구리 튀김과 메뚜기 튀김을 팔고 심지어 멸종위기종인 물장군을 튀겨서 제공하기도 한다. 노스 사파리 삿포로에서 일부 동물은 '이색 동물'에 해당하며 그 밖의 동물은 '낚시질'에 장단을 맞추는 장난감에 불과하다. 그곳에는 아예 생명에 대한 사랑과 존중이 끼어들 여지가 없다. 만약 다른 동물원과 수족관이 진정으로 동물을 소중히 여긴다면 진즉에 노스 사파리 삿포로 같은 악덕 업체를 업계 내부에서 비판하고도 남았으리라. 그러나 문제를 제기하기는커녕 동물 업체를 끼고 노스 사파리 삿포로와 동물을 교환하고 있는 것이 실정이다.[125]

애완동물 산업

동물원과 수족관이 동물에게 해를 끼친다는 것을 잘 알게 되었다. 그렇다면 사람들이 아끼는 애완동물의 실상은 어떨까. 진정으로 내 동물을 사랑하며 그 행복을 위해 노력한다고 증언하는 주인은 많을 것이다. 또 그들이 헌신하는 것도 사실이리라. 하지만 주인의 애정

125   2020년 4월 11일, 노스 사파리 삿포로에 전화로 확인했다.

과 상관없이 애완용 동물도 폭력의 사이클에 편입된다.

개 번식장이 강아지 공장puppy mill으로 불리는 것에서 알 수 있듯이 애완용 동물은 대개 공장식 축산장 같은 대규모 밀집 사육 시설에서 태어난다. 어미 개나 어미 고양이는 층층이 쌓인 좁은 철장에 갇혀 출산만 하며 평생을 보낸다. 변변치 않은 먹이와 분뇨로 뒤덮인 환경 탓에 대다수가 병에 걸리고, 숱한 출산을 겪은 어미는 잇따른 수유로 젖이 붇는다. 정해진 이유기가 끝나기도 전에 모자는 분리되고 새끼는 일찌감치 경매장이나 펫 숍으로 보내진다. 더 이상 새끼를 낳지 못하는 어미, 다치거나 병든 새끼는 살처분되거나 방치되고 기력이 다해 죽으면 산업폐기물로 처분된다.

이른바 '우수 브리더'는 동물에 부담이 가지 않는 방법으로 번식시킨다고 말한다. 하지만 동물의 새끼를 상품화한다는 점에서는 변함이 없고 그들은 순혈종만 고집하는 소비자의 기호에 맞춰 고통에 신음하는 동물을 늘리는 데 가담한다. 사랑스러운 외모의 순혈종을 찾는 인간의 욕망은 거듭된 품종 개량을 부추겨 동물을 심각한 고난에 빠뜨렸다. 퍼그나 불도그 같은 단두종 개는 얼굴을 납작하게 만들기 위해 주둥이를 줄이는 개량을 되풀이한 결과, 어려서부터 호흡 곤란을 앓고 단명하는 몸이 되었다. 치와와, 토이 푸들, 카발리에 킹 찰스 스패니얼 같은 견종은 극단적인 소형화로 뇌가 두개골의 압박을 받아 동통과 측만증에 시달리는 몸이 되었다. 게다가 소형 견종은 선천성심장병이나 잦은 골절에도 시달린다. 근친 교배로 인한 질환도 많은데 예를 들면 중형견과 대형견의 고관절 형성 부전이 있다(애완동물은 아니지만 맹인 안내견으로 활동하는 리트리버도 이 질병으로 고생

동물 윤리의 최전선

하는 경우가 많다). 정해진 견종 표준[126]에 따라 심각한 병을 앓기 십상인 순혈종을 만드는 것이 브리더의 역할이다. 동물 애호가는 '악덕 브리더'만을 문제로 삼지만 애초에 브리딩이라는 행위 자체가 악덕이다.

번식장에서 태어난 동물 대다수는 직접 펫 숍에 팔리지 않고 경매를 거친다. 경매장으로 간 어린 동물은 달랑 숨구멍 하나 뚫린 골판지 상자에 담겨 경매가 시작될 때까지 창고에 쌓여 대기한다. 일반 공장 창고와 다를 바 없는 광경이다. 경매가 시작되면 동물은 골판지 상자에 담긴 채 벨트 컨베이어를 타고 회장 안을 돈다. 몰려든 바이어는 그들을 음미하며 값을 매긴다. 인파에 노출된 동물이 느낄 공포와 감염 위험은 고려되지 않는다. 실제로 열악한 환경의 번식장과 사람으로 북적이는 경매장에 있던 동물이 어떤 병을 옮았을지 모르므로 펫 숍에서 낙찰받은 동물을 일주일 정도 다른 동물과 격리할 정도다.[127] 경매장에서 낙찰되지 못한 동물은 살처분되거나 할인 판매 등에 동원된다. 또는 '인수자'로 불리는 업자의 손에 넘어가 번식에 재이용되거나 아니면 우리 안에 갇혀 분뇨로 뒤덮인 채 감금 생활을 한다.[128]

펫 숍은 골판지 상자 째로 사들인 어린 동물을 사방 1미터도 채 되지 않는 무미건조한 쇼케이스나 그보다도 좁은 철장에 가둬 진열한다. 팔리고 남은 동물은 경매장에서처럼 죽임을 당하거나 번식업자

126   [옮긴이] 각 견종이 갖추어야 할 이상적인 외모와 품성을 정의한 것을 말한다.

127   나리타 쓰카사 (2011) 〈애완동물도 경매에 붙여진다. 생체 정보를 추적할 수 없는 옥션의 실태〉, WEDGE Ininity', https://wedge.ismedia.jp/articles/-/1629(2020년 4월 12일 접속).

128   인수자에 관한 예로는 오타 마사히코 (2015) 〈'인수자'라는 어둠, '죽이지 않고 죽을 때까지 키운다'〉, 《마이니치 신문》, https://sippo.asahi.com/article/10560159(2020년 4월 12일 접속).

에게 인수되어 비참한 말로를 걷는다. 간혹 팔리지 못한 동물이나 가게에 방치된 동물을 가엾게 여기는 손님이 나타나 그중 한 마리를 사고 목숨을 구해 준 양 우쭐한다. 그러나 그런 행위는 애완동물에 대한 수요를 형성하여 가엾은 동물을 늘리는 데 일조할 뿐이다. 펫 숍에서는 동물을 예뻐하고 불쌍히 여기는 사람들의 감정을 돈으로 바꾼다.

일반 가정으로 간 애완동물도 꼭 행복해지는 것은 아니다. 자기 중심적으로 동물을 다루는 주인이 많다. 도베르만이나 그레이트 데인, 슈나우저, 복서 같은 개는 단지 미용 때문에 귀나 꼬리를 잘린다.[129] 고양이는 벽이나 가구에 흠집을 내지 못하도록 발톱 뿌리를 잘린다. 발톱을 뽑힌 고양이는 수술 후 며칠간 출혈과 통증에 시달리고 감염, 보행 곤란, 조직 괴사 등으로 고생한다.[130] '헛짖음'이나 '헛울음'으로 이웃에 피해를 주고 주인의 수면을 방해하는 개나 고양이는 성대가 제거되어 의사 표현 수단을 빼앗긴다. 많은 주인이 다 큰 동물을 영원한 아이인 양 대한다. 실외에서 키울 때면 짧은 사슬로 동물용 집에 묶어 두고 실내에서 키울 때면 사정상 좁은 우리에 가둬 둔다. 기분에 따라 산책을 거르는가 하면 산책 도중 장을 볼 때면 가게 옆 기둥에 수십 분간 묶어 둔다. 재미 삼아 동물에게 우스꽝스러운 옷을 입히기도 한다. 털로 덮인 동물은 체모와 지방으로 체온을 조절하기 때문에 옷을 입으면 여름에는 물론이고 겨울에도 열을 잘 발산하지 못하는데[131] 그

---

129 원래 이런 견종의 귀나 꼬리를 자르는 것은 사냥견, 경찰견, 군용견으로서의 기능을 높이기 위함이었다. Orlans et al.,1998, p. 273-287 참조.

130 The Humane Society of the United States (n.d.) "Declawing cats: Far worse than a manicure," https://www.humanesociety.org/resources/declawing-cats-far-worse-manicure(2020년 4월 14일 접속).

131 이를테면 세토 마사유키 지음 (2002)《환경학 강의: 환경 대책의 빛과 그림자》, 이와나미쇼텐, 35쪽 참조.

사실을 아는 주인은 적다. 구입했을 때의 애정이 식으면 적잖은 주인이 보살핌에 지쳐 동물을 방치하거나 유기한다. 버림받은 동물은 보호소로 끌려가는데 돌봐 줄 다른 가정을 찾지 못하면 '드림박스'[132]라고 불리는 가스실에서 살처분된다.

지금까지 대표적인 애완동물인 개와 고양이의 경우를 살펴보았다. 다른 동물을 둘러싼 상황도 더 나을 건 없다. 조류는 좁은 새장에서 평생을 보내는데, 최근 유통되기 시작한 올빼미 같은 맹금류는 시장에서나 가정에서나 족쇄에 묶여 지낸다. 어패류, 양서류, 파충류는 때때로 10여 센티미터쯤 되는 플라스틱 용기째 팔려 수조 안에서 생애를 마친다. 열대어는 종종 온도 조절 장치가 고장 나서 폐사한다. 심지어 희귀한 애완동물을 키우려 하는 사람들의 욕망은 밀렵·밀수를 비롯한 야생 생물 거래까지 부추겨, 동물 급감과 멸종에 박차를 가하고 있다.[133]

모든 애완동물 소유자가 무지하고 무책임한 것은 아니지만, 사육 환경이 어떻든 본질은 다르지 않다. 주인은 동물의 생사여탈권을 손에 쥔 채 마음만 먹으면 언제든 보살핌을 소홀히 할 수 있다. 애완동물은 이따금 '반려동물'이라고 불린다. 그러나 키우는 자와 키워지는 자 사이에는 항상 엄연한 힘의 불균형이 존재하기 마련이다. 겉치레를 걷어 내고 대등한 반려 관계를 확립하기란 절대 불가능하다.

지금까지 훑어본 것 외에도 인간의 동물 이용은 양모·피혁·모피 등

---

132 [옮긴이] 동물이 잠들 듯 편안하게 떠나길 바라는 마음에서 가스실에 붙인, 일본만 사용하는 명칭이다.

133 애완동물 붐과 야생 생물 거래의 관계에 관해서는 고지마 노조무 지음 (2016) 《[도감]생물다양성과 현대사회: '생명의 고리'에 관한 30가지 이야기》, 노분쿄, 86-88쪽 참조.

의류 산업, 수렵이나 낚시 같은 동물 사냥, 서커스나 돌고래쇼 같은 동물 곡예, 투견이나 투우, 경마나 개 경주dog race 같은 동물 도박 등 무수한 형태로 나뉜다. 나아가 동물 카페나 동물 테라피, 종교 의례, 장애인 보조 등에도 동물이 이용되는데, 이것들 모두 예외없이 폭력성을 내포하고 있으며 인간 아닌 동물에게 엄청난 부담과 스트레스를 안겨 준다. 물론 세상을 둘러보면 폭력성이 적다고 할 수 있는 인간과 동물의 관계도 없지는 않다. 필자가 아는 어느 네팔인 남성은 고향에서 소를 치는데 아침저녁으로 한 번씩 젖을 짜고 남은 젖은 송아지에게 준다. 모자는 분리되지 않으며 송아지는 한 달쯤 지나 풀을 먹기 시작한다. 그러다 어느 정도 성장하면 인간이 산에서 베어 온 풀을 먹으면서 암소든 수소든 밭일을 하고 원래 수명인 20년 남짓을 산다. 이 예외적인 사례를 전형적인 현대 낙농업의 사례와 동일 선상에서 논하는 것은 부적절하리라. 하지만 어쨌거나 인간 사회에 관여하는 동물 대부분이 심한 억압을 받고 있는 것은 사실이다. 소수 인간이 동물과 맺는 비폭력적인 관계를 간과하면 안 되겠지만, 세상을 뒤덮은 폭력적인 동물 이용의 현실은 더더욱 외면할 수 없다. 동물 이용의 대다수는 엄연한 동물 착취다. 이것이 우리 앞에 가로놓인 과제이며 인간 동물 관계를 둘러싼 윤리적 물음의 원점이다.

2
도덕철학

　인간 아닌 동물의 착취에 반대하는 조직적인 운동은 19세기 영국에서 시작되었다.[1] 1824년에 법을 정비해 동물복지를 향상시키려고 한 지식인들이 런던의 카페에 모여 동물 학대 방지 협회를 결성했다. 이 조직은 1840년 빅토리아 여왕으로부터 왕립 단체의 지위를 인정받아 세계에서 가장 오래된 동물 보호 단체인 왕립 동물 학대 방지 협회 Royal Society for the Prevention of Cruelty to Animals, RSPCA가 되었다. 한편 더 급진적인 풀뿌리의 노력으로 동물실험 반대 운동이 있다. 여기서 중심 역할을 한 이들은 페미니스트인데 그 대표자 중 한 명인 애나 킹스포드 Anna Kingsford는 과학 지식으로 동물실험에 맞서기 위해 여성의 교육 기회가 제한되었던 당시에 의학을 익혔다. 그는 개인적으로는 채식주의를 고집했으며 여러 계몽 활동을 통해 사회정의로서 동물 옹호를 주창했다. 프랜시스 파워 코브Frances Power Cobbe는 여성 신체에 대한 침해와 동물실험 사이의 연관성을 간파하고, 오늘날에도 활동하

1　다음의 19세기에 시작된 동물 옹호 운동의 역사에 관해서는 Marc Bekoff & Carron A. Meaney eds. (1998) *Encyclopedia of Animal Rights and Animal Welfare*, New York: Routledge, pp. 50-51 및 Margo DeMello (2012) *Animals and Society: An Introduction to Human-Animal Studies*, New York: Columbia University Press, pp. 183-185 참조.

는 영국 동물실험 반대 협회National Anti-Vivisection Society, NAVS와 영국 동물실험 폐지 연합British Union for the Abolition of Vivisection, BUAV(지금의 크루얼티 프리 인터내셔널Cruelty Free International, CFI)의 창시자가 되었다. 19세기 후반 미국에서도 동물실험이 활발히 이루어지자 그 뒤를 쫓듯 동물실험 반대 운동이 펼쳐지기 시작했다. 그때 운동의 주축을 이룬 이들도 역시 페미니스트, 그것도 아동 보호나 노예 해방, 여성 참정권을 위해 싸운 사람들이었다는 점에서 동물 옹호와 인권 옹호의 끊기 힘든 관계를 엿볼 수 있다. 1894년에는 영국의 사회 개혁주의자 헨리 솔트가 저서《동물권》을 통해 현대적인 동물권 사상의 원형을 제시했다. 이 책은 훗날 평화 활동가 마하트마 간디를 채식주의자로 바꾸고 그의 사상과 실천을 심화하는 데 공헌한다. 솔트 자신도 채식, 동물 옹호, 교육 개혁, 환경 보호, 자본주의 비판 등에 힘쓰는 영역 횡단적 전망의 소유자였다.

동물실험 반대에 주력하는 운동은 곧 역풍을 맞았다. 동시대 과학자들이 숱한 의학적 발견을 동물실험의 성과로 돌리고, 세간에도 동물실험을 필요악으로 보는 시각이 퍼지자, 반대 운동 참여자의 숫자는 서서히 줄어들었다. 게다가 남존여비 문화가 지배하는 사회에서는 여성을 중심으로 한 동물 옹호 운동에 노골적인 조소와 경멸이 쏟아졌다. 엘리트 백인 남성 위주인 의사와 과학자는 동물실험에 대한 항의를 히스테릭한 여자들의 감정론으로 폄하했다. 그리하여 활동가들의 초기 노력은 20세기 초까지 억제되었으며 머지않아 세계는 두 번의 세계대전에 돌입했다. 전쟁 중부터 전쟁 후까지의 사회 정세는 군사·의학·농업 부문에서 과학 연구를 크게 촉진시켰고, 제2차 세계대전 후에는 동물실험과 공장식 축산이 서구권을 뒤덮었다.

사그라졌던 동물 옹호 운동의 불길이 되살아난 때는 1960년대이다. 일찍이 영국에서 1963년 여우 사냥을 저지하는 수렵 방해 협회 Hunt Saboteurs Association, HSA가 조직되었고, 멤버 중 하나였던 로니 리 Ronnie Lee는 훗날 동물 산업을 경제적으로 방해하고 동물을 구조하는 등 직접행동에 주력하는 활동가 집단 동물해방전선Animal Liberation Front, ALF을 결성했다. 저술 분야에서는 동물복지 활동가 루스 해리슨 Ruth Harrison이 1964년《동물 기계Animal machines》에서 공장식 축산의 실정을 고발하며 동물복지 규칙을 정비할 것을 촉구했다. 1970년에는 동물실험에 반대하는 심리학자 리처드 라이더Richard D. Ryder가 인간 아닌 동물의 이익을 부당하게 경시하는 태도를 '종차별speciesism'이라 명명하고 규탄했다. 때는 무르익었다. 미국에서 공민권 운동과 여성 해방 운동, 베트남 전쟁에 따른 반전 운동이 일어나 기성질서에 대한 비판과 피억압자에 대한 권리 옹호가 사회에서 큰 쟁점으로 떠오르자 동물의 처우에 관한 문제 제기는 비로소 체계적인 윤리 학설의 형태를 띠게 되었다. 이에 포문을 연 사람은 오스트레일리아의 도덕철학자 피터 싱어다.

공리주의 혁명

1975년, 피터 싱어는 역사를 바꿔 놓은 대표작《동물 해방》[2]을 발

---

2 Peter Singer (2009) *Animal Liberation: The Definitive Classic of the Animal Movement*, New York: Harper Collins Publishers. 초판 1975년. [한글본] 김성한 옮김,《동물 해방: 개정완역판》, 연암서가, 2012.

표한다. 이 책은 동물 옹호를 정치적·도덕적 논의의 도마 위에 올렸다는 점에서 큰 의미가 있다. 싱어에 따르면 동물 옹호는 인류의 압제tyranny에 대한 항의이지 정서적·감정적 동물 애호가 아니다. 공민권 운동을 지지하는 이유가 '흑인 애호가'이기 때문이 아니듯, 동물 학대를 문제 삼는 이유는 동물이 '좋아서'나 '귀여워서'가 아니라 잔인한 행위가 부당하기 때문이다. 이것은 호불호의 문제가 아니라 선악의 문제이며, 동물의 처우를 검증할 때는 이성이 추구하는 바에 따라 누구나 인정할 수 있는 도덕 원칙을 사용한다. 서문에서 이렇게 말함으로써 싱어는 동물 옹호 주장에 바짝 뒤따르게 마련인 '감정론'이라는 평가를 물리쳤다. 동물 옹호는 합리적인 사고에서 도출된 요청이므로 정당한 이유 없이 거부하는 태도야말로 불합리하다는 것이다. 그렇다면 그가 사용한 도덕 원칙이란 어떤 것이었을까.

저서에서 자신의 철학적 입장을 명시하지는 않았지만, 싱어의 논지는 공리주의라는 사상에 의거한다. 18세기 영국의 사상가 제러미 벤담 등이 확립한 공리주의는 행위의 선악을 결과로 판단한다. 어떤 행위가 그것에 영향을 받는 관계자에게 결과적으로 얼마나 행불행을 초래하는지가 선악의 판단 근거이며, 따라서 관계자 각각에게 미치는 손익, 즉 이익의 향유와 손실을 모두 감안한 결과 행복이 늘어나는가 줄어드는가를 가지고 행위의 시비를 가린다. 이것을 벤담의 용어로 '공리성의 원칙'이라고 하며 이 원칙을 도덕의 유일한 기반으로 삼는 이론을 공리주의라고 부른다. 공리주의에서는 관계자들의 행복을 극대화하는 행위 내지 불행을 최소화하는 행위가 최선으로 통한다.

공리주의는 무엇을 이익으로 볼지, 어떤 차원에서 행위를 파악할지에 따라 세분화된다. 무조건 쾌락은 이익, 고통은 불이익으로 여기는 공리주의를 쾌락 공리주의라고 하는데, 벤담의 입장이 이에 해당한다. 한편 욕구와 소망의 충족을 이익, 그것의 저해를 불이익으로 여기는 입장은 선호 공리주의인데 초기의 싱어는 이를 따랐다. 선호 공리주의에서는 욕구와 소망의 충족 자체를 중시하고 그로 인한 자각적 '만족'의 최대화는 직접적인 목표로 삼지 않는다.[3] 한편 각 상황에서의 행위 결과에 주목하는 입장을 행위 공리주의, 일반화된 행위 규칙이 초래하는 결과에 주목하는 입장을 규칙 공리주의라고 하는데 싱어는 전자를 따른다. 편의상 이 책에서는 싱어의 입장, 즉 선호 행위 공리주의를 '공리주의'라고 간략하게 표기하겠다.[4]

　　한편 공리주의는 관계자들의 이익을 계산 가능한 양으로 파악하는데, 그 계산에서는 공평성을 지키는 것이 필수 조건이다. 이익의 양이 같다고 해서 어떤 한 명의 이익을 다른 여러 명의 이익보다 과대평가하거나 과소평가하면 안 된다. 한 명의 이익이 지닌 가치를 자의적으로 100명 분, 1000명 분의 가치와 맞먹는 것으로 계산한다면, 행복

3　Peter Singer (1987) "Animal Liberation or Animal Rights?" *The Monist* 70(1): p. 9 참조.

4　[옮긴이] 공리주의는 시대에 따라 변화한다. 19세기 제러미 벤담에 의해 처음 등장한 공리주의는 쾌락주의에 바탕을 둔 쾌락 공리주의였다. 그것은 쾌락의 양만을 중시하는 양적 공리주의에 해당한다. 그에 대항하여 나타난 것이 질적 공리주의다. 존 스튜어트 밀은 쾌락에도 질이 높은 것과 낮은 것이 있으므로 양뿐만 아니라 질 또한 고려해야 한다고 주장했다. 20세기 들어 고전적 공리주의를 받아들이지 않는 비쾌락주의 공리주의가 등장했다. 그중 하나가 선호 공리주의다. 그것은 쾌락이 아니라 개인적 이익의 충족을 평가한다는 점에서 고전적 공리주의와 차별화된다. 그런가 하면 최대 행복을 가져다주는 '행위'에 초점을 맞춘 고전적 공리주의에 반발하여 최대 행복을 가져다주는 '행위의 규칙'을 옳고 그름의 척도로 삼아야 한다는 주장도 대두했다. 전자를 행위 공리주의, 후자를 규칙 공리주의라고 한다. 그 밖에 소극적 공리주의라는 것도 있다. 이는 쾌락의 최대화가 아니라 고통의 최소화를 중시해야 한다는 주장이다.

의 총량을 얼마든지 조정할 수 있으니 계산하는 의미 자체가 사라지기 때문이다.[5] 따라서 공리주의는 '누구의 가치든 1로 보며 1 이상으로는 보지 않는다'[6]는 조건하에 관계자 모두의 이익을 평등하게 배려한다.

공리주의라는 말을 모르더라도 모두에게 무엇이 선악인지를 생각한다는 것은 우리에게 당연한 일이므로 모두의 이익을 공평하게 저울질한다는 것도 일반인에게 당연한 원칙으로 받아들여진다. 그런데 여기서 말하는 '모두'란 누구인가. 바꿔 말하면 이익 계산에 포함되는 관계자란 어디까지를 가리키는가. 그것은 이익의 내용에 따라 달라진다. 예를 들어 선거권의 경우 어린아이는 관계자에 포함되지 않는다. 어린아이에게 선거권의 유무는 이익도 불이익도 아니기 때문이다. 하지만 고통의 경우 어린아이도 관계자에 포함된다. 어린아이에게는 고통을 느끼는 능력이 있고 고통을 받는 것이 아이에게 불이익이기 때문이다. 물론 공리주의에서는 같은 크기의 고통이 어린아이에게 가해지든 어른에게 가해지든, 평등하게 손익을 계산한다.

싱어는 이러한 공리주의에서 출발한 평등 원칙을 바탕으로 논의를 시작한다. 그가 주목한 것은 인간 이외의 동물에게도 이익을 따지기 위한 최소 조건인 감각情感, sentience, 즉 쾌락과 고통을 경험하는 능력

---

5 John Stuart Mill (1961) *Utilitarianism. In The Utilitarians*, New York: Dolphin Books, p. 468. 초판 1861년. [다수의 한국어 번역본이 있다.]

6 이 말(everybody to count for one, nobody for more than one)은 '벤담의 격언'으로 알려졌지만 직접적인 출처는 존 스튜어트 밀의 저서 《공리주의》이다(Mill, 1961, p. 468 참조). 벤담이 실제로 한 말은 '국내의 모든 개인은 1로 계산하며 1 이상으로는 보지 않는다 every individual in the country tells for one; no individual for more than one'이며 밀이 편찬한 벤담의 수기집에서 볼 수 있다. J. S. Mill ed. (1827) *Rationale of Judicial Evidence, Specially Applied to English Practice Vol. IV*, London: Hunt and Clarke, p. 475 참조.

동물 윤리의 최전선

이 있다는 사실이다.[7] 그 정의에 따르면 감각을 가진 존재는 외부의 자극에 기쁨이나 고통을 느낀다. 감각을 가진 존재에게는 기쁨을 얻는 일, 고통을 피하는 일이 이익이고 반대의 경험은 불이익이다. 광물은 감각이 없으므로 손익이 없다. 식물도 감각하기 위한 기관이 없으니 손익이 없다고 볼 수 있다. 그러나 동물은 쾌락과 고통을 경험하는 기관이 있고 실제로 다양한 심리가 반영된 행동을 보인다. 해부학적·생리학적·행동학적 증거로 짐작하건대 동물은 감각을 느끼므로 손익이 있는 존재로 간주해야 한다. 일반적으로 이익을 평등하게 고려할 때는 인간의 이익만 계산에 포함시키지만, 동물도 손익이 있는 이상 당연히 평등 원칙의 적용에서 배제하면 안 된다. 동일한 고통이 인간에게 돌아가든 동물에게 돌아가든 똑같이 고려될 필요가 있다. 물론 종이 다르면 감각의 예민함도 다르니 기쁨과 고통의 크기를 정확히 가늠할 수는 없겠지만, 어림짐작만으로도 충분하다. 공장식 축산이나 동물실험 같은 인간 사회의 주요한 동물 이용이 인간 아닌 동물에게 죽음과도 같은 고문을 가해 인간 사회에 보잘것없는 편익을 가져다준 것은 분명하다. 《동물 해방》이 간행된 1975년 당시에는 약 150억 마리의 육지 동물이 식용으로 죽임을 당했는데[8] 그 신체 손상, 부자유, 불쾌, 공포, 모자 격리, 도살의 고통이 인간의 미각 만족이라는 기쁨

---

7 일반적으로 'sentience'는 그저 자극을 받기만 하는 것이 아니라 그 정보를 처리해 의식적·주관적으로 경험하는 능력을 가리키므로 느낌sensation이나 오감sense과는 구별된다. 이를테면 David Cole (1983) "Sense and Sentience," *SENSE5* 8/18/90; rev. 1-19-98 참조 (https://www.d.umn.edu/~dcole/sense5.html에서 열람 가능. 2021년 6월 6일 접속). [2024년 3월 현재 접속 불가.]

8 Hannah Ritchie and Max Roser (2019) "Meat and Dairy Production," Our World in Data, https://ourworldindata.org/meat-production(2020년 4월 27일 접속).

보다 가벼울 리 있을까. 동물의 불이익은 명백히 과소평가되었다. 다시 말해 그들의 가치는 명백히 '1 이하'로 간주되고 있다. 평등 원칙에 비추어 보았을 때 이것은 당연히 부당하다.

인간 이외의 동물을 도덕적 배려에서 제외하는 이유는 동물에게서 인간과 같은 이성이나 언어 능력을 찾아볼 수 없기 때문이라고 한다. 그러나 그런 능력의 유무에 따라 기쁨과 고통의 원천이 다를 수는 있어도 동물의 기쁨과 고통이 인간의 기쁨과 고통보다 열등할 수는 없다. 싱어는 이 점을 명확히 하고자 유명한 벤담의 말을 가져온다. '문제는 그들이 **생각**할 수 있는지, **말**할 수 있는지가 아니라 **고통**을 느낄 수 있는지이다.'[9]

게다가 이성이나 언어 능력을 도덕적 배려의 척도로 삼는 것에는 치명적인 결함이 있다. 이런 고도의 정신 기능이 없다는 이유로 인간 이외의 동물이 평등한 배려의 대상에서 제외된다면 **필연적으로** 그런 기능이 발달하기 전인 갓난아이나 장애 등으로 그런 기능이 결여된 사람들—이른바 가장자리 상황marginal case[10]에 있는 사람들—도 도덕적 배려 대상에서 제외되어야 한다. 그러나 우리는 어떤 이유에서든 가장자리 상황의 사람들이 오늘날 동물이 놓인 처지에 빠지는

9 Jeremy Bentham (1961) *An Introduction to The Principles of Morals and Legislation. In The Utilitarians*, New York: Dolphin Books, p. 381. 초판 1789년. [한글본] 강준호 옮김, 《도덕과 입법의 원칙에 대한 서론》, 아카넷, 2013.

10 [옮긴이] 일반적 범주에서 벗어나 가장자리에 있는 존재를 일컫는 말로 동물권론에서는 동물의 윤리적 지위를 논할 때 자주 등장한다. 영유아, 식물인간, 인지 장애 환자와 같이 가장자리에 있는 인간에게 윤리적 지위가 있다면 기능적으로 그들과 큰 차이가 없는 동물에게도 같은 지위가 주어져야 한다는 것이 가장자리 상황 논증의 핵심이다.

것을 용납하지 않는다. 이 모순을 해소하는 설명은 하나밖에 없다. 고도의 정신 기능은 도덕적 배려의 경계와 무관하며 실제로 경계의 기준은 오로지 종의 차이뿐이라는 것이다.

우리는 지금까지 종의 차이만을 근거로 인간 아닌 동물의 이익을 경시하고 그것을 스스로의 이익으로 돌려 왔다. 이 구조는 성차별이나 인종차별과 일맥상통한다. 성차별은 여성이 여성이라는 이유만으로, 인종차별은 다른 인종이 다른 인종이라는 이유만으로 그들의 이익을 경시하고 남성이나 백인종의 이익으로 연결 짓는다. 싱어는 동물의 처우에서 보이는 동일한 사고, 즉 '자신이 속한 종의 구성원에게는 이익이 되게 하고 다른 종의 구성원에게는 불이익이 되게 하는 편견 내지 불공평한 태도'를 리처드 라이더와 마찬가지로 '종차별'로 간주하고[11] 이루 헤아릴 수 없는 억압을 낳는 이 도덕적 부당함에 과감하게 항의의 목소리를 냈다. 역사를 되돌아보면 피억압자들의 해방 운동이란 자의적 기준에 입각한 편견 및 차별과의 싸움이었다고 할 수 있다. 그렇다면 동물을 대신해 벌이는 종차별과의 싸움은 새로운 해방 운동, **동물 해방**animal liberation임에 틀림없다.

이처럼 싱어는 공리주의가 추구하는 평등 원칙에 따라 동물 해방이라는 주장에 명쾌하고도 견고한 이론적인 기반을 마련했다. 그런데 《동물 해방》은 단순히 이론을 강의하는 것만으로 끝나지 않는다. 종차별이 부당하다는 것을 인정한다면, 우리는 부당함에 대한 항의를 직접 실천할 필요가 있다. 투서, 계몽, 가두 활동 등 할 수 있는 것은 많지만, '동물을 대신하는 다른 모든 활동에 토대와 일관성과 의

11   Singer, 2009, p. 6.

미를 부여하기' 위해서 가장 중요한 일은 우선 스스로의 생활에서 종차별의 산물을 몰아내는 것이다. 육식에서 벗어나는 것이 그 '첫걸음'임은 자명하다.[12] 차별의 혜택을 거부하려 하지 않는 자는 진정 공평한 눈으로 차별의 폐해를 평가할 수 없다. 차별의 혜택에 젖은 자는 어디선가 피해자의 불이익을 부정하거나 과소평가하게 마련이다. 또 차별에 반대하는 사람 스스로가 정작 그 차별을 뒷받침하면 부당한 시스템은 아무런 타격도 입지 않는다. 주된 가해자는 사람들의 말뿐인 항의를 한 귀로 흘릴 테고 바로 그 항의자들의 지원을 받아 계속 번창할 것이다. 우리는 스스로에게 책임이 있다. 싱어 말마따나 '먼 문제에 대해서는 입장을 표명하기 쉽다. 하지만 인종차별주의자와 마찬가지로 종차별주의자는 신변에 문제가 닥쳤을 때에야 본성을 드러낸다.'[13] 생활과 무관한 범위에서 고상한 정의를 부르짖는 일쯤은 누구나 할 수 있다. 그러나 동물 해방에 필요한 것은 스스로를 이롭게 하는 특권에 구태여 대항하는 사람들의 의지, 즉 이타 정신이다. '우리의 태도와 그로 인해 고통받는 자의 시점에 서서'[14] 스스로의 습관을 되돌아보고 피해자의 불이익이 대수로운 문제가 아니라는 굳은 편견을 떨쳐 낼 수 있는가. 도덕 원칙의 요청에 따라 죄 없는 생물의 해방을 위해 그 '첫걸음'을 내디딜 수 있는가. 동물과 인간 사회의 향방은 우리 한 사람 한 사람의 행동에 달렸다고 말하며 싱어는 논의를 마친다.

12 Singer, 2009, p. 159.

13 Singer, 2009, p. 162.

14 "Preface to the 1975 Edition" In Singer, 2009, p. 12.

이론의 중요성

《동물 해방》은 적어도 세 가지 역할을 했다. 첫째, 동물이 처한 참상을 압도적인 필력으로 고발했다. 이 책은 수많은 종차별적 행위 중에서도 규모와 잔혹성 면에서 극단을 달리는 동물실험 및 공장식 축산으로 표적을 좁혀 주관적 생각이 아닌 업계 자료에 입각해 그 내부 상황을 백일하에 드러냈다. 인터넷에서 얼마든지 동물 착취 사진과 동영상을 열람할 수 있는 오늘날과 달리 정보 매체가 훨씬 한정됐던 1970년대에 실상을 상세히 고발했다는 점에서 의의가 크다.

둘째, 싱어의 저서는 그 후 동물 옹호론에서 쓰인 논의의 기틀을 다졌다. 뒤에서 살펴보겠지만 싱어 이후의 활동가와 연구자 대다수는 점점 싱어와 다른(오히려 대립하는) 철학적 입장으로 옮겨 가지만, 그들조차 주된 논점은 의식적이든 무의식적이든 싱어의 논의를 답습한다. 도덕적 배려에 대한 선 긋기와 그 근거 제시, 가장자리 상황 논증, 동물 옹호파에게 쏟아지는 초보적인 의문과 반론에 대한 답변 등이 이미 이 한 권의 책에 모두 정리되어 있다.

셋째, 가장 중요한 점으로 싱어의 저서는 동물 옹호 운동에 이론을 부여했다. 사회정의가 호소력을 가지려면 어느 시점에서는 이러한 과정이 필요하다. 이론은 각기 다른 배경과 사상을 가진 개인의 집합에 일관된 방향성을 제공한다. 이론을 갖춤으로써 운동은 극복해야 할 사회악을 선명히 포착하고 목표와 달성 수단을 확고히 정할 수 있다. 동물 해방의 경우 맞서야 할 표적은 종차별과 그에 따른 억압이며 그 이유는 종차별이 인간 아닌 동물의 이익을 부당하게 경시했기 때문이다. 목표는 종을 초월한 평등 사회의 확립이며, 달성 수단은 동물 착취로부터의 탈피와 그 움직임의 보급 그리고 정치 변혁이다. 운동의 참여자는 이론을 축으로 전략을 세워 각 활동의 의의와 유효성을 평가할 수 있다. 그로써 운동은 눈앞의 문제에만 사로잡힌 근시안적인 행동이나 목표를 잃은 질주를 막을 수 있다.

또한 이론은 운동의 계승과 전파를 가능하게 한다. 사회정의를 성공으로 이끌기 위해서는 소수의 선구자가 시작한 활동이 지역과 세대를 뛰어넘어 큰 조류로 성장할 필요가 있다. 이론이 부재하거나 불명확한 활동은 재능과 행동력이 뛰어난 개인들의 분투에 그쳐 한 세대 만에 막을 내린다. 혹시 그 노력이 무언가 결실을 맺는다고 해도 다른 사람은 그로부터 감명 이상의 것을 받을 수 없어 운동은 처음부터 다시 길을 모색해야 한다. 우리는 체계화되지 않은 것, 질서가 잡히지 않은 것을 이해하지 못한다. 운동이 확산되고 계승되려면 각 활동을 지탱하는 근본 원리의 추출과 체계화, 즉 이론화가 꼭 필요하다.

끝으로 이론을 마련하는 일은 운동을 세련되게 하고 발전으로 연결시킨다. 운동 원리가 이론의 형태로 정리되면 한계를 규명하고 부족함을 채울 수 있으며 여차하면 새로운 틀로 대체할 수도 있다. 동물 옹호론도 기존 이론을 비판적으로 검증하면서 운동을 개선하고자 했다. 물론 이론을 둘러싼 탐구가 현실 문제를 벗어나 괜히 난해하거나 '심미적'인 탁상공론으로 변하면 안 되겠지만, 실천과의 연계를 잃지 않는 한 이론의 발전은 운동의 발전에 기여한다. 싱어에 의한 동물해방 철학의 이론화는 분명 역사적인 위업이었다. 다만 그것은 시작에 불과했다. 다음 활동가와 연구자에게 주어진 과제는 어떻게 이 위대한 원점을 체득해 그것을 뛰어넘는 새로운 사회정의의 전망을 키워 나갈 것인가라는 물음으로 집약된다.

공리주의 접근법의 문제

싱어의 사상은 뛰어난 활동가를 많이 낳았다. 미국 자연사 박물관 외에도 여러 시설에서 동물실험 폐지와 규제 활동을 펼친 헨리 스피라Henry Spira, 세계 최대의 동물 옹호 단체 '동물을 윤리적으로 대우하는 사람들의 모임People for the Ethical Treatment of Animals,이하 PETA'을 설립한 알렉스 파체코Alex Pacheco, 잉그리드 뉴커크Ingrid Newkirk도 싱어에게 영향을 받았다.《동물 해방》은 동물 옹호 운동의 '성서'로 여겨져 1975년 간행 이후 그 운동에 힘쓰는 활동가 거의 모두가 이 책을 삶의 지침서로 삼았다. PETA는 지금도 '동물권'과 관련된 추천 도서 목록에서 이 책을 첫 번째로 꼽는다.[15] 싱어와 그의 대표작《동물 해방》이 현대에 동물 옹호론이 융성하는 데 수행한 역할은 이루 헤아릴 수 없다.

그런데 언뜻 견고해 보이는 싱어의 접근법은 공리주의의 한계와 싱어 고유의 독특한 인식에서 비롯된 수많은 문제를 안고 있으며 그중 몇몇은 사회정의를 기초 짓는 도덕 이론으로서 치명적인 결과를 수반한다. 싱어의 이론은 현대 동물 옹호론의 근간이고, 오늘날에 이르기까지 영향력을 행사하고 있기에 이쯤에서 주된 문제점을 검토하지 않을 수 없다. 싱어의 인식에 따른 문제는 다음 절에서 다루기로 하고 이 절에서는 공리주의의 단점을 꼽고자 한다.

첫째, 공리주의는 어떤 행위의 선악을 판단하건 관련자 모두의 이익을 감안한다. 따라서 상식적으로는 최악인 욕망의 충족도 도덕 계산에 포함된다. 가령 길고양이를 포획해 죽도록 학대하고 그 모습

---

15 PETA (2020) "Animal Rights Books for the Compassionate Bookworm", https://www.peta.org/living/entertainment/animal-rights-books/(2020년 5월 1일 접속). 다만 뒤에서 설명하겠지만《동물 해방》을 '동물권' 관련 서적에 포함시키는 데는 큰 문제가 있다.

을 동영상으로 찍어 인터넷에 올린 인물이 있다고 치자. 공리주의자는 이 행위의 선악을 판단할 때 고양이가 입은 피해뿐만 아니라 학대범의 만족과 학대 동영상을 즐긴 자들의 만족도 고려해야 한다. 인간에 대한 폭력을 평가할 때도 마찬가지다. 일관된 공리주의자는 집단 강간이라면 강간범의, 쾌락 살인이라면 살인마의, 성희롱이라면 성희롱범의 만족을 고려 대상에 넣어 피해자들의 불이익과 함께 공평하게 저울질한다. 계산 결과가 어떻든 선악 판단을 도출하는 과정에서 처음부터 가해자의 만족을 계산에 넣는다는 발상이 도덕 이론에 걸맞지 않다. 건전한 도덕 이론이라면 어떤 만족은 정당한 이유로 고려 대상에서 제외할 수 있어야 한다.

둘째, 가해자의 만족을 고려하는 특성상 공리주의는 결과에 따라 착취나 폭력을 용인한다. 싱어가 공장식 축산과 동물실험을 규탄하는 이유는 그 행위들에 수반되는 동물의 불이익이 인간의 이익을 양적으로 웃돈다고 생각하기 때문이다. 반대로 후자가 전자를 웃돈다면 동물 착취는 문제되지 않는다. 앞의 길고양이 사례로 말할 것 같으면, 고통받는 고양이의 불이익은 학대범 개인의 이익이나 동영상을 시청한 개개인의 이익보다 크기 면에서 우세해 보인다. 하지만 학대범이나 동영상 시청자가 얻은 작은 만족의 **총량**보다 우세하다고는 확신할 수 없다. 일정 수를 넘는 시청자가 동영상을 보고 이익을 얻으면, 그 총합은 고양이의 불이익을 양적으로 웃돌 테고, 그 가능성이 충분하다면 공리주의자는 고양이를 학대하고 동영상을 올린 행위에 대해 선이라고 판단해야 한다. 같은 논리에서 소수의 동물을 죽이는 실험이 무수히 많은 사람을 죽음에서 구할 수 있다면 일관성 있는 공리주의자는 그것을 선이라고 본다. 공리주의는 이익 보유자를 수단화

동물 윤리의 최전선

하는 것을 절대악으로 치부하지 않는다.

싱어를 기반으로 한 20세기 후반 이후의 동물 옹호 운동을 통칭 '동물권(동물의 권리)' 운동이라고 하는데 싱어 자신은 권리라는 개념에 수식어 이상의 역할을 부여하지 않았다. 이것은 공리주의의 성격을 생각하면 당연하다. 관계자 전체의 최대 행복을 실현하기 위해서라면 이익 보유자의 수단화도 마다하지 않는 공리주의자에게 각 주체의 이익을 절대적으로 보호해야 한다는 권리 개념은 방해만 된다. 공리주의와 권리 개념은 물과 기름의 관계다.

셋째, 공리주의는 어느 정도 차별 구조를 용인한다. 평등 원칙은 이익의 불평등한 평가를 금지하지만, 차별은 특정 집단의 이익을 무시하고 경시하는 형태로만 나타나는 것이 아니다. 모든 이들의 이익을 평등하게 배려하면서도 특정 집단을 차별 대우하는 사태를 가정할 수 있다. 가령 소수의 동물을 죽여 무수히 많은 사람을 구하는 동물실험은 물론 그로 인해 정신적 고통이라는 불이익을 호소하는 사람도 있겠지만 전체적으로는 최대의 행복을 불러올 가능성이 있다. 그러나 소수의 인간을 죽여 무수히 많은 인간을 구하는 인체 실험이라면 그로 인한 사회의 불안과 공포가 훨씬 높을 것으로 예상되기에 같은 양의 행복이 초래될 수 없을지도 모른다. 동물원에 희귀한 동물을 전시하는 경우와 희귀한 인간 집단을 전시하는 경우도 같은 맥락으로 볼 수 있다. 대상이 달라지면 같은 일을 하더라도 결과가 달라질 수 있다. 더군다나 공리주의는 결과만을 중시하기에 결과가 다르다면 인간과 인간 아닌 동물의 차별을 인정할 수도 있다. 그리하여 공리주의에서는 종차별이 정당화된다. 그 원리로 따지자면 갖가지 인간차별을 옹호하는 일도 가능하리라.

넷째, 공리주의는 현 상황을 긍정하기 쉽다. 지금까지의 예로도 짐작할 수 있듯 관계자 모두의 이익을 헤아린다는 것은 다수파의 가치관이 도덕 계산에서 늘 우위를 점한다는 것을 의미한다. 다수파를 구성하는 사람은 대체로 차별 의식이나 서열 의식이 내재된 기성 가치관에 물들어 있다. 그 점을 감안하지 않고 무조건 최대 다수의 최대 행복을 지향한다면 기성질서에 적합한 정책이야말로 선이 되기 쉬울 것이다. 종차별이 뿌리내린 사회에서는 어느 정도 동물을 착취하는 것이 최대 행복을 낳고, 인종차별이 뿌리내린 사회에서는 특정 인종을 박해하는 것이 최대 행복을 낳을 수 있다. 사회 변혁에서 공리주의를 이론적 지주로 삼는 것은 나쁜 선택이라고 말할 수밖에 없다.

다섯째, 공리주의는 이익의 양적 비교라는 과제로 골머리를 앓는다. 공리주의는 이익을 양으로 따지는데, 어떤 행위로 인해 발생하거나 상실할 이익의 크기를 가늠하기란 늘 어려운 일이다. 따라서 여러 사람의 이익을 비교할 때면 누가 계산했느냐에 따라 결과가 크게 달라진다. 비교되는 이익 사이에 압도적인 차이가 있으면 그나마 다행이다. 공장식 축산을 예로 들면 그로 인한 인간의 이익이란 기껏해야 수억 명의 감각적인 만족이나 금전적인 만족에 지나지 않는다. 고뇌와 절망 속에서 생사를 오갈 수백억 마리의 불행이 그것만 못할 리 없다. 그러나 수백 마리의 동물을 가둬 연간 수백만 명의 인간에게 즐거움을 주는 동물원이나, 몇 마리의 동물을 부려 수만 명의 관객을 불러 모으는 서커스라면 동물의 불이익이 인간의 이익을 웃돈다는 보장이 없다. 이 경우 결과는 이익을 비교하는 자가 동물의 고통과 인간의 기쁨을 어떻게 평가하는가에 달리게 된다. 평생을 망친 동물들의 고통이 인간 백만 명의 기쁨보다 크다고 장담할 수는 있다. 하지만 그 주장에는 아무런 근거도 없다. 공리주의의 도적 계산은 상당 부분이 개개인의 자의성에 맡겨져 있다. 따라서 행위의 선악에 대해 누구나 납득할 만한 결론을 제시하기란 힘들다.

이처럼 공리주의는 도덕 이론으로서는 여러 문제를 안고 있어 싱어의 주장에도 다소 위태로움이 감돈다. 이론상의 한계가 싱어의 역사적인 공적을 훼손하는 것은 아니지만, 싱어를 극복하지 않고서는 동물 옹호론도 발전할 수 없다는 것은 확실하다. 동물권 운동이 잇따라 성장하려면 공리주의를 뛰어넘는 새로운 틀을 마련해야 한다. 그 해답을 최대 다수의 최대 행복과 맞바꾸더라도 개개의 존재를 지켜 줄 철벽 방어막, 권리에서 찾을 수 있다.

동물권

동물에게 권리가 있다는 생각은 일찍이 17세기부터 존재했으며 19세기에 루이스 곰퍼츠Lewis Gompertz와 에드워드 니컬슨Edward Nicholson, 헨리 솔트 같은 선구자에 의해 이론화가 시도되었다. 그러나 공리주의와 대결하면서 동물 옹호 주장에 불가침의 권리 개념을 도입하는 것이 유효함을 입증한 사람은 미국의 철학자 톰 레건이다. 1983년 간행된 그의 대표작 《동물권 옹호》[16]은 이상적인 도덕 판단의 조건, 각종 도덕 이론의 문제, 권리와 그에 관한 여러 개념의 정의, 권리에 따르는

---

16 Tom Regan (1983) *The Case for Animal Rights*, Berkeley: The University of California Press. [한글본] 김성한, 최훈 옮김, 《동물권 옹호》, 아카넷, 2023.

의무와 원칙, 권리로부터 도출되는 결과 등을 체계적으로 설명했으며, 그때까지 임의로 해석되어 온 '동물권animal rights'이라는 개념에 고유한 의미와 의의를 부여했다. 이후 동물권론이란 오직 레건이 주창한 권리론the rights view의 틀 혹은 그것을 원형으로 하는 사상적 입장만을 가리키게 되었다.

내재적 가치와 삶의 주체

앞서 살펴보았듯이 공리주의는 최대 다수의 최대 행복을 지향한다. 한데 그것이 실현되려면 특정인을 희생해야 한다. 공리주의 안에서는 각 존재에게 돌아갈 이익에만 가치를 두기 때문에 존재 그 자체의 가치는 고려 사항이 아니다. 술잔에 비유하자면 각 술잔은 가치 있는 경험으로 채워지는 반면 술잔 그 자체에는 가치가 없는 셈이다. '누구의 가치든 하나로 보며 하나 이상으로는 보지 않는다'라는 원칙은 그저 술잔에 채워진 10만큼의 행복을 두 잔에 채워진 20으로 계산하지 않는다는 것을, 또는 10만큼의 불행을 반 잔만 채워진 5로 계산하지 않는다는 것을 의미하며, 행복의 총량을 최대로 끌어올리기 위해서라면 불행으로 채워진 술잔은 깨뜨려도 좋다.

레건은 발상을 전환하여 가치 있는 것은 술잔 그 자체라고 생각했다. 말하자면 각자가 하는 경험에 궁극의 가치가 있는 것이 아니라 경험을 하는 각자에게 가치가 있다는 것이다. 행복에는 그 자체로 본질적인 가치가 있을 것이다. 불행에도 그 자체로 부정적인 가치가 있다. 그러나 행복과 불행의 가치를 아무리 더하더라도, 그 행불행을 겪는 자의 가치와는 무관하다. 지옥의 고통 속에서 사는 자에게도 지극한 기쁨 속에서 사는 자와 동등한 가치가 있다. 나아가 각자가 지닌 가치는 타자에 대한 유용성과도 무관하다. 물론 타자에게 도움이 되는 자는 타자에게 가치가 있을 것이다. 하지만 그것은 수단으로서의 가치, 도구서로의 가치일 뿐이다. 개체에 깃든 가치는 그것뿐만이 아니다. 설령 아무에게도 도움이 안 되고 아무에게도 가치를 인정받지 못한다고 해도, 한 개체에는 여전히 **자기 자신에 대한 가치**가 있다. 이를 경험 자체에 내포된 본질적 가치intrinsic value나 타자에 대한 도구적 가치instrumental value와 구별하여 개체의 내재적 가치inherent value라고 한다.

그렇다면 누가 내재적 가치를 갖는가. 바꿔 말하면 똑같이 내재적 가치를 지닌 자들에게 어떤 공통점이 있는가. 제일 먼저 떠오르는 것은 인간이라는 속성이리라. 모든 인간은 인간이기에 내재적 가치를 갖는다. 그러나 이 말로는 아무것도 설명할 수 없다. 인간이라는 생물학적 분류는 인종, 성별, 능력의 많고 적음 등과 마찬가지로 개체의 가치에 대해서는 아무런 말도 하지 않는다. 레건에게 통찰을 준 18세기 철학자 임마누엘 칸트는 도덕 판단을 할 수 있는 이성적 존재가 존엄, 즉 내재적 가치를 가졌다고 생각했다. 그러나 가장자리 상황 논증을 보면 알 수 있듯이 도덕 판단이 불가능한 자들—인간 이외의 동물뿐만 아니라 어린아이나 일부 장애인 등—에게 도구로서의 가치밖에 없다고는 도저히 생각할 수 없다.

생물학적 분류도 아니고 도덕 판단 능력도 아니라면 대체 무엇이 내재적 가치를 가진 자들의 공통점일까. 레건은 고민을 거듭한 끝에 그들 모두가 '삶의 주체subject-of-a-life'라는 답에 다다랐다. 인간과 기타 동물은 그냥 세계 속에 있을 뿐만 아니라 세계를 감지하고 제 몸에서 일어나는 일을 감지한다. 감지된 일은 감정·확신·소망 같은 다양한 의식의 작용을 낳고 이것들은 하나가 되어 저마다 일대기적인 삶을

형성한다. 신변에 일어나는 다양한 일은 삶을 좋게도 만들고 나쁘게
도 만들지만, 일대기적인 삶을 사는 주체가 경험에 좌우되는 행복 상
태—경험적 복지 상태experiential welfare—를 가진다는 점에는 변함이 없
다. 세계와 제 몸에 일어나는 일을 감지하고 그에 따라 행복해질 수도
불행해질 수도 있는 자, 일대기적 삶을 살고 경험적 복지 상태를 갖는
자를 레건은 삶의 주체라고 명명했다. 삶의 주체에게 제 몸에 일어나
는 일은 복지 상태와도 직결되므로 중요한 의미를 갖는다. 비록 그것
이 다른 모두에게는 의미가 없을지라 해도. 여기서 내재적 가치의 해
답을 찾을 수 있다. 타자의 평가와는 별개로 제 삶이 스스로에게 의
미를 가진다는 것, 그것이 내재적 가치가 있음을 인정할 근거다. 삶의
주체라는 점에서 인간과 그 밖의 동물은 동일하며 인종, 성별, 연령,
능력, 지성, 출생, 종과 무관하게 모두 평등한 내재적 가치를 갖는다.

존중 원칙에서 권리의 도출까지

이쯤에서 정의의 원칙을 생각해 보면, 그것은 어쨌든 모든 자를 공
정하게 대해야 한다는 것이다. 공정한 대우란 각자의 분수 혹은 지분
due에 걸맞게 대우함을 말한다. 그 자체만으로는 무엇이 각각의 지분
에 걸맞은 대우인지 알 수 없다는 점에서 그것은 정의의 '형식적' 원칙
으로 불리지만, 개체가 지닌 평등한 내재적 가치를 인정한다면 지분
에 걸맞은 대우가 무엇인지는 저절로 분명해진다. 즉, 각자가 지닌 내
재적 가치를 고려하면 된다. 그로부터 정의의 요청인 존중 원칙이 도
출된다. 내재적 가치를 가진 자는 그 가치를 존중하는 대우를 받아야
한다. 그럼에도 내재적 가치가 있는 자를 없는 자처럼 대하는 것은 지
분에 어울리는 존중이 결여되어 있으므로 부당하다. 즉, 내재적 가치

가 있는 자를 단순 수단으로 대하는 것, 도구적 가치만 있는 물건처럼 대하는 것은 정의에 위배된다.

존중 원칙에 비추어 보면 공리주의가 심판하지 못한 갖가지 가해 행위가 부당한 까닭도 쉽게 설명된다. 차별·학대·착취가 부당한 이유는 피해자의 불이익이 가해자의 이익을 웃돌기 때문이 아니다. 그것은 가해자와 그 가담자가 얻는 것과는 무관하다. 그들이 쾌락·편익·만족을 얻기 위해 피해자를 단순 수단으로 대했기 때문에 부당한 것이다. 가해자와 가담자에게 아무리 큰 행복이 주어진다고 해도, 내재적 가치가 있는 개체를 존중 없이 대하는 일은 용납되지 않는다. 존중 의무는 공리성을 뛰어넘는다.

그런데 존중이 결여된 대우란 수단화만 가리키는 것이 아니다. 개체를 수단으로 대하지 않더라도 몹시 괴롭힐 수 있다. 존중 원칙은 그런 행위도 용납하지 않는다. 삶의 주체는 경험적 복지 상태를 갖고 있기에 제 몸에 닥치는 일 때문에 행복해질 수도 불행해질 수도 있다. 위해를 가해 삶의 주체를 불행하게 만드는 일, 즉 복지 상태를 악화시키는 일은 수단화의 측면이 있는가 없는가와 상관없이 그 자체로 내재적 가치의 존중이 결여된 대우에 해당한다. 따라서 존중 원칙을 바탕으로 해서 위해 원칙이 도출된다. 우리에게는 개체를 해치지 않을 우선적 직접 의무가 있다. 직접 의무란 다른 자를 위해서가 아니라 여기서 말하는 개체를 위해서 지는 의무를 의미한다. 그럼 우선적이라는 말은 무엇을 의미할까. 어쩔 수 없이 개체를 해쳐야 하는 상황에 처했다 하더라도 그 정당성을 설명할 책임이 의무를 위반한 자에게 먼저 부과된다는 뜻이다.

그게 다가 아니다. 존중 원칙에 따라서 우리는 내재적 가치가 있는 자에게 위해를 가할 수 없으며, 위해에 부당하게 희생된 자를 도와야만 한다. 이것은 윤리 학설의 기본으로, 적어도 이론이 타당성을 얻으려면 이 두 가지 의무를 모두 수용해야 한다. '내재적 가치를 지닌 모든 자는 그 지분을 인정받아야 하고 때때로 그 지분은 우리의 조력을 전제한다.'[17]

위해를 가하지 않을 의무든 희생자를 도울 의무든 그 부과 대상은 당연히 도덕 판단이 가능한 자로 국한된다. 도덕 판단을 할 수 없는 자에게 도덕적 의무를 부과하는 것은 무의미하다. 이를테면 자연은 가끔 인간과 그 밖의 동물을 해치지만 선악 관념을 이해하고서 악을 택하거나 선을 소홀히 한 것이 아니다. 자연은 도덕을 모르므로 그 행동에는 정의도 부정의도 없으며, 그렇기에 이는 의무의 이행도 위반도 아니다. 동물에 대한 도덕적 의무가 문제로 부상하면 종종 야생동물의 포식 행위를 어떻게 생각하느냐는 질문이 제기되는데, 도덕 판단이 불가능한 야생동물에게 위해를 삼갈 의무를 부과하겠다는 것은 태풍에게 인간을 습격하지 말라고 명령하는 것과도 같다. 포식이나 태풍으로 인한 피해는 애당초 도덕의 범주에 속하지 않는다. 도덕 판단이 불가능한 존재도 도덕적 의무에 따라 보호를 받지만, 도덕적 의무를 지켜야 하는 것은 도덕 판단이 가능한 자뿐이다.

존중 원칙이 내재적 가치를 지닌 자에 대한 직접 의무를 제시함으로써 존중 의무와 표리를 이루는 권리가 수립된다. 권리란 무엇인가. 레건은 존 스튜어트 밀과 조엘 파인버그Joel Feinberg의 분석에 따라 권리를 '타당한 요구'로 본다. 자신이 받아야 할 대우를 제시하는 것,

---

17 Regan, 1983, p. 249.

즉 어떤 종류의 대우를 자신의 지분으로 요구하는 것이 권리의 태도이며, 그런 의미에서 권리란 요구다. 다만 그 요구에는 타당성이 따라야 한다. 요구의 타당성이란 타당한 상대에게 타당한 대우를 요구하는 일을 말하며 그것은 요구의 뿌리에 있는 도덕 원칙에 의해 보장된다. 위에서 존중 원칙은 도덕 판단이 가능한 자에게 내재적 가치가 있는 자를 귀하게 대할 것을 요구한다고 언급했다. 귀한 대우는 앞서 말했듯이 내재적 가치가 있는 자의 정당한 지분이며, 도덕 판단을 할 수 있는 자에게 그 대우는 가능한 행위의 범주에 속한다. 즉, 존중 원칙은 타당한 상대에게 타당한 대우를 요구하는 도덕 원칙이며, 그에 따라 귀한 대우는 내재적 가치를 가진 자의 타당한 요구, 즉 권리가 된다. 이로써 내재적 가치를 가진 자가 귀하게 대우받을 권리가 있음이 밝혀졌다. 그리고 삶의 주체인 인간과 그 밖의 동물은 똑같이 내재적 가치를 가졌기에 모두 평등하게 귀한 대우를 받을 권리가 있다. 이 논리에 따른다면 동물권을 인정해야 한다.

사회가 권리를 인정하지 않을 수도 있으리라. 법이 인정하는 권리만 정당한 권리라면 인간 아닌 동물의 권리는—공정한 대우를 요구하는 사람들의 여러 권리와 함께—난센스로 매장된다. 그렇지만 귀하게 대우받을 권리는 법이나 국가에 의한 것이 아니라 정의의 원칙에 따라 도출된 **도덕적** 권리이며, 그 역할은 법을 비롯한 사회질서의 변혁을 촉구하는 데 있다.

존중 원칙으로부터 도출된 동물권은 도덕 판단이 가능한 모든 이에게 두 가지 의무를 부과한다. 하나는 동물에게 위해를 가하지 않을 의무, 다른 하나는 동물권을 침해하려는 자들에게서 동물을 지킬 의무. 동물 스스로 이런 요구를 할 수 없다고 해서 그들의 권리를 부정할 수는 없다. 타당한 요구가 **있는** 것과 실제로 그 요구를 **할 수 있는** 것은 다르다. 타당한 요구를 할 수 있다는 것은 어느 정도 도덕적 지위를 갖췄음을 의미하며, 그 지위는 확고한 논거로 뒷받침되는 한 실제 요구가 없어도 성립한다. 이성이나 언어 능력이 없는 인간의 예를 떠올리면 알 수 있듯이 오히려 스스로의 권리를 이해하지 못해 권리를 호소하고 지킬 수 없는 자가 있다면, 우리에게 부과되는 조력의 의무는 한층 더 커진다.

권리론의 실천적 귀결

권리론은 동물 착취의 폐지abolition를 요구한다. 공리주의 관점에서는 행복의 총량으로 행위의 선악을 판단하기에 희생자의 고통이 충분히 억제된다면 적어도 이론상으로는 착취가 허용된다. 그러나 권리론에 그런 타협은 없다. 용납할 수 없는 것은 몹시 고통스러운 상황에 동물을 몰아넣는 행위가 아니다. 설령 고통을 줄인다고 해도 삶의 주체인 동물을 수단화하는 행위 자체를 용납할 수 없는 것이다. 동물을 쾌적한 환경에 두고 통증 없이 죽인다고 해도 결론은 바뀌지 않는다. 레건이 저서에서 쓴 말을 빌리자면 권리론이 원하는 것은 '큰 케이지'가 아니라 '빈 케이지'다.

숫자도 희생을 정당화할 수는 없다. 인간 수천 명에게 즐거움을 주기 위해 동물 한 마리를 이용하는 서커스는 물론이고 인간 수만 명을 구하기 위해 동물 한 마리를 희생하는 실험도 권리론에서는 용납하지 않는다. 어떤 경우든 한 마리가 가진 내재적 가치를 부정하는 대우, 존중 없는 대우인 것은 마찬가지이기 때문이다. 얻을 수 있는 편익, 그것을 향유하는 자의 숫자, 그로 인해 희생되는 자의 숫자는 행위의 선악을 판단하는 자료가 될 수 없다. 선악을 결정하는 것은 그 행위에 존중이 녹아 있는가 아닌가이다. 공익을 위해 여럿이 노력하는 건 좋지만 그 과정에서 개개의 권리를 침해하는 일이 있으면 안 된다. 미리 말하지만 이런 착취를 인간의 권리와 동물의 권리가 충돌하는 사례로 보는 것은 비약이다. 여기서 상정하는 인간의 권리라는 것은 자신의 편익을 높이기 위해 타자의 권리를 침해할 권리인데, 애당초 그런 권리를 정당하다고 인정할 만한 근거는 없다.

그럼에도 여전히 동물 착취를 정당화하겠다면 남은 가능성은 인간에게 이용되는 동물이 삶의 주체가 아니라고 주장하는 것뿐이다. 소나 돼지는 둘째 치더라도 혹시 해부학적으로 인간과 동떨어진 동물이라면 삶의 주체라고 단언하기 힘들지도 모른다. 레건도 거의 확실하게 삶의 주체라고 인정할 수 있는 동물로 한 살 이상의 정상적인 포유류를 염두에 두었다. 그렇다면 태어난 지 얼마 안 된 포유류나 조류, 어류, 양서류 같은 동물도 삶의 주체가 아니며 따라서 권리가 없다고 주장할 수 있을까. 실은 그렇지가 않다. 레건이 삶의 주체로 한 살 이상의 정상적인 포유류를 상정한 것은 공연한 선 긋기로 시간을 허비하지 않고 건설적으로 논의하기 위함으로, 다른 동물이 삶의 주체임을 부정하려는 의도는 없다. 정확히 어느 동물까지 풍요로운 정신 세계를 가졌는지는 쉽게 답할 수 없는 문제다. 판단을 그르쳐 엄연한 삶의 주체를 수단화하는 것은 돌이킬 수 없는 권리 침해로 이어질 수 있다. 삶의 주체인지 아닌지 견해가 엇갈리는 동물—인간의 태아 등도 포함—에 대해서는 예방 원칙을 채택해 권리 주체로 **가정**하고 대하는 것이 타당하다.

예방 원칙의 개념은 권리론이 추구하는 사회 변혁의 목적에도 부합한다. 권리론은 동물을 물건 취급하는 것을 당연시하는 기존의 전통과 습관을 되짚어 보고 개체의 권리가 존중받는 도덕적인 풍토를 가꾸고자 한다. 그러므로 어떤 존재가 삶의 주체인지 아닌지 판단하기 어려운 때야말로 우리는 기꺼이 예방 원칙을 채택해 그것에 가정된 내재적 가치를 존중해야 한다. 한정된 지식을 바탕으로 일부 동물을 삶의 주체 범주에서 제외하고 그들을 제도적으로 이용하는 일에 문호를 열면 인간은 삶의 주체인 동물까지 이용하려 들 게 뻔하다. 동물이 자원이며 도구라는 인식을 근절하기 위해서는 삶의 주체인지 아닌지와 상관없이 어떤 동물 이용도 허용해서는 안 된다.

우리 개인의 차원에서는 당연히 동물 착취를 거친 산물을 모두 불매해야 한다. 요즘 식으로 말하자면 탈착취(비거니즘). 동물을 수단으로 대하는 일이 부당 행위인 이상 그 산물을 소비하는 것은 권리가 아니라 권리 초과에 해당한다. 그런데 권리론은 착취로부터의 개인적인 탈피 이상의 행동을 요구한다. 우리는 동물권이 요구하는 조력 의무에 따라 동물의 권리를 침해하려는 자로부터 동물을 지켜야 한다. 일개 개인이 할 수 있는 일은 한정되어 있으나 그렇다고 아무것도 안 할 수는 없다. 사람들의 인식을 바로잡고, 착취 산업을 무너뜨리고, 비폭력 여론을 형성하는 혁명 운동에 참여하는 것은 자선도 의무 초과도 아닌 우리 모두가 져야 하는 **최소한의** 의무다.

구명보트 사례

동물권이라는 개념에는 다양한 반론이 쏟아진다. 《동물권 옹호》 곳곳에서 그 비판들에 대한 반박이 이루어지는데, 그중 구명보트 사례라는 것이 있다. 아마 오늘날 톰 레건의 이름을 널리 알린 것은 그의 훌륭한 이론이 아니라 400쪽이 넘는 저서에서 고작 몇 쪽에 불과한 구명보트 사례일 것이다. 레건은 구명보트 사례를 둘러싼 구절이 권리론 전체의 취지와 다른 맥락에서 쓸데없이 많은 논쟁을 불러일으키자 《동물권 옹호》 2004년 판 머리말에서 이제 그 이야기는 잊어달라고 솔직한 심정을 토로했다.[18] 본인이 그렇게까지 말했는데 다시 그 이야기를 끄집어내려니 망설여지지만, 레건의 해설을 곁들여 구명보트 사례를 언급하지 않으면 불충분하다는 비난을 피할 수 없을 테니, 이를 아래에 간단히 요약하고 그에 관한 개인적인 생각을 덧붙이려고 한다.

　구명보트 사례는 동물권을 인정하는 것이 부조리를 낳는다고 주장하기 위한 가설이다. 4인승 구명보트에 인간 네 명과 개 한 마리가 탔다고 치자. 누군가를 바다에 버리지 않으면 보트는 가라앉고 만다. 직관적으로 봤을 때 이 상황에서는 개를 버리는 것이 타당하지만 동물권을 인정하는 자라면 인간이든 개든 평등하므로 제비뽑기로 희생자를 정하자고 할지 모른다. 하지만 레건은 의외로 개를 빠뜨려야 한다고 결론 짓는다. 인간이 죽었을 때의 피해(상실되는 만족의 기회)가 개가 죽었을 때의 피해보다 크므로 모든 존재가 평등한 내재적 가치를 지녔다 해도 어느 한쪽을 희생해야 한다면 개를 희생하는 편이 옳다는 것이다. 게다가 이 결론은 더 많은 개를 희생해야 하는 경우라도 바뀌지 않는다. 권리론은 인간 집단과 개 집단이 입을 피해의 '총량'을 비교하는 것이 아니라 각각의 인간이 입을 피해와 각각의 개가 입을

18　Tom Regan (2004a) *The Case for Animal Rights: Updated with a New Preface*, Berkeley: The University of California Press, p. xxx. [한글본] 김성한, 최훈 옮김, 《동물권 옹호》, 아카넷, 2023.

피해를 비교하기 때문이다. 물론 이런 이야기는 반드시 희생물을 선택해야 하는 비상사태일 때나 가능한 것으로, 타성에 젖어 동물을 물건 취급하는 동물실험 등을 같은 논리로 정당화할 수는 없다.

구명보트 사례를 둘러싼 레건의 논의가 권리론 전체의 논리와 일치하는지 의문이다. 레건은 자신의 논증에 모순이 없다는 주장을 굽히지 않았다. 그럼에도 평등한 내재적 가치 이론과 구명보트 논의가 어떻게 일치하는지 납득할 수 없는 사람이 많을 것이다. 오늘날의 시각으로 보면 이것은 권리론의 필연적인 귀결이라기보다 《동물권 옹호》가 쓰인 1980년대 당시의 상식에 자신의 논리를 무리하게 끼워맞춘 결과가 아닐까 하는 의구심을 지울 수 없다. 그러니 이 낡은 논의의 정합성을 따지는 것은 이제 관두기로 하자.

레건에게 잘못이 있다면 답할 가치도 없는 질문에 굳이 답하려한 것이리라. 4인승 구명보트에 인간 네 명과 개 한 마리가 탔다면 누구를 빠뜨려야 하는가라는 질문에 정답은 없다. 개를 빠뜨려야 한다고 대답하면 동물 윤리는 모순된 개념이라 할 것이다. 인산을 빠뜨려야 한다고 대답하면 엉터리 소리라 할 것이다. 제비뽑기로 희생물을 정해야 한다고 대답해도 같은 비난이 쏟아질 것이다. 뭐라고 대답하든 불만을 낳게 된다. 질문의 설정 자체가 부조리하므로 사람들의 상식에 맞는 규범적인 답을 제시할 수 있을 리 없다.[19] 누가 처음 이런 질

---

19 동물권론은 인간 아닌 동물을 인간의 소유하에 두면 안 된다고 주장한다. 그럼 어째서 구명보트에 개와 인간이 함께 탄다는 설정이 나오는가. 또 승조원은 한 명을 바다에 빠뜨리면 보트가 가라앉지 않는다는 지식을 어디서 얻었는가. 다른 양자택일 문제에도 같은 의문이 맴돈다. 불이 난 집에 두 명이 남아 있는데 한 명밖에 구할 수 없다는 지식을 목격자는 어디서 얻었단 말인가. 애초에 그만큼 심각한 화재 현장에 어째서 충분한 구조 대원이 출동하지 않았는가. 이처럼 도덕적 딜레마에 빠진 사고 실험은 모두 전제 자체가 모순이다.

문을 생각했는지 몰라도, 그 속에는 어떻게든 도마 위에 놓인 도덕 이론에서 부조리한 결론을 이끌어 내겠다는 악의 이외에는 존재하지 않는다. 그 악의의 근원은 해당 도덕 이론을 물리치고 현 상황을 긍정하고 싶다는 욕망, 더 솔직히 말하면 육식을 유지하고 싶다는 욕망이다. 비판적 동물 연구CAS에 종사하는 바실 스타네스쿠는 이런 종류의 질문을 불성실함의 표출로 본다.

> 어떤 의미에서 … 제시된 질문에 제대로 대답하려는 시도는 애당초 질문의 요지에서 벗어나 있다고도 할 수 있다. 이런 '불성실'한 질문은 그저 동물을 죽여도 되는 사례를 한 가지라도 찾아내어 동물 윤리는 틀렸다고 증명함으로써 육식의 정당함을 호도하려는 데만 그 목적이 있다.[20]

구명보트 사례나 그와 유사한 문제—무인도에 자기 자신과 동물한 마리만 남겨졌다면 그 동물을 먹을 것인가, 불이 난 집에 자기 자식과 개가 남아 있다면 어느 쪽을 구할 것인가 등등—를 거론하는 자는 전제 자체가 잘못된 공상적인 상황에서 동물 윤리의 사고가 벽에 부딪친다는 점을 증명해 현실 속에서 동물 윤리를 실천하는 것 또한 모순인 양 호도한다. 질문자는 동물의 참상을 뒷전으로 미루고 권리론을 농락하면서 동물 윤리를 지지하는 자가 과연 질문에 어떻게 대답할지를 마치 곡예라도 보는 양 관찰한다. 그 목적은 오로지 말허리

---

20 Vasile Stanescu, (2016) "The Judas Pig: How we Kill 'Invasive Species' on the Excuse of 'Protecting Nature'" in James Stanescu and Kevin Cummings eds, *The Ethics and Rhetoric of Invasion Ecology*, Lexington Books. 바실 스타네스쿠 (2019) "유다의 돼지 산타크루즈 섬의 '야생화' 돼지 살상, 생명정치, 포스트 상품 물신", 제임스 스타네스쿠, 케빈 커밍스 엮음, 이노우에 타이치 옮김, 《침략자는 누구인가?: 외래종·국경·배외주의》, 이분샤, 135쪽.

를 끊어 정의의 요청을 피하려는 것이다.

구명보트 사례에 관한 레건의 고찰은 저서의 핵심을 이루는 논의와는 무관하다. 그 구절이 다른 부분과 논리적으로 이어진다고 해도, 그것은 현실의 인간 동물 관계를 고찰하는 데 전혀 시사하는 바가 없다. 해당 구절이 모순이라면 더더욱 그 부분에 주목할 이유가 없다. 기존의 동물 윤리학 연구는 구명보트 사례에 화살을 집중한 나머지 레건이 쌓아 올린 중요 이론의 골자를 모조리 놓친 경향이 있었다. 현재 필요한 것은 이런 턱없이 작은 부분에 자꾸 집착하는 일이 아니라 레건의 유산을 이어받아 정당한 재평가를 내리는 일이 아닐까. 잊혀야 하는 것은 불성실한 질문이지 레건의 철학이 아니다.

레건이 등장함에 따라 동물권은 철학과 윤리학의 영역에서 큰 쟁점으로 떠올랐다. 《동물권 옹호》는 간행되자마자 논쟁을 낳았다. 계약론자 얀 나베손Jan Narveson과 피터 카루더스Peter Carruthers, 칸트주의자 칼 코언Carl Cohen, 공리주의자 레이먼드 G. 프레이Raymond G. Frey 그리고 피터 싱어에 이르기까지 수많은 철학자가 권리론에 비판을 퍼부었다. 레건도 끈질기게 맞서 엄격한 검증에 버팀으로써 권리론의 이론적 강도를 입증했다. 동물 옹호는 '감정론'일 따름이라는, 한마디로 지식인들에게 깨졌던 시대에 비하자면 괄목할 만한 약진이었다.

운동 분야에 미친 영향을 살펴보면, 레건의 이론은 고도로 복잡한 구성 때문에 명쾌한 싱어의 이론에 비해 활동가 사이에 다소 깊이 침투하지 못한 경향이 있다. 《동물권 옹호》 서문에서 레건은 집필 당시 일반 독자와 연구자 모두를 염두에 두고 알기 쉽게 쓰기 위해 노력했다고 밝혔는데, 명석할지는 몰라도 중후하고 장대한 이 책을 철학적 논의에 익숙하지 않은 사람들이 소화하기란 분명 힘든 일이었을 것이다. 바로 이것이 운동 이론의 과제다. 치밀한 체계를 완성했다고 해도 너무 난해하면 사회운동의 기본으로 삼기 어려워 일부 지적인 엘리트의 감상물에 머물고 만다. 사회를 움직이는 이론은 어느 정도 간결할 필요가 있다. 레건 자신도 그 문제를 깨달았던 듯, 2000년대 초에 발간한 저서 《빈 케이지》[21]와 《동물권, 인간의 부정의》[22]에서는 일반 독자를 위해 평이한 형태로 권리론 철학을 풀어냈다. 이 책들은 많은 독자를 확보했으며 서구권 대학에서는 동물권이나 비판적 동물 연구CAS의 교재로도 쓰인다. 그러므로 젊은 세대 활동가들에게 권리 론에 대한 이해를 촉구하고 있음이 틀림없다.

한편 중국이나 대만에서는 레건이야말로 동물 옹호론에 활력을 불어넣고 있는 모양이다. 현지 활동가에 따르면 레건의 대표작 《동물 권 옹호》와 《빈 케이지》 그리고 칼 코언과의 공저 《동물권 논쟁》이 중국어로 번역되었고 그중에서도 《빈 케이지》는 활동가로부터 많은 지지를 얻고 있다고 한다. 싱어의 저서도 번역되어 있으나 레건의 이 론은 중국의 오랜 불교 사상과의 친화성이 높은 듯하여 불교계 동물 윤리 모임에서는 레건의 저서로 독서회를 주최한다고 한다. 동아시 아 문화권에서 동물권 운동이 전개되어 분석이 진척되기를 기대한다.

---

21 Tom Regan (2004b) *Empty Cages: Facing the Challenge of Animal Rights*, Lanham, MD: Rowman and Littlefield.

22 Tom Regan (2003) *Animal Rights, Human Wrongs: An Introduction to Moral Philosophy*, Lanham, Rowman & Littlefield.

신복지주의

1970년대 이후 활발해진 서구의 동물권 운동은 동물 이용 그 자체를 반대한다는 점에서 기존의 동물 옹호론과는 선을 긋는 것이었다. 1970년대 이전에 주류를 이루었던 것은 동물복지animal welfare의 추진이다. 인간 아닌 동물도 감각을 갖고 행불행을 경험하므로 이용 시 발생하는 고통을 경감하여 동물을 '인도적'으로 대하자는 운동이었다. 동물복지 추진자가 동물을 단순한 물건이 아닌 주체적인 경험을 겪는 존재로 받아들였다는 점이 중요하다. 그들의 노력은 법 개정을 통해 동물의 사육 환경이나 도살 방법을 개선하는 등 어느 정도 유의미한 성과를 남겼다. 그러나 동물복지 개혁은 동물 이용 그 자체의 윤리성을 따지지 않고 이용 시 발생하는 '불필요한 고통'을 없애는 데만 주목하므로 온건한 시책에 머무를 수밖에 없었다. 동물 이용 자체를 '불필요'한 것으로 간주하지 않으면, '불필요한 고통'의 의미도 저절로 결정된다. 그것은 동물을 이용할 때 생산성이나 효율성에 이바지하지 않는 고통이다. 복지 개혁의 틀에서는 동물 이용의 일환으로 발생하는 고통은 '필요악'이고, 그 밖의 비생산적인 학대로 발생하는 고통만이 '불필요'한 것으로 간주되었다. 따라서 동물복지 개혁은 동물의 입장이 아니라 이용자의 입장에 따른 개선일 따름으로 여기서 종차별은 손도 안 댄 채 남겨졌다. 공장식 축산이나 항생물질 사용 등 효율적인 착취에 필요했던 행위가 과학적 지식이 축척됨에 따라 '불필요'한 것, 즉 없애도 효율성이 떨어지지 않는 것으로 판명 날 때도 있었지만, 그것은 동물 자체의 이익을 배려하는 일과는 달랐다. 동물은 고통받는 존재로 인식되면서도 여전히 인간의 재산·자원·도구의 위치에서 벗어나지 못했다.

1970년대 이후의 동물 옹호는 동물권이라는 기치를 내걸고 동물 이용의 완전한 폐지를 요구하는 움직임으로부터 시작되었다. 이전에도 동물 이용의 규제가 아닌 폐지를 요구하는 활동가가 없었던 것은 아니지만 그런 입장이 운동에서 주류를 차지하게 된 시점은 1970년대 후반부터다. 싱어, 레건 등에 의한 동물 윤리 사상의 이론화가 이 전환에 결정적인 역할을 했다. 동물 옹호는 자선이 아닌 정의를 추구하는 정치 운동으로 자리 잡았고 활동가는 인간 아닌 동물을 수단으로 끌어내리는 **사회적 부정의**에 소리 높여 항의했다. 동물복지 운동이 동물을 자원으로 보고 그것을 현명하게 이용하려 했다면, 동물권 운동은 애초에 동물을 자원으로 보는 것부터가 잘못이라면서 동물 이용을 폐지하고자 했다. 권리 운동은 복지 운동의 계승도 부활도 아니었으며 아예 **대립**되는 철학으로 무장한 전혀 새로운 기획이었다.

그런데 1990년대 들어 초기의 관련 단체가 전국 조직으로 성장했을 무렵, 동물권 운동은 '현실주의' 노선을 취하기 시작했다. 사회 정의의 문맥에서 '현실주의'라는 말을 쓰는 시점은 대개 시류에 알랑거리는 보수적인 방침을 내걸 때다. 동물권 운동에 벌어진 사태도 딱 그랬다. 대표적인 활동가와 거대 조직은 권리론의 목표인 동물 이용 폐지를 '이상론'이라면서 멀리하고 '단기 전략'이라는 명목으로 동물복지를 추진하는 데 주력했다. '동물의 고통을 줄이기 위해 단계적으로 노력하다 보면 언젠가는 동물 이용을 폐지할 수 있다' 혹은 '동물 이용 폐지는 하루아침에 되는 것이 아니므로 적어도 지금 있는 동물들의 고통이라도 줄이자'라는 발상이다. 동물 이용 폐지를 지향하면서 동물복지 추진을 전략으로 내거는 이 접근법을 법학자 게리 프란시온은 '신복지주의new welfarism'라고 명명하고 《천둥 없는 비》[23]와 그다음 저서에서 낱낱이 비판했다. 전략의 왜곡은 운동의 향방을 좌우하는 중대한 문제다. 다음에서는 프란시온의 고찰을 바탕으로 신복지주의에 내포된 주요 폐해를 살펴보고자 한다.

신복지주의의 폐해

우선 신복지주의가 낡은 동물복지에 동화되는 문제를 살펴보겠다. 신복지주의는 동물 이용의 존속을 전제하는 옛 동물복지와 정의 상으로는 구별되지만, 하는 일은 별반 다르지 않다. 둘 다 기업에 '인도적'인 도살법을 채택하도록 촉구하고 동물복지를 고려하는 기업에 찬사를 보내며 사람들에게 복지에 걸맞은 축산물—이른바 '행복한 고기happy meat'—을 소비하기를 권한다. 신복지주의를 따르는 활동가는 동물권 지지자임에도 동물 이용의 폐지가 아닌 이용 환경의 개선을 요구하며, 동물권 지지자임에도 '인도적' 도살법이 해체 작업의 효율화나 육질 향상, 노동비 삭감에 이바지한다는 등의 경제론을 외친다. 신복지주의 논의에서는 탈착취(비거니즘)가 도덕적 의무로 여겨지지 않고 '고기 없는 월요일'이나 유란 채식주의[24]와 함께 그저 논리적 실천의 한 선택지에 머문다. 활동 내용만 봐서는 그들이 아무리 지향점의 차이를 강조한들 단순 동물복지와 실질적으로 같다고 말할 수밖에 없다. 신복지주의자 스스로가 지지부진한 채 진척되지 않는 동물복지 개혁이 언제쯤 어떻게 동물 이용 폐지로 이어질지, 그 구체

---

23   Gary L. Francione (1996) *Rain Without Thunder: The Ideology of the Animal Rights Movement*, Philadelphia: Temple University Press.

24   [옮긴이] 유제품과 달걀은 먹는 채식주의로 락토오보lacto-ovo 채식주의라고도 한다.

적인 청사진을 한번도 제시한 적이 없다. 폐지 달성을 먼 꿈나라 이야 기로만 여기고 당장의 동물 이용을 개선하는 데만 치중한다면, 신복 지주의를 낡은 동물복지와 구분할 만한 요소는 완전히 사라진다.

신복지주의자는 전략 면에서 복지 운동과 권리 운동의 경계를 애매하게 흐릴 뿐만 아니라 권리론 고유의 의미를 적극적으로 지우 려고 한다. '권리론과 복지론을 구별하는 것은 허상이다', '둘은 같은 길을 걷고 있다', '중요한 것은 동물을 생각하는 마음이고 세세한 이론 은 아무래도 좋다'라며 신복지주의자는 대체로 이론을 경시한다. 그 들에게 복지론과 구별되는 권리론의 독자성을 설명하면 '엘리트주의' 라는 둥 '원리주의'라는 둥 비난으로 받아치고 분리를 조장하는 배타 적인 의견이라고 타박한다. 나아가 운동 내의 입장 및 전략 차이에 관 심을 기울이기보다는 동물의 고통에 눈을 돌려 '진정한 적', '공동의 적'에 맞서야 한다고 타이른다. 이처럼 밀려드는 비판이란 비판은 완 강히 배제한 채, 신복지주의자는 전략의 '다양성'을 지지한다는 명목 으로 동물의 고통을 줄이기 위한 온갖 시책을 동물권 운동의 일환으 로 추진한다. 하지만 얄궂게도 이 태도는 동물권을 단순한 수식어로 전락시키는 것 이상의 효과를 낳지 못한다.

권리론의 근본 취지에서 벗어나더라도 그 노력이 성과를 거두면 그만이라는 논의는 그럴싸하다. 그들 말마따나 활동가의 목적은 동 물을 지키는 것이지 권리 개념을 지키는 것이 아닐지도 모른다. 하지 만 그렇게 따지면 **그 점이야말로 가장 큰 문제다.** 프란시온에 따르면 신복지주의는 성과다운 성과를 내지 못했다. 오히려 그들의 노력은 활동가의 의도와 달리 동물 이용의 해체가 아닌 강화로 이어졌다.

신복지주의자는 동물 해방이 금세 달성되지는 않으리라고 보고

'지금 있는 동물들'을 구할 응급 조치로서 복지를 개혁하고자 한다. 그러나 이런 발상은 큰 착각이다. 거세할 때 마취를 하거나 좁은 우리를 없애는 따위의 복지적 배려를 도입하라고 호소해 봤자 기업이나 정부가 그들의 목소리에 귀를 기울인다는 보장이 없고, 설령 귀를 기울인다 해도 그 복지적 배려가 사칙이나 법률로 의무화되어 동물 처우에 반영되려면 몇 년은 걸린다. 실제로 닭의 배터리 케이지나 돼지의 임신 스톨을 지역 수준에서 규제하는 것조차도 쉽지가 않다. 신복지주의 정책은 '지금 있는 동물들'에게 응급 조치가 될 수 없다.

오히려 신복지주의는 '지금 있는 동물들'의 권리를 부정한다. 이 것은 훗날 동물을 해방하기 위한 전 단계라면서 '지금 있는 동물들'의 '인도적' 착취를 실현하려는 시도에 불과하다. 단계적 전략이라는 미명하에 '지금 있는 동물들'의 기본권 옹호를 아예 포기하는 것이다. 이 동물들에게는 이상적인 미래에 도달하기 위한 '발판'이 되는 대신 넓은 우리에 사는 것에 만족하라는 것이나 마찬가지다. '지금의 동물에게 도덕적 권리가 있음을 믿는다면 **당장**은 동물권을 단념한 채 보다 '인도적'인 실험을 위하여 법 개정을 지지하고 추진하면서 그렇게 개정된 법이 언제인지 **알 수 없는 미래**에 **다른** 동물에게 권리를 가져다주기를 기대하는 것은 잘못이다.'[25]

구원받지 못하는 것은 '지금 있는 동물들'뿐만이 아니다. 미래의 동물들도 신복지주의 전략으로는 구원받을 가망이 없다. 복지 개혁은 '불필요한 고통'을 없애기 위한 노력이다. 하지만 따져 보면 세계의 소수민족 등이 생존을 위해 이용하는 경우를 제외하면, 모든 동물

---

25 Francione, 1996, p. 4.

이용은 불필요하다 해도 무방하다. 복지 개혁의 최대 초점은 축산업인데 굳이 축산물을 생산할 필요는 어디에도 없다. 축산업에 수반되는 동물의 고통은 모두 '불필요'하다. 즉, 복지 개혁은 애초에 불필요한 산업을 대상으로 하는 것이며 그 안에서 자의적으로 '필요'한 위해와 '불필요'한 위해를 나누고 있다. '불필요'한 위해란 앞서 말했듯이 산업에 이바지하지 않는 쓸데없는 학대를 가리킨다. 예를 들어 복지론자는 닭에 대한 가스 도살을 장려하며 그 방법이 전기 충격을 통한 현행 도살법보다 경제적이라고 말한다. 그것은 현재의 업계 관행에 비경제적인 군더더기가 포함되어 있으니 더 합리적인 형태로 바꾸는 게 좋다고 제안하는 꼴이다. 그런 논리를 복지 개혁론 거의 전체에서 볼 수 있다. 결과적으로 동물복지의 추진은 산업을 타도하기는커녕 업계 관행의 군더더기를 제거해 합리화를 이룸으로써 산업을 지속시키고 더 큰 성장을 이루게 한다. 그것이 희생 동물의 **증가**를 의미함은 말할 필요도 없다.

소비자에게도 신복지주의는 나쁜 효과를 미친다. 복지론자가 공장식 축산을 규탄하는 소리는 필연적으로 방목을 비롯한 여러 '인도적' 축산을 장려하는 것처럼 들린다. 게다가 신복지주의자는 종종 '인도적' 축산물이나 그 소매점을 스스로 홍보하기도 한다. 기존의 육식도 아니고 채식도 아닌 '제3의 길'로서 '인도적' 축산물의 소비라는 선택지가 있음을 깨달으면 육식에 길든 '의식적 소비자' 대부분은 당연히 채식이 아닌 그 새로운 길로 빠질 것이다. 동물 옹호파가 권하는 축산물을 소비하는 사람은 육식에 따르는 죄책감에서 벗어나 자신이 윤리적인 선택을 한 듯한 착각에 빠진다. 한번 이런 자만에 물들면 인간은 스스로의 부족함을 인정하려 들지 않는다. '인도적'인 축산물을 소비함으로써 동물을 위해 할 수 있는 모든 일을 했다고 철석같이 믿는 사람을 채식으로 이끄는 것은, 지금껏 육식에 아무 거리낌도 없던 사람을 계몽하는 것보다 더 골치 아픈 작업이다. 죄책감의 완화는 반성 없는 소비를 조장함으로써 채식으로 이행할 수 있었던 사람을 동물 착취 후원자로 남게 한다.

이 문제는 신복지주의가 '인도적' 축산의 어두운 부분을 은폐하는 것과 관련이 있다. 물론 공장식 축산은 부조리의 극치다. 하지만 '인도적'이라는 축산도 그에 못지않게 충분히 부조리하다는 것을 신복지주의는 알리지 않는다. 닭의 부리를 자르지 않고 배터리 케이지를 쓰지 않는 채란 농가에서도 '생산성이 없는' 수평아리가 몽땅 죽임을 당해 산업폐기물로 처리되는 것은 똑같다. 소를 묶어 키우지 않는 낙농가에서도 어미 소가 새끼를 모조리 빼앗기고 젖 분비량이 저조하면 '폐물'로서 도살장에 끌려가는 것은 똑같다. 아무리 '인도적'인 축산일지라도 그 이면에는 인간 아닌 동물이 인간의 재산이 되고 수단이 되는 근본적인 부당함이 있다. 복지 개혁은 사람들이 직시하려 하지 않는 이런 진실을 파헤치지 않은 채 마치 방목란은 무엇도 희생하지 않는 상품인 양, 마치 '행복한 고기'는 행복한 삶을 누린 동물의 산물인 양 속인다. 동물을 배려하는 활동가가 폭력을 은폐하고 사람들을 거짓된 윤리적 선택으로 내모는 사태는 심각한 역설이라고 할 수밖에 없다.

지금까지 살펴본 내용으로 알 수 있듯이 복지 개혁은 활동가를 동물 업체의 파트너로 바꿔 놓는다. 업체 대신 사육법과 도살법에서 군더더기를 찾고, '인도적' 대우가 축산물의 품질 향상에 이바지한다고 설득하고, 복지에 힘쓰는 업체를 응원하며 홍보 대사를 자처할 때 활동가는 동물의 곁을 떠나 동물 업체와 가까워지게 된다. 착취에 반대하는 자를 착취에 종사하는 자와 동화시키는 것이 신복지주의가 가져오는 결과다. 활동가조차 동물 곁에 다가서는[26] 일을 잊는다면 누가 동물의 권리를 주장할 것인가.

신복지주의의 원흉

동물권 운동은 어디선가 길을 잘못 들어섰다. 신복지주의는 권리론의 뼈대를 발라낸 끝에 역효과가 나는 전략을 취하면서 운동을 후퇴시켰다. 뭐가 문제였을까. 프란시온은 활동가들이 신복지주의에 빠진 원인을 운동의 구조 변화와 이론상의 모순에서 찾았다.

동물권 운동은 원래 풀뿌리 활동가의 움직임이었다. 뜻을 함께하는 운동 참여자가 개인 혹은 소규모 집단으로 활동하는 동안에는 이해타산에 휘둘리지 않고 창의적인 캠페인으로 일관된 주장을 펼칠 수 있다. "여러 면에서 현대 동물 운동의 '급진주의'는 풀뿌리의 지향성과 맞닿아 있다."[27] 이 상황에 변화가 찾아온 시점은 1980년대 후반이다. 동물 옹호 단체가 대형화되면서 차츰 상의 하달·중앙집권적 성격이 강해졌다. 크게 성장한 조직에서는 각 활동가의 이념보다 기부나 회원 확보, 의원·전문가·기업과의 관계 유지 등 다양한 정치적인 사항을 감안해서 대체로 신중하고 타산적인 정책을 취하기 쉽다. 세간이나 동물 업체로의 '접근'이라고도 할 수 있는 신복지주의는 이런 사정에서 탄생한 듯하다.

---

26   [옮긴이] 寄り添うは 원래 '(바싹) 다가붙다'라는 뜻이다. 5장 페미니즘에서는 寄り添いの 倫理를 문맥과 어감을 고려해 '돌봄'의 윤리로 번역했다.

27   Francione, 1996, p. 24.

더 심각한 문제는 동물권 운동이 피터 싱어의 철학을 기반으로 한다는 것이다. '권리에 입각한 논의를 형성한 사람은 톰 레건이지만 현대에 동물권 운동의 '창시자'로 여겨지는 사람은 레건이 아닌 싱어이며, 싱어의 철학은 레건의 권리론보다 더 깊숙이 운동에 침투했다.'[28] 공리주의자 싱어는 권리의 실체를 인정하지 않고 그저 정치적인 수식어로 치부한다. 싱어의 동물 해방론이 지향하는 것은 종을 초월한 평등 원칙의 실현이지 동물권의 확립이 아니다. 동물권 운동에 종사하는 활동가가 의지해 온 이론은 사실 권리 투쟁의 버팀목이 될 수 없는 것이었다.

공리주의 철학의 본질적인 문제에 더해 동물을 둘러싼 싱어의 인식 때문에 더더욱 그 이론은 권리 투쟁에 부적합하다. 대형 유인원 등을 제외한 동물 대다수는 자의식이 없어 미래를 내다보지 못하고 '영원한 현재'를 산다는 인식하에 싱어는 수단화와 죽음으로 동물이 입을 피해를 사실상 부정해 버린다. 동물에게 불이익은 물건 취급을 받는 게 아니라 그로 인해 고통받는 것이고, 사람 손에 죽는 것이 아니라 괴로운 죽음을 맞는 것이다. 그렇다면 반대로 고통을 억제한다면 동물을 수단화하거나 죽여도 별 문제가 없다는 결론이 나온다. 수단화하는 것 자체, 죽이는 것 자체의 가해성을 따지지 않고 단지 행위에 포함된 고통만 따진다면, 그 이론은 고전 동물복지 개념에 한없이 가까워진다. 다른 점은 동물의 이익에 얼마나 무게를 두는가 하는 '정도'의 차이뿐이다. 동물이 '영원한 현재'를 산다는 전제 자체의 미심쩍음은 차치하더라도, 이러한 싱어의 이론에 입각한 운동이 복지 개혁으로

28   Francione, 1996, pp. 51-2.

빠진 것은 필연이었다고 할 수 있다.

프란시온은 언급하지 않았으나, 동물복지 개혁에서 초점이 되는 '불필요한 고통'이라는 개념도 공리주의에서 탄생했다. 싱어에게 영향을 끼친 제러미 벤담은 공동체의 최대 행복을 실현한다는 목적 아래 이상적인 형벌이 갖춰야 할 조건을 따져 본다. 벤담에 따르면 행복을 깨뜨리는 형벌은 원래 악에 해당하는 것이므로 더 큰 악을 확실히 막을 수 있을 때만 행사할 수 있다. 따라서 형벌은 절제성을 갖춰야 한다. "어떤 형벌이 다른 형벌보다 … **과도하고 불필요한 고통**을 낳는 경향이 강하다면 '비절제적'이라고 할 수 있고, 그런 경향이 약하다면 '절제적'이라고 할 수 있을 것이다."[29] 이 말에 단적으로 나타나 있듯이 벤담의 공리주의는 '필요악'의 행위에서 '불필요한 고통'을 제거한다는 발상에 의거한다. 같은 생각을 '필요악'으로 상정된 동물 이용의 문맥에 적용한 것이 동물복지이다. 공리주의가 원래부터 복지 개혁과 궁합이 좋고 권리 개념과는 궁합이 나쁘다는 사실이 널리 이해될 필요가 있다.

폐지주의 접근법

게리 프란시온은 신복지주의의 문제를 직시하고 동물권 운동이 원점으로 돌아가야 한다고 주장한다. 권리 획득 투쟁은 무엇보다 내재적 가치가 깃든 존재를 수단화하는 것에 맞서는 시도여야 한다. 복

---

29 Bentham, 1961, p. 183. 강조는 인용자.

지 개혁, 즉 '인도적' 착취의 제도화는 어떤 자를 다른 자의 목적을 위한 단순 수단으로 대하는 부당함을 그냥 방치한다. 그것은 권리 운동의 지향점이 아니다. 권리 운동이 바라는 것은 착취의 **규제**가 아니라 **폐지**다. 이 점을 처음으로 명확히 한 사람이 톰 레건이었다. 그러나 레건의 권리론에도 개선의 여지는 있었다. 프란시온은 동물 옹호 운동에서 빚어진 착오를 극복하기 위해 동물권론을 보다 실천적인 형태로 고치는 작업에 착수했다.

레건의 논의에서는 내재적 가치를 지닌 존재로서 삶의 주체가 상정된다. 반면 프란시온은 감각을 지닌 존재라면 모두 타자가 추구하는 가치로부터 독립된 내재적 가치를 지닌다고 생각했다. 어떤 존재에 감각이 있다는 것은 고통에서 자유로워지는 것이 그 존재에 이익임을 의미한다. 고통을 느끼는 능력은 생존이라는 목적을 위한 수단이므로 감각을 지닌 존재에게는 죽음으로부터 자유로워지는 것도 이익인 것이다. 미래상이 없고 고도의 정신 기능이 없더라도 고통과 죽음의 자유에서 이익을 얻는 존재는 그것만으로도 주체적 의식과 경험적 복지 상태를 갖는다고 생각할 수 있다. 어떤 존재의 내재적 가치를 인정하는 데는 감각의 여부를 확인하는 것만으로도 충분하다.

프란시온과 레건의 견해가 다른지 아닌지는 논의할 필요가 있다. 레건은 《동물권 옹호》에서 '만약 포유류 이외의 동물이 … 삶의 주체가 아니라고 해도 그런 동물 대부분이 의식을 가졌으며 통증을 느낄 수 있다고 가정할 수는 있다'라고 말한다. 그리고 의식과 통각이 있으면 존중 원칙이 적용되고 의식과 통각의 여부가 불확실한 경우에도 예방 원칙은 적용된다고 주장한다.[30] 이때만 해도 레건은 삶의

30   Regan, 1983, p. 366.

주체와 의식 주체의 차이를 얼버무렸지만 《빈 케이지》에서는 보다 간결하게, 삶의 주체란 세상 속에서 세상을 느끼고 그 몸에 일어나는 일에 따라 삶의 질과 존속이 좌우된다는 점에서 중요한 의미를 지니는 존재라고 설명한다.[31] 그에 따르면 의식이 있고 경험적 복지 상태를 갖는 존재가 곧 삶의 주체임을 알 수 있으므로, 레건과 프란시온의 입장은 그리 다르지 않은 듯하다. 굳이 레건의 문제점을 지적하자면 삶의 주체에 관한 초기 설명이 지나치게 장황하다는 점이리라. 《동물권 옹호》에서는 삶의 주체가 가진 정신 기능으로 '확신과 소망, 지각, 기억, 자신의 앞날을 비롯한 미래상 구축, 쾌락 및 고통의 감각과 연결된 감정적 생활' 등을 꼽는데, 이런 형식적인 정의는 오히려 여기 열거된 특징을 전부 갖추지 못하면 삶의 주체가 아니라는 인상을 풍긴다. 그러나 해당 책의 제2장을 읽으면 알 수 있듯이 원래 이 구절은 동물이 지닌 정신세계의 풍요로움을 표현한 것으로, 삶의 주체를 고도의 정신 기능을 가진 자로 한정하는 것은 아마 레건의 의도가 아닐 것이다. 레건이 삶의 주체가 어떤 경험을 하는가에 주목했다면, 프란시온은 어떤 조건이 삶의 주체를 형성하는가에 주목하고 가장 기본적인 이익을 낳는 감각 능력을 그 조건으로 판단했다고도 볼 수 있다.

감각을 지닌 존재에게 고통과 죽음으로부터의 자유가 이익임을 안다면, 이제 누구나 인정하는 도덕적 직관과 평등한 배려의 원칙만으로도 동물권을 이끌어 낼 수 있다.[32] 싱어는 공리주의에 내재된 평등 원칙을 바탕으로 동물 해방론을 구축했으나 이 원칙은 원래 공리주

31   Regan, 2004b, pp. 50-1.

32   도덕 이론을 구축할 때 직관에 호소하는 일의 타당성에 관해서는 Regan, 1983, pp. 133-140에 자세히 나와 있다.

의뿐만 아니라 다른 여러 도덕 이론의 기본 요소일 따름이다. 똑같은 존재를 똑같이 대한다는 원칙이 없다면 부당한 차별이 용인되어 도덕 이론 그 자체가 성립하지 못한다. 모든 도덕 이론에서는 둘 이상의 존재를 다르게 대하려면 그에 걸맞는 타당한 이유를 대야 한다.

한편 누구나 인정하는 도덕적 직관이란 모든 인간이 단순한 물건으로 취급되면 안 된다는 확신이다. 인간이 물건으로 취급된다는 것은 그의 도덕적 가치가 인정되지 않으며 그가 가진 모든 이익이 타자를 위해 얼마든지 희생될 수 있음을 의미한다. 인간의 사물화를 대표하는 사례가 노예제다. 노예가 된 사람은 타자의 재산이 되어 타자, 즉 소유자에 의해 자신의 가치와 자신이 가진 모든 이익의 가치가 결정된다. 고통으로부터의 자유, 죽음으로부터의 자유 같은 근본적인 이익조차 소유자의 의사에 따라 얼마든지 무시될 수 있다. 그 상황에서 노예가 된 사람의 내재적 가치는 일절 배려되지 않는다. 우리는 도덕적 직관에 따라 그것을 부당하게 여기고 만인의 사물로 취급되지 않을 이익, 타자의 재산이 되지 않을 이익만큼은 지켜져야 한다고 생각한다. 그 이익이 지켜지지 않아 어떤 인물이 타자의 재산이 된다면 그 밖의 다른 이익을 보호한다고 해도 전부 무의미하기 때문이다. 따라서 **이익을 지킬 방벽**으로써 권리를 내세운다. 모든 사람은 타자의 재산이 되지 않을 권리가 있다. 이 권리는 다른 모든 이익의 보호, 즉 다른 모든 권리의 기반이 된다는 의미에서 기본권이라고 불린다. 타자의 재산이 되지 않을 기본권은 능력·특징·소속의 차이와 상관없이 모든 사람이 인정받는 것이다.

평등한 배려 원칙은 이 기본권을 인간 아닌 동물에게로 확장할 것을 요구한다. 동물은 감각을 가졌다. 그러므로 물건 취급에 따른 죽음과 고통을 피하는 것이 이익이라는 점에서 인간과 같다는 것이다. 타당한 이유 없이 동물의 기본권을 부정하는 것은 평등한 배려 원칙에 위배된다. 동물에게 인간에 비견되는 고도의 정신 기능이 없다는 이유로 동물의 기본권을 부정할 수는 없다. 고도의 정신 기능이 있고 없고를 떠나서 인간과 기타 동물이 같은 고통을 느낀다는 점을 부인할 수 없으며, 가장자리 상황 논증을 보면 확실히 알 수 있듯이 이른바 고도의 정신 기능이 일부 인간에게는 없는데 일부 동물에게는 있을 수 있기 때문이다. 종이 다르다는 이유만으로 권리 확장을 거부하는 것이 종차별이다. 그것은 성별이나 인종이 다르다는 이유로 특정 인간 집단을 박해하는 불합리한 차별 사상과 다르지 않다. 그 논리에 따르는 한 모든 인간은 타자의 재산이 되지 않을 기본권을 인정받아야 하고 그 밖의 동물도 기본권을 인정받아야 한다. 동물은 사물이 아니다. 우리가 도덕적 의무를 베풀어야 할 권리 주체, 도덕 범주에서 말하는 '인격person'이다.

프란시온의 권리 도출은 레건에 비하면 훨씬 간소하다. 하지만 귀결은 같다. 동물이 앞서 말한 기본권을 갖는다면 동물 착취는 가장 '인도적'인 형태까지도 전부 폐지해야 한다는 것이다. 동물권 운동은 동물을 재산의 위치에서 해방시키는 일을 목표로 한다. 그런 의미에서 프란시온은 동물권 확립을 위한 사상과 전략을 아우른 이론에 폐지주의 접근Abolitionist Approach이라는 이름을 붙였다. 폐지주의라는 명칭은 인간의 재산화에 대항한 미국의 노예제 폐지론abolitionism을 의식한 것으로 보인다. 다만 노예제 폐지론이 한 나라에서 일어난 구체적이고 **단일한** 억압 제도를 폐지하려는 운동이었다면, 동물권 운동은 세계에 퍼져 있는 **무수한** 동물 착취를 폐지한다는 점에서 차이가 있기에, 여기서는 둘을 구별하기 위해 '폐지론'이 아닌 '폐지주의'라는 말을 쓰고자 한다.

단일 쟁점 활동

기존 동물권 운동에서는 동물의 고통을 줄이는 모든 노력에 같은 중요성을 부여했지만, 폐지주의 접근은 그것을 인정하지 않고 운동 목적에 맞는 수단을 강구한다. 동물복지 개혁은 앞서 말했듯이 동물이 놓인 재산으로서의 위치를 뒤흔드는 것이 아니기에 타당한 전략이 될 수 없다. 그 밖에도 개혁을 위한 노력에는 특정한 동물 이용으로 표적을 좁혀 집중적으로 항의하는 형태가 있는데 포경, 모피 산업, 개고기 및 고양이 고기 소비, 동물을 이용한 종교 의례 등이 그 대상이다.[33] 이것을 단일 쟁점 활동single-issue campaign이라고 한다.

프란시온은 《천둥 없는 비》에서는 단일 쟁점 활동을 동물 착취를 폐지하는 데 유효한 단계 전략의 하나로 보았으나[34] 이후 생각을 바꿔 복지 개혁과 마찬가지로 유해한 전략이라고 비판했다. 폐지주의 접근은 단일 쟁점 활동을 인정하지 않는다. 한 가지 동물 착취에만 칼끝을 겨누는 활동은 다른 동물 착취를 묵인하는 결과로 이어지기 때문이다. 복지 개혁으로도 비치고 단일 쟁점 활동으로도 비치는 운동은 도덕적으로 똑같이 부당한 여러 행위 가운데 유독 나빠 보이는 착취 형태만 자의적으로 선별하는 태도를 보인다. 이렇게 되면 그 활동에

---

33 반포경 운동은 동물 옹호파가 추진하는 운동과 환경 활동가가 추진하는 운동이 있는데 둘의 사상·주장·전략에 다양한 차이가 있으므로 신중하게 입장을 구별해야 한다. 일본에서 유명한 시셰퍼드는 동물권 단체가 아니라 환경 단체다.

34 Francione, 1996의 Ch. 7 참조.

서 표적이 되지 않은 착취가 표적이 된 착취보다 **좋아** 보이는 역효과가 생겨난다. 임신 스톨에 반대하는 복지 개혁 탓에 방목 양돈이 좋아 보이듯, 돌고래 사냥에만 칼끝을 겨누는 단일 쟁점 활동 탓에 축산물 소비는 고래고기 소비보다 좋아 보인다. 모피, 개고기 및 고양이 고기, 애완동물 판매만을 겨냥한 활동도 각각 모피 이외의 동물성 소재, 개고기 및 고양이 고기 이외의 고기, 애완동물 착취 이외의 동물 착취를 은연중에 긍정한다. 그 결과 축산물은 먹으면서도 표적이 된 동물 착취에는 소리 높여 반대하는 기괴한 사태가 벌어진다. 항의 세력을 키우기 위해 활동가는 그런 사람을 종종 따스하게 맞아들인다. 이것은 '인도적' 축산물을 소비하도록 장려하는 것과 마찬가지로 생활에 대한 반성 없음을 부추길 뿐이다. 축산물은 소비하는 한편 모피나 개·고양이 착취에는 반대하고, 자신은 동물을 위해 할 수 있는 모든 일을 했으니 윤리적인 인간이라고 자만하는 일이 벌어진다. 활동의 주최자가 모든 동물 착취에 반대한다 하더라도 한 가지 동물 착취에만 칼끝을 겨누는 동안에는 그 이념이 누구에게도 전달될 수 없다. 단일 쟁점 활동은 주최자나 참여자가 가진 사상과 관계없이 동물 착취를 존속시킨다.

단일 쟁점 전략을 옹호하는 사람은 다양한 활동을 통해 하나씩 동물 착취를 없애다 보면 언젠가는 모든 동물 착취가 폐지될 거라고 믿는지도 모르겠다. 그러나 그 각본은 환상일 뿐이다. 모피 반대 운동은 거의 반세기 동안 지속되었으나 여전히 모피 산업은 박멸되지 않았다. 반포경 운동은 포경 옹호파를 굳건한 강경 태세로 돌려놓았을 뿐이다. 동물실험 반대 운동은 수백 년간 이어져 왔음에도 실험 산업의 확대를 저지하지 못했다. 동물은 인간의 재산·자산·도구가 아니라는 인식이 모두에게 공유되기 전에는 단 하나의 동물 착취도 쉽사리 없앨 수 없다. 전략이 벽에 부딪쳤음은 분명하다.

우선적으로 박멸해야 하는 착취를 선별한다는 점에서 단일 쟁점 활동은 종차별적이기도 하다. 포경과 축산, 모피 산업과 양모 산업, 개고기 및 고양이 고기 소비와 물고기 소비는 모두 인간의 목적을 위해 동물을 그저 수단으로 대한다는 점에서 틀림없이 부당한 것이다. 동물에게 부과된 고통이 착취 형태에 따라 다르다고 해도 근본적인 부당함은 다르지 않다. 앞에서 확인했듯이 타자의 재산이 되지 않을 동물의 기본권을 인정한다면 모든 동물 착취는 **똑같이** 부당한 것이어야 한다. 단일 쟁점 활동이 한 가지 행위로 표적을 좁히는 순간 도덕적으로 구별할 수 없는 동물 착취에 서열이 생긴다. 착취의 서열화는 곧 동물 가치의 서열화로 이어질 수밖에 없다. 활동가가 어떤 사상을 가졌든, 단일 쟁점 활동은 예외 없이 종차별적이 된다. 한편 반포경 운동이나 영장류 해방 운동에서는 간혹 고래류나 대형 유인원에게 인간만큼의 정신 기능과 사회성이 있음을 강조한다. 이런 주장에도 인간을 정점에 둔 종 서열 사상이 반영되어 있음을 부정할 수 없다.

단일 쟁점 활동은 인간마저 차별한다. 이 전략은 표적 행위와 무관한 '선한 이'가 그 행위와 관련된 '악한 이'를 규탄하는 구도를 형성한다. 모든 동물 착취가 똑같이 부당하다는 관점에 서면, 모든 동물 제품과 모든 동물 오락의 소비자 모두가 가담자임에도 불구하고 단일 쟁점 활동은 동물 착취 서열화를 통해 특정 행위와 관련된 사람만을 다른 사람보다 더 나쁜 인간으로 몰아세운다. 모피를 걸치는 사람, 개고기를 먹는 사람, 동물실험에 관여하는 사람은 피혁·양모·소고기·우유·돼지고기·달걀 등등의 소비자보다 도덕적으로 '열등'하고 '잔혹'

하고 '야만적'이기에 업신여겨도 되는 인간으로 지목된다. 이런 멸시는 기존의 차별 감정과 쉽게 연결된다. 실제로 단일 쟁점 활동 대부분이 인간 집단에 대한 차별 감정의 산물이라고 해도 좋다. 그 표적은 모피 산업, 개고기 및 고양이 고기 소비, 종교 의례 등 여성이나 유색 인종 같은 소수파와 관련된 행위인 경우가 많다. 단일 쟁점 활동에 종사하는 활동가들은 종종 모피를 입는 여성을 핍박하고 개고기를 먹는 아시아인을 증오한다. 반면 피혁이나 양모를 박멸하기 위한 장기적인 캠페인은 전혀 하지 않는다. 폐지주의 접근의 관점에서 개인에 대한 공격이나 인간 차별이 용납되지 않는 까닭은 다음 절에서 설명하겠다.

평화적인 탈착취 계몽 활동

신복지주의의 개혁 노력과 단일 쟁점 활동은 동물권 운동에 유효한 수단이 될 수 없다. 그렇다면 그 대신 무엇을 하면 좋을까. 프란시온은 탈착취(비거니즘) 실천과 창의적이고 비폭력적인 탈착취 계몽 활동이야말로 우리가 해야 할 일이라고 제안한다. 영국 비건 협회의 공식 정의에 따르면 탈착취란 '입을거리, 먹거리 등 모든 부문에서 동물 착취와 학대를 가급적 생활 밖으로 몰아내고자 노력하며 인간·동물·환경을 위해 동물을 착취하지 않는 대체 선택지를 개발해 그 이용을 촉진하는 철학과 삶의 방식'을 가리킨다.[35] 한마디로 탈착취란 동물 착취와 그 산물을 최대한 거부하는 실천이다. 먹거리 측면에서는

---

35 The Vegan Society (n.d.) "Definition of veganism," https://www.vegansociety.com/go-vegan/definition-veganism(2020년 6월 19일 접속).

고기·우유·달걀·어패류·벌꿀 등의 동물 성분을, 입을거리 측면에서는 피혁·양모·깃털·모피·비단 등의 동물성 소재를, 놀이 부문에서는 낚시·수렵·경마·동물원·수족관·동물 카페 등의 동물 오락을, 생활용품이나 화장품 부문에서는 동물실험 제품을 피하는 것이 원칙이다. 이 원칙을 지키며 사는 사람을 탈착취파(비건)라고 한다.[36]

폐지주의 접근은 탈착취를 우리의 도덕적 사명으로 강조한다. 탈착취는 인간 아닌 동물이 처한 재산으로서의 위치를 개인 차원에서 거부하는 유일한 실천이다. 탈착취를 이행하지 않으면 아무리 '인도적' 축산물을 구입하고 유란 채식에 힘쓰더라도 동물 착취를 뒷받침하는 입장에 머무를 수밖에 없다. 탈착취파가 된다 해서 동물에 대한 가해를 완전히 중단할 수 있는 것은 아니지만, 탈착취는 제도적인 착취에 맞서는 데 반드시 필요하다. '동물 제품은 **모두** 고통을 내포하고 있고, **모두** 죽음을 내포하고 있으며, **모두** 부당함을 내포하고 있다. 탈착취는 도덕적 사명이자 우리가 **꼭 해야 하는 일**, 타협하면 안 되는 일이다.'[37]

동물권 운동에서는 이러한 탈착취를 확산하는 계몽 활동을 가장 중요한 단계 전략으로 내세운다. 동물 착취는 사람들의 수요로 유지된다. 탈착취파의 증가는 동물 제품과 동물 오락의 수요를 줄여 착취 산업의 지지대를 직접 무너뜨리는 결과로 이어진다. **지금** 탈착취파가 한 명 늘면 **지금** 동물들의 희생이 줄어드는 셈이다. 탈착취 보

---

36 일반적인 문맥에서는 비거니즘이 '절대 채식주의', '완전 채식주의' 등으로 해석되지만, 동물 착취 거부라는 비거니즘의 기본 이념을 반영한 행동 중 하나에 불과하다. 따라서 비거니즘과 채식을 동일시하는 것은 잘못이다.

37 Gary Francione and Anna Charlton (2015) *Animal Rights: The Abolitionist Approach*, Exempla Press, p. 75.

급 활동은 단기적으로 봐도 복지 개혁이나 단일 쟁점 활동에 비해서 동물의 고통을 줄이는 데 훨씬 더 이바지한다. 사람들이 탈착취를 실천해 동물권이 널리 지지받는 사회가 형성되면 동물 착취 폐지를 위한 법 개정도 효율적으로 추진될 수 있다. 즉, '법률 때문에 동물에 대한 도덕관이 바뀌는 것이 아니다. 그 반대다.'[38] 사회를 변혁하려는 자는 먼저 사람들의 의식부터 변혁해야 한다. 강연, 집필, 동영상 게시, 예술 활동, 페어, 시위 등 계몽 방법은 다양하다. 그중에서도 가장 소박하면서도 가장 중요한 것이 주변 사람을 계몽하는 일이라고 프란시온은 말한다. 탈착취파 한 사람 한 사람이 친구, 동료, 가족과 대화를 나눠 착실히 탈착취의 고리를 넓혀 나간다. 그렇게 새로 탈착취파가 된 사람이 이번에는 자기 주변 사람을 바꿔 나간다. 이 과정에서의 축적이 멀리 돌아가는 듯해도 가장 큰 효과를 낳는 길이다. 폐지주의 접근은 풀뿌리 운동이므로 거대 단체나 영웅적인 주도자가 필요하지 않다. 누구나 이 운동의 주도자다.

끝으로 폐지주의 접근은 운동 참여자에게 인권에 대한 배려를 요구한다. 일부 동물 옹호파는 동물 문제에만 관심을 기울이고 계몽 활동에서 인권에 대한 배려를 소홀히 한다. 단일 쟁점 활동에서 엿보이는 차별이나 개인 공격이 그 단적인 예다. 하지만 종차별 극복을 촉구하는 운동은 모든 차별에 반대하는 입장에 서야 비로소 의미가 있다. 기본권을 인정받지 못하고 재산으로 취급되는 일과 기본권을 인정받고도 차별 대우를 받는 일은 구별해도 좋다. 그러나 모든 차별은

---

38 Gary L. Francione, (2000) *Introduction to Animal Rights: Your Child or the Dog?*, Philadelphia: Temple University Press. 이노우에 타이치 옮김 (2108)《동물권 입문: 내 아이를 구하느냐 개를 구하느냐》, 료쿠후슛판, 292쪽.

합리적인 이유 없이 같은 존재를 다르게 대한다는 점에서 평등한 배려 원칙에 어긋난다. 동물권이 이 원칙에 뿌리를 두고 있는 이상, 그것을 지지하는 자는 성차별, 인종차별, 직업 차별, 능력 차별 등의 모든 차별에 반대할 의무가 있다. 그리고 차별적인 함의가 있든 없든 타인에게 폭력을 행사하는 일은 용납되지 않는다. 탈착취가 상식으로 통하는 사회에서는 폭력적인 수단이 대중의 이해를 얻을 수 없기 때문이다. 또 누구나 직간접적으로 동물 착취와 관련이 있다는 점을 생각하면 폭력을 퍼부을 단 하나의 표적 같은 건 세울 수 없다. 차별·욕설·폭력에 호소하는 자는 표적이 된 개인이나 집단의 내재적 가치를 부정한다. 그것은 동물 옹호의 이름을 빌린 새로운 부당 행위에 불과하다. 우리는 특정 개인이나 집단을 해칠 것이 아니라 이 사회, 상식 그리고 무엇보다 **자신을** 바꿀 필요가 있다. 탈착취의 실천과 창의적이고 비폭력적인 탈착취 계몽 활동이란 바로 그런 것이다. 동물권 운동은 종을 뛰어넘은 평화운동이어야 한다.

페지주의 접근의 요지를 다음 여섯 가지 원칙으로 정리할 수 있다.[39]

1. 페지주의자는 감각이 있는 모든 존재가 인간이든 아니든 한 가지 권리를 가졌음을 인정한다. 그것은 타자의 재산으로 다루어지지 않을 기본권이다.

2. 페지주의자는 이 기본권을 승인함으로써 제도화된 동물 착취의 단순 규제가 아닌 페지를 요구하는 것에, 복지 개혁 운동이나 단일 쟁점 활동을 지지하지 않는 것에 동의한다.

39 Francione and Charlton, 2015 참조.

3. 폐지주의자는 탈착취가 최소한의 도덕 기준임을, 창의적이고 비폭력적인 탈착취 계몽 활동이 합리적인 동물권 운동의 초석이 되어야 함을 인정한다.

4. 폐지주의 접근은 인간 아닌 존재의 도덕적 지위와 관련하여 오로지 감각만을 고려하고 다른 인지 기능은 일절 고려하지 않는다. 감각이 있는 모든 존재는 단순 자원으로 이용되면 안 된다는 점에서 평등하다.

5. 폐지주의자는 종차별을 인정하지 않듯이 인종차별, 성차별, 동성애 차별, 연령 차별, 능력 차별, 계급 차별 등 모든 인간 차별을 인정하지 않는다.

6. 폐지주의자는 동물권 운동의 핵심에 비폭력 원칙이 있음을 이해한다.

프란시온의 논의는 서구권에서 전개되는 동물 옹호 이론과 운동에 큰 영향을 주었다. 신복지주의에 따라 행동하던 동물권 단체는 이후 탈착취 보급으로 방향을 틀어 '인도적' 축산의 폐해를 적극 호소하기 시작했다. 폐지주의 접근을 채택한 '고 비건 월드Go Vegan World'라는 운동은 길거리나 공공기관에 탈착취를 촉구하는 대형 광고를 내걸고 비폭력 계몽의 모범을 보였다. 주류 단체를 잇따라 비판한 프란시온은 많은 적을 만들었으나 동물권 철학의 원점으로 돌아간 그 솔직한 주장은 특히 젊은 활동가들의 지지를 받고 있다.

동물복지에 관해서는 그 나름의 역할이 있다는 입장이나 전략을 수정하면 동물 해방에 유효하다는 입장도 있어 여전히 논쟁이 이어지고 있지만, 현재로서는 복지 개혁의 한계를 지적하는 목소리가 거세다. 윤리적인 문제에 더해 사회적인 문제도 검토해야 하는데 '인도적' 축산으로 인한 토지 낭비가 그 일례로 꼽힌다. 다음 장에서 상세히 다루겠지만 방목은 공장식 축산 이상으로 토지와 자원을 낭비하므로 토지 수탈을 부추기고 인권 침해와 환경 파괴를 심화할 수 있다. '인도적' 축산물은 가격이 비싸기에 그것을 구입할 수 있는 자는 부유층으로 한정되어 계층 간 먹거리 격차가 벌어질 것이라는 예측도 있다. 고참 활동가나 이론가라면 새삼 방침을 전환하기가 어렵겠지만, 종합하자면 동물복지 전략을 옹호할 이유는 희박하다고 하겠다.[40]

단일 쟁점 활동에 관해서는 더 검토할 필요가 있다. 특정 인종이나 특정 문화권의 동물 착취에 대한 항의 활동은 차별로 이어질 위험이 있는데 그간 활동가가 그 문제에 너무 무신경했던 것은 확실하다. 다만 전통이 어떻든 간에 가부장제나 장애인 박해가 용납되지 않는다면 동물 착취도 예외가 될 수는 없다. 특정 집단의 아이덴티티와 결부된 동물 착취를 차별에 빠지지 않는 형태로 비판하는 방법을 계속해서 모색해도 좋을 것이다.[41] 모든 활동에서 모든 동물 착취를 문제삼는 것이 전략으로서 현명한지는 확실하지 않다. 반면 특정 조직의 동물 착취에 집중 항의하는 경우가 있는데 그것은 유효하다. 모든 동물 착취에 반대한다는 기본 자세를 유지한 채 필요한 범위 안에서 한 가지 착취로 표적을 좁혀 활동할 수는 있다. 사실 단일 쟁점 접근은 사회정의의 분리를 둘러싼 또 하나의 큰 문맥에서도 비판을 받는데 그 문제는 마지막 장에서 다시 언급하겠다.

---

40 그렇지만 실제 동물복지 단체에서는 동물 이용의 부분적인 개선에만 힘쓰는 것이 아니라 동물 구조나 유기된 애완동물의 양도나 동물 산업의 내정 조사, 고발 등 다양한 활동에 종사한다. 또 많은 단체가 모피 생산이나 스포츠 헌팅을 비롯해 적어도 몇 가지 동물 이용에 관해 폐지를 요구하고 채식 보급에도 힘쓴다.

41 이 점에 관해 정치학자 클레어 진 김의 논의는 참고가 된다. Claire Jean Kim (2015) *Dangerous Crossings: Race, Species, and Nature in a Multicultural Age*, Cambridge: Cambridge University Press 참조.

어쨌거나 프란시온 이전에는 이런 문제가 거의 논의되지 않은 것이 분명하고 그런 의미에서 폐지주의 접근이라는 새로운 틀이 제시된 것은 의의가 크다. 과거 구체적인 시책을 내놓지 않는 '이상론'으로만 여겨졌던 동물권 철학은 프란시온에 의해서 실천을 위한 이론으로 재탄생했다.

* * *

레건은 대표작 《동물권 옹호》 서두에서 철학자 밀의 말을 인용한다. 바로 '모든 위대한 운동은 세 가지 단계를 거쳐야 한다. 그것은 조소, 논쟁, 수용이다'라는 구절이다.[42] 초기 동물 윤리학 이론을 형성한 도덕철학자들은 몸소 조소의 진두에 서서 말과 논리의 힘만으로 전 세계에 도전장을 내밀었다. 그 용기는 분명 진정한 이타 정신에 의해서만 길러질 수 있는 것이리라. 조소에 맞서는 일에 비하면 조소하는 측에 머무르는 일은 얼마나 쉬운가. 다수에 가담하는 데는 아무런 노력도 필요하지 않다. 그럼에도 철학자들은 안일함을 버리고 신념에 따라 타자를 위해 목소리를 냈다. 동물을 배려해야 한다고 하면 곧장 비웃음을 사고 스스로의 신뢰와 권위까지 위태로울 수 있었던 시대에 굳이 세상에 맞서 도덕적인 주장을 관철하기 위해서는 난공불락의 논리 요새를 쌓는 수밖에 없었다. 듣는 사람으로서는 그저 불성실하게 비웃을 수밖에 없을 만큼, 성실한 대응에 당해 낼 수 없을 만큼

---

42 Regan, 1983, p. vi. 단, 필자는 이 말이 적힌 밀의 원자료를 찾을 수 없었다.

철저한 이론적 근거를 갖춰야만 이단은 정통이 될 수 있다. 초기 동물 윤리학자들이 도전한 일은 바로 그것이었다.

싱어는 공리주의 이론을 응용하여 동물을 둘러싼 세상의 도덕관에 혁명을 일으켰다. 역사를 돌아보면 공리주의는 탄생 초부터 혁명적 사상이었다고 할 수 있다. 벤담은 언젠가 인간 아닌 동물이 자신의 고통을 인정받고 압제에 빼앗겼던 권리를 획득할 날이 올 거라고 예언했다. 밀은 사회생활의 필수 요소로 여겨졌던 습관과 제도가 하나 또 하나, 만장일치로 규탄을 받아 부당하고 압제적인 것으로 변화하는 과정을 사회 개혁의 역사로 보았다. 그리고 압제와 싸우는 공리주의의 전통은 20세기에 들어 싱어의 동물 해방론으로 결실을 맺었다. 그것은 종차별 개념과 평등 원칙이 조합된 철학이었다. 이후에는 극복의 대상이 되었지만 분명 싱어의 철학이 없었다면 오늘날의 동물 옹호론도 없었을 것이다.

레건은 공리주의를 극복하기 위해 고유의 철학 체계인 동물권론을 만들어 냈다. 내재적 가치가 깃든 사를 단순한 수단으로 대하면 안 된다는 사상의 근원을 칸트에게서 찾을 수 있다. 칸트의 저서《윤리형이상학 정초》에는 그 원칙이 '네가 너 자신의 인격에서나 다른 모든 사람의 인격에서 인간(성)을 항상 동시에 목적으로 대하고, 결코 한낱 수단으로 대하지 않도록, 그렇게 행위하라'라는 말로 집약되어 있다.[43] 그러나 레건은 자신의 논의에서 칸트를 인용하는 대신에 집념에

---

43 Immanuel Kant (2016) *Grundlegung zur Metaphysik der Sitten*, Hamburg: Felix Meiner Verlag, S.54-55. [한글본] 백종현 옮김,《윤리형이상학 정초》, 아카넷, 2014, 148쪽. [옮긴이] 칸트에 따르면 도덕 법칙은 그 자체로 타당하므로 이성을 가진 사람이라면 누구나 지켜야 한다. 따라서 그것은 '무조건 ~ 하라'와 같은 정언 명령으로 표현된다. 그중 두 번째 명령이 모든 사람을 목적으로 대하라는 것으로 인간의 존엄성을 존중해야 한다는 뜻이 담겨 있다.

가까운 개념 분석과 논리 축적에 대한 의지로 동물의 도덕적 권리를 이끌어 냈다. 그 논증 과정은 복잡하다. 또 다음 장에서 말하겠지만 고전적 인간주의(휴머니즘)의 폐해에 빠진 부분도 있다. 그럼에도 그 체계와 구조는 철학적 사색의 한 도달점을 제시한다.

프란시온은 레건의 유산을 이어받아 동물 옹호 운동에 생겨난 갖가지 문제를 응시하고 동물권론을 개선함으로써 이론과 실천을 통합하고자 했다. 프란시온은 일찌감치 로스쿨[44]에 동물권론 수업을 개설하고 몸소 동물 옹호를 둘러싼 법적 투쟁에 투신한 바 있다.[45] 폐지주의 접근이 그런 경험과 시행착오 위에 만들어진 방법론임이 틀림없다. 프란시온의 공헌으로 동물 옹호는 복지 개혁에 대한 비판적 시각을 갖춰 기본이자 중심에 탈착취 실천을 자리매김한 운동으로 진보했다. 싱어, 레건의 학설과 함께 프란시온이 세운 이론 체계도 이제 고전이 되어 가고 있다.

그 밖에도 동물 윤리학에는 다양한 유파의 논의가 있고 그 저변은 무한하다. 다만 이 장에서 설명한 싱어, 레건, 프란시온의 철학은 동물 윤리의 거의 모든 논의에서 참조되는, 빼놓을 수 없는 기초 이론의 위치를 차지하고 있다. 이 세 도덕철학자에 의해 그다음 동물 옹호론을 떠받칠 큰 토대가 마련되었다.

---

44 [옮긴이] 미국 럿거스 로스쿨. https://www.animalfreedom.org/english/column/francione. html[2024년 3월 접속].

45 [옮긴이] Four-Footed Clients and Futile Cases;A Rutgers Law Professor Fights to Expand the Animal Kingdom's Rights. https://www.nytimes.com/1995/11/11/nyregion/four-footed-clients-futile-cases-rutgers-law-professor-fights-expand-animal.html[2024년 3월 접속].

3
사회학

피터 싱어, 톰 레건, 게리 프란시온으로 대표되는 도덕철학자들은 인간 아닌 동물이 인위적인 가해로부터 보호받아야 하는 까닭을 이론으로 설명했다. 그 이전만 해도 동물에 대한 도덕적인 배려는 정 많은 사람이 임의로 행하는 자선이라는 시각이 지배적이었다. 동물 해방론과 동물권론은 그것이 자선이나 친절이 아닌 만인의 의무임을 명시했다. 게다가 인간이 벌이는 착취로부터 동물을 해방시키기 위해 우리가 무엇을 해야 하는지도 분명히 했다. 이런 논의들이 동물 문제를 정의의 쟁점으로 부각시키는 데 빼놓을 수 없는 역할을 한 것은 틀림없다.

그러나 동물 착취는 사회에 내재된 행위다. 종차별은 어딘가에서 떨어지거나 솟구친 것이 아니라 사회 속에서 긴 역사를 거쳐 형성되었다. 사람들은 사회에 순응하는 사이에 저도 모르게 종차별적인 태도와 행동 양식을 몸에 익힌다. 소비자가 축산물을 구입하는 것은 그저 습관일 뿐 동물에게 고통을 주기 위함이 아니다. 동물실험을 거친 생활용품을 구입하는 사람은 대개 상품의 배경에 동물 착취가 있다는 사실을 알지도 못한다. 동물 착취에 직접 관여하는 말단 노동자는 소나 돼지를 인간보다 못한 존재로 여겨서 폭력을 가하는 게 아니라 그저 생계를 꾸리기 위해, 즉 직업이기 때문에 그렇게 하는 것뿐이다. 인간은 생명의 정점에 있으며 동물은 기계라고 믿는 자도 적지 않지만 그들도 스스로 그런 생각을 도출한 것이 아니다. 주변 환경, 즉 사회에서 배운 것이다.

이쯤에서 생각해 봐야 할 문제는 어째서 세상에 종차별적 사상과 행위가 뿌리내렸는가, 어째서 사람들이 다른 동물에게 고통을 주는 행동을 하는가, 어째서 동물 옹호의 목소리가 사람들에게 가닿지 않는가 하는 것이다. 기존 동물 윤리학은 개개인의 '편견이나 불공평한 태도'에서 비롯된 종차별에 주목하고 그 모순과 불합리를 극복하는 데 힘을 쏟았으나, 이제 시야를 넓혀 종차별과 동물 착취를 낳고 지탱하는 사회구조로 눈을 돌릴 필요가 있다.

공평을 기하기 위해 말하자면 도덕철학자에게도 사회적 시각이 아예 결여된 것은 아니다. 싱어도 레건도 미디어나 교육기관이 종차별을 조장하는 현상을 저서에서 언급했다. 하지만 그들은 정치 경제 체제 그 자체의 폭력성을 파헤치지 않고 오로지 개개인의 생활 쇄신이나 윤리적 판단만으로 종차별이 극복되기를 기대했다. '권리론은 비즈니스, 자유 기업 체제, 시장 원리 등을 적대시하지 않는다'라고 레건은 말했다.[1] 사회구조가 차별과 착취를 조장하는 현실을 감안하면 이런 도덕철학자의 자세에 얼마간 부족한 감이 있음을 부인할 수 없다. 체제에 대한 비판은 후대 사람들에게 맡겨졌다.

그 과제에 착수한 이들이 사회학자다. 사회학은 인간 사회의 동

---

1 Tom Regan (1983) *The Case for Animal Rights*, Berkeley: The University of California Press, p. 341. [한글본] 김성한, 최훈 옮김, 《동물권 옹호》, 아카넷, 2023.

태를 꿰뚫는 근본 구조 내지 그 작용을 파헤치는 학문으로 특히 특정 집단에 불이익을 주는 권력의 작용에 주목한다. 인간 동물 관계를 둘러싼 사회학의 분석은 인류학 및 정치경제학의 식견을 수용하고 마르크스의 철학 및 비판 이론의 전통과 결합하여 동물 산업 비판의 강력한 지반을 다졌다. 이 사회학적 관점의 도입은 기존의 동물 윤리학과 학제 영역의 비판적 동물 연구CAS를 가르는 결정적인 요소가 되었다. 동물 문제는 철학의 한 분야인 윤리학 중에서도 하위 구분인 응용 윤리학 그리고 그보다 더 하위 구분인 일부 영역에서 다루기에는 역부족이다. 동물이 인간 사회의 기구에 얽혀 있는 이상, 억압적인 사회 구조를 발견하고 해체하는 작업이 필수다. 다음으로 비판적 동물 연구CAS 형성에 기여한 사회학자들의 이론을 관련 영역에서의 공헌과 함께 살펴보고자 한다.

억압 이론

종차별을 단지 개인의 편견이나 태도로 이해하면 안 된다는 문제를 발빠르게 제기한 사람은 미국의 사회학자 데이비드 니버트다. 니버트는 종차별의 사회적 측면에 주목하여 그것을 이데올로기, 즉 기성 사회 또는 이상적 사회질서를 정당화하는 사람들이 공유하는 신념 체계로 보았다.[2] 이 해석에는 사회학 분야에서의 진전이 반영되어

---

2 David Nibert (2002) *Animal Rights/Human Rights: Entanglements of Oppression and Liberation*, Lanham, MD: Rowman & Littlefield Publishers, p. 8.

있다. 기존 사회학자들은 인종차별을 인격 파탄에 따른 개개인의 편견으로 여겼다. 그러다가 1960년대 후반, 조류가 바뀌면서 인종차별은 착취나 특권을 유지하기 위한 장치로서 눈길을 끌었고, 그에 따라 차별을 낳고 지탱하는 사회질서를 분석할 수 있게 되었다. 그 틀은 성차별과 능력 차별 등 다른 많은 차별을 이해하는 데도 응용할 수 있으며 종차별도 예외는 아니다.

이런 인식에서 니버트는 독자적인 억압 이론을 구성한다. 그 토대는 아이리스 매리언 영의 억압 분석과 도널드 노엘의 민족 계층화 이론에서 찾을 수 있다. 영에 따르면 억압oppression이란 어떤 집단의 능력이나 가능성을 저해하는 체계이다.[3] 그것은 폭군의 노골적인 힘에 기인하는 것이 아니라 일반 사회의 일상적인 습관에 의한 불리함과 부당함에 기인하며, 규범과 제도 속에 구조적으로 내포되어 있다. 영은 억압의 양상을 착취, 주변화, 무력화, 문화 제국주의, 폭력 이렇게 다섯 가지로 분류했다. 여기서 말하는 폭력은 직접적인 가해 행위뿐만 아니라 특정 집단에 대한 가해를 허용하는 사회적 구조까지도 포함한다. 성폭력이나 증오 범죄에 관대한 법질서 등을 떠올리면 이해하기 쉬울 것이다. 니버트는 피억압 집단에 다양한 인간 집단뿐만 아니라 인간 아닌 동물까지도 포함시키기 위해 영의 분석을 약간 수정했다. '착취, 주변화, 무력화, 박탈, 폭력에 대한 취약성을 제도화하는 사회 체계'가 그가 정의하는 억압이다.[4]

니버트에게 영감을 준 또 한 명의 인물 도널드 노엘은 민족 집단

---

3 Iris Marion Young (1990) *Justice and the Politics of Difference*, Princeton, NJ: Princeton University Press. [한글본] 김도균, 조국 옮김, 《차이의 정치와 정의》, 모티브북, 2017.

4 Nibert, 2002, pp. 6-7.

의 계층화가 세 가지 요인에 의거한다고 주장했다.[5] 첫 번째는 경쟁이다. 토지, 음식, 고용 등 한정된 자원이나 기회를 둘러싸고 여러 집단이 서로 경쟁을 벌이거나 한쪽이 다른 쪽을 일방적으로 착취하면, 계층화의 조건이 마련된다. 두 번째는 힘의 차이다. 한 집단이 자신의 뜻을 다른 집단에 강요할 수 있을 만큼 힘을 갖추면, 지배 관계가 생겨나고 그로 인한 특권이 사회제도 속에 녹아든다. 세 번째는 자민족중심주의이다. 그것은 자기 집단의 규범과 행위를 척도로 다른 집단의 행동을 평가하는 자세를 가리킨다. 니버트는 노엘의 분석을 원형으로 해서 인간과 인간 아닌 동물의 억압에 공통된 세 가지 요인을 도출했다. 그것은 경제적 착취 및 경쟁, 힘의 불균형, 사상의 조작이다.

첫째, 경제적 내지 물질적 이익 추구는 '타자'로 지목된 모든 집단에 대한 착취 혹은 그들과의 자원 경쟁을 일으키고, 그것은 '타자' 집단에 대한 박해로 이어진다. 동물 산업이나 '유해 짐승' 축출을 떠올리면 바로 이해할 수 있는데, 여기서 말하는 '타자'에는 인간뿐만 아니라 인간 아닌 동물도 포함한다. 인간 사회가 발전하면서 경제적 이익을 위한 동물 착취, 토지와 자원을 둘러싼 인간과 동물 간의 경쟁—인간에 의한 동물 축출—이 심해졌다. 여기서 중요한 것은 '타자'를 착취하고 박해해서 생긴 이익은 보통 극소수의 특권자에게만 돌아가고 나머지 다수의 인간과 그 밖의 동물은 그런 이익 추구의 결과 **함께** 억압받는다는 사실이다. 이처럼 갖가지 '타자' 억압은 서로 뒤얽혀 있다.

둘째, 특권 집단은 힘을 행사해 지배를 확립한다. 힘power의 일익

---

5   Donald L. Noel (1968) "A Theory of the Origin of Ethnic Stratification," *Social Problems* 16(2): 157–172.

을 담당하는 것은 무력, 즉 타자를 살해·구속·관리하기 위한 수단인데, 법을 조작하거나 하는 정치 권력도 제도적 억압의 도구이다. 군대, 경찰, 입법부를 거느린 국가는 힘이 응집된 형태를 가진다. 따라서 국가를 조종할 수 있는 자들은 역사상으로 다른 모든 집단에 최대의 힘을 행사해 왔다.

셋째, 억압적인 사회질서를 정당화하기 위해서 사상의 조작이 이루어진다. 이것은 피억압자를 폄훼하는 사상을 구축하고 유포하는 형태로 이루어지는데, 이렇게 확산된 사상은 개개인의 마음 속에 편견으로 정착한다. 이것이 종차별, 인종차별, 성차별로 대표되는 이데올로기의 형성 과정이다. 사람들은 사회적으로 구축된 이데올로기에 물들어 피억압 집단에 대한 박해와 차별을 당연시한다. 특권 지배는 사회적 폐해를 낳지만 피억압자는 종종 그 폐해의 원흉, 즉 희생양 scape goat으로 몰려 억압의 수혜자가 아닌 사람에게도 증오의 대상이 된다. 그로써 특권 집단의 억압은 비판을 면하고 억압은 자연스러운 관습으로 사회에 뿌리내리게 된다. 그것은 이익 추구를 위한 억압을 한층 강화시킨다. 즉, 사람들의 편견은 억압의 **원인**이 아니라 **도구**라고 해야 옳다. 사회의 뿌리를 이루는 것은 경제적·물질적 요인이다.

소수 특권자의 이익 추구에서 비롯된 뒤얽힌 억압의 사이클, 이것이 니버트가 구축한 틀의 중심을 이루는데, 그 구체적인 역사가 저서 《동물권/인권》[6] 및 《동물 억압, 인간 폭력》[7] 속에 그려져 있다. 특히 후자에서는 뒤얽힌 억압을 둘러싼 분석에 새로운 시각을 보탬으

6 Nibert, 2002.

7 David A. Nibert (2013) *Animal Oppression and Human Violence: Domesecration, Capitalism, and Global Conflict*, New York: Columbia University Press.

로써 동물 억압이 인간과 그 밖의 동물에 대한 광범위한 폭력을 **필요로 하고 또 가능케 함**을 드러냈다.

니버트의 역사 분석은 수렵의 탄생으로까지 거슬러 올라간다. 수렵으로 인해 살상 기술이 발달하고 그와 동시에 사냥 수완에 입각한 인간의 서열화, 남존여비 풍습이 탄생했다. 500만 년 가까이 채집 생활로 살아온 인류에게 수렵은 생존에 꼭 필요해서라기보다 풍요로움을 추구하면서 탄생한 측면이 강한데, 이미 여기서부터 물질적 이익 추구에 입각한 억압의 싹을 찾아볼 수 있다. 이익을 위한 억압이 뚜렷한 형태를 갖춘 것은 약 1만 년 전 등장한 농경 사회 때의 일이다. 이때부터 인류는 다른 동물을 사육해서 그 체력과 신체를 이용하기 시작했다. 그 과정을 일반적으로 '가축화domestication'라고 하는데, 니버트는 이를 동물 지배, 구속, 신체 개조를 통한 조직적 폭력이며 동물이라는 존재를 착취해도 되는 물건인 양 모독하는desecration 행위라고 맹렬히 비판했다. 그리고 그 사실이 명확히 드러나는 신조어로 가축 모독domesecration이라는 말을 제시했다.[8] 소, 돼지, 말 당나귀, 염소, 양 등 가축으로 모독된 동물은 모두 성性과 생식이 인간의 손에 내맡겨진 채 육신, 체모, 피부, 분비물뿐만 아니라 노동력까지 착취당한다. 가축 모독은 동물의 고통과 맞바꿔 농업 생산성을 높였으나, 그로 인해 얻은 잉여 식량 대부분은 신에게 올릴 공물이라는 명목으로 새로 탄생한 신관이나 제사장 같은 상층민에게 바쳐졌다. 가축 모독된 동물을 기를 때는 많은 식용 식물이 투입되었고 특히 겨울에는 그 양이 상당했는데, 그렇게 얻은 고기도 농사를 짓지 않는 상층민이 소비했

8 Ibid.

다. 반면 농민은 아랫것으로 천대받고 과도한 노동과 불평등한 식료품 배분으로 신음했다. 농경 사회는 인간과 그 밖의 동물을 억압하여 소수 특권자의 물질적 이익을 실현한 셈이다.

유럽을 지배한 로마 제국, 유라시아를 뒤흔든 몽골 제국의 역사를 되돌아보면 뒤얽힌 억압의 패턴이 한층 더 명료해진다. 두 거대 제국은 가축 모독된 대량의 동물을 유지하기 위해 토지와 자원을 노리고 거듭 침략 전쟁을 일으켰다. 전쟁을 유리하게 이끄는 데는 기마 전술이 관건으로 작용했는데, 로마는 대량의 소를 끌고 가서 전쟁 중 식량원으로 삼기도 했다. 침략자는 학살과 파괴를 자행한 데 더해서 정복지의 생존자를 예속민으로 삼고 노역과 공납을 부과했다. 여성은 전쟁 중에는 능욕을 당하고 전쟁 후에는 전사의 소유물이 되었다. 동물 억압이 대규모 폭력을 필요로 하고 가능케 하는 모습은 이 사례들에서 뚜렷이 나타난다. 그 뒤얽힌 억압 또한 부의 추구에서 비롯된 것이다.

비슷한 사례를 역사 속에서 또 찾아볼 수 있는데 세계를 석권한 유럽 제국의 침략 정책도 그중 하나다. 16세기에 시작된 스페인의 미국 침략에서는 기마 전술에 더해 보존식인 염장육의 공급이 전투를 도왔고, 스페인에서 유입된 인수 공통 감염증은 미국 선주민에게 파괴적인 해를 끼쳤다. 정복민이 빼앗은 토지는 목장이 되었다. 선주민은 경쟁자로 몰려 학살되거나 목장의 동물 관리에 투입되었고 일부는 광산과 사탕수수 농장에 강제 동원되었다. 영국 이주민에 의한 북미 대륙의 서부 개척 및 오스트레일리아와 뉴질랜드 침략에서는 목장 경영이 무한정 확대되면서 땅을 둘러싼 경쟁이 붙어 선주민과 야생동물이 근절되었다. 오스트레일리아 남단의 태즈메이니아 섬에서는 19세기에 말 그대로 선주민이 완전히 소멸되었다. 가축 모독된 동물은 육류 제품과 피혁 제품을 낳았고 극소수의 상층민은 그것을 거래해 막대한 부를 얻었다. 목장 사업은 국가의 후원 속에서 이루어졌으며 인종차별과 동물 멸시에 의해 정당화되었다.

그 밖에도 니버트는 여러 인간 집단과 기타 동물을 괴롭힌 역사 속의 주요 대규모 폭력이 억압 이론으로 널리 설명됨을 명시했다. 인류사를 통틀어 경제적 동기는 줄곧 억압을 부추기는 최대 원동력이었다. 또 억압은 사회 상층부를 차지한 특권자에게 큰 이익을, 다른 모든 자에게는 참상을 가져다주었다. 조직적·제도적 억압은 국가의 힘에 의해 촉진되었으며 피억압자를 폄하하는 이데올로기를 통해 강화되었다. 그런데 이 구조가 가장 여실히 반영되어 있기에 니버트를 비롯한 다른 비판적 동물 연구CAS 관련 사회학자의 분석과 비판의 중심에 우뚝 선 체제가 바로 자본주의다.

자본주의

자본주의는 자본이 주체인 경제체제로 자본가라고 불리는 사업자가 화폐를 투입해 생산수단(토지·기계·원재료 등)과 사람들의 노동력을 구매한 뒤 상품 생산과 판매를 통해 투자액 이상의 화폐를 거두어들이는 시스템이다. 생산수단과 노동력도 상품으로 보면 결국 화폐를 투입해 상품을 산 뒤 다시 상품을 팔아 더 많은 화폐를 버는 것이니 돈이 돈을 낳는 격이다. 화폐에서 상품으로, 상품에서 화폐로 모습을 바꾸며 자기 증식하는 가치를 자본이라고 하고, 자본의 자기 증식

운동이 지배적으로 기능하는 경제체제를 자본주의라고 한다. 19세기 독일의 사상가 카를 마르크스는 자본가가 노동자에게 임금 이상의 노동을 시키고 그 초과 노동으로 여분의 잉여가치를 쥐어짜는 과정에서 이런 가치 증식이 성립된다고 보고 자본주의를 근본부터 착취적인 체제라고 비판했다.[9] 자본주의 사회는 자본가가 노동자를 거름 삼아 잇따른 수익을 꾀하는 끝없는 이익 추구 사회다.

자본주의의 대두에는 복잡한 역사적 요인이 있다. 15세기 말 유럽 이주민에 의해 시작된 아메리카 대륙 지배는 광산 개발 및 목장 경영, 노예 무역, 플랜테이션 사업을 통해 막대한 부를 낳았다. 유럽에 대량의 금과 은이 유입되었고 그것이 설탕 및 동물 제품 거래와 맞물려 무역상과 투자가의 주머니를 부풀렸다. 힘이 세진 상인은 옛 귀족에게 유리한 정책을 폐지하고 국가가 통제할 수 없는 새로운 경제체제를 정비했다. 그 무렵 영국에서는 모직업의 번성으로 양모 수요가 늘었기에 수익에 눈이 먼 지주는 너나없이 농민의 공유지를 점유하고 양 목장으로 전환했다. 땅에서 쫓겨난 농민은 도시로 나가 자신의 노동을 팔면서 살 수밖에 없었다. 토지 점유는 16세기 이후 유럽 제국으로 퍼져 무산계급을 늘리는 결과를 낳았다. 신부유층은 지대 수입을 노리고 땅을 마구 사들여 임차지로 전환했고 농가는 땅을 떠나야 했다. 이처럼 훗날 자본이 될 화폐가 축적되고 생산수단을 빼앗긴 사람이 탄생하는 과정을 본원적 축적ursprünglichen Akkumulation이라고 하는데, 이것은 자본주의 탄생의 조건이 되었다.

9   Karl Marx (1962) *Das Kapital: Kritik der politischen Oekonomie 1*. Bd., in Marx-Engels-Werke Bd.23, Berlin: Dietz Verlag. [다수의 한국어《자본론》번역본이 있다.]

자본주의 체제는 사람들의 경쟁 위에 성립된다. 생산수단이 없는 이들은 노동력이라는 상품을 들고 그것을 사 줄 사업자를 찾아다녀야 하는데, 일자리는 한정되어 있어 노동자 간에 싸움이 벌어진다. 한편 사업자는 시장에서 살아남아 승리해야 하고 그러려면 증산·증익이 필수이므로 기술 투자를 해 가며 각축전을 벌인다. 사실 16세기에 자본주의가 탄생한 이래로 기술은 비약적인 발전을 이루어 과학혁명·산업혁명이 일어났다. 공장과 기계류가 대형화되고 사업 규모도 계속 확대되었다. 생산력 향상으로 수익이 늘면 그 수익은 다시 새로운 생산수단을 개발하는 데 투입되었다. 당연히 이런 잇따른 기술혁신의 한편에서는 전통 수공업이 쇠퇴하고 난개발로 인해 생태계 파괴가 가속화되었다. 그러다가 19세기 후반에는 대형 법인 경영체가 대두하여 각 산업 부문의 소규모 사업자를 축출하거나 흡수함으로써 독점 체제를 구축했다. 그 후로도 경쟁 논리가 지하에서 여전히 작동하고는 있지만 현실 경제는 몇몇 대기업이 지배하는 경향이 강해졌다. 끝없이 경쟁하려면 생산력을 향상하는 동시에 시장을 개척·확대해야 하는데 그것이 또 다른 침략, 식민지 정책, 신식민지 정책에 동기를 부여해 왔다.

자급 중심 사회에서 자본주의 사회로 이행함에 따라 사람들의 생활이 물건으로 가득 차게 되고 산업국의 평균 생활수준이 높아졌다. 그러나 불평등은 확대되었다. 이윤의 획득과 최대화를 지상명령으로 삼은 제조업은 사회의 필요를 채우는 게 아니라 파는 것을 목적으로 하기에 구매력이 없는 사람은 상대하지 않는다. 기업 또는 기업과 연계된 과학 연구 기관은 수익을 노리고 부유층을 위한 상품을 개발하는 데 열중할 뿐, 결핍과 빈곤에 처한 사람들에게 물자를 공급할 생각은 전혀 없다. 따라서 이른바 '선진국'이라는 곳에서는 상품이 잇따라 공급되어 식품은 내다 버릴 만큼 남아돌고, 패션은 거의 해마다 바뀌며, 가전제품은 몇 넌이면 쓰레기가 된다. 반대로 이른바 '개발도상국'이라는 곳에서는 식료품도 의복도 정보 매체도 골고루 보급되지 않는다. 이제는 절망적일 만큼 확대된 의료 격차도 문제인데, 같은 '선진국' 안에서도 부유한 시민은 각종 고도 의료 기술과 생활 습관병 치료의 혜택을 누리는 반면 빈곤층은 변변한 의료품 하나 사지 못한다. 그리고 그 시간에 '개발도상국' 사람들은 감기나 말라리아로 죽어 간다. 이처럼 세계를 좀먹는 기아·빈곤·질병은 물자 결핍이나 기술 미발달이 아닌 자본주의의 폐해가 원인이다. 가진 자는 더더욱 부유해지고 가지지 못한 자는 철저히 무시당한다. 이러한 귀결은 자본 논리가 지배하는 세상에서는 뒤집힐 가망이 없다.

상품화

자본주의 체제에서는 자본 축적이 자기 복적화되는데 이것은 시장에서의 상품 거래에 의해 달성된다. 그래서 이 체제는 거의 모든 것을 상품으로 바꾸는 경향이 있다. 중세 유럽의 봉건 사회에서 토지는 자연의 일부로 매매 대상이 아니었다. 그러나 자본주의 체제의 확립과 동시에 토지는 '부동산'으로 변해 사업자나 투자가 사이에서 거래되는 상품이 되었다. 인간 노동도 과거에는 매매 대상이 아니었다. 그러나 앞서 말했듯이 자본주의의 존립 조건은 노동력의 상품화다. 현대사회에서는 신체도 정보도 연애도, 심지어 환경까지도 탄소 거래 등의 형태로 상품이 되었다. 물론 동물도 예외는 아니다.

마르크스에 의하면 상품이란 첫째, 인간의 필요를 채우는 것이다. 펜은 글씨를 쓰거나 그림을 그리는 도구가 되고 책은 지식이나 즐거움을 얻는 도구가 되듯이 상품은 저마다 특유의 성질이 있어 사람들에게 도움이 된다. 상품이 갖는 이런 가치를 사용가치라고 한다. 상품은 대개 여러 사용가치를 겸비한다. 가령 펜은 사물을 가리키는 도구가 될 수도 있지만 마술사의 손에 들어가면 마술 도구가 된다. 하지만 사용가치가 있다는 것만으로는 기존의 가재도구나 공유물과 차별화되지 않으므로 상품의 독자성을 설명할 수 없다. 선사시대의 인류가 쓰던 돌도끼는 상품이 아니었다. 사용가치가 내재된 것이 상품이 되려면 시장에서 거래되어야 한다. 다른 것과 교환할 수 있어야 해당 유용물은 상품이 된다. 예를 들어 시장에서 시금치 한 단의 가치가 양파 3개, 꽈리고추 10개, 딸기 20개 등의 가치와 같다면 그 크기를 공통 가치척도인 화폐와 견주어 표현할 수 있다(그것이 가격이다). 사용가치가 다른 것끼리 연결 짓는 이 등가성을 교환가치라고 하며 이것이 상품의 본질을 이룬다. 상품이란 단순한 유용물이 아니라 교환가치를 가진 유용물이다. 다만 교환가치는 이질적인 상품군을 비교할 수 있도록 각 상품이 가진 독자적인 유용성을 버리고 가격이라는 추상적인 양으로 환산한 것이다.

자본주의가 대두하기 이전부터 인간 아닌 동물은 그 사용가치를 주목받아 식료품 생산, 농작업, 운반, 전쟁, 오락 등에 이용되었다. 그때부터 이미 종차별이 존재하여 동물들의 내재적 가치는 부정되었다. 그러므로 동물 억압이 자본주의 이전부터 이루어진 것은 확실하다. 그러나 자본주의의 도래는 명백히 사태를 악화시켰다. 인간 아닌 동물은 이제 상품이 되어 시장 시스템 속에 완전히 편입되었다. 자본주의 시대의 동물은 교환가치의 표상, 즉 시장에서 거래되는 '양量'에 불과하며, 그 지위는 감각 없는 농산물이나 무생물인 전자기기와 다를 바 없다. 펫 숍의 동물은 수익이 발생하는 어린 시절에만 가게 앞에 진열되고 나이가 들어 교환가치가 떨어지면 재고 처분된다. 식용으로 길러지는 동물은 고기로서의 교환가치가 정점에 이르는 시점에 도살된다. 오염되거나 감염된 축산장의 동물은 이미 교환가치를 잃었기에 치료받지 못하고 전부 살처분된다. 이윤이 전부인 세상에서 교환가치가 줄어들거나 사라진 것은 존재 자체가 용납되지 않는다.

상품화된 동물과 그 산물—살점·분비물·자손—은 시장 동향에도 종속된다. 철학자 존 산본마쓰가 말했듯이 '공급 과잉으로 … 동물제품의 시장가격이 급락하면 농가나 농업 관련 산업agribusiness은 가격을 안정시키기 위해 일부러 재고품을 처분한다.'[10] 2020년 코로나19가세계적으로 유행했을 때, 음식점이나 학교가 폐쇄되어 우유 수요가 하락하자 각국 낙농업계는 가격을 안정시키기 위해 대량의 우유를 폐기했다.[11] 일본에서는 이런 조치가 '갈 곳 잃은' 식품의 부득이한 처분으로 해석될 때가 많은데, 사실 갈 곳이 없기는커녕 전 세계에는 식료품을 필요로 하는 빈곤층이 많이 있다. 식품 폐기는 단지 가격을 조정하

---

10 John Sanbonmatsu (2017) "Capitalism and Speciesism," in David Nibert ed., *Animal Oppression and Capitalism Vol. 2*, Denver: ABC–CLIO, p. 5.

11 이를테면 BBC News (2020) "Coronavirus: Why Canada dairy farmers are dumping milk," https://www.bbc.com/news/world-us-canada-52192190; Caroline Yu (2020) "Dairy farmers forced to adjust their practices during COVID–19 pandemic," *Cronkite News*, https://cronkitenews.azpbs.org/2020/04/20/dairy-farmers-covid19-practices/; Danielle Wiener-Bronner (2020) "Why dairy farmers across America are dumping their milk" *CNN Business*, https://edition.cnn.com/2020/04/15/business/milk-dumping-coronavirus/index.html 참조(2020년 7월 16일 접속). 참고로 일본에서는 이런 식의 우유 폐기를 막겠다면서 농림수산성이 2020년 이후로 우유 소비 촉진 프로젝트를 시행하고 있다.

기 위한 수단에 불과하다. 코로나 바이러스의 맹위는 다른 식품 부문에도 영향을 미쳐 미국에서는 달걀 수요의 후퇴를 지켜보던 채란 회사가 닭을 대량 살처분하는 사태까지 벌어졌다.[12] 이 모두가 필요에 따른 생산이 아닌 팔기 위한 생산, 사용가치가 아닌 교환가치에 지배된 생산이 초래한 생명 낭비다. 산본마쓰의 말은 정곡을 찌른다. '자본주의에서 인간 아닌 동물의 슬픈 운명을 결정짓는 것은 재산으로서의 위치 그 자체라기보다 오히려 상품으로서의 위치다.'[13]

물신숭배

마르크스의 말에 의하면 사용가치의 표상으로 볼 때 상품은 각각 독자적이기에 다른 상품과 치환될 수 없다. 펜에는 필기구로서 사용가치가 있는 반면 책에는 학습 소재로서 사용가치가 있다. 펜을 읽거나 책으로 글씨를 쓸 수 없듯이 각각의 사용가치는 교환할 수 없다. 이처럼 상품별로 다른 사용가치를 부여하는 것은 각 상품에 대응하는 독자적인 인간 노동이다. 펜을 만드는 과정과 책을 만드는 과정이 전혀 다르듯 특수화된 다양한 노동 형태가 각 상품 특유의 사용가치를 낳는다.

그런데 시장 교환이 시작되면 이질적이었던 상품군이 교환가치의 표상이 되어 비교 내지 치환된다(시금치 한 단은 양파 3개에 해당한다는 식이다). 여기서 일어나는 일은 앞서 말했듯이 각 상품의 독자성을

---

12 Adam Belz (2020) "Egg demand shifted, and 61,000 Minnesota chickens were euthanized," *Star Tribune*, https://www.startribune.com/egg-demand-shifted-and-61-000-minnesota-chickens-were-euthanized/569817312/?refresh=true(2020년 7월 16일 접속).

13 Sanbonmatsu, 2017, p. 4.

지우고 다른 것과 비교할 수 있는 양으로 환산하는 작업이다. 다른 말로 하면 그것은 이질적인 모든 것을 단순한 수의 비율로 환원하는 과정으로, 이때 질적 차이는 배경으로 멀어지고 양적 차이만이 교환 참여자의 관심사로 떠오른다. 마르크스에 따르면 이런 상품군의 질적 차이의 소거는 그 상품을 생산하는 데 투입된 **노동**의 질적 차이도 소거한다. '교환 과정에서 상이한 생산물을 가치로 치환할 때 사람들은 그 상이한 노동을 인간 노동으로 치환한다.'[14] 이 작업은 무의식 중에 이루어지는데 그로써 상품 생산에 얽힌 사람들의 구체적인 노동 형태는 추상화되고 명료성을 잃는다. 상품의 가치는 저마다 고유한 노동이 낳는 것이지만 교환 시 그 가치 실체가 가려지면 가치란 상품에서 자연스럽게 생겨나는 것, 상품 그 자체에 깃든 속성이라는 착각이 일어난다. 더욱이 노동이 사회활동의 일환으로 이루어짐에도 각각의 노동은 항상 상품 교환이라는 형태로만 이어진다. 다시 말해 상품 교환이 이루어지기 전에는 각각의 노동이 가진 사회적 성격이 표면화되지 않는다. 인간 노동에 갖춰진 사회성은 상품 그 자체의 성질로만 나타나고 인간과 인간의 관계는 물건과 물건의 관계로 바뀐다. 마르크스는 사람들이 이런 착각에 빠지는 현상을 물신숭배Fetischismus라고 명명했다.[15] 상품은 사람들의 인식 속에서 생산에 얽힌 사회관계와 분리되어 독립된 가치를 띤 존재로 나타남으로써 물건物件의 신神, 즉 물신物神이 된다.

지금까지의 분석을 자본주의 체제하의 인간 동물 관계를 해석하

---

14   Marx, 1962, S. 88.

15   Marx, 1962, S. 86-87.

는 데 응용하는 것은 쉬운 일이다. 사회학자 밥 토레스는 저서 《피로 물든 돈다발》에서 이렇게 말한다. '마르크스는 상이한 **인간** 노동의 치환에 관심이 있었는데, 그 개념은 글로벌화되고 산업화된 농업 생산 시스템을 고려하면 틀림없이 동물을 포함하는 형태로 부연할 수 있다.'[16] 상품 물신화에 가려지는 것은 비단 인간 노동과 사회관계뿐만이 아니다. 동물 제품의 생산에는 인간 아닌 동물도 관여하며 오히려 그들이야말로 생산에서 빼놓을 수 없는 구성원이다. 토레스는 경제 기구에 편입된 인간 아닌 동물이 상품을 생산하는 무임금 노동자의 지위에 놓여 있는 동시에 상품 그 자체이기도 하다는 특이한 사실에 빛을 비춘다. 동물은 단순한 노동력 상품의 제공자도 노동 생산물도 아니다. 동물은 둘 다에 해당하며 동물 산업의 강제력 속에서 말 그대로 **살을 깎아** 인간 소비자가 바라는 상품을 생산한다. 사회 총노동의 구성 요소에는 인간 아닌 동물의 노동도 포함되고, 동물 제품의 생산 배경에는 인간의 노동과 동물 노동의 동시 착취가 도사리고 있다. 시장에서 동물 제품이 교환가치를 띠는 순간, 그 생산과 관련된 인간 노동은 물론이고 동물 노동의 실태도 완전히 은폐된다. 더군다나 인간 아닌 동물은 모두 상품화되어 상품의 범주를 벗어나지 못하는 존재로 상정되기에 은폐는 더 완벽한 형태로 이루어진다. 사람들은 물신화된 동물 제품을 다른 상품과 함께 구입 목록에 포함된 한 선택지로만 볼 뿐 그 이면에 있는 인간과 기타 동물의 사회관계에는 주목하지 않는다. 그리고 동물은 상품 교환을 통해 상품의 형태로만 사람들과

16 Bob Torres (2007) *Making a Killing: The Political Economy of Animal Rights*, Edinburgh: AK Press, pp. 37–38.

접점을 갖기에 인간 동물 관계는 인간과 인간의 관계보다 더 극적으로 물건과 물건의 관계로 변화한다. 자본주의 사회에서 소비자의 관심을 끄는 것은 기껏해야 고급 가죽 재킷, 호화로운 푸아그라, 저렴한 달걀 등이다. 어쩌다 살아 있는 동물의 모습이 머릿속을 스쳤다고 해도 그것은 지극히 관념적인 모습일 테고, 종종 동물 산업이 만든 이미지—한가로운 농장에서 삶을 만끽한 행복한 동물이라는 식의 스테레오타입—로 점철되어 있을 것이다.

　이런 물신숭배의 저주를 자각한 사람들이 그로부터 탈피하기 위해 시작한 것이 지산지소地産地消, '인도적'으로 키운 축산물을 응원하는 일로 대표되는 의식적 소비 운동이다. 의식적 소비를 위해 노력하는 사람은 생산과 소비의 장이 분리된 현대사회의 모습이나 주어진 것을 무비판적으로 소비하는 생활의 불건전함을 돌아보고 생산지와 생산법을 꼼꼼하게 따져 장을 본다. 이런 사람의 등장으로 동물 산업은 유기농 축산물, 지역 축산물, '인도적' 축산물, '지속가능'한 축산물 등 특별 상품 시상을 개적했다. 이 상품들은 기존의 물신화된 상품과 달리 물신숭배를 극복한다는 점에 의미를 둔다. 한데 사실 이런 상품의 배경에는 여전히 불합리한 진실이 있으며 구매자는 은연중에 그 사실을 알면서도 모르는 척한다. '지역산'이니 '인도적'이니 하는 상품을 고르는 행위는 마치 자신이 상품 생산 과정을 직시하는 듯한, 물신숭배와 소비 문화에 저항하는 듯한 환상을 일으킨다. 바실 스타네스쿠는 물신숭배에 대항하는 것처럼 선전하는 이런 상품을 포스트 상품 물신Post-Commodity Fetish이라고 명명했다. 유기농, 지역산, '인도적' 축산물 등은 공장식 축산과 같은 산업 시스템에 속함에도 표면상으로는 산업 시스템에서 벗어나 있는 듯 가장한다. 사람들은 평소 공장식 축산의 산물을 소비하면서 가끔 높은 비용을 들여 방목란이나 유기농 우유를 사고는 물신숭배를 극복했다고 만족한다. 진짜 생산의 실태는 외면한 채 겉으로는 생산 실태를 파악하려고 노력하는 사람인 양 행세하고 거대 산업에 휘둘리지 않는 자신을 상상한다. 포스트 상품 물신은 돈으로 살 수 있는 환상일 뿐이다. '우리는 무언가 간과하고 있음을 알면서도 무엇을 간과하고 있는지는 알고 싶어 하지 않는다.'[17] 이른바 의식적인 소비자가 특별한 상품을 구입함으로써 자신을 속이면 속일수록 진짜 생산관계—인간 아닌 동물과 인간 노동자를 둘러싼 역학 관계—는 더 교묘하게 은폐된다.

　자본주의가 낳은 억압의 현실을 올바르게 파악하려면 상품 물신이나 포스트 상품 물신이 숨겨 놓은 생산관계의 실태를 직시할 필요가 있다. 동물 착취의 실상은 제1장에서 이미 대강 살펴봤는데, 자본주의 생산 시스템에 따르는 해악은 그것뿐만이 아니다. 여기서 다시 니버트가 말한 종을 초월한 뒤얽힌 억압이 모습을 드러낸다.

소외

　자본주의 사회는 자본 축적이 자기 목적화되는 사회이다. 마르크스에 의하면 그곳에서 노동자는 자본의 화신인 자본가에 의해 가치 증식의 수단으로서 생산 기구에 편입된다. 원래 자본은 노동자의 주

17　Vasile Stănescu (2017) "New Weapons: 'Humane Farming,' Biopolitics, and the Post-ommodity Fetish" in David Nibert ed., *Animal Oppression and Capitalism Vol. 1*, Denver: ABC-CLIO, p. 212.

체적인 활동으로 산출되는 객체지만 자본주의 체제에서는 주객이 전도된다. 기계류 중심의 대규모 생산이 상징하듯이 이제 인간과 생산수단의 주종 관계는 역전됐다. 노동자가 생산기구의 톱니바퀴라는 객체로 격하되어 주체의 위치를 차지한 자본 논리에 종속된 것이다. '따라서 자본가의 노동자 지배는 물건의 인간 지배, 죽은 노동의 산 노동 지배, 생산물의 생산자 지배이다.'[18] 인간이 자신의 소산과 분리되어 소산에 지배당하는 이 현상을 마르크스는 소외Entfremdung라 칭하고 그로부터 상호 관련된 네 가지 현상을 도출했다.[19]

첫째, 노동자는 자신이 만든 생산물로부터 소외된다. 자본주의 체체에서 노동 생산물은 노동자에 속하는 물건이 아닌 자본가가 팔 상품이다. 노동자가 생산에 힘을 쏟으면 쏟을수록 자본은 통통하게 살이 오르는 반면 노동자 자신은 생명이 소모되어 빈껍데기만 남는다. 생산물은 노동의 결정체임에도 자본주의 체제에서는 노동자를 떠나 노동자를 지배하는 낯선 힘으로 변한다.

둘째, 노동자는 자신의 생산 행위로부터 소외된다. 상품 생산은 자본가의 주머니를 채우기 위한 활동으로, 노동자 자신에게는 속하지 않는다. 생산은 살기 위한 강제 노동이고 그것 자체가 자본가에게 팔아넘길 상품이다. 노동자는 일을 통해 자기 실현을 할 수 없고 그저 피로와 불행을 느낄 뿐이다. 쉴 수 있는 시간은 노동의 장을 벗어난 때뿐으로 노동 속의 노동자는 **자신의 바깥**에 있다. 노동은 이제 자기

---

18 Karl Marx (1988) Resultate des unmittelbaren Produktionsprozesses, in *Marx-Engels-Gesamtausgabe II/4.1*. Berlin: Dietz Verlag, S. 64.

19 Karl Marx (1968) Ökonomisch-philosophische Manuskripte aus dem Jahre 1844 in *Marx-Engels-Werke Bd.40*, Berlin: Dietz Verlag, S. 465–588.

상실에 불과하다.

셋째, 노동자는 유적 존재로부터 소외된다. 유적 존재Gattungswesen 란 인간을 인간답게 하는 독자성으로, 마르크스는 자연과의 물질대 사에 의거한 자유로운 의식적 생활 활동에서 그것을 찾았다.[20] 그러나 노동이 소외된 상황에서는 자유로운 창의력이 발휘될 여지가 없으므 로 외부의 자연도 심신의 활동도 그저 생명 유지 수단으로만 기능하 고 인간의 인간성은 상실된다.

넷째, 노동자는 인간관계로부터 소외된다. 생산물, 생산 행위, 유 적 존재로부터의 소외는 인간관계 안에서 형태를 얻는다. 소외된 활 동과 그것에 의한 생산물은 타자에 의해 수탈되는 것이므로 자신과 타자의 관계는 소원하고 적대적인 성격을 띤다. 자본가와 노동자의 지배·피지배 관계가 그에 해당함은 말할 필요도 없다. 그리고 자신의 노동과 인간성으로부터 소외된 노동자에게는 다른 노동자도 소원한 존재가 된다.

소외의 기원은 분업이고 분업의 역사는 문명의 탄생 시점까지 거슬러 올라간다. 어쨌거나 자본주의 생산에 따른 자동 기계의 발달 은 노동자를 단편화하여 기계의 '살아 있는 부속품'[21]으로 바꿔 놓음 으로써 소외에 결정타를 날렸다. 20세기 초 미국의 공학자 프레더릭 테일러는 생산 활동을 합리화하기 위해 작업 세분화와 시간 분석에

---

20 원래 유적 존재는 인간을 다른 동물과 구분 짓는 특정으로 여겨져 왔으나 바버라 노 스케는 그것을 인간 고유의 성질로 한정하지 않고 다른 동물과 공유하는 성질까지 포함한 개념으로 재해석했다. Barbara Noske (1990) *Beyond Boundaries: Humans and Animals*, Montreal: Black Rose Books, p. 13 참조.

21 Marx, 1962, S. 445.

의거한 과학적 노동 관리 시스템을 확립했다. 그에 따라 경영진이 생산을 완벽히 통제할 수 있게 되었으나 각각의 노동은 기술이 필요 없는, 반복적인 단일 동작으로 환원되어 노동자는 대체 가능한 인력으로 전락했다. 정치경제학자 해리 브레이버만은 테일러주의로 대표되는 궁극의 분업 체제를 '인격과 인간성에 대한 범죄'라고 비난했다.[22] 그 후 헨리 포드가 도살장의 해체 공정에서 힌트를 얻어 컨베이어 작업 라인이라는 대량 생산 시스템을 발명했고 노동의 단순화와 비인간화는 더욱 가속화되었다. 테일러주의, 포드주의는 제조업 전체를 장악하여 숙련공으로 조직된 노동조합을 약화시킴과 동시에 비영어권 이민자 등 주변화된 사람들을 가혹한 소외 노동의 먹잇감으로 삼았다.

이런 생산 합리화의 추구가 동물 산업에 적용된 결과, 인간 아닌 동물도 소외에 시달리게 되었다고 주장한 사람이 인류학자 바버라 노스케다. 자본주의 체제는 최소 비용으로 최단 기간에 최대의 산출을 달성하는 구조이기에, 테일러주의가 그렇듯이 생산의 낭비 요소를 전부 배제하려고 한다. 이 체제에서 동물의 자유로운 행동은 '비경제적' 행위로서 억제 대상이 되고, 오로지 그들의 생산성을 끌어올리기 위해서 유전자 공학과 과학 기술의 지식이 투입된다. 공장식 축사나 동물실험 시설, 어패류 양식장이나 의복용 동물 사육장을 보면 알 수 있듯이 오늘날의 동물은 균질화되고 부자유한 관리 공간에 갇혀 한 가지 기능에 충실하도록 개조된 채 그저 인간이 바라는 생산 활

---

22 Harry Braverman (1998) *Labor and Monopoly Capital: The Degradation of Work in the Twentieth Century*, New York: Monthly Review Press, p. 51. [한글본] 이한주, 강남훈 옮김, 《노동과 독점자본: 20세기에서의 노동의 쇠퇴》, 까치, 1987.

동에만 종사한다. 생명 유지는 인간 관리자 또는 기계에 맡겨져 혹시라도 먹이 급여가 미비하거나 환기 시스템에 고장이라도 나면 많은 동물이 떼죽음을 당하곤 한다. 노스케는 저서 《경계를 넘어》에서 마르크스에 입각해 '컴퓨터나 기계의 단순 부속품'[23]으로 전락한 동물의 소외를 분석한다.

첫째, 동물은 자신의 생산물로부터 소외된다. 여기서 말하는 '생산물'이란 그들의 육체와 자손을 가리킨다. 생산 기구에 편입된 동물에게 자기 몸이나 자식은 인간에게 빼앗기는 것이지 자신에게 속하는 것이 아니다. 그 몸은 때로는 최대한 많은 자식을 낳는 번식 기계로, 때로는 고기나 젖을 불리는 생산 기계로, 또는 과학 연구에서 인간이 바라는 질병이나 기관을 발달시키는 실험 재료로 다루어진다. 동물의 '생산물', 즉 그들의 물리적 존재와 그로부터 생겨나는 모든 것은 스스로를 불행하게 하는 낯선 적대물로 변한다.

둘째, 동물은 생산 행위로부터 소외된다. 분업 사상은 동물 신체의 개조로 이어져 산란, 출산, 젖 분비, 증량, 비대, 발병 등 '노동'에 특화된 동물 품종을 낳았다. 모든 동물은 각자에게 주어진 한 가지 역할에 종속되어 그 생산성이 유지되는 한 다른 신체 기능이 망가져도 누구 하나 개의치 않는다. 홀스타인 소는 젖이 비정상적으로 많이 돌아 비쩍 마르고, 브로일러 닭은 급격히 성장하는 몸에 장기가 눌리고, 달걀용 닭은 거듭되는 산란 탓에 골다공증에 걸린다. 동물 산업이 강요하는 생산 행위는 고통과 불행의 원천이다. 인간 노동자는 노동의 장을 벗어나면 그나마 휴식을 취할 수 있지만 동물에게는 노동의 장을

23 Noske, 1990, p. 20.

벗어날 희망 자체가 없다. '동물의 생애는 모조리 '노동시간'으로, 쉼 없는 생산으로 탈바꿈되었다.'[24]

셋째, 동물은 동료 관계로부터 소외된다. 인간이 사육하는 동물 대다수는 원래 사회성이 고도로 발달하여 동종이나 이종과의 교류가 삶에서 중요한 측면을 이룬다. 그렇지만 동물 산업은 동물을 고독한 격리 환경 또는 과밀한 집약 환경에 놓아 건전한 사회적 교류를 막는다. 격리 환경에 놓인 동물은 종종 꼼짝도 할 수 없는 비좁은 공간에서 공포, 권태, 박탈감에 시달린다. 집약 환경에 놓인 동물은 스트레스를 받아 서로를 공격하고, 온몸이 분뇨로 뒤덮이며, 간혹 동료 밑에 깔려 숨을 거둔다. 공감 실험에 이용되는 동물은 동료에게 고통을 주고 자신이 이익을 얻을까 동료의 이익을 지키고 자신이 고통을 받을까 하는 악마적 딜레마에 시달린다. 인간 아닌 동물은 인간과도 사회 관계를 쌓는데 동물이 개성을 빼앗긴 채 대량으로 사육되는 상황, 한편에서는 인간이 효율 중심의 소외 노동에 종사하는 상황에서는 동물과 인간이 온기 어린 관계를 맺을 수 없다. 하물며 기계류가 점점 인간 노동을 대체하는 오늘날의 산업 시스템에서는 인간과 인간 아닌 동물의 교류 자체가 지극히 한정된다. 산업에 이용되는 동물은 타자와 자유로운 관계를 구축할 수 없고, 강요된 관계는 소원하고 적대적이 될 수밖에 없다.

넷째, 동물은 자연으로부터 소외된다. 기술 투자에 주력한 동물 산업은 동물을 생태계로부터 완전히 떼어 놓았다. 공장식 축사나 과학 연구 시설이 그 전형으로, 오늘날의 동물은 무미건조한 인공 환경

24 Noske, 1990, p. 17.

에 놓여 동료와의 교류뿐 아니라 토양, 초목, 맑은 바람 같은 자연 요소와의 관계마저 끊겨 있다. 금속으로 된 우리나 콘크리트 바닥은 동물의 몸을 해치는 흉기가 된다. 가장 근원적인 자연과의 관계인 음식조차도 동물 산업의 지배 아래서는 왜곡된다. 비육용·비유용 동물은 생리를 거스르는 농후사료를 먹는 탓에 각종 질병에 시달린다. 고기용 송아지는 철분이 제거된 사료를 먹고 빈혈에 걸린다. 제품 시험에 이용되는 동물은 독극물이나 화학물질을 경구 섭취해야 한다. 이런 상황에서는 음식마저 동물을 적대하는 불행한 경험 내지 그 원인이 된다.

신체로부터도 자연으로부터도 가족 관계나 사회관계로부터도 소외된 동물은 스스로의 동물성을 잃은 존재다. 따라서 다섯째, 동물은 그 유적 존재로부터 소외된다. 마르크스는 인간이 소외되어 자유로운 의식적 활동을 잃고 '짐승'이나 마찬가지인 존재로 전락하는 사태를 우려했는데, 이것은 시대적 환경에 사로잡힌 잘못된 견해에 불과하다. 실제로는 인간 아닌 동물도 풍부한 개성과 창조성을 발휘할 수 있는 의식적 존재—삶의 주체—로 태어나며 이것은 이제 관찰을 중시하는 동물학자든 철학자든 하나같이 인정하는 사실이다. 동물산업은 그런 생명을 자본의 논리에 굴복시키고 심신의 모든 자유로운 활동 가능성을 빼앗는다. 옛 철학자의 생각과 달리 동물은 원래부터 기계로 태어나는 것이 아니라 소외로 인해 기계로서의 존재 양식에 매몰되어 버린 것이다.

활동가 캐런 데이비스는 동물 소외를 일으키는 자본의 폭력을 프로크루스테스의 소행에 비유한다.[25] 프로크루스테스는 그리스 신화에 나오는 강도로 나그네를 붙잡아 침대에 눕히고는 침대보다 길면 다리를 자르고 짧으면 몸을 늘이는 고문을 가했다. 그래서 프로크루스테스의 일화는 융통성 없는 태도를 상징하는데, 동물 산업의 행위가 바로 그러한 고문을 연상시킨다는 것이다. 꼬리 절단이나 뿔 제거 같은 외과적 처치를 비롯해 모성 유전자 제거나 날개 없는 닭의 창조에 이르기까지, 동물 산업은 상상이 허락하는 한 모든 지식과 기술을 투입하고 동물을 생산의 거푸집에 끼워 넣어 신체·행동·관계에 끝없이 수정을 가한다. 자본의 논리는 외부의 힘으로 동물을 지배하는 것이 아니라 동물 각자의 **내부**에 새겨지는 것이다. 현대의 인간 아닌 동물은 낯선 적대자인 인간의 의도에 맞게 그 존재 자체가 변형된 생명으로, 인간에 의한 이용이라는 문맥을 벗어나서는 이 세상에 있을 수 없다. 그들의 소외는 이처럼 철저한 아이덴티티 파괴, '인간 아닌 생명의 아이덴티티에 가해지는 제노사이드적 공격'[26]에 기인한다. 따라서 존 산본마쓰는 자본주의 체제하에서 동물이 '신체적으로뿐만 아니라 실존적으로도 고통받는다'[27]라고 주장했다. 축산업과 과학 산업의 현장이 그 극단에 있고 그 밖에 동물원, 수족관 같은 오락 산업, 동물 서비스 산업, 군수 산업, 애완동물 산업 등의 현장에서도 같은 사

25　Karen Davis (2011) "Procrustean Solutions to Animal Identity and Welfare Problems," in John Sanbonmatsu ed., *Critical Theory and Animal Liberation*, Lanham, MD: Rowman & Littlefield, pp. 35–53. 또한 Karen Davis (2014) "Anthropomorphic Visions of Chickens Bred for Human Consumption," in John Sorenson ed., *Critical Animal Studies: Thinking the Unthinkable*, Toronto: Canadian Scholars' Press, pp. 169–185 참조.

26　Davis, 2011, p. 35.

27　Sanbonmatsu, 2017, p. 2.

태가 벌어진다.

동물 산업을 검증할 때는 인간 소외와 동물 소외를 상호 관련된 형태로 포착해야 한다. 전형적이면서도 자세한 기록이 남아 있는 사례로 미국의 식육 산업을 꼽을 수 있다.[28] 축사에서는 일반적으로 미숙련 노동자 몇 명이서 수천에서 수만 마리를 맡아 먹이 급여, 청소, 인공수정, 동물 이동, '폐물' 살처분, 사체 폐기 등의 업무를 수행한다. 축사는 비명과 분뇨와 유혈이 낭자해 노동자는 호흡기 질환이나 감염증, 동물의 공격에 따른 외상에 노출된다. 도살장에서는 컨베이어 작업 라인이 주역이며 각 노동자에게는 동물 몰아넣기, 매달기, 기절 처리, 피 빼기, 가죽 벗기기, 해체 작업 중 하나가 할당된다. 극도의 분업체제 속에서 매 근무당 수천 번의 동작을 반복하는 도살장 노동자는 영원과도 같은 근무 시간에 시달리다가 반복 운동 손상Repetitive Strain Injury, RSI[29]이나 절단 사고의 희생자가 된다. 이런 시설에서 일하는 사람에게 동물은 가족도 동료도 아닌 기업에 속한 상품이며 그들의 몸을 몰아치는 노동의 원흉이다. 생산 용도에 맞춰 균질화된 수천 수만의 동물군, 본성을 부정당한 채 고통 속에서 발버둥치는 동물군 앞에서 그저 기계적으로 업무를 수행할 뿐인 노동자에게 배려심이 싹틀여지는 없다. 모든 자유로운 활동이 가로막힌 폐쇄된 환경 속에서 노

---

28 축산장 및 도살장의 노동 실태를 그린 빼어난 기록으로는 Ted Genoways (2015) *The Chain: Farm, Factory, and the Fate of Our Food*, Harper Paperbacks 참조. 또한 Gail A. Eisnitz (2009) *Slaughterhouse: The Shocking Story of Greed, Neglect, And Inhumane Treatment Inside the U.S. Meat Industry*, New York: Prometheus Books 및 Timothy Pachirat (2013) *Every Twelve Seconds: Industrialized Slaughter and the Politics of Sight*, New Haven: Yale University Press 참조.

29 [옮긴이] 같은 동작을 과도하게 반복하여 신경이나 근육 등에 손상을 입는 질환을 말한다.

동자의 인간성은 완전히 훼손되는데, 착취와 살해 업무로 잔인성이 조장된 결과 현장에서 동물 학대가 일상다반사처럼 일어난다. 폭력은 종종 직장을 넘어 가족이나 지역사회에까지 번져 노동자와 주위 사람을 함께 불행에 빠뜨린다.[30] 이쯤 되면 자본주의의 기획은 인간 소외와 동물 소외를 융합시켜 관계자 모두에게 상승적인 파괴 작용을 일으킨다.

구조적 폭력

자본주의적 생산양식의 폐해는 소외에만 그치지 않는다. 사회학자 데니스 소론은 물신숭배가 은폐하는 생산관계를 자본과 노동의 역학으로만 이해하지 않고 '식민 지배, 환경 파괴, 성에 입각한 억압, 동물의 고통, 상품화된 사회의 현실이 내포하고 부인하는 다른 착취 형태'도 포함하는 것으로 재해석했다.[31] 상품 시스템의 배경을 이루는 이 방대한 희생을 직시하려면 반드시 구조적 폭력structural violence에 주목할 필요가 있다. 노르웨이의 사회학자 요한 갈퉁은 1969년 논문 〈폭력, 평화와 평화 연구〉[32] 속에서 폭력을 분류하면서 이 개념을 제시했다. 구조적 폭력이란 가해자를 명확히 특정할 수 있는 직접적인

---

30 이를테면 Amy J. Fitzgerald, Linda Kalof and Thomas Dietz (2009) "Slaughterhouses and Increased Crime Rates" *Organization & Environment* 22(2): 158-184 참조.

31 Dennis Soron (2011) "Road Kill: Commodity Fetishism and Structural Violence," in Sanbonmatsu ed., *Critical Theory and Animal Liberation*, p. 57.

32 Johan Galtung (1969). "Violence, Peace and Peace Research" *Journal of Peace Research* 6(3): 167-191.

폭력과 달리 사회구조 때문에 빚어지는 힘의 불평등이나 생활 향상 기회의 불평등을 가리킨다. 앞서 살펴보았듯이 아이리스 매리언 영의 억압 개념은 구조를 중시하며, 자본주의 생산에 따른 구조적 폭력을 명확히 드러내는 일은 그의 억압 분석에서 핵심을 이룬다.

노동자의 역경

오늘날의 자본주의는 시장 원리 강화와 규제 철폐를 중시하는 신자유주의(네오리버럴리즘) 사상에 의거한다. 그 결과 중 하나가 관세와 수출입 규제를 없애는 무역 자유화의 움직임이다. 그로 인해 남반구 국가에 사는 생산자는 북반구 국가에서 흘러드는 상품과 경쟁할 수밖에 없게 되었다. 가령 멕시코에서는 북미자유무역협정NAFTA으로 미국에서 값싼 농축산물이 대량 유입되자 가격 경쟁에서 패한 현지 농가가 잇따라 일자리를 잃었다. 아프리카 국가의 농가도 유럽에서 흘러드는 농축산물에 밀려 같은 처지에 빠졌다. 그런 사람들은 절망적인 경제 상황에 처한 모국을 떠나 북반구 국가로 건너가 일자리를 구하는 수밖에 없다. 그들의 노동력을 착취하는 것이 미국, 유럽연합EU, 일본 등지의 여러 기업이며 그중에서도 세계에 값싼 축산물을 수출하는 미국의 식육 산업은 비자가 없는 미등록 이민자('불법 입국자'로 비하되는 사람들)를 저임금 중노동에 이용해 온 것으로 악명이 높다.

도살장에 고용된 미등록 이주 노동자는 앞서 말한 컨베이어 작업 라인에서 단순 노동에 종사한다. 저항하는 동물을 다루고 칼이나 전동 커터를 이용하는 업무가 매우 위험함에도, 기업은 부상이나 질병으로부터 노동자를 보호할 안전 대책을 제대로 마련하지 않고 부상자가 나와도 라인을 멈추지 않는다. 생산성이 하락하는 것을 원치 않는 기업에서 화장실에 가는 것조차 허용하지 않는 경우가 많아 노동자는 작업을 하면서 그 자리에서 배설해야 한다. 안전 대책을 마련하는 수고, 라인을 정지하는 시간, 화장실에 가는 시간은 기업이 보기에 낭비되는 '비용'으로, 줄일 수 있다면 줄이는 게 상책이며 그 부담은 노동자에게 전가하면 된다. 노동자는 보통 이런 대우에 항의하지만, 식육 기업에 근무하는 미등록 이민자는 불법 입국자로 판명 나 강제로 송환될까 두려워 목소리를 낼 수 없다. 이 점을 노려 기업은 대규모 노동 재해가 발생할 때면 피해 노동자를 이민자 단속 기관에 적발되도록 내버려 둔다. 미등록 이민자는 무슨 일을 당해도 저항할 수 없는, 고용하는 입장에서는 언제든 버릴 수 있는 노동력인 한편 값싼 축산물을 만드는 기업에게는 보물 같은 존재다. 인권 단체 휴먼라이츠워치는 이런 상황을 직시하고 식육·가금육 산업에 '조직적인 인권 침해'가 내재되어 있다고 결론 내렸다.[33]

인종차별은 이민자의 처지를 더욱 악화시킨다. 미국에서는 멕시코에서 온 이민자가 백인의 일자리를 빼앗는다는 편견이 뿌리 깊어 도살장에서 일하는 노동자가 직장 밖에서도 증오 범죄의 표적이 된다. 따지고 보면 도살장에서 이주 노동자가 다수를 차지하게 된 원인은 따로 있다. 대형 돼지고기 회사 호멜Hormel을 비롯한 식육 기업이 1980년대 이후 노조 때리기를 통해 임금을 인하하자 노동 조건의 악화를 견디지 못한 백인들이 회사를 나갔고, 그 자리가 이민자로 채워

---

33 Lance Compa (2004) *Blood, Sweat and Fear: Workers' Rights in U.S. Meat and Poultry Plants*, New. York: Human Rights Watch. p. 2.

진 것이다.[34] 사실 인력이 자주 교체되는 도살장에서는 항시 직원을 모집하므로 백인이 이민자에게 일자리를 빼앗길 일은 없다. 그럼에 도 괜한 편견에 우익 정치가의 선동까지 더해져, 미국에서 골치를 썩이는 실업 등의 경제 문제는 이민자의 책임으로 돌아가곤 한다. 여기서도 억압 이론에서 확인한 사상 조작의 영향을 확인할 수 있다. 인종차별은 유력자들이 만들고 퍼뜨린 이데올로기다. 해악을 낳은 진짜 원흉은 자본가의 이익 추구임에도 이민자를 사회적 해악의 희생양으로 몰아 세간의 비판으로부터 자본가를 보호한다. 모국의 일터에서 쫓겨나 착취 노동에 시달림과 동시에 인종차별에 놓이는 도살장의 이주 노동자는 구조적 폭력의 희생자로, 식육 산업은 그들의 역경과 깊은 관련이 있다.

동물 산업 분석은 지금까지 주로 북미권 연구자가 진행해 왔기에 도살장이나 식육 공장의 실태도 그들의 분석이 가장 많다. 다른 지역의 사례는 앞으로 이루어질 연구를 기다려야 한다. 하지만 유럽 국가의 노동자도 열악한 조건 속에서 일한다는 증거가 다수 있다. 일례로 독일 식육 공장에서는 동유럽 출신의 가난한 이주 노동자를 고용하여 하루에 12~16시간씩 쉴 새 없이 일을 시켰다고 한다(법정 근로시간은 최대 10시간이다). 독일 노동총동맹Deutscher Gewerkschaftsbund, DGB 위원은 '노동 시간을 위반하는 경우, 직장 내 건강 및 안전 조치가 불충분한 경우, 직원 숙소가 열악한 경우는 식육 업계에 드물지 않습니다'라고 이야기한다.[35] 여기에 비위생적인 공기를 순환시키는 환기 시스

34 일련의 경위는 Genoways, 2015 참조.

35 Volker Witting (2020) "Germany's meat industry under fire after COVID-19 outbreaks," *DW (Deutsche Welle)*, https://www.dw.com/en/germanys-meat-industry-under-fire-after-covid-19-outbreaks/a-53502751(2020년 7월 31일 접속).

템까지 더해져 2020년, 독일 서부에 위치한 퇴니스사의 식육 공장에서 1500명이 넘는 직원이 코로나19에 집단 감염되었다.[36]

한편 일본의 식육 공장에서는 외국인 기능 실습생의 역할이 늘어났다. 기능 실습 제도는 현대판 노예제라고도 불리는데, 실습생은 봉제, 건설, 식품 가공 등의 분야에서 일하면서 임금 체불과 성폭력, 학대, 협박, 인종차별, 강제 귀국 등에 희생된다. 2019년에는 홋카이도의 수산 회사 기시라해산흥업岸良海産興業이 실습생을 대상으로 임금 체불, 급여명세서 위조, 항의 실습생 해고 등의 만행을 저지른 사실이 발각되었다.[37] 후생노동성의 조사에 따르면 이런 법령 위반은 실습생을 고용하는 기업의 70퍼센트 이상에서 볼 수 있다.[38] 바다를 건너기 위해 거액의 빚을 진 실습생은 부당 대우를 받아도 일을 관둘 수 없는데 번 돈은 채무 변제금 외에도 강제로 징수되는 연금 보험료나 기능 평가 시험료로 사라져 버린다. 이것은 송출국, 수용국(일본), 기업이 하나로 묶인 착취 시스템으로 비단 동물 산업이나 식육 산업만의 문제는 아니다. 그래도 기능 실습생의 직종별 수용 인원을 순위별로 살펴보면 식품 제조 관련이 기계·금속 관련과 건설 관련에 이어 3위를 차지하고 있고 식품 제조의 하위 업종은 빵이나 반찬 제조를 제외하

36 Michael Hogan (2020) "German abattoir in coronavirus outbreak stops sub-contracting workers," *Reuters*, https://jp.reuters.com/article/health-coronavirus-germany-meat/german-abattoir-in-coronavirus-outbreak-stops-subcontracting-workers-idUSL8N2EH3WB(2020년 7월 31일 접속).

37 산케이 신문 (2019) "실습생에게 임금을 미지급한 홋카이도의 수산 업체 제재, 노동 기준 감독서," https://www.sankei.com/affairs/news/190218/afr1902180036-n1.html(2020년 8월 1일 접속). [2024년 3월 현재 접속 불가]

38 모치즈키 히로키 (2019) "법령 위반 70퍼센트 이상, 블랙기업 양산하는 기능실습제도의 구조," https://gendai.ismedia.jp/articles/-/65550(2020년 7월 31일 접속).

면 전부 식육·식조·수산 가공이다.[39] 그 밖에 축산업이나 어업에서도 고용이 일어나는 현실을 감안하면 동물 산업이야말로 현대판 노예제의 큰 수혜자라고 말할 수밖에 없다. 기능 실습 제도와 동물 산업의 관련성은 앞으로도 깊이 추궁할 필요가 있다.

구조적 폭력에 가담한다는 점에서는 수산업도 무시할 수 없다. 수산 가공장의 노동 조건은 식육 공장과 같거나 그보다 열악한데, 외국인을 고용하는 북반구 국가의 공장에서는 불법 조업이 일반화되어 있는 한편, 북반구 국가의 소매점에 수산물을 공급하는 아시아권의 가공장에서는 인신매매, 강제 노동, 아동 노동이 활개를 친다.[40] 예를 들어 태국의 수산 가공 중심지 사뭇사콘 주를 조사한 연구에서 노동자의 30퍼센트 이상이 인신매매의 희생자고, 60퍼센트가량이 강제 노동 종사자임이 밝혀졌다.[41] 국제노동기구ILO는 태국의 수산 가공업에 이용된 아동의 40퍼센트 이상이 학교에 다니지 않는다는 사실을 규명했다.[42] 한편 환경정의재단Environment Justice Foundation, EJF은 방글라데시의 새우 산업이 저임금 내지 무임금의 위험한 노동을 어린아이나 여성

---

39 후생노동성 (2018) "외국인 기능 실습 제도의 실태 및 과제" https://www.meti.go.jp/policy/mono_info_service/mono/fiber/ginoujisshukyougikai/180323/3_mhlw-genjyoukadai.pdf (2020년 7월 31일 접속).

40 이를테면 Erik Loomis (2015) *Out of Sight: The Long and Disturbing Story of Corporations Outsourcing Catastrophe*, New York: New Press, pp. 124–125 참조.

41 Labour Rights Promotion Network and John Hopkins Bloomberg School of Public Health (2011) *Estimating Labour Trafficking: A Study of Burmese Migrant Workers in Samut Sakhon, Thailand*, Bangkok: United Nations Inter-Agency Project on Human Trafficking.

42 The Asia Foundation and International Labour Organization (2015) *Migrant and Child Labor in Thailand's Shrimp and Other Seafood Supply Chains: Labor. Conditions and the Decision to Study or Work*, Bangkok: The Asia Foundation and International Labor Organization, p. 101.

에게 부과하고 있음을 밝혔다.[43]

어선에서의 노동은 더 비참하다. 대규모 포획으로 어패류가 줄어들어 어선이 먼바다에 나가는 경향이 강해지자 어업자는 가난한 이주 노동자를 착취해 조업 비용을 낮추게 되었다. 동남아시아 출신 청소년이나 청년이 알선 업자에게 속거나 납치되어 태국 어선에서 강제 노동에 종사하는 사례가 지금까지 간간이 보고되어 왔다. 노동 시간은 하루 평균 19시간에 육박하고[44] 20시간 이상 조업한 사례도 여러 건 확인되었다.[45] 노동자는 물이나 식사도 제대로 제공받지 못했다. 환경 단체 그린피스는 다랑어 어선 승조원을 대상으로 실시한 청취 조사에서 다섯 명의 식수로 양동이 하나 분량의 물만 주어졌다는 사례나 식사로 물고기 밥에 소금물이나 빗물을 섞어 주었다는 등의 사례를 입수했다.[46] 게다가 수면 부족이나 영양 불량으로 한 사람이 아프게 되면 그 대신 다른 사람이 더 일해야 한다. 선장의 학대나

43 Environmental Justice Foundation (2014) *Impossibly Cheap: Abuse and Injustice in Bangladesh's Shrimp Industry*, London: Environmental Justice Foundation and Humanity United.

44 Cathy Zimmerman, Ligia Kiss, Nicola Pocock, Varaporn Naisanguansri, Sous Soksreymom, Nisakorn Pongrungsee, Kittiphan Sirisup, Jobst Koehler, Doan Thuy Dung, Van Anh Nguyen, Brett Dickson, Poonam Dhavan, Sujit Rathod and Rosilyne Borland (2014) *Health and Human Trafficking in the Greater Mekong Subregion. Findings from a Survey of Men, Women and Children in Cambodia, Thailand and Viet Nam*, Geneva: International Organization for Migration and London: London School of Hygiene and Tropical Medicine.

45 Greenpeace (2015) *Supply Chained: Human Rights Abuses in the Global Tuna Industry*, http://www.greenpeace.org/usa/wp-content/uploads/2015/11/Supply-chained.pdf?a1481f.(2020년 8월 2일 접속).

46 John Hocevar (2015) "These Are the Videos the Tuna Industry Doesn't Want You to See," *Greenpeace*, https://www.greenpeace.org/usa/these-are-the-videos-the-tuna-industry-doesnt-want-you-to-see/ (2020년 8월 2일 접속).

동물 윤리의 최전선

임금 체불은 당연한 일로, 간혹 노동자의 생산성을 높이기 위해 각성제를 먹이기도 한다.[47] 이런 노예 노동에 의지하는 기업 중 하나가 태국의 대형 참치 캔 생산 업체인 타이 유니온 그룹Thai Union Group인데, 식품회사 네슬레와 마즈MARS는 이 회사가 공급하는 수산물로 애완동물 사료를 제조해 왔다.[48] 그러다가 소비자의 항의를 받고서야 네슬레는 어선 내 인권 배려에 착수했으나, 그 내용은 '청결한 식량과 식수 제공'이라든지 '위생적인 화장실 확보'[49] 같은 최소한의 사항뿐이었으며, 규제 준수를 감독하기 위한 장치도 분명하지 않았다.

환경정의재단EJF은 세계 11개국의 어업자를 대상으로 한 포괄적인 조사를 통해 이 같은 인권 침해가 업계에서 관례로 굳었음을 확인했다.[50] 대만 어선에서는 인신매매의 먹잇감이 된 노동자가 채무에 얽매이고 학대에 시달리며 샥스핀을 위한 불법 상어 사냥이나 바다거북·고래류를 살해하는 일에 종사한다. 아랍에미리트의 어선에서는 인도에서 온 이주민이 투입되는데, 고용주는 탈주 방지를 위해 그들

47 Greenpeace, 2015.

48 Ibid. [옮긴이] "타이 유니온은 세계 최대의 참치 캔 제조사이자 수산물 공급 업체이기도 합니다. 네슬레와 마즈는 완제품이 아닌 원재료를 공급받은 것입니다. 네슬레는 '퓨리나', 마즈는 '펫케어'라는 자사의 애완동물 사료 브랜드를 전개하고 있습니다." '여러분의 사랑스런 고양이가 먹는 사료 안엔 뭐가 들어 있을까요?', https://www.greenpeace.org/korea/update/6311/blog-health-what-is-in-our-pet-cat-food/[2024년 3월 접속 확인].

49 주식회사 뉴럴, 서스테이너빌리티 연구소 (2017) "[태국] 타이 유니온과 네슬레, 노동자 인권을 배려한 어선 발표. 목표는 표준 모델", Sustainable Japan, https://sustainablejapan.jp/2017/12/25/thai-union-nestle/29828(2020년 8월 2일 접속).

50 Environmental Justice Foundation (2019) *Blood and Water: Human Rights Abuse in the Global Seafood Industry*, London: Environmental Justice Foundation.

의 신분증을 몰수하고 임금 대신 포획된 어패류의 일부—'가족은커녕 노동자 본인의 배도 채울 수 없는'[51] 양—를 지급한다. 그 경우는 사실상 노예 노동이라고 할 수밖에 없다. 서구권의 어업도 마찬가지로, 영국과 아일랜드에서는 인신매매와 강제 노동, 신체적·정신적 학대가 확인되었다. 아일랜드의 인권 조직이 이집트인과 필리핀인 선원을 대상으로 벌인 조사에 따르면, 65퍼센트의 노동자에게 주 100시간의 노동이 부과되었는데 평균 시급은 3유로도 되지 않았다. 하와이에서는 다랑어나 청새치를 잡는 주낙 어선[52]에서 일하는 키리바시, 필리핀, 인도네시아 등의 출신자가 알선 업자와의 채무 관계에 묶여 시급 1달러 미만의 강제 노동에 내몰린다. 일본 어선의 경우는 상황을 알려 주는 자료가 부족한데, 키리바시나 인도네시아 출신의 이주 노동자가 많고 혹사·학대·저임금·해고 등의 방식으로 일본인과는 차별 대우를 받는다고 한다.[53] '일본인은 미국인을 우러러보는 반면 외국인 kain t inaniku은 얕잡아 본다'고 키리바시 출신 노동자는 솔직한 심정을 이야기했다.[54]

　동물 산업에 편입된 노동자는 본인이 학대를 당하면서 다른 동물을 학대하는 직무에 배치된다. 보수적인 정의 단체는 법 규제나 감시

51　Environmental Justice Foundation, 2019, p. 12.

52　[옮긴이] 낚싯줄에 여러 개의 낚싯바늘을 달아 물살에 따라 감았다 풀었다 하면서 어류를 잡는 어선.

53　가자마 가즈히로 (2012) 〈일본 원양 어업의 힘든 현실과 키시바시 출신 선원: 글로벌화로 인한 경제적 상호 의존과 문화적 폐쇄성〉, 《글로벌화와 자본의 태평양》, 시오타 미쓰키 편집, 아시아경제연구소, 111-139쪽

54　가자마, 2012, 124쪽.

강화로 노동자의 처우를 개선할 수 있다고 주장하지만, 문제의 뿌리는 세계적인 불평등으로 인해 좋든 싫든 가난한 사람이 부유한 자를 위해 봉사해야만 하는 구조에 있다. 글로벌 자본주의가 심화시킨 구조적 폭력은 직접적인 폭력에 취약한 노동자를 늘리고 그들의 값싼 노동력을 이용해 동물 산업을 전대미문의 대규모 동물 억압으로 이끌었다.

환경 파괴

동물 산업의 생산 과정은 직접 착취당하는 동물과 노동자뿐만 아니라 생산 시설의 주변 지역, 나아가 세계 전체에 악영향을 끼친다. 동물 착취 행위는 오래전부터 존재했으나, 자본주의는 그것을 산업으로 바꾸고 대규모화하여 인간과 기타 동물에게 엄청난 대가를 치르게 했다. 게다가 동물 산업은 자본주의의 파괴 작용을 몇 갑절로 부풀린다. 동물 착취와 자본주의는 종을 초월해 억압의 쌍두마차를 이룬다.

축산업이 주변 환경을 망가뜨린다는 사실은 잘 알려져 있다. 집약형 시설에서는 거대 도시 하나와 맞먹는 동물 배설물이 발생하는데, 이것은 제대로 처리되지 않은 채 거대한 분뇨 구덩이에 모이거나 주변 땅에 뿌려진다. 그것이 유출되어 근처 토양과 수역을 오염시킨다. 하천에 흘러든 배설물은 조류藻類를 집중 번식시키고, 조류가 죽을 때 산소가 소비되면서 수역은 산소 결핍 상태가 된다. 이것이 부영양화 과정인데, 이 과정은 물에 의지해 살아가는 모든 생명을 위협한다. 축사에서 나온 배설물이나 사료 재배지에서 나온 화학비료 때문에 부영양화가 일어난 하천과 해역, 이른바 산소 결핍 수역dead zone은 1970

넌대에 확인된 후로 남북 아메리카, 오스트레일리아, 중국, 일본에도 나타났고 범위가 넓은 것은 무려 수만 제곱킬로미터를 뒤덮는다.[55] 어 패류는 모조리 죽고 새들은 굶주리고 사람들은 수원水源을 잃는다. 또 축사의 배설물은 대기 중에 암모니아 등의 독극물과 악취를 내뿜어 주변 주민의 신체적·정신적 건강을 해친다(다른 동물도 같은 피해를 입고 있음은 의심의 여지가 없다). 미국 양돈장 주변 지역을 조사한 연구에서는 주민이 두통이나 호흡기 질환, 우울, 피로, 착란 등에 시달리는 것으로 보고되었다.[56]

이런 문제는 집약 시설을 적절한 방목 형태로 바꾸면 어느 정도 해소할 수 있다고 한다. 그렇지만 다른 문제는 해소할 수 없다. 제1장에서 살펴보았듯이 오늘날 세계에서는 매년 800억 마리나 되는 가축 모독된domesecration 동물이 죽임을 당하는데, 그만한 수의 동물을 키우려면 방대한 토지와 자원이 필요하다. 현재 세계 농지의 80퍼센트 이상이 축산업과 양식업에 사용되고 있으며,[57] 아마존에서 이루어지는 삼림 벌채의 90퍼센트 이상이 방목장을 개발하기 위한 것이다.[58] 다국적 곡물 기업은 환경 규제가 느슨한 남반부 국가에서 부패한 현지 정부와 결탁해 농민의 토지를 빼앗고 그곳을 사료 작물 재배

55 Lisa Kemmerer (2015) *Eating Earth. Environmental Ethics and Dietary Choice*, New York: Oxford University Press, pp. 21–22.

56 Susan S. Schiffman and C. M. Williams (2005) "Science of Odor as a Potential Health Issue," *Journal of Environmental Quality* 34(1): 129–138.

57 J. Poore and T. Nemecek (2019) "Reducing food's environmental impacts through producers and consumers," *Science* 360(6392): p. 990.

58 Sergio Margulis (2004) "Causes of Deforestation of the Brazilian Amazon," *World Bank Working Paper* 22, Washington, DC: World Bank, p. 9.

지로 바꾼다. 일본의 행정 기관 국제협력기구Japan International Cooperation Agency, JICA는 수천 종의 동물과 수많은 선주민이 사는 브라질의 사바나(세라도)를 '불모의 땅'이라 칭하고 다국적 기업을 통해 대두 등의 플랜테이션으로 바꿨으며, 그 '성공'을 모델 삼아 현재 모잠비크에서도 같은 개발을 추진 중이다.[59] 이러한 작물들은 대부분 동물 사료가 되는데, 국제협력기구JICA가 축산물로 인한 환경 파괴의 첨병을 맡고 있다고 해도 좋으리라. 기업이나 정부 기관에 의해 토지에서 쫓겨난 선주민과 농민은 생활수단을 빼앗겨 빈곤에 빠진다. 그들은 살기 위해 삼림에서 파괴적인 화전 농사를 짓는가 하면 도시나 부유국으로 이주해 자본가에게 노동력을 팔게 된다. 즉, 축산물에 따르는 토지 수탈 자체가 자본주의의 존속과 확대에 필수 불가결한 본원적 축적 과정을 이룬다. 나아가 토지 수탈은 기아도 퍼뜨렸다. 굶주림에 시달리는 아이의 80퍼센트가 풍부한 작물이 자라는 지역에서 사는데, 그 작물은 토지를 빼앗은 기업을 거쳐 북반구 국가에 사는 사람이 소비하는 동물의 사료가 된다.[60] 사료 재배지 주변 거주민에게 선사되는 것이라곤 독뿐이다. 사료 대부분은 유전자 조작 작물인데, 그것을 재배하는 데 몬산토사가 개발한 라운드업Roundup 등 맹독성 농약이 대량 사용되기에 주변 거주민 대다수가 호흡기 질환이나 신경 질환, 선천

---

59   데이비드 A. 니버트 지음, 이노우에 타이치 옮김 (2016) 《동물·인간·잔혹사: '가축 모독'의 대죄, 세계 분쟁과 자본주의》, 신효론, '역자 후기' 참조.

60   Richard Oppenlander (2013) "Animal Agriculture, Hunger, and How to Feed a Growing Global Population: Part One of Two," *Forks Over Knives*, https://www.forksoverknives.com/wellness/animal-agriculture-hunger-and-how-to-feed-a-growing-global-population-part-one-of-two/(2020년 8월 4일 접속).

성 장애에 시달린다.[61] 물론 다른 한편에서는 이런 모든 과정이 자연계에 사는 무수한 인간 아닌 생명을 괴롭혀 씨를 말리고 있다.

축산업이 촉진하는 토지 수탈 문제는 여전히 감춰져 있는 반면 기후 변동 문제는 최근 들어 가까스로 주목받기 시작했다. 광대한 토지를 이용한 사료 작물의 단일 재배는 기계류와 화학비료 없이는 불가능한데 기계류를 움직이는 화석연료와 제조·살포되는 비료는 온실가스Greenhouse Gas, GHG의 큰 원인이 된다. 화학비료는 분해될 때 아산화질소를 방출하는데 그로 인한 온실 효과는 이산화탄소의 296배에 달한다. 만약 축산업이 존재하지 않아 사료 작물 대신 인간이 직접 먹을 수 있는 작물만 재배한다면 농지 면적은 훨씬 줄어들 테고 온실가스 배출량도 대폭 낮아질 것이다. 또한 세계에서 현재 약 15억 마리의 소가 사육되고 있는데,[62] 그들이 되새김질할 때 생성되는 메탄은 이산화탄소보다 20~30배 높은 온실 효과를 일으킨다. 동물의 소화 활동으로 인한 메탄 배출량은 연간 8600만 톤에 이른다.[63] 더구나 집약 시설에서 발생하는 엄청난 양의 배설물도 토지에 다 흡수되지 못

61 이를테면 Silvia L. López, Delia Aiassa, Stella Benítez-Leite, Rafael Lajmanovich, Fernando Mañas, Gisela Poletta, Norma Sánchez, María Fernanda Simoniello, and Andrés E. Carrasco (2012) "Pesticides Used in South American GMO-Based Agriculture: A Review of Their Effects on Humans and Animal Models," in James C. Fishbein and Jacqueline M. Heilman eds., *Advances in Molecular Toxicology* Vol. 6, Amsterdam: The Netherlands: Elsevier, pp. 41–75 참조.

62 Food and Agriculture Organization of the United Nations (2019) *World Food and Agriculture: Statistical Pocketbook*, Rome: Food and Agriculture Organization of the United Nations, p. 30.

63 Steinfeld Henning, Gerber Pierre, Wassenaar Tom, Castel Vincent, Rosales Mauricio, De Haan Cees (2006) *Livestock's Long Shadow: Environmental Issues and Options*, Rome: Food and Agriculture Organization of the United Nations, p. 97.

해 메탄의 배출원이 된다. 이 모든 것에 더해 방목장 및 사료 재배지를 개발하기 위한 삼림 벌채, 사료 제조 및 운송, 동물 이송, 동물 해체와 가공, 축산물 운반과 국제 거래 등도 온실 효과에 기여한다. 종합하자면 축산업과 관련된 온실가스 배출량은 '이산화탄소로 환산했을 때 **적어도** 연간 325억 6400만 톤에 달하며 세계의 연간 온실가스 배출량의 51퍼센트를 차지한다'.[64] 기후 변동은 대형 사이클론을 일으키고 해수면을 상승시켜 태국, 인도, 방글라데시에서는 이미 그 피해를 입은 환경 난민이 다수 발생했다. 기후 변동은 생태계에도 영향을 미치는데 곤충의 부화 및 우화羽化 시기가 변해 먹이사슬이 파괴되고 바다에 온실가스가 흡수되어 해양이 산성화된다.

축산업이 끼치는 악영향은 이루 헤아릴 수 없지만 동물 산업의 다른 부문도 환경 파괴와 관련이 있다. 동물성 의복의 생산도 공장식 사육장에 동물을 집약시키는 방식이라 사료 낭비나 배설물에 의한 오염 문제를 피할 수 없다. 체모를 얻기 위해 키우는 양의 숫자는 12억 마리를 넘어[65] 되새김질에 의한 메탄의 배출량도 어마어마하다. 모피 산업은 옷 하나를 만들기 위해 동물 여러 마리를 희생하므로 더더욱 환경 부하가 큰데, 같은 양을 생산하더라도 밍크 모피는 양 모피에 비해 온실효과가 5배나 더 높다.[66] 또 모피와 피혁 가공에는 방부용

---

64 Robert Goodland and Jeff Anhang (2009) "Livestock and Climate Change. What if the key actors in climate change were pigs, chickens and cows?" *World Watch Magazine* November/December, Washington, DC: Worldwatch Institute, p. 11.

65 Food and Agriculture Organization of the United Nations, 2019, p. 30.

66 Marijn Bijleveld, Marisa Korteland, Maartje Sevenster (2011) *The Environmental Impact of Mink Fur Production*, Delft: CE Delft, p. 7.

화학물질이나 염료가 쓰여 폐수로 인한 오염이 발생한다. 의복 생산의 중심지인 방글라데시 가죽 공장은 맨손 맨발의 노동자 여럿을 유해 화학물질에 노출시킨다. 게다가 폐수를 하천이나 호수로 흘려보내 수계나 어패류를 생활의 양식으로 삼고 살아가는 이들에게 눈병, 피부병, 호흡기 질환을 일으킨다.[67] 이런 식으로 만들어진 피혁 제품을 당연히 생산지에 사는 사람이 아닌 북반구 국가 거주민이 소비한다.

양식업도 낭비와 폐기 문제, 지역사회 파괴 문제를 낳는다. 업체는 주로 육식성 어패류를 키우는데 그 먹잇감으로 소형 어패류를 대량 공급해 해양 생태계에 심각한 타격을 입힌다. 남극해에서는 양식어의 먹잇감으로 약 1그램짜리 크릴이 매년 20만에서 30만 톤 정도 잡히는데, 이는 크릴에게도 위협이고 크릴을 먹고 사는 어패류·조류·해양 포유류에게도 위협이다. 고등어나 정어리 등의 소형어도 먹잇감으로 대량 포획되어 지중해에서는 고래류나 야생 참다랑어가 굶어 죽는다.[68] 긴키近畿 대학교에서 성공한 참다랑어 완전 양식은 참다랑어의 멸종 위기를 해소할 길을 열었으나 양식장의 다랑어를 키우겠다고 바다 물고기를 잡아들여 야생 다랑어를 곤경에 빠뜨리는 일은 심각한 본말전도일 것이다. 그리고 해상 양식의 경우 감염증을 막는 데 쓰인 살충제와 항생물질, 살아남은 기생충과 병원체, 사료 찌꺼

67 VICE Asia (2019) "Toxic Tanneries Poisoning Workers in Bangladesh," *VICE Asia*, https://www.youtube.com/watch?v=cHAaS_jaqu4(2020년 8월 5일 접속).

68 Ulf N. Wijkström (2012) "Is Feeding Fish with Fish a Viable Practice?" in R. P. Subasinghe, J. R. Arthur, D. M. Bartley, S. S. De Silva, M. Halwart, N. Hishamunda, C. V. Mohan, and P. Sorgeloos eds., *Proceedings of the Global Conference on Aquaculture 2010: Farming the Waters for People and Food*, Rome: Food and Agriculture Organization of the United Nations and Network of Aquaculture Centres in Asia-Pacific, pp. 33–55.

기와 배설물이 주위에 흩어져 해양생물의 떼죽음 및 부영양화를 초래한 끝에 주변 일대를 죽음의 바다로 바꿔 놓는다. 그 밖에 일본이 오랫동안 관여해 온 동남아시아의 새우 양식도 문제다. 맹그로브 숲을 파괴해 만든 양식 연못은 10년도 못 가 오염되고 그러면 다른 맹그로브 숲을 찾아 다시 연못을 조성해야 한다. 버려진 토지는 황폐해질 대로 황폐해져 인간이 이용할 수 없게 된다. 맹그로브 숲의 파괴는 열대우림의 파괴보다 빠른 속도로 진행되어 생태계와 현지민의 생활을 위협한다.

마지막으로 거의 알려지지 않았지만 동물실험의 환경 부하 문제를 언급하고자 한다. 실험 시설이나 실험용 동물 번식 시설은 동물을 대량 수용하고 폐기하는 데다가 시설의 위생을 관리하기 위해 소독약이나 살균제 같은 여러 화학약품을 쓴다. 실험에는 화학물질 외에 병원체나 방사성 물질도 쓰이는데, 그 일부는 동물의 배설물이나 사체에 섞여 든다. '몇 백만 마리에 이르는 동물의 사체(대부분 독성 내지 유해성 화학물질로 오염된 것), 동물 배설물, 바닥재, 사료 찌꺼기, 케이지, 주삿바늘, 주사기, 경구 투여 튜브 등 방대한 실험 관련 폐기물이 매년 연구 혹은 실험에서 사용된 후 처분된다.'[69] 그 일부는 처리 업체의 손을 거쳐 매립되고 사체 등은 소각되는데 어떤 물질은 실험 및 폐기 과정에서 유출되어 지하수·토양·대기를 오염시킨다. 특히 소각로는 중금속이나 유독가스의 발생원으로 악명이 높다. 동물 사체가 소각되는 가마를 조사한 연구에서는 배기가스 속의 중금속이나 발암성

---

69 Katherine Groff, Eric Bachli, Molly Lansdowne, and Theodora Capaldo (2014) "Review of Evidence of Environmental Impacts of Animal Research and Testing," *Environments* 1(1), p. 18.

물질이 일반 의료 폐기물을 소각하는 가마에 비해 높은 농도를 띠는 것이 확인되었다.[70] 또 소각로의 용도를 불문하고 그 주변에서 사는 주민이 기관지염에 시달리거나 단명으로 고통받는다는 것도 입증되어 왔다. 그리고 동물실험에서는 에어컨 관리나 조명 관리, 기자재 사용과 냉각, 외부로부터의 감염 방지 등으로 많은 에너지가 사용되는데 그 소비량은 일반 사무실의 10배에 달한다.[71] 소각로 사용에 에너지 과다 사용이 더해져 동물실험 산업은 온실가스 배출이라는 점에서도 간과하기 힘든 존재가 되었다. 그 밖에도 실험에 쓰이는 야생동물을 포획하는 행위는 동물권을 침해하는 일임과 동시에 생태계를 파괴하는 일이기도 하다. 영장류 포획에 관해서는 제1장에서 다뤘는데 생물 의학 부문에서는 투구게 포획이 끊이지 않는다. 투구게의 혈액은 세균 오염을 검출하는 시약으로 쓰인다. 그 때문에 미국에서는 매년 50만 마리의 투구게가 제약사에 사로잡혀[72] 피를 뽑힌 후 바다에 버려진다. 쇠약해진 투구게의 최소 15에서 30퍼센트는 빨리 죽는다.[73] 투구게의 숫자는 감소했고 그 알을 먹고 사는 물고기나 철새도 위기에 처

70   Groff et al., 2014, p. 19.

71   Steven Cubitt and Gordon Sharp (2011) "Maintaining quality and reducing energy in research animal facilities," *Animal Technology and Welfare* August 2011, p. 92. 또한 Scott Reynolds and Eric Joesten, "Green Methods of Improving Lab Animal Room Ventilation," *CFD Review*, http://www.cfdreview. com/application/09/07/02/2047201(2020년 8월 6일 접속). [2024년 3월 현재 접속 불가.]

72   Carrie Arnold (2020) "Horseshoe crab blood is key to making a COVID-19 vaccine-but the ecosystem may suffer." *National Geographic*, https://www.nationalgeographic.com/animals/article/ covid-vaccine-needs-horseshoe-crab-blood(2020년 8월 6일 접속).

73   Caren Chesler (2016) "Medical Labs May Be Killing Horseshoe Crabs," *Scientific American*, https:// www.scientificamerican.com/article/medical-labs-may-be-killing-horseshoe-crabs/(2020년 8월 6일 접속).

했다. 코로나19 감염이 확대됨에 따라 백신 개발 경쟁이 벌어지자 투구게를 중심으로 해양 생태계의 구성원은 새로운 위협에 봉착했다.[74]

동물 산업 복합체

자본의 논리에 따라 이뤄지는 동물 착취는 첫째, 지배당하는 동물을 직접적인 폭력과 소외에 시달리게 하고 둘째, 인간 노동자를 소외에 빠뜨리며 셋째, 구조적 폭력을 낳아 세계의 힘없는 사람과 자연계의 생명을 소멸로 몰아넣는다. 이런 끝없는 억압 시스템이 단일 권력자, 단일 악덕 기업의 소산일 리 없다. 생명의 고통을 특권 집단의 이익으로 돌리는 산·관·학 네트워크 때문인 게 당연하다. 바버라 노스케는 이 네트워크에 동물 산업 복합체animal industrial complex라 이름 붙이고 동물 이용의 주체가 소규모 생산자에서 거대 독점자본으로 바뀐 데서 그 기원을 찾았다.[75]

식육 산업에서는 통합의 움직임이 결정적인 역할을 했다. 생산·가공·유통·판매 등 공급 사슬의 각 공정은 일반적으로 서로 독립된 업체가 담당하는데, 통합에서는 이 모든 단계를 한 회사의 관할 아래에 두는 작업과 같은 공정의 다른 회사를 포섭하는 작업이 동시에 이루어진다. 전자를 수직 통합, 후자를 수평 통합이라고 한다. 식육 기업은 이런 방법으로 농가나 노동자에 대한 지배력을 강화함과 동시에

74 Arnold, 2020.

75 Noske, 1990. 특히 Ch. 3 참조.

성장과 확대를 거듭해 왔다. 거대 자본은 소규모 농가를 시장에서 축출하는 한편, 산하에 들어온 계약 농가에는 빚을 내서라도 대형 설비를 갖추게 하고 동물 품종에서부터 사료, 사육 방법 등에 이르기까지 세세히 지시한다. 이제 동물을 소유하는 것은 농가가 아닌 식육 기업이다. 전후 서구 각국에 퍼진 이 동향을 배경으로 농가가 줄고 농장이 거대화되었으며 공장식 축산은 융성을 맞았다. 그와 동시에 식육 산업은 잉여 작물의 수용처가 되어 곡물 메이저 기업과의 제휴도 강화됐다. 과잉 생산된 작물은 동물에게 먹이로 주고 식육의 형태로 팔면 더 큰 수익을 낳을 수 있다. 작물도 식육도 사람들의 수요를 웃돌 때는 애완동물 사료 생산 쪽으로 사업을 전개하면 된다. 노스케는 여기서 식품 산업의 지속적 성장 구조를 발견했다. '고기라는 매개를 통해 농업은 무제한 확장될 수 있다.'[76] 나아가 식육 기업은 과학 업계와도 깊이 유착되어 대학이나 연구자에게 장소, 자금, 발표 기회를 제공하는 대신 식육 생산의 향상에 기여하는 연구를 촉구했다. 항생물질 사용을 비롯해 공장식 축산, 사료 작물 및 동물 유전자 조작, 생산 시설 기계화 등은 이런 공동 연구의 성과다. 다국적 기업의 세계 진출이 일반화되자 남반구 국가의 정치가는 애그리비즈니스를 끌어들여 공장식 축사를 설치하고 수출용 사료 작물의 재배를 촉구하는 등 자국민의 복지를 희생해 이권을 확립했다. 이로써 형성된 것이 식육 산업을 중심으로 한 다부문·다업종 국제 네트워크다.

한편 과학 산업에서는 동물실험이 여러 부문을 연결했는데, 그응용 영역은 제약, 의학 분야에서 심리학 연구, 군수 산업 지원, 일용

---

76 Noske, 1990, p. 24.

품 개발 등등으로 확장되어 갔다. 수혜자 목록에는 대학이나 기업, 군대 외에도 실험 기기 제조사나 실험용 동물 번식 업체, 야생동물 공급 업체가 이름을 올렸다. 애그리비즈니스가 형성되자 농업 부문에서의 동물실험도 활발해져 거기에 식육 산업 네트워크와 과학 산업 네트워크를 잇는 중계점이 마련되었다. 중요한 것은 동물실험도 공익을 위해서가 아니라 사적 이익이나 실적을 위해 이루어진다는 점이다. 기업과 대학은 사람들이 전혀 필요로 하지 않는 기술과 상품을 개발하느라—혹은 구체적인 목적도 없는 기초 연구를 위해—온갖 시시한 실험을 반복하고, 때로는 동물실험을 근거로 잘못된 추론을 내놓아 사회에 막대한 손해를 끼쳐 왔다. 종종 일어나는 약물 피해 사건이나 농약 오염 사례가 그 대표적인 예다. 제약사는 부유층을 위한 의약품 개발에만 열중하고 빈곤층에 만연한 병의 치료약에는 터무니없는 가격을 매겨 구매력이 없는 사람을 외면한다. 노스케는 과학과 기술이 중립적이라는 가정에 이의를 제기하는 한편 자본주의 사회에서 과학과 기술은 필연적으로 이익 추구와 타자 착취의 성격을 띤다고 주장하는데, 동물실험도 그 사례에서 빼 놓을 수 없다. 이처럼 과학 산업도 분야와 국경을 초월한 곡물 이용 네트워크를 구축해 애그리비즈니스와 함께—그것과 연결·융합되어—동물 산업 복합체의 큰 일면을 이루게 되었다.

노스케에 의해 개념화된 동물 산업 복합체는 비판적 동물 연구 CAS에 입각한 해방 운동이 타도해야 할 목표로서 사회학자의 심층 분석을 거치게 된다. 니버트는 태고 이래 연면히 이어져 온 인간과 기타 동물의 억압사에 동물 산업 복합체를 포함시킨다.[77] 앞서 살펴보았듯이 억압 이론은 타자에 대한 특권자의 경제적 착취, 그에 대한 국가의 후원, 사상 조작이 삼위일체를 이룬다는 내용이다. 따라서 스페인이나 포르투갈 침략자에 의한 아메리카 대륙 지배든 영국 이주민에 의한 북아메리카 서부 개척이든, 그 속에는 이미 다양한 권력 집단이나 특권 집단의 연계가 존재한다. 이익 추구라는 동기에 뿌리를 둔 그런 조직적 폭력은 자본주의를 탄생시키는 계기가 되었다. 첫울음을 터뜨린 자본주의는 동물 산업의 끝없는 확장을 바랐기에 대규모 생산 기술 개발 및 장거리 수송망 확립, 상품 수요 창출, 토지·자원·노동력 확보를 필연적인 사명으로 삼았다. 그 결과 목장 경영자, 곡물 생산자, 식육 기업 외에 철도 회사나 해운 회사, 소매 업체, 외식점, 광고 대리점, 금융 기관, 정부 기관 등도 가세하여 일찌감치 20세기 초에 동물 산업 복합체의 원형이 구축되었다. 라디오, 텔레비전, 인터넷 등의 미디어 매체 발달은 자본가에게 새로운 수요를 창출할 기회를 가져다주었고, 정부의 영양 가이드라인이나 교육기관의 식습관 지도 프로그램은 식육계·낙농 업계의 의향을 반영해 동물성 식품의 섭취를 크게 장려했다. 선전을 통한 사상 조작은 동물 소비 문화를 자연의 이치로서 사회에 정착시키고 많은 사업자와 투자가를 동물 상품 시장에 참여시켰다.

그리하여 성장을 이룬 동물 산업 복합체는 자본주의 국가의 세

---

77 니버트의 동물 산업 복합체 분석은 David Nibert (2011) "Origins and Consequences of the Animal Industrial Complex," in Steven Best, Richard Kahn,. Anthony J. Nocella II, and Peter McLaren eds., *The Global Industrial Complex: Systems of Domination*, Lanham, MD: Lexington Books, pp. 197-209 및 Nibert, 2013 참조.

계 지배에 편승해 글로벌한 확대를 달성했다. 예를 들어 미국을 수장으로 한 세계 은행 그룹World Bank Group, WBG 등의 금융 기관은 중남미 목장 개척이나 그 인프라 건설에 투자해 패스트푸드 산업이 원하는 저렴한 소고기 공급망을 갖췄다. 자국의 농업을 지키기 위해 저항하는 세력은 미국을 뒷배로 둔 괴뢰 정권이나 미국의 암살 학교에서 훈련을 쌓은 군인에 의해 탄압되고 살해된다. 동물 산업 복합체의 역사는 전략적 자본주의의 역사였다. 노스케의 개념은 전 미국 대통령 드와이트 아이젠하워가 1961년 제창한 군산 복합체, 즉 군대, 영리 기업, 학술 기관의 유착 네트워크에서 힌트를 얻은 듯하다. 니버트는 군산 복합체와 동물 산업 복합체를 일컬어 '서로를 강화하는 지배 시스템'[78]이라고 말한다. 군산 복합체는 동물 산업 복합체에 토지와 자원을 강탈할 힘을 빌려주고, 동물 산업 복합체는 군대에 식용·병기용·실험용 동물을 공급해 왔다. 가축 모독된 동물에 대한 착취는 처음부터 대규모 폭력 행사의 동기이자 수단이었다는 사실 자체가 두 복합체의 상호 의존 관계를 설명한다. 동물 착취는 군사 침략 덕분에 영원히 확대될 수 있고, 군사 조직은 동물 착취가 계속되는 한 영원히 활동할 수 있다. 둘은 서로의 버팀목이다. 두 복합체는 서로 중첩된 채 세계를 뒤덮어 독점자본을 살찌우는 폭력 장치로 작동한다.

미국 식육 산업의 발전을 좇으며, 니버트는 동물 산업 복합체의 구성원에는 상품 생산에 직접 관여하는 사업자뿐만 아니라 그것을 둘러싼 넓은 경제 주체나 권력 기구도 포함된다는 사실에 주목했다.

---

78 Nibert (2014) "Foreword," in Anthony J. Nocella II, John Sorenson, Kim Socha, and Atsuko Matsuoka eds., *Defining Critical Animal Studies: An Intersectional Social Justice Approach for Liberation*, New York: Peter Lang Publishing, p. x.

한편 여러 산업 부문의 호혜적 관계를 바탕으로 복합체를 파악한 사람이 존 소렌슨이다.[79] 동물 산업은 식품·과학·군사 부문 외에도 수렵, 오락, 의류, 잡화, 애완동물 유통, 야생동물 거래 등등의 부문으로 나뉘는데, 모든 부문에서 동물의 상품화를 기득 권익으로 본다. 동물을 둘러싼 사회제도나 사람들의 인식은 이런 업체 모두에 이해득실을 낳고, 그로 인해 부문의 차이를 초월한 협력의 여지가 생긴다. 각종 업체는 한몸이 되어 소비자 자유 센터Center for Comsumer Freedom, CCF와 전미 동물 복리 연맹National Animal Interest Alliance, NAIA 등 다수의 로비 단체나 위장 민간 단체를 만들고 법률, 정책, 대중의 의식을 조작한다. 동물 이용 규제를 폐지하고 동물 보호 강화를 방해하며 산업 보호에 관한 법 정비를 추진한다. 업계 조직에서는 동물 업체 나름대로 '인도적 대우'나 '책임 있는 보살핌'에 매진하고 있음을 세상에 호소하는 한편 진정 동물을 위하는 시민의 목소리를 비상식적이고 반사회적인 '과격론'으로 매도한다. 이런 노력이 노리는 것은 동물 착취의 자유 방임과 더불어 동물 착취에 반대하는 시민의 약화이며, 후사는 동물 옹호를 테러리즘으로 몰아 박해하는 세계적인 움직임과도 관련이 있다(다음 절 참조). 동물 산업은 동물 착취를 수반하는 풍습이나 연례 행사를 만들어 사람들의 '개인 아이덴티티, 가족, 문화 관념'[80]에도 영향을 미친

---

79 소렌슨의 동물 산업 복합체 분석은 John Sorenson (2016) *Constructing Ecoterrorism: Capitalism, Speciesism and Animal Rights*, Halifax: Fernwood Publishing 및 John Sorenson (2014) "Introduction: Thinking the Unthinkable," in John Sorenson ed., *Critical Animal Studies: Thinking the Unthinkable*, Toronto: Canadian Scholars' Press, pp. xi–xxxiv 참조.

80 Sorenson, 2014, p. xiv.

다. 삼복土用の丑しの日에는 장어를 먹고 정월에는 새우를 먹는 것[81]이 '일본인'의 문화이듯, 사람들의 사고와 행동 규범에 동물 소비를 각인시키면 착취는 풍요로운 인간 생활을 위해 꼭 필요한 행위로 간주되어 그에 의문을 제기하는 목소리는 대중의 분노를 산다. 종차별과 인간 중심주의를 사회에 정착시키고 대중을 같은 편으로 끌어들이는 일은 동물을 이용하는 모든 업체의 큰 목표다.

소렌슨이 포착한 동물 산업 복합체는 더 넓은 범위에 미친다. 한심하게도 전통적인 환경 보호 단체는 생명과 자연을 해치는 동물 산업에 저항하는 세력이 되기는커녕 그 산업에 이득이 되는 짓을 벌여 왔다. 예를 들면 세계의 부호와 대기업 간부들이 세운 세계 최대의 환경단체 세계 자연 기금World Wide Fund for Nature, WWF이 있다. 그들은 줄곧 육식의 폐해를 숨겼으며 환경을 파괴하는 상품에 지속가능성 인증 마크를 부여했고 스포츠 헌팅을 환경 보전 수단이라고 속여 왔다. 네이처 컨서번시The Nature Conservancy, TNC도 육식의 폐해를 은폐했으며 비폭력적인 대체 수단이 있는데도 굳이 수렵 회사와 함께 외래종을 살육해 왔다.[82] 다른 환경 보호 단체도 대체로 대동소이한데, 이러

---

81 [옮긴이] 토용축일土用の丑しの日: 토용은 절기상 입춘, 입하, 입추. 입동 전 18일간을 뜻하며 여름의 토용은 한국의 삼복에 해당한다. 일본에서는 특히 토용 기간 중 일진이 축丑인 날은 토용축일이라고 하여 몸보신을 위해 장어를 먹는다. '뱀장어(우나기)'의 발음이 '丑(우시)'과 비슷하기 때문이다. 또한 일본에는 정월에 '오세치' 요리를 먹는 풍습이 있다. 오세치에는 여러 가지 길한 식재료가 쓰이는데 그중 새우는 장수를 의미한다. 새우처럼 허리가 굽을 때까지 오래 살라는 뜻이다.

82 네이처컨서번시 문제는 Vasile Stanescu (2016) "The Judas Pig: How we Kill 'Invasive Species' on the Excuse of 'Protecting Nature'" in James Stanescu and Kevin Cummings eds, *The Ethics and Rhetoric of Invasion Ecology*, Lexington Books에 자세히 나와 있다.

한 조직은 인간 아닌 존재를 자원·상품·'공유재'로 취급한다는 점에서 동물 산업 복합체의 일익을 담당한다고밖에 할 수 없다. 또 '인도적' 축산물을 응원·선전하는 동물복지 단체도 실질적으로는 동물 산업 복합체의 일원이다. 소렌슨의 개념 틀은 억압 네트워크가 자신들의 권력 구조를 유지하기 위해 사람들의 선의마저 교묘히 포섭한다는 사실을 드러낸다.

리처드 트와인은 동물 산업 복합체를 분석 개념으로 심화하는 작업에 힘쓴 사람 중 하나다. 해당 복합체에 대한 그의 정의는 잘 알려져 있다.

> 법인, 정부, 공공·민간 과학으로 이루어진 다소 애매하고 복합적인 네트워크군과 관계군의 총체. 경제적·문화적·사회적·감정적 차원을 넘나들며 광범위한 관례, 기술, 이미지, 아이덴티티, 시장을 포함한다.[83]

트와인에 따르면 노스케의 개념은 두 가지 의의를 갖는다. 하나는 동물 문제를 윤리학의 틀이 아니라 자본주의 비판을 중심에 둔 정치경제학의 틀로 조명했다는 점으로, 이것은 니버트 등의 논의와 만나 이제 비판적 동물 연구CAS의 기본 자세가 되었다. 그런데 트와인이 보기에 경제는 물질적 부에 관한 영역에만 머무르지 않는다. 관능적 이미지나 다양한 풍미·감촉·색채를 구사하는 기업의 상품 판매 전략은 사람들의 감정과 오감에 작용해 원시적인 쾌락 경험을 형성한

---

83 Richard Twine (2013a) "Addressing the Animal-Industrial Complex," in Raymond Corbey and Annette Lanjouw eds., *The Politics of Species Reshaping our Relationships with Other Animals*, Cambridge: Cambridge University Press, p. 91.

다. 모피 코트, 가죽 재킷, 혈통서를 갖춘 애완동물처럼 고유한 사회적 의미를 띤 상품은 돈으로 살 수 있는 아이덴티티가 된다. 니버트나 소렌슨도 주장했듯이 사회에서 구축된 소비 습관은 문화나 국민성이 되어 세상에 침투한다. 복합체의 '문화적·사회적·감정적 차원'이란 이런 측면을 가리킨다. '그와 동시에 '경제'는 정치적·문화적·사회적 공간으로도 기능한다.'[84]

동물 산업 복합체 개념이 갖는 또 하나의 의의는 동물 이용에 수반되는 여러 문제를 유기적으로 연관 지었다는 점이다. 그 속에는 동물 착취나 노동자 착취뿐만 아니라 앞서 살펴본 환경 파괴나 국제적 불평등, 노동자와 소비자의 건강 피해, 과학 기술 남용 그리고 종차별 구축을 비롯한 사상·언어 조작도 포함된다. 동물 산업을 성립시키는 각종 주체의 기능과 관계를 조사해 나가다 보면 따로따로 다루어지기 쉬운 이 문제군이 서로 얼마나 단단히 연결되어 있는지 분명하게 밝힐 수 있다. 이것은 각종 동물 산업 부문의 관계, 동물 산업 복합체와 다른 산업 복합체의 관계를 해명하는 일과 관련이 있다. 군산 복합체와의 관계는 앞에서 짧게 언급했는데, 그 밖에도 거대 제약사의 대두라든지 투약 만능주의 사상에서 생겨난 제약 산업 복합체는 약제 개발 과정에서 이루어지는 동물실험, 애완동물 및 축산용 동물에 대한 의약품 공급, 육식에 기인한 생활습관 병의 치료약 개발 등을 통해 동물 산업 복합체와 밀접한 관계를 맺고 있다. 동물 옹호에 힘쓰는 활동가는 실험에만 주목하는 경향이 있는데, 제약사에게 축산 관련 의

---

84 Richard Twine (2013b) "Animals on Drugs: Understanding the Role of Pharmaceutical Companies in the Animal-Industrial Complex," *Journal of Bioethical Inquiry* 10(4): p. 507.

약품은 특히 큰 수익원이다. 그로부터는 물론 공장식 축산을 떠받치는 기반 기술, 의료 자원의 낭비, 다제내성균 발생 리스크 같은 여러 요소를 발견할 수 있다. 트와인은 이런 산업 복합체의 각 구성원에 대한 사례 연구를 진행하면서 다른 부문과의 관련성을 그릴 수 있어야 한다고 주장한다. 거꾸로 생각하면 이것은 '동물 산업 복합체를 더 넓은 글로벌 자본주의의 경제 속에서 파악하는'[85] 작업으로 사회학, 정치경제학 외에도 지리학, 지정학, 인류학 등의 방법론을 필요로 한다.

동물 산업 복합체에 대한 논의는 그 밖에도 다방면에 걸친다. 그런데 간과되어 온 영역으로 수산 부문을 거론하지 않을 수 없다. 수산 기업, 선박 회사, 낚시 도구 제조사, 양식장, 경매장, 어육 가공 시설, 수산시장, 음식점, 나아가 항공 운송 회사까지 포함된 그 네트워크는 규모가 방대하다.[86] 학술 기관은 효율적인 낚시법이나 양식 기술을 개발하고, 각국의 정부 기관은 국제적인 어업 관리 위원회의 교섭에서 자국의 대규모 어업자에게 최대의 어획 할당량을 부여하는 데 전념한다. 한편 수산 부문은 생선 가루나 생선 기름 유통을 매개로 육지의 동물 산업과 이어지고, 다랑어류 등의 가공품을 매개로 애완동물 산업과 이어진다. 이 부문은 아마 애그리비즈니스와 함께 동물 산업 복합체의 뼈대를 이룰 테니 그에 대한 자세한 분석은 향후 중요한 과제로 꼽힐 것이다.

오늘날 폭력은 국경을 초월한 자본, 국가, 학술 기관의 연계에 의

---

85 Twine, 2013b, p. 508.

86 과거 필자는 다랑어 산업의 실태를 추적한 논문에서 수산업 네트워크를 다뤘다. Taichi Inoue (2017) "Oceans Filled with Agony: Fish Oppression Driven by Capitalist Commodification" in David Nibert, ed., *Animal Oppression and Capitalism Vol. 1*, pp. 96-117.

해 형성된다. 신자유주의의 침투를 배경으로 국가 사업이 민간에 위탁되면서 그 세 가지는 거의 구분할 수 없을 만큼 긴밀한 관계를 구축했다. 국가가 추진하는 군사·농업·과학 정책은 민간 사업자나 대학이 도맡아 수행하고, 민간의 영리 사업은 국가의 감세나 보조금, 심지어 외교 정책의 혜택까지 누린다. 동물 이용 부문에도 이 같은 구조가 존재함은 이미 살펴본 대로이며, 그것은 민간 사업자 간의 글로벌한 네트워크와 맞물려 동물 산업 복합체의 핵심을 이룬다. 이미 단일 조직이나 집단에 폭력의 책임을 물을 수 있는 사례는 드물고, 그 책임은 대부분 상호 관련된 여러 주체의 몫이다. 따라서 인간과 그 밖의 생명을 해치는 억압 시스템을 해체하고 싶다면 반드시 동물 산업 복합체의 주역들과 그 관계를 규명해 각종 사업을 지탱하는 중계점을 끊어야 한다.

에코 테러리즘

동물 옹호에 힘쓰는 활동가는 착취 산업에 항의하고 사람들을 계몽시켜 착실히 배려의 고리를 넓혀 왔다. 거액이 투입된 동물 산업 복합체의 선전에 여전히 많은 사람이 넘어가 각종 동물 제품을 소비하고 동물 오락을 만끽하며 애완동물을 구입하지만, 동물들 편에 선 풀뿌리 활동가들이 노력한 덕에 탈착취(비거니즘)와 채식주의(베지테리어니즘)를 실천에 옮기는 사람이 나날이 늘어나고 있다. 동물 착취로 돈을 버는 자들도 이 풍조를 위협으로 받아들이고 권력과 자금력에 호소해 활동가를 제압하고자 했다.

시민운동을 탄압하는 데 중요한 역할을 하는 것은 국가다. 니버트의 억압 이론에 따르면 억압을 지탱하는 것은 힘의 불균형으로, 국가를 조종하는 데 성공한 자가 타자보다 강한 힘을 얻을 수 있다. 국가는 '유력한 엘리트가 지배를 확립하고 유지하기 위해 적극적으로 마련한 장치'[87]이며, 자본가는 그것을 이용해 자신의 부정한 영리 활동을 합법화함과 동시에 위협적인 반대 세력의 활동을 위법화하고자 한다. 사람들은 흔히 정부가 중립적이고 공정한 관점에서 법률을 정한다고 가정한다. 따라서 어떤 활동이 법률을 준수한다면 그것은 적절한 행위이고 어떤 활동이 법률을 위반한다면 그것은 부적절한 행위라고 생각하는 경우가 드물지 않다. 하지만 사실 법률은 정부와 유착된 기업이나 부유층의 손에 의해 조작된다. 동물과 관련된 영역에서 예를 찾자면 동물복지법이나 동물애호법에서 일부 동물을 보호 대상에서 제외한다든지, 애완동물에는 허용되지 않는 처우를 축산용이나 실험용 동물에는 허용하는 경우를 꼽을 수 있다. 또는 축사를 소유한 기업에 환경오염 정화 비용을 부과하지 않고 시민의 혈세로 문제를 해결하는 경우에도 업계 관계자의 영향력을 찾아볼 수 있다. 국가를 조종하는 기업은 자유분방한 폭력·파괴·부정에 이르고 대체로 법적 책임을 면한다. 그 대신 자본을 섬기는 국가가 범죄로 지정하는 것은 사회정의를 위한 노력이다.

부정을 양식으로 삼는 지배자 층의 손에 법 제도가 좌우되는 현실을 생각하면 법률에 의거한 개혁 노력에는 당연히 심각한 한계가 있

---

87   Robert L. Kidder (1983) *Connecting Law and Society: An Introduction to Research and Theory*, Englewood Cliffs: Prentice Hall, p. 83. Cited in Nibert, 2002, p. 147.

으며, 그것을 자각한 일부 활동가는 합법의 틀을 넘어 직접 사업을 방해하기도 한다. 이런 활동을 직접행동direct action이라고 하는데 동물 산업에서는 잠입 조사, 동물 이용 시설로부터의 동물 구출, 악질적인 영리 활동을 고발하기 위한 증거물 탈취 등이 그 사례에 해당한다. 일본에서는 포경선 조업을 방해하는 환경 단체 시셰퍼드Sea Shepherd가 유명하다. 1980년대에 결성된 동물해방전선ALF이나 지구해방전선 Earth Liberation Front, ELF도 직접행동을 중심으로 하는 대표적인 집단으로 손꼽힌다. '동물을 윤리적으로 대우하는 사람들의 모임PETA'은 설립 초기에 잠입 조사로 증거를 확보해 동물 실험자를 형사 고발하는 등의 성과를 거두었다. 1985년에는 ALF와 PETA가 연계하여 펜실베이니아 대학과 캘리포니아 대학의 처참한 동물실험 실태를 백일하에 드러내 일부 연구가 중단되었다. '악법도 법'이라는 생각이 뿌리 깊은 일본에서는 이해를 얻기 힘들겠지만, 직접행동은 희생자를 구조하는 한편 악질 산업을 폭로하고 방해한다는 점에서 매우 유용해 오늘날에는 서구권뿐만 아니라 아시아나 중남미로도 비슷한 움직임이 확산되고 있다.[88]

물론 동물 산업이 이런 상황을 방치할 리 없다. 미국의 업계 단체는 1990년 농장 동물·연구 시설 보호법, 1992년 동물 사업 보호법 Animal Enterprise Protection Act, AEPA이라는 법안을 작성해 잠입 조사나 동물 절도 등의 직접행동을 '테러리즘'으로 규정하는 데 성공했다. 이런 법률은 표면상 직접행동을 단속하기 위한 것인데, 애초에 직접행

---

88 Jennifer Grubbs and Michael Loadenthal (2014) "From the Classroom to the Slaughterhouse: Animal Liberation by Any Means Necessary," in Anthony J. Nocella II et al. eds., *Defining Critical Animal Studies*, p. 184.

동에는 비합법 활동이 수반되므로 그저 단속만이 목적이라면 기존의 절도죄나 침입죄, 기물손괴죄를 적용하면 된다. 지식인들이 보기에 이러한 일련의 법 정비는 오히려 합법적인 활동가를 견제하기 위한 것이며, 실제로 법안 지지자들은 종종 합법 활동과 비합법 활동의 구별이 애매하다고 주장한다.[89] 업계의 이익에 위배되는 활동을 합법과 비합법으로 경계 짓지 않고 모두 '테러리즘'으로 규정하려는 의도는 9·11 이후 더 노골적이 되었다. 이 사건을 계기로 서방국에서 반테러리즘의 기운이 고조되자 '테러리즘'이라는 수식어는 법인 미디어에서 습관적으로 쓰이기 시작했고, 체제가 유지되기를 바라는 특권 계층은 자신의 권리를 위협하는 사회정의를 사실상 전부 '테러리즘'으로 칭하게 되었다. 이런 풍조에 힘입어 동물 산업은 2006년 AEPA를 강화한 동물 사업 테러리즘법Animal Enterprise Terrorism Act, AETA을 통과시켜 업계에 경제적인 손해를 끼치는 활동 일체를 전면 위법화했다. 이 법이 말하는 '경제적 손해'는 정의가 불분명하므로 해석하기에 따라 모든 동물 옹호 활동을 '테러리즘'으로 몰아 단죄할 수 있다. 게다가 2010년 무렵부터는 축사나 도살장의 불편한 내부 실태를 기록하는 행위 그리고 그런 기록을 소지하고 확산시키는 행위를 범죄로 규정하는 속칭 '축산 재갈법Ag-gag laws'이 미국의 여러 주에서 가결되어 동물 옹호파에 대한 압박이 더 강해졌다. 폐쇄적인 조직에 잠입해 악질적인 조업 실태를 조사하고 폭로하는 활동은 인권 침해 현장을 다루는 저널리즘 등에서도 일반적으로 이루어지는데, 이것이 범죄라고 한다면 비밀리에 저질러지는 부정은 완전히 방치될 것이다. 종차별

---

89 Torres, 2007, pp. 73~76 참조.

이 깊이 침투한 사회에서는 동물 옹호 이해자가 적기에 이런 법안이 비교적 쉽게 통과되는데, 그것이 보다 광범위한 사회정의를 단속하기 위한 압제적인 법을 정비하는 데 발판으로 작용한다고 소렌슨은 분석한다.[90]

법 제도의 역할이 '공식적인 말'을 통해 사회정의를 테러리즘으로 지목하는 것이라면, 그에 따라 실제로 탄압에 나서는 것은 경찰이나 보안 당국 등 행정 기관이다. 이런 조직들은 치안 유지를 사명으로 내세우지만, 타자 억압으로 살찌우는 특권자 층이 구축한 사회질서 속에서 행정 기관은 권력이나 기득권의 이익을 보호하는 일에 종사한다. 따라서 특권의 뿌리에 있는 사회적 부정이나 차별 구조를 해체하려는 활동은 역사적으로 경찰이나 첩보 기관의 탄압을 받아 왔다. 악명 높은 사례로 반체제파를 억압한 두 번의 적색 공포와 함께 공민권 운동 및 선주민 운동을 파괴한 미국 연방수사국FBI의 첩보 대응 프로그램COINTELPRO을 들 수 있다. 최근에는 인종차별 반대 운동이 폭력적으로 단속되기도 했다.

동물 옹호 운동에 대한 탄압은 이런 역사를 바탕에 두고 생각해야 한다. 영리 사업을 경제적으로 방해하는 동물 옹호 운동은 비슷한 유의 환경 보호 운동과 함께 흔히 '에코 테러리즘'으로 불리는데, FBI는 이것을 '국내 최대의 테러 위협'[91]이라고 단언한다. 이른바 '에코 테러리즘'은 위법 행위를 하더라도 기껏해야 시설을 일부 파괴하고 자료를 반출하는 정도에 지나지 않고, 사람을 상대로 한 폭력은 엄격히

---

90   Sorenson, 2016, pp. 107–109.

91   Henry Schuster (2005) "Domestic Terror: Who's Most Dangerous?" *CNN*, https://edition.cnn.com/2005/US/08/24/schuster.column/(2022년 2월 12일 접속).

금지되어 있어 지금까지 살상 사건을 한 건도 일으킨 적이 없다. 이런 활동을 9·11 동시 공격과 같은 '테러'로 분류하는 것은 풀뿌리 운동의 위협을 과장하는 것이거나 진짜 테러를 얕잡아 보는 것이거나 둘 중 하나일 뿐이다. FBI의 태도는 예외적인 것이 아닌데, 영국의 국내 극단주의 정보 부대National Domestic Extremism and Disorder Intelligence Unit, NDEDIU도 동물권 운동을 최대 표적으로 삼았고,[92] 캐나다 안보 정보청Canadian Security Intelligence Service, CSIS은 동물 옹호 종사자를 백인 지상주의자나 네오나치와 관련지었다.[93] 불합리하지만 의외로 사람을 상대로 폭력을 휘둘러 피억압 집단을 박해하고 학살해 온 백인 지상주의자나 네오나치 같은 우익 세력은 테러리스트로 간주되는 일이 드물고, 단속 기관 대다수는 오히려 우익 세력과 유착 관계를 맺는 경향이 있다. 이 모순을 설명하려면 결국 그들은 폭력을 억제하는 것이 아니라 정치적 동기를 바탕으로 시민을 탄압하는 데 혈안이 되어 있다고 말할 수밖에 없으리라. '테러리즘'은 정치적 탄압을 정당화하는 수식어에 지나지 않는다. 현재의 억압 구조에 입각한 폭력은 너그럽게 평가되는 반면 사회 변혁을 추구하는 운동은 지나치게 경계된다. 실제로 동물 옹호 단속에서는 과격한 직접행동뿐만 아니라 합법적인 항의 활동까지 '에코 테러'로 분류되곤 한다.

경찰이나 보안 당국에게 위협의 출현은 예산과 인원을 획득하기 위한 구실이 되므로 위협은 발견되는 게 아니라 날조된다. 소렌슨은 동물·환경 운동에 대한 탄압의 실태를 망라하고 검증한 저서《날조되

---

92 Sorenson, 2016, p. 89.

93 Sorenson, 2016, p. 101.

는 에코 테러리스트》에서 시민운동을 상대로 경찰 조직이 벌여 온 숱한 비열한 공작을 소개한다. 항의 데모에 참여한 공작원이 데모 행진자를 밀쳐 경찰대와 충돌하도록 부추기는가 하면, 동물 옹호 단체에 숨어든 공작원이 활동가에게 폭력을 부추기거나 폭발물 제조법을 가르치는 등 그 수법은 다방면에 걸친다. 악명을 떨친 FBI 공작원 애나 Anna Chapman는 세 명의 활동가를 범죄자로 만들기 위해 '더 적극적으로 직접행동을 하도록 부추기면서 표적을 선정하게 했다. 게다가 국내 이동을 돕고, 생활비를 내고, 주거와 직장을 마련해 주고, 폭탄 제조법을 가르치고, 폭탄의 재료를 사들였는데, 세 활동가가 계획에 난색을 표하자 악다구니를 퍼부었다'.[94] 그럼에도 활동가들은 범죄 계획에 동의하지 않았는데, 결국 그들은 음모 혐의로 구속되었으며 대장으로 지목된 한 명은 부당한 재판 끝에 징역 20년 형을 선고받았다. 이처럼 '에코 테러리즘'의 실태는 경찰 스파이에 의한 공작이 상당 부분을 차지한다. 게다가 시민단체에는 기업이 독자적으로 고용한 민간 보안 회사의 스파이도 섞여 들어온다. '선동 공작원이 쓰는 수법은 상투적이므로 이제는 많은 활동가가 위법 행위를 부추기는 사람을 경찰이나 기업의 첩자로 의심한다.'[95]

　행정 기관은 시민을 탄압하는 전방 부대인데 애나 사건은 사법도 탄압의 일익을 맡고 있음을, 심지어 동물 산업과 공범 관계임을 시사해 준다. 애당초 테러라는 범죄 틀은 위법 행위를 저지른 범인 내지 용의자에게 사법으로 징벌을 부과하기 위한 장치일 뿐이다. 공작

94　Sorenson, 2016, p. 122.

95　Ibid.

원 애나에게 속은 활동가는 테러 행위 촉진죄로 이례적인 장기 징역형에 처해졌다. 공작원이 관여한 또 다른 사례로 백파이어 작전이라는 것이 있다. 그 사건에서는 방화죄 혐의로 구속된 활동가가 테러리스트 용의자 전용 특수 교도소에 수감되어 여러 권리를 박탈당했다.[96] 이처럼 엄벌에 처해진 판례가 시민운동 참여자를 위축시킬 수 있음은 분명하다. 요컨대 동물 산업은 국가의 삼권인 입법·행정·사법을 장악함으로써 적으로 보이는 활동가를 범죄자, 나아가 '테러리스트'로까지 몰아 철저히 억압하고자 한다. 이것은 적색 공포Red Scare가 아니라 '녹색 공포Green Scare'에 가까운 현상으로, 동물 산업 복합체의 기반을 이루는 자본과 국가의 공생·공범 관계가 이런 전체주의적 통치를 현실화하는 것이다.

양식 있는 시민이라면 녹색 공포의 현 상황에 주목하고 테러리즘이라는 주장에 맞설 방법을 생각해야 한다. 거대 자본을 스폰서로 둔 법인 미디어는 사회정의 일반의 폭력성을 짐짓 강조하고 그중에서도 동물 옹호파 활동가를 안이하게 '테러리스트'니 '과격파'니 부르기를 꺼리지 않는데, 그 정치적인 배경을 감안하면 '에코 테러리즘'에 대한 보도를 상당히 비판적으로 검증할 필요가 있다. 일단 문제시되는 집단 내지 활동이 법률에 어긋나지 않는데도 '과격파'니 '테러'니 표현하는 것은 완전히 잘못되었다. 동물을 이용하는 시설이나 동물을 판매하는 점포를 파괴하는 일은 위법 행위임에 틀림없지만 '테러'와는 다른 문제다. 벽이나 도로에 낙서를 하거나 정육점의 창문을 깨는 등의 행위는 냉정히 생각해 보면 사소한 기물 손괴다. 그것을 지하철 사린

---

96   Sorenson, 2016, pp. 127–128.

가스 살포 사건이나 지하철 폭파 사건과 동급으로 취급하는 것은 난센스다. 극히 드물게 방화 같은 대규모 파괴 사례도 보도되지만, 사람에게 해를 끼칠 의도가 없다면 일반적인 의미의 '테러'에는 해당하지 않는다. 그리고 앞서 말했듯 테러리즘 사건은 경찰이나 기업의 이면 공작이 얽힌 경우도 많아 범인이나 경위를 알기 전에는 누구에게도 책임을 물을 수 없다. 파괴 현장에 범행 집단의 이름을 남기는 것쯤은 충분히 풋내기의 자작극일 수 있다.

종차별의 특권을 누리는 대중은 자신의 생활에 이의를 제기하는 동물 옹호파가 '과격'한 '일탈자'라고 굳게 믿고 싶은 나머지 믿음을 뒷받침하는 '에코 테러'의 발생을 내심 기대하는 구석마저 있으므로 때때로 법인 미디어의 무책임한 주장을 순순히 받아들인다. 하지만 뚜껑을 열어 보면 앞에서 살펴본 대로 '위협'의 대부분은 자본주의에 반대하는 세력을 억압하기 위한 구축물에 지나지 않는다. 진짜 위협, 인간과 자연과 모든 생명을 위기에 빠뜨리는 진짜 범죄 집단은 테러 운운하며 사회정의의 숨통을 끊으려고 하는 산업 복합체의 주역들이다. 그들은 군사 부문의 지원 속에서 각종 개발 사업으로 세계를 침략했으며 저항하는 시민을 살해하는 일에도 손대 왔다.

* * *

현대의 동물 옹호 운동은 다른 여러 사회정의 운동보다 개인의 윤리적 행동을 촉구하는 데 중점을 두는 경향이 강하다고 평가받는다.[97] 실제로 운동의 토대를 이루는 동물 윤리 이론은 싱어 이후 종차별을 개인의 편견 내지 불합리한 사고로 간주하고 그것들이 모여 동물 착취를 낳는다고 상정해 왔다. 그리고 동물 착취는 그 산물을 소비하는 우리 개개인의 수요로 유지된다. 따라서 동물 옹호 이론과 운동은 사람들을 불건전한 차별 의식에서 끌어내 도덕적인 자기 쇄신으로 이끄는 것을 사명으로 삼게 되었다. 이것은 좁은 의미의 윤리학, 즉 도덕철학이 대체로 개인의 바른 삶을 모색하는 학문이었던 것의 귀착점으로도 볼 수 있다.

이런 사고의 문제점은 쟁점이 되는 부정 행위의 사회적 배경을 간과했다는 것이다. 종차별을 개인의 편견 탓으로 돌리면 사람들의 욕망·행동·가치관을 좌우하는 세상의 구조는 비판의 중심에서 벗어난다. 동물 착취가 누구의 의도로 이루어지며 누구에게 부를 초래하는지도 문제되지 않는다. 사람들을 윤리적인 생활에서 떼어 놓는 각종 요인들도 대수롭지 않게 여겨진다. 그 대신 동물 착취에 대한 책임은 사실상 '우리'가 전면적으로 **균등**하게 짊어지게 된다. 게리 프란시온은 어느 강연에서 '적은 우리 한 사람 한 사람이다'라고 말했다.[98] 자칫하면 이런 의식은 동물 착취에서 탈피하지 않는 소비자에 대한 적의를 키우고 활동가를 인간 혐오에 빠뜨릴 수 있다. '인류는 해악이다'라는 극단적인 말이 탈착취파 사이에서 자주 들려온다. 그 정도는 아

---

97 이를테면 Jacy Reese (2018) *The End of Animal Farming: How Scientists, Entrepreneurs, and Activists Are Building an Animal-Free Food System*, Boston: Beacon Press 참조.

98 Jennie Richards (2017) "The 6 Principles of the Abolitionist Approach to Animal Rights," Humane Decisions, https://www.humanedecisions.com/the-6-principles-of-the-abolitionist-approach-to-animal-rights-with-professor-gary-francione/(2021년 10월 3일 접속).

니더라도 축산물이나 모피 소비자를 개인적으로 공격하는 경향이 동물 옹호 운동 전체에서 널리 보인다. 게다가 활동가 사이에서도 탈착취를 철저히 실천하지 않는 자를 나무라는 일이 끊이지 않는다. 모두 개인의 윤리를 지나치게 중시하는 사상이 낳은 폐해로 볼 수 있을 것이다.[99]

　　사회학은 동물 옹호론에 구조적 시점을 도입해 이런 악영향을 바로잡는다. 니버트의 말에 따르면 동물 착취를 추진하는 역사적 원동력은 경제이며 그 활동에 따른 부는 극소수의 특권 계급에 흡수된다. 중요한 점은 이것이 특권 계급을 제외한 대부분의 사람과 그 밖의 동물을 모두 억압하는 시스템으로 성장했다는 사실이다. 오늘날의 동물 착취는 자본주의 원리에 따라 이루어지고, 노스케 등이 분석했듯이 그 추진 세력은 기업·정부·시민사회가 하나된 동물 산업 복합체를 구축했다. 동물에 대한 폭력이 사람들의 수요로 유지되는 것은 사실이지만, 그 수요를 창출하는 것은 동물 업계의 선전 전략임을 잊으면 안 된다. 또한 그 복합체는 동물 옹호 종사자를 테러리스트로 규정하여 운동의 주변화를 꾀한다. 소렌슨은 이런 움직임이 위법 행위를 막는다는 구실로 동물 옹호를 억압하고 사회정의 전체를 압박하기

99　내부 싸움 문제는 디네시 J. 와디웰의 "비건 경찰" 분석을 참조하기 바란다. Dinesh J. Wadiwel, *The War Against Animals*. Leiden, Netherlands, Brill, 2015. 이노우에 타이치 옮김 (2019) 《현대 사상에서의 동물론: 전쟁·주권·생명정치》, 진분쇼인, 363-364쪽. 그리고 같은 경향의 전례를 산본마쓰도 언급한다. 그는 1960-1970년대 신좌익이 '내부의 적'과의 싸움을 강조한 결과 '소극적인 불만과 감시, 운동 내부 및 자기 내면에서 … 적 발견과 비난' 문화를 정착시켰다고 말한다. John Sanbonmatsu (2004) *The Postmodern Prince: Critical Theory, Left Strategy, and the Making of a New Political Subject*, New York: Monthly Review Press, pp. 46-48. [한글본] 신기섭 옮김, 《탈근대 군주론》, 갈무리, 2005.

위한 포석을 놓고 있음을 녹색 공포를 분석하면서 확인했다. 이런 통찰을 감안하면 종을 초월한 사회정의 운동은 개인의 행동을 문제 삼는 데서 그칠 것이 아니라 동물 산업 복합체의 해체, 나아가 자본주의 극복이라는 전망도 시야에 넣어야 한다.

물론 사회구조를 응시하는 것과 개인의 노력이 상반되는 것은 아니다. 개인의 윤리적 실천은 설득력 있고 일관된 정의 운동을 구축하는 데 빼놓을 수 없다. 또한 인간의 주장은 종종 본인의 생활을 정당화하는 내용으로 흐르기 십상이기에, 탈착취를 실천하지 않는 사람이라면 동물을 배려하는 축산이나 적당한 채식이 이상적이라는 정도로 타협하기 쉽다. 그리고 지난날 지식인들도 개인적 실천을 폄하하는 한편 자신은 아무것도 안 하면서 줄곧 고자세로 풀뿌리의 미숙한 노력을 논평해 온 것도 확실하다. 하지만 투표에 참여하는 일 등을 생각하면 알 수 있듯이 사회 변혁과 개인의 노력은 떼어 놓을 수 없는 것으로, 전자는 후자의 집적으로 실현되는 측면이 강하다. 지금까지 동물 옹호 운동이 개인의 노력을 지나치게 중시한 결과 어느 정도 폐단을 낳은 것은 사실이지만, 개인의 노력에 전혀 가치를 두지 않는 태도도 사회정의의 기반이 될 수 없다. 비판적 동물 연구CAS 종사자는 동물 착취의 구조적 측면을 응시하면서 스스로는 탈착취를 실천한다. 개인의 변혁과 사회구조의 변혁을 수레의 양 바퀴처럼 함께 생각할 필요가 있다.

사회구조를 응시하는 운동은 실천의 틀을 더 넓힐 것이다. 자본주의 타도라는 말은 터무니없는 목표 같지만, 그것에 다가가기 위한 점진적인 노력으로 고려할 만한 것은 있다. 니버트는 앙드레 고르스 Andre Gorz와 매닝 마라블Manning Marable 등이 제창한 '비개혁주의 개혁

Non-reformist reform'에 주목한다.[100] 그것은 자본주의 안에 있으면서도 자본의 힘을 억제하고 자본에 대항하는 투쟁으로 노동조합 조직권의 획득, 주변화된 사람들을 구제하는 사회복지 정책 요구, 파괴적 개발 사업의 저지 등이 그 사례다. 동물 해방에 관한 구상의 예시로 니버트가 제시한 것은 특정 외식점에 동물 복지 축산물을 사용하도록 요구하는 것이 아니라 한 범주의 축산물(예를 들어 닭고기 제품이라든지)을 전면 폐지하도록 요구하는 운동이다. 일본의 동물 옹호 단체—애니멀 라이츠 센터Animal Rights Center, JAVA Japan Anti-vivisection Association, PEACE —의 노력으로 달성된 화장품 대기업의 동물실험 폐지도 같은 사례로 꼽을 수 있으리라. 그 밖에 동물 산업 복합체를 무너뜨리기 위한 노력으로 사료 곡물에 지급되는 보조금 철폐, 동물을 이용한 과학 연구에 지원되는 조성금 철폐, 환경을 오염시킨 업체에 국경을 초월한 정화 의무 적용, 학교 급식의 채식화, 자유 무역 규제 등도 고려할 수 있다.

비개혁주의 개혁은 진보적인 새로운 정당의 수립 및 민주적인 미디어의 창설도 시야에 넣는다. 전자는 사회정의에 관한 광범위한 지식과 급진성을 겸비한 정치가, 현명한 투표자의 존재가 관건이다. 후자는 미국의 독립 보도 방송 '데모크라시 나우!Democracy Now!'가 좋은 사례로, 기업의 지원금에 기대지 않고 운영할 수 있을 만큼 기부금을 모아야 한다. 현재는 인터넷이 민주적 미디어의 대안으로 떠올라 활동가들이 다양한 정보를 전달하는 데 이용하지만, 옥석이 섞여 있기에 신뢰성 높은 전문가로 이루어진 정보 전달 기관이 필요하다. 니

100   Nibert, 2002, pp. 251–254.

버트는 이런 매체를 통해 은폐된 억압 시스템을 가시화할 필요가 있다고 주장한다. 동물 착취의 실정을 알리는 일은 그 일부로, 이번 장에서 살펴보았듯이 구조적 폭력은 매우 광범위하게 퍼져 있다.

무엇보다도 동물 옹호론에 자본주의 비판의 시각을 도입했다는 점이 사회학자의 공적이다. 그로 인해 동물 윤리학은 전통적인 도덕철학의 영역을 넘어 비판적 동물 연구CAS로 발전하는 계기를 마련했다. 이제 연구의 초점은 개인이 지켜야 할 윤리 규범의 확립에서 동물 착취를 둘러싼 큰 사회구조의 분석으로 이행한다. 이것은 억압에 도전하는 각종 사회정의에 동물을 위한 정의를 합류시키는 요체이며, 그 연대를 위해 이론적인 기반을 다지는 일은 이후 비판적 동물 연구CAS의 중심 과제가 될 것이다. 인간과 그 밖의 생명을 해방시킬 종합적 정의로 나아가는 탐구 활동은 여기서 본격적으로 시동을 걸었다.

4
포스트휴머니즘[1]

    고전 동물 윤리학 이론은 인간에게 적용되는 권리나 이익 보호 개념을 다른 동물로도 확장하는 전략을 취해 왔다. 그 골자를 정리하자면 인간 아닌 동물은 여러 점에서 인간과 다르지만 중요한 점에서 우리와 같다, 즉 동물은 충분히 인간적이므로 인간과 동등한 배려를 받아야 한다는 주장이라고 할 수 있다. 인간 아닌 동물을 '인격person'으로 보고 인간의 지위로 끌어올리는 것이 동물 해방론의 역할이었다. 이런 논의가 가능해진 배경에는 학문의 진보가 있었다. 진화론이 등장해 인간과 기타 동물의 생물학적 연속성이 확인되고, 행동학 등에 의해 동물의 풍부한 사회성이나 정신 기능이 입증됐으며, 정신분석학이 등장해 인간의 사고와 행동을 좌우하는 무의식의 작용이 발견됐다. 그로써 더 이상 어떤 특징이나 능력의 차이를 바탕으로 인간과 그 밖의 동물을 딱 잘라 나누기 힘들어졌다.

    이런 상황에서 인간의 존엄을 다른 동물에게도 허용한다는 생각에 근거를 부여한 사상은 서양 사회의 윤리관을 지탱하는 휴머니즘

---

1 [옮긴이] 포스트인간주의는 국내에서 통용되는 포스트휴머니즘으로 옮겼다. 인간주의는 휴머니즘으로 옮겼다.

이었다. 휴머니즘은 르네상스 시대에 유럽에서 출현해 오랜 시간 다듬어져 온 도덕 사상으로, 인간은 원래 자유로운 존재라는 인식을 바탕으로 외적인 속박이나 억압으로부터 인간을 해방시켜 그 존엄을 회복하는 것을 목표로 한다. 초기 휴머니즘은 중세의 봉건 질서나 신의 이름을 빌린 교회의 지배에 저항하며 인간이 누군가의 다스림을 받는 자가 아닌 자기가 자기를 다스리는 자, 타율적인 존재가 아닌 자율적인 존재라는 신념하에 신 중심적 세계관에서 인간 중심적 세계관으로 이행하고자 했다. 인간이 자기 손으로 운명을 개척하고 스스로의 가능성을 넓힌다는 생각은 17세기 이후 과학 합리주의와 융합되어 예부터 전해 내려온 미신·편견·불합리를 과학적 사고로 물리쳐야 인간의 가능성이 개화된다는 믿음에 이르렀다. 이 사상은 곧 과학의 힘으로 자연을 해명하여 인간 생활에 이용하는 활동으로 결실을 맺었다. 하지만 머지않아 그것이 인류에 대한 위협으로 변한 것은 주지의 사실이다. 이때 휴머니즘은 과학 기술이 초래한 해악 앞에서 소외나 기계 문명에 저항하는 형태를 띠었다. 그 주상을 과학 자체로 과학의 폐해를 극복하는 방침과 과학으로 담을 수 없는 가치를 중시하는 방침으로 나눌 수 있는데, 둘 다 일관되게 인간다운 생활을 실현하고자 했다. 이처럼 휴머니즘은 시대에 따라 주장을 달리하면서도 항상 그때그때의 현상을 비판적인 시각으로 바라보는 해방 사상으로 존재해 왔다.

오늘날 사회정의를 짊어진 자유주의는 기본적으로 휴머니즘 사상을 토대로 하여 자유로운 자율적 주체인 인간이 자기결정권이나 행복추구권을 최대한 실현하는 일에 주안점을 둔다. 초기 동물 옹호론도 이성과 과학적 사고를 바탕으로 종차별에 이의를 제기하고, 동물이 갖춘 의식이나 주체성에서 존엄의 근거를 도출하여 동물의 지분인 여러 자유와 기회, 내재적 가치를 보호한다는 점에서 자유주의적인 휴머니즘 사상을 짙게 반영한다. 이런 배경에서 형성된 동물 해방론과 동물권론은 논리 구성이 치밀할 뿐만 아니라 전통적인 정의론의 틀을 따르기에 설득력이 강하다. 게다가 이 이론들은 법 제도 개정 및 새로운 동물보호법 제정을 추진하여 현실에서도 사회개혁을 이끌어 왔다. 휴머니즘에 입각한 이론이 동물의 참상을 시정하는 데 멋지게 실용성을 발휘할 수 있음은 반론의 여지가 없다.

한편 '동물은 우리와 같다'라는 이유로 인간 아닌 동물을 옹호하는 것에 어딘지 모르게 위화감을 느끼는 사람도 적지 않을 것이다. 이제 막 동물 옹호론에 입문한 사람이라면 더더욱 그런 위화감을 강하게 품을 수 있는데, 왜냐하면 그 논리도 결국 인간을 도덕의 척도로 삼는 것이기 때문이다. 동물은 저마다의 개성에 따라 독자적인 가치를 인정받는 것이 아니라 그저 인간과의 공통 항에 따라 가치가 측정될 뿐이다. 도덕적인 배려를 확장하더라도 결국 그 중심에 인간이 있다면 휴머니즘에 입각한 동물 옹호론도 인간중심주의라는 비판을 면할 수 없다.

초기의 동물 옹호론은 주로 영미권에서 발달한 것으로, 개념이나 이론 분석을 진리 탐구의 방법론으로 삼는 분석철학이라는 유파에 속한다. 휴머니즘의 확장을 시도한 영미 분석철학과 달리 독일이나 프랑스에서 발달한 대륙 철학이라 불리는 유파는 20세기 이후 철학에서 당연하게 쓰여 온 '인간'이라는 개념에 의문을 제기했다. 이 시도는 인간에 앞서 존재했던 언어 구조나 사회구조를 발견해 '인간'이라는 범주를 불안정한 구축물로 해석하는 인식에 다다른다. 이 대륙 철학의 '인간' 해체 논의를 계승하여 휴머니즘을 극복할 틀로 여러 학과에서 발전해 온 것이 이른바 포스트휴머니즘이라고 불리는 철학적 입장이다('포스트'는 '이후'를 의미하므로 포스트휴머니즘은 '휴머니즘 이후에 오는 것'을 말한다). 나중에 살펴보겠지만, 포스트휴머니즘은 관계론적인 관점에 서서 기존의 인간 이해를 바로잡고 늘 특수한 인간 모델을 사유의 출발점으로 삼아 온 지식 체계를 재편하고자 한다. 그것은 휴머니즘을 지탱하는 학문적·문화적 틀 나아가 그 인간 중심적인 사고 양식까지 근본부터 뒤엎는 기획이라고 할 수 있다. 사실 포스트휴머니즘은 일반적인 의미의 '인간'에서 출발하지 않는 지식을 발달시키고자 한다. 진정한 의미에서 인간중심주의를 탈피한 다종 존재의 관계를 구상하는 데 이 관점이 중요한 역할을 수행한다는 것에는 의심의 여지가 없다. 그러나 인간의 탈중심화라는 기획에서 도출된 결론은 모두 다르고, 그중에는 윤리적으로 매우 유해한 생각도 포함되어 있기에, 비판적 동물 연구CAS에서는 포스트휴머니즘에 입각한 이론을 구축하는 일이 점점 큰 비중을 차지하는 한편 그 악영향을 경계하는 목소리도 높아져 왔다. 따라서 다음부터 포스트휴머니즘 사상으로 이어지는 대륙 철학의 논의와 포스트휴머니즘의 동물론을 개괄함과 동시에 일부 이론에 내포된 문제를 언급해 보겠다.

인간학, 인간주의,[2] 인간중심주의

인간주의, 즉 휴머니즘은 인간성의 실현이나 인간다운 생활의

---

2 [옮긴이] 다른 말과 짝을 맞추기 위해 이 절 제목만 원문 그대로 인간주의로 번역했다.

실현을 목표로 한다. 여기서 말하는 인간성과 인간다움이란 무엇을 말하는 걸까. 대체 휴머니즘이 그리는 인간이란 어떤 존재일까.

인간의 본질을 찾으려는 노력은 서양철학에서 큰 부분을 차지하는 인간학이 도맡아 왔다. 이런 탐구가 이어져 온 배경에는 여러 학문의 요청이 있었다. 언어·문화·사회 등등 무엇을 대상으로 하든 학문은 어떠한 인간 본질을 상정하고 해당 분야를 연구한다. 어떤 본질로 묶이는 '인간'이라는 단위가 있어야 인간에 관한 현상을 확정하고 분석할 수 있다. 인간을 인간답게 하는 본질이 아무것도 없다면, 인간의 언어나 인간의 문화와 같은 개념을 수립하는 일 자체가 불가능하고 여러 학문의 틀 또한 근본부터 와해될 수밖에 없을 것이다. 인간의 본질 내지 독자성을 정립하는 것이 전통적인 인문·사회과학을 성립시킨 대전제였다.[3]

그런데 문제는 인간 본질을 특징짓는 것이 다른 존재와의 분리라는 형태를 띤다는 점이다. 인간이 특별한 존재라고 할 때는 무언가와 비교해서 특별한 것이므로 그 비교 대상으로 인간 아닌 '무언가'가 있을 때에만 인간의 본질이나 독자성을 이야기할 수 있다. 그리고 인간학의 전통에서 인간의 본질을 확립하기 위한 예시인 '무언가', 이른바 인간의 반대편에 위치해 온 비교 대상은 동물 말고는 없었다. 인간은 거의 항상 동물과의 비교를 통해 정의된다. 어쨌든 인간이란 단순한 동물이 아닌 존재, 동물에 머물지 않는 존재, 동물을 초월한 존재이다. 인간학은 인간과 동물을 나누는 요소로 영혼, 이성, 지성, 언어, 사회성, 창조성, 도덕 능력, 응답 능력 등을 꼽으며, 인간이란 동물에

---

3 이 점에 관해서는 Matthew Calarco (2020a) *Beyond the Anthropological Difference*, Cambridge: Cambridge University Press, pp. 12-13 참조.

게는 없는 이런 기능들을 가진 존재이기에 특별한 존재라고 주장해 왔다. 인간을 예외적인 존재로 만들기 위해 언급되는 이런 동물과의 차이를 인간학적 차이anthropological difference라고 한다.[4] 인간학은 인간 본질을 탐구한다는 이유로 인간과 동물을 가르는 차이를 찾고 둘 사이의 이원론을 구축하는 데 힘써 왔다.

휴머니즘은 이런 과정으로 형성된 인간 모델을 계승해 인간학적 차이를 주체성의 조건, 나아가 존엄의 근거로 삼는다. 인간은 이성적 존재, 도덕적 존재다. 따라서 인간은 존귀하다. 이런 논리다. 반대로 이성이 없는 듯한 행동이나 감정 내지 쾌락에 따르는 행위 등 인간의 특성이 충분히 드러나지 않는 행동은 주체성이 없고 '동물 같기' 때문에 비천하게 여겨진다. 인간성과 동물성의 대립은 이처럼 우열 관계에 놓인다. 이런 가치관에서 인간의 본래적 존재 양식으로 여겨지는 자유·자율은 일단 동물성에 휘둘리지 않는 것, 동물적인 본능이나 동물적인 제약을 극복하는 것을 의미한다. 게다가 동물적인 본능이나 제약은 육체에 깃드는 것으로 여겨져 왔기에 자유로운 자율적 주체를 형성하고자 하는 휴머니즘은 육체성과 물질성의 극복을 지향하게 되었다.

돌이켜 보면 인간이 자유로운 자율적 주체라는 주장은 사람들이 그런 주체성을 발휘할 수 없는 상황에 처했을 때 비로소 가치가 있었다. 부자유와 속박이 지배하는 세상에서는 인간의 자유·자율을 부르짖는 사상이 체제를 비판할 수 있다. 문제는 비판이었던 사상이 권위

---

4   Hans-Johann Glock (2012) "The Anthropological Difference: What Can Philosophers Do to Identify the Differences Between Human and Non-human Animals?" *Royal Institute of Philosophy Supplement* 70: 105-131. 그리고 Calarco, 2020a 참조.

주의적 교리로 변하는 것이다. 체제 앞에서 '이러면 안 된다'고 호소하던 목소리가 한 가지 이상을 내걸고 '이래야 한다'고 주장하는 목소리로 변할 때, 그로써 희생되는 것은 없는지 신중히 따져 봐야 한다. 휴머니즘은 인간성이 훼손되는 상황에 이의를 제기하는 사상으로 태어났으나 어느새 인간다운 삶을 적극 규정하는 이데올로기로 변질되었다. 휴머니스트들이 맨 처음 이상적인 인간상으로 내세운 것은 고대 그리스의 자유 시민이었다. 이것은 그 후의 시대상에 따라 얼마간 변천을 거쳤는데 그리스적인 자유와 자율, 이성이 중시되는 경향은 강해져만 갈 뿐 약해지지는 않았다. 인간다움의 조건은 더욱 엄격해져 그 틀에 들어맞지 않는 자는 동물적이라는 이유로 희생되었다. 도그마가 된 휴머니즘은 이상적인 인간 모델을 확립함으로써 다양한 조건을 내세워 자유나 자율성을 발휘하지 못하는 사람, 이성을 행사하지 못하는 사람 등 방대한 '타자'를 희생시켰다. 그리하여 완성된 것은 심신이 모두 건강한 엘리트 성인 남성을 정점에 두고 인간 아닌 동물을 저변에 두는 서열 질서다. 인간성이 동물성의 부정형을 취하는 이상 휴머니즘은 인간중심주의가 될 수밖에 없다. 다만 이때 중심을 차지하는 '인간'이 누구를 가르키는지 주의 깊게 살펴볼 필요가 있다. 철학자 매슈 칼라르코에 따르면 인간중심주의란 생물종으로서의 호모 사피엔스를 우위에 두는 사상이 아니라 '지배적인 문화에 따라 완전하고 정당하게 인간으로 간주되는 자를 섬기는 권력 관계, 권력 시스템의 총체'를 가리킨다.[5] 이 차이는 무시할 수 없다. 인간중심주의는 이상적

---

5 Matthew Calarco (2015) *Thinking Through Animals: Identity, Difference, Indistinction*, Stanford: Stanford University Press, p. 25.

인 모델과 합치하는 **일부** 인간에게만 기여하고 그 모델에 포함되지 않는 인간과 인간 아닌 동물 모두를 도덕적 배려의 틀에서 밀어내는 장치다.

　20세기 들어 대륙 철학에서는 인간성과 동물성의 분리를 심화시킨 지적 전통에 비판의 시선을 던지는 논의가 일어나기 시작했다. 예를 들어 프랑크푸르트 학파의 사상가 테오도르 아도르노와 막스 호르크하이머는 이성이 만행을 저지르는 도구로 변해 온 역사의 기원을 더듬으며 자연 지배와 동물 지배를 부추긴 인간학의 전통에 주목한다.

> 유럽사 속에서 인간의 이념은 인간과 동물을 구별하는 과정에서 표현된다. 동물에게는 이성이 없다는 사실이 인간의 존엄을 증명한다. 이런 형태로 둘을 구별하는 발상을 시민적 사상 이전 고대 유대인, 스토아 학파, 교부 등 여러 선행자들이 중세나 근세를 통해 이구동성으로 굳건히 제시했다. 그것은 서양 인간학의 기본을 이루는 몇 안 되는 이념 중 하나다.[6]

　또한 이탈리아 사상가 조르조 아감벤은 정치 공동체의 구성원 자격이 어떤 식으로 결정되는지에 관심을 가졌고 인간과 동물의 분리로부터 한 가지 해답을 도출했다. 아감벤의 말에 따르면 '인간'이라는 분류는 객관적인 것도 중립적인 것도 아니다. 생물로 치면 인간은 영장류의 일종일 뿐, 다른 동물과의 경계는 애매모호하다. '인간'이라

6　막스 호르크하이머, 테오도어 아도르노 지음, 도쿠나가 마코토 옮김 (2007)《계몽의 변증법: 철학적 단상》이와나미분코, 506쪽. [한글본] 김유동 옮김,《계몽의 변증법: 철학적 단상》, 문학과지성사, 2001.

는 범주는 어디까지나 동물적인 존재와의 차별화를 통해 만들어진다. '따라서 호모 사피엔스란 하나의 실체도 아니거니와 명확하게 정의된 종도 아니며 그저 인간에 대한 인식을 낳기 위한 기계 내지 장치다.'[7] 인간이 아닌 존재를 분리하기 위해 마치 조각을 새기듯 '인간'을 구축하는 이 원리를 아감벤은 인간학 기계macchina antropologica라고 명명했다. 인간학 기계는 고대인의 것과 근대인의 것으로 나뉘며 대칭 형태로 '인간'을 경계 짓는다. 고대인의 인간학 기계는 이민족이나 노예처럼 원래부터 동물로 분류되던 집단을 인간화하는 것으로, 그들을 인간의 모습을 한 동물로 간주하여 '인간'의 외연에 배치한다. 근대인의 인간학 기계는 나치 시대의 유대인이나 오늘날의 테러 용의자처럼 원래부터 인간으로 분류되던 집단을 동물화하는 것으로, 그들을 인간에서 분리된 동물 내지 비인간으로 간주해 '인간'의 외부로 배제한다. 나중에 살펴보겠지만 아감벤은 인간학 기계에 의해 동물 쪽에 놓인 집단이 사회적으로 말살된다는 사실에 주목하고 인권이니 인간의 가치니 논하기 이전에 '인간'이라는 범주의 구축 과정, 나아가 인간과 동물을 분리시키는 논리를 추궁해야 한다고 주장한다.

아감벤의 분석은 인간/동물의 이원론을 생각하는 데 많은 것을 시사하지만, 그의 분석까지 포함하여 휴머니즘의 배척성이나 인간의 동물화를 둘러싼 지식인의 고찰 대부분은 그들의 원리가 인간 아닌 동물의 취급과 어떻게 연결되는지까지는 파고들지 않으므로 부족한 감을 지울 수 없다. 그나마 몇 안 되는 예외로 꼽히는 것이 프랑스의 사상가 자크 데리다의 논의다.

---

7   Giorgio Agamben (2002) *L'aperto. L'uomo e l'animale*, Torino: Bollati Boringhieri, p. 34.

인간이라는 이름, 동물의 물음

다른 철학자들처럼 데리다도 인간학과 휴머니즘의 배제 논리에 주목하고 이를 '인간이라는 이름le nom de l' homme'을 둘러싼 물음이라는 형태로 정식화한다. 요컨대 데리다는 서양철학이 행해 온 것은 인간이라는 이름에 걸맞은 자를 확정하기 위해 그 본질이나 특성을 규명하는 작업이었다고 말한다. 《그라마톨로지》에 따르면 인간은 '자연, 동물성, 미개 상태, 유년기, 광기, 신격 등등'과 경계선을 긋고 여러 타자에게도 있는 능력을 인간의 독자적인 본질·특성으로 삼아 스스로를 인간이라고 부른다.[8] 여기까지의 이야기는 다른 대륙 철학자들이 제기한 휴머니즘 비판과 별로 다르지 않다. 하지만 데리다의 독특한 점은 이런 인간 개념의 문제와 표리를 이루는 동물 개념의 문제도 탐구했다는 것이다. 이런 문제를 '동물이 던진 질문la question de l'animal'이라고 한다.[9]

'인간'이라는 개념이 '동물'과의 대비를 통해 정의될 때, 후자로 분류되는 존재의 풍부한 개성과 다양성은 지워진다. 영장류에서 곤

---

8 Jacques Derrida (1997) *Of Grammatology*, Gayatri Chakravorty Spivak trans., Baltimore: Johns Hopkins University Press, pp. 244~245. [한글본] 김성도 옮김, 《그라마톨로지: 개정판》, 민음사, 2010.

9 동물의 물음을 둘러싼 데리다의 고찰은 많은 작품에서 찾아볼 수 있지만 특히 이 주제를 중점적으로 다룬 것으로 Jacques Derrida (1991) "'Eating Well', or the Calculation of the Subject: An interview with Jacques Derrida", in Eduardo Cadava, Peter Connor and Jean-Luc Nancy eds., *Who Comes After the Subject?*, New York: Routledge, Jacques Derrida (2008) *The Animal That Therefore I Am*, Marie-Louise Mallet ed., David Wills trans., New York: Fordham University Press 및 Jacques Derrida (2011) *The Beast and the Sovereign*, Vol. I/II, Michel Lisse, Marie-Louise Mallet, and Ginette Michaud eds., Geoffrey Bennington trans., Chicago: The University of Chicago Press 참조.

충류, 척삭동물[10]에서 절지동물에 이르는 무수한 동물은 서양철학의 언어에서는 '동물'이라는 한 단어로 뭉뚱그려져 마치 '동물성 그 자체'와도 같은, 어떤 본질을 공유하는 듯한 단일 집단으로 다루어진다. 물론 실제로는 인간 이외의 온갖 잡다한 동물을 하나로 묶는 공통적인 본질은 발견되지 않기에 인간과 그 밖의 동물을 나누는 '동물성 그 자체'라는 기준은 철학자의 환상에 불과하다. 하지만 그것이야말로 인간/동물 이원론이 다다르는 사유다. 데리다를 바탕으로 철학자 앤드루 벤저민이 말했듯이[11] 동물성은 인간을 뒤덮고, 인간성은 동물성과 포개진다. 정서, 감각, 관능 등의 동물성이 인간에게도 있듯이 인간성으로 여겨지는 사회성이나 의사소통 능력을 다른 동물에게서 찾아볼 수 있다. 거미가 평생의 대부분을 혼자 사는 반면에 개미는 큰 무리를 짓고 산다. 이렇듯 동물은 종에 따라, 또 개체에 따라 특징이 다르다. 인간과 인간 아닌 동물의 차이도 원래 매우 복잡하기 때문에 일률적으로 서술할 수 없다. 그러나 기존 철학자들은 '인간'과 '동물'을 단일한 경계선으로 나누기 위해 둘을 '무관'한 대립항, 즉 전혀 포개지지 않는 대조적인 범주로 다루어 왔다. 그리하여 인간 집단 간의 차이나 동물 간의 차이는 지워지고 '인간'과 '동물' 모두가 서로를 부정해야 성립하는 집합 개념으로 균질화·통일화되었다. 하지만 그것은 말과

10 [옮긴이]발생 초기 배아 단계에서 척삭이 형성되는 동물을 말한다. 척삭은 척수 아래로 길게 뻗은 연골로 된 물질로 척추의 기초가 된다. 척삭이 평생 동안 유지되는지 특정 단계에서 사라지는지에 따라 두삭동물(창고기류), 미삭동물(멍게류·탈리아류), 척추동물 등 세 종류로 나뉜다. 두삭동물은 평생 척삭을 갖고 살지만 미삭동물은 유생 단계에서만 척삭을 갖는다. 척추동물은 발생 과정에서 척삭이 척추로 대체된다.

11 Andrew Benjamin (2011) *Of Jews and Animals, Frontiers of Theory*, Edinburgh: Edinburgh University Press, Ch. 4. 특히 pp. 87-88 참조.

개념이 발명되기 이전부터 존재해 온 세계의 복잡성, 동물의 이질적인 복수성, 서로 독자적인 타자의 타자성을 '인간'이니 '동물'이니 하는 단순한 범주로 묶어 버리는 횡포일 뿐이다.[12]

　게다가 전통적 휴머니즘의 틀에서는 '동물'이라는 이름으로 불리는 존재자를 싸잡아 우둔하고 무능한 것으로 치부한다. 별다른 검증도 없이 인간은 이성이 있다, 문화를 이룬다, 말을 한다라고 주장하며 다른 동물에게는 그런 능력이 없음을 시사한다. 데리다의 말처럼 이런 능력의 일람은 "당연히 끝이 없고, 우리의 가장 유력한 철학 전통은 이 모두를 '동물'에게는 허용하려고 하지 않았다."[13] 이것은 대체로 서양철학이 인간을 알기 위해서만 다른 동물에게 관심을 가지는 데다가 인간 아닌 동물을 '인간의 반대'로만 다루는 데서 기인하는 역사적 귀결로 볼 수밖에 없다. 이제 동물은 놀라울 만큼 단순화되어 그저 '가지지 못한 존재'로만 그려진다. 특히 철학자들이 이구동성으로 주장한 것은 동물은 언어가 없다는 명제다. 데리다에 따르면 인간은 방대하고 다양한 생명을 일괄하는 '동물'이라는 단어를 획득함과 동시에 언어는 인간의 전유물이라는 생각에 이르렀다고 한다. '이 책에서 살펴볼 철학자들(아리스토텔레스부터 라캉까지, 거기에 데카르트, 칸트, 하이데거, 레비나스도 포함하여)은 모두 똑같이 말한다. 동물에게는 언어가 없다고.'[14] 언어가 없는 동물은 '응답'할 수 없는 것으로 간주된다. 자극에 응답할 수는 있어도 주체적인 활동인 응답하는 능력은 인정

12　이 점에 관해서는 Cary Wolfe (2003) *Animal Rites: American Culture, the Discourse of Species, and Posthumanist Theory*, Chicago: University of Chicago Press, pp. 66–68도 참조.

13　Derrida, 2008, p. 135.

14　Derrida, 2008, p. 32.

받지 못한다. 이 말은 곧 동물은 주체일 수 없음을 의미한다. 동물은 언어가 없다. 따라서 응답하지 않고, 따라서 주체가 아니다. 서양철학에서 말하는 주체란 항상 인간 주체를 가리킨다. 이것이 또 심각한 윤리적 함의를 수반하는 제2의 문제, 희생양 구조를 낳는다.

희생양 구조

데리다는 동물의 차이를 지우는 개념상의 횡포뿐만 아니라 현실의 동물을 덮치는 처절한 물리적 폭력에도 눈길을 준다. 기원전부터 시작된 그 폭력은 지난 두 세기 동안 자연과학 지식과 기술을 흡수해 '최악의 집단 학살(제노사이드)'에 비견되는, 어쩌면 그것마저 능가할지 모르는 규모에 이르렀다.

> [동물은] 지속적인 생존과 과밀을 거쳐 멸종에 이른다. 그것은 한 민족을 소각로나 가스실에 몰아넣는 것에 비견된다. (이를테면 나치의) 의사나 유전학자들이 유대인이나 집시나 동성애자를 인공수정으로 과잉 생산 또는 과잉 번식시키는 것과도 같다. 그 결과 마냥 늘어나고 살찌게 된 그들은 평소보다도 대거 같은 지옥으로, 강제 유전학 실험이 이루어지거나 가스와 화염에 의해 몰살되는 지옥으로 보내진다.[15]

그러나 서양사를 수놓은 대표적인 철학자들은 지난 두 세기 동안에도 그 이전에도 동물의 곤경을 돌아보는 법이 없었다. 서양철학은 동물종에 대해서는 그 차이의 현실을 외면하는 데 그치지 않고 삶의 현실마저 외면해 왔다. '그들 중 누구도 동물종의 본질적 내지 구

---

15 Derrida, 2008, p. 26.

조적인 차이를 돌아본 적이 없다. 그들 중 누구도 우리가 동물을 잡아 죽이고, 없애고, 먹고, 희생시키고, 이용하고, 부리고, 나아가 인간에게는 허용되지 않는 실험에 투입하는 현실을 진지하고 명확한 태도로 돌아보는 법이 없었다.'[16]

데리다의 말에 따르면 두 가지 무관심─차이에 대한 무관심과 동물이 살아가는 현실에 대한 무관심─모두 서양철학의 전통이 동물의 주체성을 부정해 온 것과 관련이 있다. 철학 사상의 주요 공로자들은 주체로 인정받는 존재를 인간으로 한정시켜 다른 동물을 윤리적 관심의 울타리 밖으로 내쫓았다. 동물은 자동 기계라고 단언한 프랑스의 철학자 르네 데카르트는 악명 높다. 휴머니즘 윤리 사상의 형성에 크게 기여한 임마누엘 칸트도 인간만을 이성적이고 자율적인 주체로 보았고, 그런 주체에게만 존엄을 인정하는 형태로 동물의 주체성과 존엄을 부정했다. 전통적인 주체 개념과 휴머니즘의 틀을 비판한 마르틴 하이데거도 인간 존재와 동물 존재의 차이를 확립하는 과정에서 동물은 '죽음 자체'를 모르기에 '죽음' 없이 그저 '생명의 끝에 도달'할 뿐이라고 말했다. 이것을 심오한 철학으로 봐야 할지 공허한 말장난으로 봐야 할지는 둘째 치고, 정치철학자 디네시 와디웰이 지적하듯이 '동물의 죽음이 문제가 아니라고 한다면 수십억 마리의 동물을 도살하고 그것을 정당화할 날도 얼마 남지 않았다'.[17] 그리고 '나' 이전의 이질적인 타자에 주목해 타자의 '얼굴' 내지 부름이 '나'의 윤리적인 행동을 촉구한다고 주장했던 에마뉘엘 레비나스도 그 '얼굴'

16 Derrida, 2008, p. 89.

17 Dinesh J. Wadiwel (2015) *The War Against Animals*, Leiden, Netherlands, Brill. 이노우에 타이치 옮김 (2019) 《현대 사상에서의 동물론: 전쟁·주권·생명정치》, 진분쇼인, 336쪽.

을 가진 타자를 이웃이나 형제, 즉 인간으로 한정했다. 그에 따르면 윤리적인 요구를 하기 위해서는 언어가 필요하다. 만약 언어를 가졌다면, 이성을 갖췄다면, 주체성이 있다면 입을 다물고 있든 아예 얼굴이 보이지 않든 타자의 모습은 '얼굴'이 되어 '나'에게 도의를 요구한다. 한데 동물은 주체성도 이성도 언어도 없으니 '얼굴'도 없다. 따라서 동물에 대해서는 윤리적 책임도 발생하지 않는다. 관찰을 통해 데리다는 그러한 주장의 핵심에 희생양 논리가 작동한다고 결론지었다. 서양철학의 계보는 휴머니즘을 비판하는 입장마저도 전부 휴머니즘을 뿌리로 한다. 이것은 우선 동물의 차이를, 다음으로 일원화된 '동물'의 주체성을 지우고 휴머니즘에 부동의 지위를 부여한다. 윤리·도덕이 이런 휴머니즘 속에서 구축된 이상 주체 아닌 동물의 생사가 그 틀에서 재고될 리 없다. 동물 죽이기는 '죽이기'에 포함되지도 않기 때문에 죄도 아니다. 철학자들이 구축한 휴머니즘의 논리는 동물을 '합법적으로 죽이는 일'을 가능케 했다. 이것이 데리다가 말하는 희생양 구조다.

요약하자면 휴머니즘은 동물의 주체성과 윤리적 지위를 빼앗는 희생양 구조 위에 세워진 것으로, 그 정당화의 근거는 인간만이 말할 수 있다는 도그마에서 찾을 수 있다. 이런 언어와 이성에 대한 집착, 동물을 폄훼하는 희생양 구조에 더해 규범적인 인간상이 남성 원리와 하나였다는 사실에 입각하여 데리다는 서양의 주체 개념이 육식남근로고스중심주의carnophallogocentrisme에 근거한다고 단언했다. 로고스logos는 논리를 뜻하는 로직logic의 어원으로, 질서나 법칙이라는 뜻에서 언어·발화·이성 등의 의미도 포함한다(신약성서에 나오는 '태초에 말씀이 계셨다'에서 '말씀'의 원어가 바로 로고스다). 말하자면 휴머니즘에서 내세우는 전형은 말할 수 있는 이성적인 존재이고, 자신의 성별에 따라 사회질서를 만드는 남성이며, 본질적으로 동물과는 선을 긋는 우월한 자다. 그뿐만이 아니다. 인간 주체를 특권적인 지위에 앉히는 과정에서 동물의 주체성을 부정한다는 점에서 보면, 희생양은 일종의 상징 행위이다. 앞서 말했듯이 그 행위는 인간 아닌 동물을 윤리적 배려 밖으로 내쫓아 죽음과 고통의 지옥에 빠뜨린다. 그리고 우리의 세계는 그 현실을 합리화하여 동물 죽이기 '법'을 따르며 사는 사람, 육식을 하는 사람이야말로 건전하고 완전한 인간 주체로 여긴다. 상징적 차원의 동물 죽이기와 물리적 차원의 동물 죽이기, 이 두 가지에 참여하는 것이 주체로 인정받기 위한 통과 의례를 구성한다.

육식남근로고스중심주의는 이상적인 주체 모델에서 일탈하는 자에게는 반드시 실질적인 억압을 가한다. 인간 아닌 동물에 대한 조직적인 폭력이 가장 좋은 사례로, 그 폭력이 폭력으로 인정되지 않는 사회적·문화적·법적 현실도 같은 원리를 공유한다. 또 다른 사례는 주체 모델에 맞지 않는 사람을 비인간화하는 것으로 그 근원에는 인간 개념의 단순화, 즉 차이의 부정이 있다. 육식남근로고스중심주의 체제에서 여성이나 아이, 식민지 거주민은 주체성을 인정받지 못하고 시민권을 빼앗긴다. 한편 육식 규범을 거스르는 채식주의자는 예부터 박해의 대상이었고 동물에 대한 배려는 미숙한 주체성의 증거로 여겨졌다(그 '미숙함'은 종종 여성성과 결부된다). 주체는 '희생양 구조를 받아들여 고기를 먹는' 인간이어야 한다.[18] 인간 아닌 동물에게 미치는

---

18 주목해야 할 것은 동물 살해의 주역이 남성이었다는 역사에 입각하여 데리다가 '육식 남성성'을 언급했다는 점이다. 이 관점은 다음 장의 주제와 관련이 있어 흥미롭다. Derrida, 2008, p. 104 및 Derrida, 1991, p. 113 참조.

억압과 인간 집단에 미치는 억압은 상당히 다르지만, 둘의 뿌리에는 같은 원리가 있어서 때로 매우 닮은 형태를 띤다. 흑인 노예제나 나치의 학살을 예로 들 필요도 없이 앞 장에서 개괄한 제도적인 인권 침해의 면면만 봐도 알 수 있는데, "예나 지금이나 인류에 속하는 숱한 '주체'가 주체로 인정받지 못한 채 동물 취급을 받고 있다."[19] 비인간화된 사람이 이 처지에서 벗어나고자 한다면 규범에 맞는 주체 모델에 동화되는 수밖에 없다. 여성은 남성 중심 사회질서에 순응해 자율적으로 씩씩하게 살아야만 비로소 어엿한 주체로 인정받는다. 식민지 거주민은 서구식 논리적 사고, 과학적 사고를 구사하는 소양을 길러야만 비로소 목소리를 가진 인격으로 인정받는다. 그리고 모든 사람은 동물에 대한 배려를 버리고 상징적이며 물리적인 희생 행위에 동참해야만 비로소 성숙한 사회의 일원으로 인정받는다. 갖가지 인간 해방 운동은 성별, 인종, 계급 등의 속성을 바탕으로 주체를 선별하는 일에 의문을 제기했다는 점에서 어느 정도 성공을 거두었다. 하지만 그것이 독단적으로 구축된 인간의 이상상을 뒤흔들지는 못했기에, 새로운 주체는 자신도 그 이상상에 합치함을 호소해야만 시민권을 얻을 수 있다. 육식남근로고스중심주의는 오늘날에도 여전히 건재하여 이상적인 인간에서 탈락한 방대한 '타자'를 주체의 지위에서 배제하는 장치로서 기능한다.

---

19 Jacques Derrida (1994) *Force de loi: Le "Fondement mystique de l'autorité,"* Paris: Galilée, p. 42 [한글본] 진태원 옮김, 《법의 힘》, 문학과지성사, 2004.

생명정치

데리다는 휴머니즘의 희생양 구조로 인해 상징적으로나 현실적으로나 동물을 '합법적으로 죽이는 일'이 가능해졌다고 말한다. 여기서 떠오르는 것이 푸코나 아감벤 등에 의해 형성된 생명정치biopolitics 이론이다. 생명정치는 인간 집단을 관리하고 배제하는 장치로 개념화된 후, 동물 연구에서 인간 아닌 생명에 미치는 권력의 작용을 밝힐 중요한 분석 도구가 되었다. 다음에서 그 계보를 간단히 되짚어 보고 데리다가 제시한 생명정치와 희생양 구조의 관계, 생명정치의 관점에서 본 인간 동물 관계의 구조를 설명하겠다.

이탈리아 사상가 로베르토 에스포지토에 따르면 생명정치라는 말은 요한 루돌프 키엘렌Johan Rudolf Kjellén, 몰리 로버츠Morley Roberts, 아론 스타로빈스키Aron Starobinski 등이 사용한 것인데,[20] 이것을 권력론의 핵심 개념으로 내세운 사람은 프랑스의 사상가 미셸 푸코였다.[21] 푸코는 근대화 과정에서 사람들을 통솔하는 권력의 양태가 변화한 것에 주목했다. 그가 말하길 과거 사회를 뒤덮었던 것은 신민을 거느리는 주권자(군주)의 권력으로, 그 실체는 생사여탈권 장악이었다고 한다. 주권자는 국가의 이름으로 전쟁을 벌이고 신민에게 목숨을 바치게

---

20 Roberto Esposito (2008) *Bios: Biopolitics and Philosophy*, Timothy Campbell trans., Minneapolis: University of Minnesota Press, Ch.1 참조.

21 푸코의 생명정치론에 관해서는 Michel Foucault (1976) *L'histoire de la sexualité Vol. 1, Volonté de savoir*, Paris: Gallimard. [한글본] 이규현 옮김, 《성의 역사 1: 지식의 의지》, 나남, 2020. 및 1970년대 후반의 콜레주드프랑스 강의록, 특히 Michel Foucault (1997) *Il faut défendre la société. Cours au Collège de France 1976*, Paris: Gallimard/Seuil [한글본] 김상운 옮김, 《사회를 보호해야 한다: 콜레주드프랑스 강의 1975~76년》, 난장, 2015. 참조.

했다. 반역하는 자가 있으면 사형에 처했다. 생각만으로도 지배하에 있는 자의 생명을 끊을 수 있다는 것이 주권자라는 증거로, 그런 의미에서 옛날 권력은 죽음에 중점을 두었다고 할 수 있다. 그러나 시대가 변화함에 따라 권력의 관심은 죽음에서 생명으로 이행했다. 오늘날의 복지국가를 보면 알 수 있듯이 새로운 권력은 죽음으로 위협하기는커녕 공중위생이나 건강 증진 시책으로 사람들의 건강을 향상하고 수명을 연장하며 출생을 촉진시킨다. 정치는 이제 생명 관리, 집단 관리의 색채를 강하게 띤다. 푸코는 이를 죽이는 권력에서 살리는 권력으로 변한 것으로 해석하면서 후자를 생명권력biopouvoir이라 명명했다. 생명권력의 목표는 국력과 경제에 이바지하는 '생산적'인 인구를 확보하는 것으로, 그것을 위해 펼치는 집단 생명 관리 정책을 생명정치라고 한다.[22] 발전한 생명과학 지식을 바탕으로 사람들을 생물체 집합으로 다루고 생로병사를 교묘하게 감시·통제·조작하는 생명정치의 방식은 신체와 생명의 유용성을 최대한 끌어올려 자본주의의 발달에 기여했다. 한편 이 집단 개량 계획은 인간이라는 '종족'을 강화시키고 순화시킨다. 여러 가지 우생 정책이나 집단 살해의 이면에 작용하는 것이 이 논리다. 역설적이게도 생명을 부양하는 생명정치가 대두한 근대 이래 인류의 살육 행위나 말살 행위가 전에 없이 격렬해졌는데, 그것은 죽이는 권력 시대와 달리 생명을 보호하고 번영시키기 위해 집행되었다. 일탈자, 열등 인종, 불순분자를 제거하면 종족으로서의 인간은 더욱 번창하고 영생하며 더욱 강하고 순수해진다는 신념

22　엄밀히 말해 푸코는 생명권력의 기본 형태를 크게 규율에 의한 개인의 신체 개량에 중점을 둔 해부정치anatomopolitique와, 출생률이나 사망률 같은 집단적인 생명 현상의 조정에 중점을 둔 생명정치biopolitique로 나눈다. Foucault, 1998 참조.

이 이런 폭력을 지지하고 부추겼다. '타자'를 죽음으로 내모는 것이 집단의 삶을 가꾸는 조건인 셈인데 여기서 생명정치는 선발과 배제에 의한 인간 구축을 꾀한다.

푸코의 논의를 계승하여 생명정치의 폭력과 인간 구축에 주목하고 이론을 재구성한 사람이 조르조 아감벤이다.[23] 그는 인간성과 동물성의 분리를 정치학의 본질로 보았다. 정치란 인간적인 '좋은 삶'을 실현하고자 하는 것이며 그러기 위해서는 인간 공동체에서 '동물적인 삶'을 배제해야 한다. 이때 앞서 언급한 인간학 기계가 쓰인다. 기억을 되살리자면, 인간학 기계란 정의하기 애매한 '인간'이라는 범주에 경계선을 긋고자 동물적인 존재를 콕 집어 배제하는 개념 장치였다. '노예는 인간의 모습을 한 동물이다', '유대인은 동물과도 같은 인간이다'라는 주장을 통해 생물학적으로는 인간인 자들이 '인간'의 틀에서 제외된다. 그런 집단을 법적 보호가 적용되지 않는 예외 공간에 가두고 동물적인 존재에 걸맞게 그저 살아 있을 뿐인 공허한 삶, '벌거벗은 삶'으로 몰아넣으면, 그러한 삶과 짝을 이루는 인간적·정치적인 삶이 형성된다. 노예나 외부자를 동물 취급하는 관습은 태곳적부터 이어져 내려왔으니, 이런 식으로 삶을 관리하는 것이 생명정치라면 서양의 정치는 탄생 초기부터 생명정치였다고 할 수 있다. 아감벤은 근대의 특징이 벌거벗은 생명을 둘러싼 예외 상태가 세상의 풍경을 가득 메워 정치 체제의 숨은 기반을 이룬 것이라고 말한다. 이민, 난민, 테러 용의자 등이 세계 각국에서 공인 수용소나 착취 공장에 갇혀 있는

---

23 아감벤의 생명정치론에 관해서는 Giorgio Agamben (1998) *Homo Sacer: Sovereign Power and Bare Life*, Stanford: Stanford University Press [한글본] 박진우 옮김,《호모 사케르: 주권 권력과 벌거벗은 생명》, 새물결, 2008. 및 Agamben, 2002 참조.

상황을 돌아보면 명백하리라. 공동체에서 배제되고 예외 공간에 포섭된 벌거벗은 생명은 갖가지 박탈로 생사의 경계에 놓여 합법적으로 살해당할 수 있는 존재가 된다. 누구를 이런 상황에 빠뜨릴지는 살해하는 권력인 주권자가 결정한다. 따라서 아감벤이 보기에 생명권력과 주권적인 권력은 늘 한 몸으로 기능한다.

생명정치와 희생양 구조

푸코와 아감벤은 몇몇 관점에서 견해를 달리하지만, 둘의 논의를 종합하면 생명정치란 배제를 통해 인간의 존재 양식을 관리하는 체제임을 알 수 있다. 그것을 이해하면 휴머니즘을 지탱하는 희생양 구조와 생명정치의 관련성을 알아차리는 것은 어렵지 않다. 희생양 구조는 특수한 인간 모델을 구축하는 과정에서 동물을 필두로 한 '타자'를 주체와 윤리의 범주에서 몰아낸다. 생명정치는 종족 내지 인간 범주를 보전하기 위해 '타자'를 죽음으로 내몬다. 요컨대 희생양 구조와 생명정치는 서로 닮은꼴인데, 전자가 논리 차원에서의 배타적인 폭력을 다룬다면 후자는 그 논리를 물리적인 차원에서 실행하는 형태를 띤다. 생명정치에서 타자의 말살은 인간 공동체를 보호하기 위한 희생 행위이다.

하지만 생명정치 이론 덕분에 살려지는 자와 버려지는 자 각자가 처한 정치 상황을 자세히 분석할 수 있다. 즉, 살려지는 자는 권력 구조 안에서 생산성이나 유용성을 축으로 삶의 양상이 면밀히 관리되는데, 그런 줄도 모르고 그들은 때때로 자진해서 국가나 자본의 톱니바퀴가 된다. 그러나 삶을 가꾸는 공동체는 지속적인 평온을 보장하는 것이 아니라 끊임없는 감시를 통해 구성원 속에서 인간의 질을 낮추는 자를 발견하고 배제한다. 바꿔 말해 인간학 기계는 한 번만 작용하는 게 아니다. 그것이 그은 인간과 타자의 경계선은 언제든 수정되어 인간으로 분류했던 자를 타자 쪽으로 축출할 수 있다. 모든 자가 리스크를 짊어진다.

데리다의 희생양 구조 논의는 동물 집단 살해에 관한 대목을 빼면 배제된 자들의 말로에 대해서는 많은 말을 하지 않지만, 생명정치론이 그 누락된 부분을 메워 준다. 푸코에 따르면 죽음으로의 폐기란 직접적인 살해뿐만이 아니라 죽음에 내맡기는 것, 죽음의 위험에 노출시키는 것도 의미한다. 예를 들면 일본 출입국 재류 관리청의 입국자 수용소[24]가 그 전형인데, 그곳에 갇힌 외국인은 열악한 환경 속에서 직원의 폭행과 괴롭힘에 시달리는 한편 썩은 음식을 배급받고 복용하던 약마저 빼앗겨 생명의 위험을 느낀다. 일본 사회의 치안을 유지한다는 미명하에 자행되는 수용소의 만행은 '종족'에 위협이 될 법한 자들을 죽음으로 내모는 생명정치적 폭력 그 자체다. 또 일본 각지의 행정이 벌이는 노숙자 배제 등도 일종의 죽음에 내맡긴 간접 살해라 할 수 있으리라.

앞서 요약했듯이 아감벤은 배제와 포섭을 표리일체로 본다. 인간 공동체에서 쫓겨난 자는 공동체 외부에서 자유를 얻는 것이 아니라 법질서의 지배를 받지 않는 예외 공간에 갇히는데 그 존재야말로 인간 공동체의 토대가 된다. 왜냐하면 원래 인간적인 삶이라는 개념

---

24 [옮긴이] 주로 출입국 관리 및 난민 인정법(입관법, 출입국 재류 관리청의 줄임말은 입관入管이다) 또는 그 관련법을 위반하여 강제 퇴거 대상이 된 외국인을 수용하는 곳이다. 이바라키현, 나가사키현 등 두 곳에 설치되어 있으며 송환 (또는 방면) 전의 처우부터 결정 사항의 집행까지 도맡아 관리한다.

에는 확고한 정의가 없기에 늘 비인간적인 삶과의 대비를 통해서만 내용이 확립되기 때문이다. 속된 예로 사람들이 스스로의 존엄을 호소하며 외치는 '우리는 동물이 아니다'라는 말을 생각하면 좋을 것이다. 즉, 이 말은 존엄이 고려되지 않는 동물을 전제하고 그 처지를 당연시하면서 '우리'는 그 같은 처지에 놓이면 안 된다고 주장하는 격이다. 그들이 요구하는 '남들만큼'의 대우는 이처럼 '동물 같은' 대우를 부정하는 형태로 내실을 다진다. 그러기 위해서는 우선 '동물 같은' 대우를 받는 구체적인 타자, 즉 동물이 있어야 한다. 그와 마찬가지로 질적으로 충실한 인간적 삶, 정치적 삶이 내실을 유지하기 위해서는 비인간적 삶이 존재해야 한다. 그에 해당하는 것이 바로 예외 공간에 포섭된 벌거벗은 생명이다. 비인간화된 타자가 예외적인 대우를 받을 때 '우리는 저것이 아니다'라는 형태로 인간적인 양식은 재인식된다. 예외적인 대우를 받는 타자가 어디에도 없다면, 인간적인 양식은 모호해진다. 타자라는 희생양은 인간 공동체에 필수적인 요소로 배제됨과 동시에 포섭되어야 한다. '인간'의 반대 존재로서 '동물'이 필요하듯이 정치적 삶에는 그 반대 존재인 벌거벗은 생명이 필요하다. 그리고 기묘하게도 데리다와 아감벤이 거의 같은 표현으로 말했듯, 예외 공간으로 배제되고 포섭된 벌거벗은 생명은 '합법적으로 죽이는 일'이 가능한 존재다.

동물 생명정치

생명정치론을 발달시켜 온 철학자들은 인간 집단의 생명 관리와 동물화된 인간의 운명을 줄곧 문제 삼았다. 여기서 새삼 눈에 띄는 것이 이런 이론가들에게 공통된 휴머니즘적이면서도 인간중심주의적인 태도다. 생명정치는 첫째, 인간을 생물학적으로 관리하기 위한, 즉 동물로서의 인간을 관리하기 위한 통치 형태다. 그렇기에 아감벤은 그것을 '더없이 세련된 방법으로 이룩된 인간의 동물화'라고 표현했다.[25] 그렇다면 생명정치의 방법론이 인간 아닌 동물을 관리하는 기술과 관련이 있음을 쉽게 예측할 수 있고, 그 관계를 따지지 않는 분석은 피상적이 될 수밖에 없다. 뒤에 설명하겠지만 실제로 인간 집단의 생명 관리는 인간 아닌 동물의 관리와 일맥상통하는 정도가 아니라 아예 그것을 원형으로 형성되었다. 둘째, 생명정치가 인간 공동체의 타자를 동물화/비인간화로 배제하는 메커니즘이라면 모든 타자의 모델은 인간 아닌 동물일 수밖에 없다. 애초에 인간의 타자로 지목되는 인간 아닌 동물의 처지야말로 동물화된 자들이 거칠 운명의 궁극을 달린다. 생명정치적 폭력의 전모를 밝히려면 그 권력이 인간 아닌 동물에게 어떻게 작용하는지 돌아봐야 한다.

디네시 와디웰의 분석에 의하면 생명정치론이 동물의 처우를 간과하는 것은 전통적으로 아리스토텔레스 시기의 정치학에서부터 인간 아닌 동물이 정치의 주체로 여겨지지 않은 데 기인한다.[26] 하지만 푸코나 아감벤을 비롯한 대륙 철학자는 앞서 살펴본 휴머니즘 비판을 통해 고전적인 주체 개념을 무너뜨렸다. 그 사고를 파악하려면 구태의연한 정치학의 틀에 사로잡힌 채 허구적인 범주인 '인간'의 통치에만 관심 갖는 태도를 바로잡아야 한다. 이제 우리는 동물에게 미치는 생명권력의 작용을 척결할 필요가 있다.

25 Agamben, 1998, p. 3. 아감벤은 이 말에 인용 표시를 했으나 기제된 푸코의 문헌에 동일한 표현은 보이지 않으므로 이것은 생명정치에 대한 아감벤 자신의 해석인 듯하다.

26 와디웰, 2019, 102쪽.

이미 포스트휴머니즘의 관점에 입각한 동물 연구 종사자들은 인간 동물 관계를 이해하는 데 생명정치론을 적용해 왔다. 실제로 동물 이용에서의 권력 구조는 생명정치의 틀로 설명되는 부분이 크다. 멸종위기종 보호와 생태 연구라는 명목으로 동물을 수용·관리하는 동물원 및 수족관 산업,[27] 번식을 통제하고 건강을 치밀하게 관리하며 산업 가치가 떨어진 동물을 처분하면서 유지해 온 애완동물 산업,[28] '살아 있는 보조 기구'로 개를 양성하고 부적격 시 배제하는 보조견 산업 등 그 적용 범위는 다양하다. '때 묻지 않은 자연'이나 '원풍경'을 보호한다는 미명하에 이루어지는 외래종 근절 정책도 타자를 배제해서 재래종 공동체를 유지하고 관리한다는 점에서 명백하게 생명정치이다(아울러 그에 의해 보호받는 지역의 자연과 재래종은 거의 항상 가치 있는 생명이라기보다 가치 있는 경제 자원일 뿐임을 명심하라[29]). 한편 생명정치의 폭력적인 측면이 유독 노골적으로 드러나 분석이 거듭되는 것이 식용 부문에서의 동물 이용이다.

동물과 생명정치의 관계를 자세히 설명한 저서 《법 앞에서》에서 철학자 캐리 울프는 공장식 축산 및 그와 유사한 행위가 생명정치 자

---

27 동물원의 생명정치에 관해서는 이를테면 Matthew Chrulew (2011) "Managing Love and Death at the Zoo: The Biopolitics of Endangered Species Preservation," *Australian Humanities Review* 50: 137–157 참조.

28 애완동물의 생명정치에 관해서는 이를테면 David Redmalm (2019) "To Make Pets Live, and To Let Them Die: The Biopolitics of Pet Keeping," in Tora Holmberg, Annika Jonsson and Fredrik Palm eds., *Death Matters: Cultural Sociology of Mortal Life*, Basingstoke: Palgrave Macmillan, pp. 241–263 참조.

29 외래종 정책의 생명정치에 관해서는 James Stanescu and Kevin Cummings eds. (2017) *The Ethics and Rhetoric of Invasion Ecology*, Lanham: Lexington Books 참조.

체를 구성한다고 말한다. 예를 들어 역사가 찰스 패터슨에 따르면 나치의 집단 살해 기술은 헨리 포드가 개발한 컨베이어 작업 시스템이 원형이며, 컨베이어 시스템은 시카고 도살장의 대규모 도살 기술을 본뜬 것이다. 우생학과 단종 정책은 동물 육종학을 적용한 것이며, 나치의 절멸 수용소[30]는 도살장의 설계를 본떠 비슷하게 만든 것이다.[31] 나치의 생명정치적 폭력은 동물 착취의 산물이다. 그뿐만이 아니다. 동물 착취 기술은 오늘날에도 인간을 관리하기 위한 생명정치적 수단에 계속 아이디어를 공급하고 있다.

> 실제로 우생학, 인공수정과 선발 육종, 약물에 의한 강화, 접종 등을 통해 생사를 최대한 통제하려는 노력, 푸코가 말한 '살리기' 위한 수많은 노력은 아마 생명정치 역사상 다른 어느 곳보다도 현대의 공장식 축사에서 가장 잘 나타날 것이다. 거의 반론의 여지가 없겠지만 '동물'은 오늘날—그것도 인류 역사상 유례없는 규모로—해당 장치의 원형 그 자체를 낳았으며 그것은 가장 무분별한 악몽이 되었다.[32]

마찬가지로 와디웰은 인간학 기계에 의한 타자 배제 논리가 동물

---

30 [옮긴이] 절멸 수용소Vernichtungslager: 대량 학살을 목적으로 나치 독일이 제2차 세계대전 중에 설립한 강제 수용소를 특별히 일컫는 말로 아우슈비츠 수용소 등 여섯 곳이 있으며 죽음의 수용소Todeslager라고 불리기도 한다.

31 Charles Patterson (2002) *Eternal Treblinka: Our Treatment of Animals and the Holocaust*, New York: Lantern Books. [한글본] 정의길 옮김, 동물권행동 카라 감수, 《동물 홀로코스트: 동물과 약자를 다루는 '나치'식 방식에 대하여》, 휴(休), 2014.

32 Cary Wolfe (2013) *Before the Law: Humans and Other Animals in a Biopolitical Frame*, Chicago: University of Chicago Press, p. 46.

화된 인간 집단을 박해하기에 앞서 먼저 인간 아닌 동물에게 제도적 폭력을 휘둘렀다는 사실에 입각해, 동물 지배야말로 생명정치를 낳은 부모라고 단언했다. '이러한 인간/동물 분리의 측면을 고려하면 생명정치의 진정한 근원은 강제 수용소도 식민지도 아닌 인간 동물 관계를 지탱하는 사육·제어·통제·살해 기술임이 명백하며, 그 한구석에 도살장이 있다.'[33]

그리고 아감벤의 말대로 인간으로부터 분리된 타자 모두가 예외 지대에 포섭되어 벌거벗은 생명으로 전락한다면, 인간과 가장 거리가 먼 타자로 평가된 동물들이 더더욱 그 처지에서 벗어날 수 없음은 자명하다. 다만 여기서 모든 동물을 하나로 묶는 것은 성급한 일인데, 인간의 관리 밑에 있는 건 같지만 애완용 동물, 조수 보호구 동물, 실험용 동물, 식용 동물 등등은 동물 보호법의 적용 범위 같은 것이 매우 다르기 때문이다. 인간 집단에서 일어나는 배제도 그렇지만, 현실에서는 대상에 따라 다양한 예외가 작용한다는 점을 간과하면 안 된다. 실제로 산업에 이용되는 동물, 특히 축산용 동물은 대체로 동물 보호법의 적용 대상이 아니다. 따라서 애완동물에게는 학대인 일이 축산용 동물에게는 전혀 학대가 아니다. 마취 없이 몸의 일부가 절제되고, 오랜 기간 제대로 움직일 수 없는 우리에 갇히고, 분뇨를 뒤집어쓴 채 생활하더라도, 농업의 관행에서는 허용된다. 그런 의미에서 식품 산업에 속한 동물은 모든 동물을 통틀어 가장 예외 상태에 놓여 있다.

인간의 경우, 생명정치의 관리는 집단을 생산 구조의 톱니바퀴로

---

33   와디웰, 2019, 129쪽.

만드는 한편 표면상으로는 편익을 도모한다. 따라서 대부분의 사람은 순순히 관리를 받아들이고 심지어 권력의 통치하에 놓이기를 은근히 바라기까지 한다. 동물에게 그런 일은 없다. 축산에 이용되는 동물 집단은 처음부터 예외 공간에 갇힌 채 생명정치적 관리를 받으며 생산 기구의 톱니바퀴가 된다. 생명의 감시·촉진·증강은 동물에게 편익을 가져다주지 않는다. 생명정치의 목표는 동물을 보살피는 게 아니라 생명 그 자체를 육성하여 생산적인 동물의 신체를 **인간의** 양식으로 삼는 것이다. 요컨대 인간 동물 관계에서 생명정치는 중첩 구조를 이룬다. 그것은 첫째, 인간 공동체를 경계 짓는 과정에서 인간 아닌 동물을 타자로 분류하고, 예외 공간으로 배제함과 동시에 포섭한다. 하지만 둘째, 예외 공간으로 내몰린 동물은 그저 죽음에 내맡겨지는 것이 아니라 인간의 생산 기구에 포섭되어 '건강한 (것으로 간주되는) 인간 신체의 구축',[34] '인간 집단의 생물학적 재생산'[35]에 기여한다. 동물 생명정치는 인간 생명정치의 일환이며, 관리자는 인간 집단의 삶을 가꾸기 위해 동물 집단을 '살려 둔다'. 동물 생명정치의 내부에서 또다시 관리 집단으로부터 분리되어 죽음으로 내몰리는 것은 미숙아나 기형아 같은 비생산적인 동물, 생산 공정을 견디지 못하고 시름시름 앓는 병약한 동물, 집단의 생산성을 위협할 만한 질병에 걸린 동물이다.

벌거벗은 생명으로 전락해 생사의 경계에 머무른다는 점에서 축

---

34   Richard Twine (2015) *Animals as Biotechnology: Ethics, Sustainability and Critical Animal Studies*, New York: Earthscan, p. 86.

35   Dinesh Joseph Wadiwel (2018) "Biopolitics", in Lori Gruen ed., *Critical Terms for Animal Studies*, Chicago: University of Chicago Press, p. 88.

사의 동물은 동물화된 인간과 닮았으나 삶과 탄생과 생식이 강요된다는 점에서 인간 집단과 다르다. 인간 타자의 배제는 그것 자체가 죽음으로 폐기됨을 의미하지만 동물의 배제는 삶이 다른 차원에서 관리됨을 의미한다. 다만 그 관리의 의도가 죽음으로의 폐기가 아니라 죽음으로부터의 가치 산출임을 잊으면 안 된다. 동물을 번식시키고 육성하고 어떤 의미에서 보호하는 것은 언젠가 그 몸을 가치 있는 시체로 바꾸기 위함으로, 삶의 양상은 철두철미하게 그 목적에 맞게 꾸려진다. 철학자 제임스 스타네스쿠는 동물에게 주어지는 이런 삶을 '시체화되는 삶deading life'이라고 표현했다.[36] 공장식 축산은 시체 제조 시스템이다. 그 모든 설계는 시체 양산이라는 목적에서부터 거꾸로 따져보면 완전히 앞뒤가 맞는다. 동물은 조만간 시체가 될 존재로 취급받으며 그 삶은 시체로 향하는 공정의 일부이자 '순전한 죽음의 자원'[37]으로 추락한다. 이쯤 되면 동물에게 미치는 생명정치적 폭력은 집단학살 개념에는 포함되지 않는 독자적인 성격을 드러낸다. 죽음의 수용소에 갇힌 사람들의 벌거벗은 삶은 이제 죽어도 좋은 버려진 삶이다. 동물의 시체화되는 삶은 애초에 죽음을 위해 태어나는 삶이다. 전자는 죽음으로 내몰리지만 살 힘이 남아 있어 생사의 경계를 헤매고, 후자는 죽음이 무르익을 때까지 위태로이 살아야 하기에 같은 지경을 헤맨다. 표면상의 유사성은 누가 봐도 명백하지만, 둘이 놓인 문맥은 근본적으로 다르다. 동물에게로 시야를 넓히는 순간, 생명정치의 틀은 기존의 이론이 포착하지 못한 새로운 폭력 형태, 나아가 새로운

36 James Stanescu (2013) "Beyond Biopolitics: Animal Studies, Factory Farms, and the Advent of Deading Life", *PhaenEx* 8(2): 135–60.

37 Stanescu, 2013, p. 149.

삶의 형태까지도 비출 수 있다.

생명정치론은 인간중심주의가 현실에 어떤 폭력으로 나타나는지 규명했다. 사회 구성원으로 인정받은 '인간'의 공동체를 지키기 위해 제도는 '인간'에서 탈락한 자를 법적 보호의 틀에서 배제하고 다양한 예외 지대로 몰아넣는다. 이것은 생물학의 가면을 쓰고 이루어지는 과정이다. 배제되는 타자는 인간이 아니기에 또는 인간에게 위협이 되기에, 그들에게 사회적인 평가나 대우가 다른 것은 당연하다(이런 태도를 자연주의 혹은 생물학주의라고 한다). 생명정치의 작용을 감안하면 공동체에서 쫓겨난 타자를 법적으로 보호하는 것만으로는 문제를 뿌리 뽑을 수 없다. 인간학 기계는 끊임없이 공동체 구성원과 타자를 나눠 새로운 예외 상태를 낳기 때문이다. 인권을 논하기 전에 먼저 인간과 동물의 분리 문제를 따져 봐야 한다는 아감벤의 주장은 그러한 인식에 뿌리를 둔 것이다. 필요한 것은 인간학 기계를 멈추는 노력이며 이를 위해서는 타자 배제의 근원에 있는 '인간'을 정치·도덕·사회의 중심에서 치워야 한다. 이것이 휴머니즘을 초월한 윤리 사상, 포스트휴머니즘 윤리를 구상해야 하는 이유다.

포스트휴머니즘 윤리

동물 윤리학의 고전 이론은 휴머니즘의 주체 모델을 받아들여 인간 아닌 동물도 똑같은 주체라고 주장함으로써 평등한 배려나 기본권의 확장을 요구해 왔다. 톰 레건의 이론에 특히 이러한 생각이 잘 반영되어 있다. 그는 많은 동물이 고도의 정신 기능을 갖춘 삶의 주체로 보인다는 점을 권리 적용의 근거로 내세웠다. 거기서 이루어지는 것은 사실상 동물이 가진 인간성의 발굴이며, 인간성이야말로 동물에게 주체의 지위와 권리를 보증하는 역할을 한다. 따라서 동물권은 인권의 연장선상에 있다고 할 수 있다. 싱어나 프란시온은 더 기본적인 감각 내지 고통 인지 능력을 배려의 기준으로 삼는다는 점에서 레건과 조금 다르다. 하지만 동물의 인간성이나 인간적인 주체성을 중시하는 자세에는 큰 차이가 없으며, 그것은 이들이 각각 이익이나 자의식에 특별한 가치를 둔다는 점에서도 나타난다. 한편 싱어와 프란시온의 주장은 대조적이다. 싱어의 경우, 많은 동물이 인간과 달리 자의식이 없으므로 수단화되어도 고통받지 않는다고 주장한 반면, 프란시온의 경우, 감각 있는 동물은 모두 자의식이 있으므로 수단화로 인해 불이익을 당한다고 주장했다. 다만 둘 다 자의식의 유무를 윤리적 대우의 척도로 삼는다는 점에서는 다르지 않다. 즉, 두 사람 모두 인간 옹호론의 틀을 거의 고스란히 동물 옹호론으로 가져와 그 기저의 휴머니즘 논리를 규명함으로써 동물의 도덕적 지위를 확립하고자 했다.

그렇지만 지금까지의 논의를 감안하면 이 전략에 큰 한계가 있음을 인정해야 한다. 휴머니즘의 주체 모델이 원래부터 동물성을 부정함으로써 형성된 것이기 때문이다. 휴머니즘에 의거한 동물 옹호론에서 동물의 도덕적 지위를 뒷받침하기 위해 언급되는 능력은—감각이든, 자의식이든, 지향성이나 주체적 경험이든—모두 인간 존엄의 기반을 이루는 특징으로, 많은 동물이 그런 능력을 가졌다는 이유로 이차적으로 존엄을 인정받는 데 그친다. 에코페미니스트 데보라

슬라이서가 지적했듯이 그 능력은 '인간이야말로 가장 완전하게 갖추고 있는 것이며 완전한 **인간**이 생활을 영위할 때 중시되는'[38] 것이다. 따라서 이 틀에서도 견본으로서 인간의 우위는 흔들리지 않으며 기타 동물은 '우리의 열등한 버전'으로 평가된다.[39] 이는 가장자리 상황 논증에서 여실히 드러난다. 동물은 견본에 해당하는 인간 정도는 아니지만 '견본에서 벗어난 인간'과는 동등하거나 그보다 풍부한 정신 기능을 갖춘 존재로서 도덕 공동체의 일원으로 받아들여진다. 어쨌든 많은 동물을 존엄 있는 주체의 범주에 포함시킨 점을 동물 윤리학의 공헌이라고 해도 좋은데, 그럼에도 휴머니즘의 서열 구조에는 큰 타격을 가하지 못했다. 오히려 인간과의 공통성을 바탕으로 동물의 존엄을 확립하는 것은 서열적 휴머니즘과 그 문제가 내포된 주체 모델을 강화하는 측면마저 있다.

인간 주체에 배타적인 존엄을 부여하는 도덕 이론이 실은 동물에 대한 폭력을 용인해 온 사상적 토대라면, 애초에 동물 윤리학은 그것을 대신할 만한 새로운 틀을 구축해야 했다. 그러나 고전적인 동물 해방론과 동물권론은 휴머니즘을 뒤흔드는 것이 아니라 그것에 부분적인 수정을 가하는 자세로 일관해 왔다. 매슈 칼라르코는 다음과 같이 말한다.

대부분의 동물 윤리학자는 다른 종류의 윤리학을 추구하여 서열 도식을

---

38 Deborah Slicer (2007) "Your Daughter or Your Dog? A Feminist Assessment of the Animal Research Issue," in Josephine Donovan and Carol J. Adams eds., *The Feminist Care Tradition in Animal Ethics*, New York: Columbia University Press, p. 108.

39 Wolfe, 2003, p. 192.

거부하기보다 그저 서열이 부적절하거나 부당하게 마련되었다고 생각한다. 동물(참고로 동물 윤리학의 주류 접근법에 따르면 **모든** 동물이 포함되는 것은 아니라는 점에 주의하자)을 도덕 계산에 넣는 것은 적어도 관련 이론가 대다수에게는 내용을 '올바른 형태'로 고치는 일, 이성적으로 만족할 수 있도록 정확한 위치에 도덕의 경계선을 긋는 일을 의미한다.[40]

도덕적 배려를 받을 만한 존재와 그 밖의 존재로 나누는 선을 유지한 채 단순히 선의 위치만 바꾼다면, 생명정치적 배제가 일어나는 것을 피할 수 없다. 선의 위치를 둘러싼 동물 윤리학자들의 견해는 대개 정형화된 것으로 곤충은 선 안쪽인지 바깥쪽인지 판단하기 힘든 동물, 조개류는 아마 선 바깥에 위치하는 동물이라는 식이다. 그렇다면 살충제 살포나 곤충 식품 제조, 조개 양식이나 살아 있는 해산물 섭취는 선 안의 동물에게 부차적인 피해를 주지 않는 한 윤리적으로 문제 되지 않는 걸까. 중추신경계가 없는 동물은 어떻게 이용하고 얼마나 죽이든 전혀 상관없는 걸까. 많은 이론가들이 예방 원칙을 적용해 도덕적 지위의 근거인 능력이 있는지 없는지 불분명한 생물은 능력이 있다는 가정하에 취급해야 한다고 주장하지만, 그로 인해 '여분'의 생물까지 도덕 공동체에 포함된다 해도 인간으로부터 충분히 동떨어진 생물은 그 공동체에서 배제된다. 그 숫자가 결코 적지 않다.
또 초기 동물 옹호론은 인간과 인간 아닌 동물의 공통성만을 강조한 결과 지극히 시야가 좁아졌다. 그것은 도덕적 지위의 조건이 되

40   Matthew Calarco (2008) *Zoographies: The Question of the Animal from Heidegger to Derrida*, New York: Columbia University Press, p. 128.

는 단 한 가지 능력만을 문제로 삼기에, 모든 생명은 인간이고 아니고를 떠나 능력의 유무에 따라 둘로 나뉜다. 이는 결국 인간과 동물의 이원론을 능력자와 무능력자의 이원론으로 대체한 것에 불과하여 종에 따른 불합리한 차별을 없앴다는 점에서는 진전이지만 단순화된 범주적 사고임에 틀림없다. 그리고 이런 사고가 으레 그렇듯이 새로운 이원론에서도 두 범주로 나뉜 존재자들의 다종 다양한 차이는 고려되지 않는다. 철학자 켈리 올리버는 묻는다. '차이가 아닌 유사성이 중요하다고 전제한다면, 각각이 경험하는 독자적인 이익을 헤아려 동물에게 다가서는 윤리학 같은 것을 어떻게 구상할 수 있단 말인가.'[41] 단일한 능력에 초점을 맞춘 틀은 동물 고유의 이익뿐만 아니라 개개의 생명을 둘러싼 가족 관계나 공생 관계, 생활 상황, 생태학적 요소 등도 고려에 넣을 수 없다. 원래 생물은 전부 그 모든 요소를 겸비한 존재로 분명 그 가치는 무엇과 비교할 수 없을 만큼 유일하다. 동물 윤리학은 그 차이와 고유성을 도덕 판단에 반영할 수 있어야 하지만 고전 이론은 능력에 입각한 범주적 사고로 차이를 평탄화해 온 경향이 있다.

그런데 착각하면 안 될 것이 있다. 지금까지의 비판이 동물 옹호론만을 대상으로 한 게 **결코 아니라는** 점이다. 이는 역설적으로 우리의 정의나 도덕의 토대였던 휴머니즘이 심각한 한계를 안고 있다는 증거가 된다. 앞서 살펴본 바와 같이 범주적 사고, 선 긋기 논리, 생명정치적 배제, 차이 경시 같은 문제는 휴머니즘의 사고 자체에 내재되

---

41 Kelly Oliver (2009) *Animal Lessons: How They Teach Us to Be Human*, New York: Columbia University Press, p. 29.

어 전통적인 자유주의 정의 운동을 얽매어 왔다. 제2차 세계대전 이후 달아오른 각종 인권 운동은 속성에 따른 불합리한 차별을 배제하는 데서는 많은 승리를 거두었지만, 다양한 피억압자의 차이를 고려한 배려 정책을 요구하는 측면에서는 때늦은 감을 지울 수 없다. 적어도 존엄 있는 주체의 범주는 이제 백인·성인·남성·유산 계급 등 무의미한 기준을 벗어나 모든 인간을 포함할 수 있는 '공백'의 개념이 되었다. 그래도 자유나 자율을 주체의 본질로 보는 가치 체계는 여전하고, 사회 조건상 오랜 특권자야말로 그런 주체성을 가장 수월하게 발휘할 수 있는 것도 변함이 없다. 울프의 말을 빌리자면 '자유주의 전통에서 주체 범주는 형식적으로는 공백이었지만 물질적으로는 사회의 비대칭과 불평등으로 가득 차 있었다.'[42] 그 결과 주변화된 사람은 지금도 여전히 휴머니즘의 주체 모델—정상인 중심적, 육식남근로고스중심적 인간상—에 동화되기 위해 노력하는 수밖에 없다. 그뿐만이 아니라 특정 피억압 집단을 권리 주체로 끌어올리려는 노력은 한편으로 더 곤란한 상황에 처한 사람을 방치하는 경향이 있었다. 초기 페미니즘 운동에서 동성애자나 유색인종 여성의 존재가 무시된 것이 좋은 사례다(이 문제는 다음 장에서 교차성 개념을 다룰 때 자세히 살펴보겠다). 자유주의 정의론이 그런 일들을 반성해 휴머니즘 주체 개념 자체의 특권성에 파고든 것은 아주 최근에 불과하다. 게다가 그 재검토조차 동물성의 부정을 통해 인간 주체를 정의하는 경향을 고수한다. 따라서 주류 자유주의는 여전히 이에 보조를 맞춰 동물이라는 타자를 윤리의 틀에서 배제한다. '종'이라는 위험한 생물학적 근거에 입각

---

42 Wolfe, 2003, p. 8.

하여, 생명정치적으로 말이다.

동물 해방론, 동물권론은 인간만이 주체이며 권리와 존엄을 누릴 수 있다는 전제를 뒤흔들었다는 점에서 명백히 휴머니즘의 정의론을 한 단계 진보시켰다. 하지만 그 틀은 아직 낡은 주체성 규범을 버리지 못해 동물들의 차이를 충분히 직시할 수 없으며, 인간중심적 서열 구조를 바로잡을 수도 없다. 요컨대 울프가 말했듯이 '동물권 철학의 문제는 반휴머니즘적이어서가 아니라 오히려 **너무** 휴머니즘적이어서이다.'[43] 이번 장 첫머리에서도 말했듯이 고전적 동물 옹호론은 자유주의 휴머니즘의 오랜 전통을 바탕으로 하기에 '수사학적으로는 매우 강력'[44]하고 실용성도 있다. 그리고 '거기에 달린 사안이 … 몇 백만, 아니 **몇십억** 마리의 인간 아닌 동물에게 너무나도 중대'하기에, 그 실용성을 결코 가볍게 볼 수 없다. '실용적인 차원에서 우리는 가진 것을 총동원해야 한다.'[45]

그렇다고 당분간 고전 이론을 무기로 동물 옹호론을 전개하자는 말이 휴머니즘에 따른 접근법의 한계나 위험성을 무비판적으로 받아들이자는 뜻은 아니다. 울프나 칼라르코가 지적했듯이 동물 옹호론이 따르는 휴머니즘 개념이나 범주는 그것 자체가 타자 억압을 정당화하는 도구다. 서열화, 배제, 차이 제거 등 고전 동물 옹호론에 따르는 각종 문제를 극복하기 위해서는 휴머니즘을 대신할 철학이 필요하다. 그것은 기존의 이원론적, 인간중심적 관점에서 벗어나 누구도 중

---

43 Wolfe, 2003, p. 36.

44 Wolfe, 2003, p. 192.

45 Ibid.

심에 두지 않고 존재자 각각의 독립성을 독자적인 상태 그대로 인정하는 틀, 공통성이나 연속성과 함께 차이와 복잡함도 조명하는 틀이어야 한다. 울프는 한 인터뷰에서 포스트휴머니즘의 정신을 이렇게 요약했다.

> 우리가 동물을 배려하고 소중히 대하는 이유, 도덕 공동체를 확장하려는 이유는 세계에 사는 그 이종異種 생물이 우리와 **닮았기** 때문이 아닙니다. 무엇이 아름답고 고귀한가 하면, 그 생물들이 우리와는 **다르다**는 것입니다. 세계에 존재하는 수많은 다른 삶도 우리의 삶처럼 착취로부터 보호받고, 학대로부터 보호받고, 번영이 용납되어야 마땅합니다.[46]

포스트휴먼적 상황

포스트휴머니즘의 사고는 일단 인간 개념을 되짚어 보는 것에서 시작된다. 휴머니즘에서 인간은 일정한 존재 양식을 유지한 채 변화하는 법이 없다. 인간은 역사를 뛰어넘는 본질에 따라 동물·자연·물질·환경 등과 구별되어 안정된 범주로 존재한다. 왜냐하면 인간의 본질 그 자체가 세계로부터의 독립 내지 '초월'을 시사하는 성질이기 때문이다. 원래 인간의 본질로 여겨져 온 능력은 자유와 자율인데, 그것은 동물성에서 벗어나고, 육체의 제약에서 벗어나고 나아가 온갖 물질성의 속박에서 벗어나야 비로소 손에 들어온다.[47] 즉, 휴머니즘의 자유와 자율은 세계의 양상에 좌우되지 않는 인간의 초월성을 의미

---

46 UWaterlooEnglish (2012) "Cary Wolfe on Post-Humanism and Animal Studies," https://www.youtube.com/watch?v=5NN427KBZII(2020년 12월 2일 접속).

47 Wolfe, 2003, pp. xiv–v 참조.

한다. 이런 본질은 역사가 흘러도 불변하고 따라서 인간도 불변한다. 또한 이 틀에서 인간은 세계에 작용하는 주체이고 그 밖의 존재는 인간의 작용을 받는 객체(대상물)이며 둘의 입장은 결코 뒤집히지 않는다. 한마디로 인간은 그 초월적 본성으로 인해 그야말로 세계의 모든 존재와 선을 긋는다. 포스트휴머니즘은 세계로부터 독립된 이 예외적 존재로서의 인간상을 재검토함으로써 휴머니즘 해체를 시도한다.

이미 살펴보았듯이 데리다, 푸코, 아감벤 등으로 대표되는 대륙 철학자는 휴머니즘 전통에서 인간과 동물이 나뉘는 것을 비판하고 '인간'은 철학적인 구축물이라고 외쳤다. 이런 논의의 전제에는 인간을 세계사나 사회구조의 산물로 간주하는 대륙 철학적 사고가 있다(반휴머니즘이나 구조주의라고 불리는 사상 조류가 그 중심을 이룬다). 포스트휴머니즘은 그 유산을 이어받으면서도 보다 물질적인 사실에 빛을 비춘다. 사실 인간은 모든 사물, 모든 생명의 세계로부터 독립되어 있기는커녕 그 안에서 형성되는 존재다. 인간이 관여하고 작용하는 세계는 역으로 인간의 양상을 좌우한다. 예컨대 인류는 돼지를 가축화(가축 모독)하는 데 성공했으나 그로 인해 돼지는 예상할 수 없는 형태로 인류의 역사·경제·정치·문화 등에 영향을 미치는 존재가 되었다. 돼지 사육이라는 풍습이 없었다면 돼지에 관한 세계의 전승 풍속이나 문화 행사도 없었을 테고, 식료품 공급의 전제가 바뀌었을 테니 전쟁의 역사마저 달라졌을 것이다. 더욱이 돼지 사육이 없었다면 돼지에서 유래된 감염증이 여러 나라의 무역·유통·금융을 비롯해 보건 정책이나 이민 정책을 움직이는 일도 없었을 것이다. 당연히 돼지 사육이 없는 세계였다면 물질적인 조건의 차이 때문에 인간 사회의 양상도, 인간의 사고나 관념 체계도, 심지어 인간의 신체마저도 현재와 크게 달라졌을 것이다. 그러나 오늘날 인간의 양상은 돼지라는 존재로부터 깊은 영향을 받고 있다. 같은 이야기를 다른 동물이나 식물, 미생물, 광물로도 할 수 있다. 곡물이나 석유는 인간의 작용을 받기만 하는 객체로 간주되기 일쑤지만 다른 한편에서는 인간의 양상을 그 심신에 이르기까지 바꿔 놓기도 했다. 기술의 산물도 그렇다. 인간은 기계를 발명하고 이용하지만, 계산이나 기억을 할 때 기계의 도움을 받는 습관은 사람들의 사고 양식이나 생활 양식을 극적으로 변모시켰다.

알다시피 이것은 인간과 관련된 모든 사물, 모든 생명의 '의도'와는 무관하다. 돼지는 뭔가 작정하고 병원체를 뿌리는 게 아니고 기계도 뭔가를 노리고 인간의 두뇌를 대신하는 것이 아니다. 이것은 인간이 모든 사물, 모든 생명과의 **상호** 작용을 통해 형성되는 존재라는 증거다. 세상의 모든 존재는 관계망을 이루며 서로의 양상을 바꿔 나간다. 인간도 그 망에 속한 일원으로 항상 다양한 생명, 비생명과 관계하는 사이 자신의 의도를 뛰어넘어 변질을 일으킨다. 그런 관점에서 보면 역사를 뛰어넘는 인간의 본질 따위를 생각하는 편이 더 어려운 일이리라. 인간은 변화를 멈추지 않는 모든 관계의 산물이므로 고정된 아이덴티티를 유지할 수 없다. 그리고 그 존재는 심신 모두에 '인간 이상'의 요소를 내포한 것으로, 세계로부터 초월해 있는 자유롭고 자율적인 존재 같지만 실은 애초부터 다른 것에 '침식'되어 있다.

지금까지의 내용은 포스트휴머니즘 논의를 꿰뚫는 공통 인식이다. 이러한 현실 양태를 기존의 이원론적, 인간중심적인 세계관과 대비시켜 포스트휴먼적 상황posthuman condition이라고 한다. 존재자가 상호 형성되는 것은 어느 시대에나 일어나는 일이므로 인류는 지구에 탄생한 뒤로 줄곧 그런 조건에 놓여 있었던 셈이다. 특히 과학 기술이 발달함에 따라 인간의 심신 기능과 인공물이 융합된 것이라든지 환경 위기가 심화되면서 인간과 자연의 끊기 힘든 연결 고리가 재인식된 것은 포스트휴먼적 상황을 부각시키는 결정적인 계기가 되었다. 인간은 세상의 중심이 아닐 뿐더러 세상 '바깥'에 서서 세상을 바꾸는 초월자도 아니며 그저 세상을 이루는 관계망의 작은 매듭에 불과하다. 지배자인 양 행세하지만 실은 스스로를 둘러싼 관계의 작용에서 벗어나지 못한다. 사실상 도그마에 잠식된 휴머니즘의 모든 전제는 무너져 내렸다.

다만, 포스트휴먼적 상황의 인식 자체는 존재론, 즉 존재를 어떤 것으로 보는가에 대한 해석일 뿐 도덕 규범이 아니다. 울프는 이런 상황을 감안하여 우리의 **사고**를 바꾸는 것이 포스트휴머니즘의 역할이라고 주장했다.[48] 이 책의 취지에 입각해서 말하자면 그런 존재론을 바탕으로 어떤 윤리학과 정치를 확립할지가 다음 과제라고 할 수 있겠다. 그 점을 둘러싼 포스트휴머니즘의 논의는 현재 천차만별인 데다 옥석이 섞여 있지만, 칼라르코는 일련의 저서에서 고전적인 접근법 이후 나타난 새로운 동물 윤리의 틀을 차이에 착안한 입장과 미분화에 착안한 입장으로 나눴다.[49] 다음으로 그것에 약간의 수정을 가해 두 가지 새로운 틀을 연속된 것으로 파악함으로써 포스트휴머니즘에서의 윤리-정치 이론을 대략 그려 보고자 한다.

---

48 Cary Wolfe (2010) *What is Posthumanism?*, Minneapolis: University of Minnesota Press, p. xvi 및 Cary Wolfe (2018) "Posthumanism," in Rosi Braidotti & Maria Hlavajova eds., *Posthuman Glossary*, London: Bloomsbury, p. 357 참조.

49 Calarco, 2015; 2020a 참조.

차이와 응답

포스트휴머니즘의 관계론에 따르면 개개의 존재자는 관계의 구성 요소이지만 그 본질은 미리 정해진 것이 아니기에 타자와 관계하는 동안 반쯤 우발적으로 형성되고 변형된다. 각각이 어떤 타자와 관계하고 주위에 어떤 변화를 미치며 세계로부터 어떤 작용을 받는지는 공식화할 수 없으므로 관계 안의 개체는 모두 유일하고 독자적인 존재로 나타난다. 그러므로 사실 '돼지가 인간을 바꿨다'라는 서술은 부적절하다. 인간과 관계하는 개개의 돼지도 돼지의 영향을 받는 개개의 인간도 각기 다른 경험을 한다. 실재하는 것은 그 순간 그곳에 존재하는 '이 돼지'나 '저 돼지'일 뿐 '돼지'라는 추상적인 집합체가 아니다. 이것은 당연한 사실이지만 세계를 범주화하는 사고에 익숙한 우리는 간혹 그 사실을 잊고 '이 동물은 이런 생물이니까' 또는 '이 속성을 가진 사람들은 이렇게 생각하니까'라며 타자를 단순한 스테레오타입에 끼워 맞춘다. 이처럼 속성이나 범주를 바탕으로 타자의 본질을 추측하는 사고를 본질주의essentialism라고 한다. 포스트휴머니즘 윤리는 모든 관계에 의해 형성되는 유일하고 독자적인 개체에 초점을 맞추고 본질주의를 배제한다. 타자는 어느 때건 독자적인 경우·배경·조건을 짊어진 존재로서 우리 앞에 나타난다. '어쩌면 나는 누군가의 몹시 연약한 모습과 마주칠지도 모르고 무언가를 절실히 필요로 하는 자 또는 내 이기적이고 무신경한 일상생활에 반성을 촉구하는 자와 마주칠지도 모른다.'[50] 이 타자는 기존 범주에 포함되지 않는 하나의 구체적인 존재자로 독자적인 삶을 체현함으로써 우리의 생활이나 행

---

50 Calarco, 2015, p. 31.

동에 물음을 던진다. 가령 길을 가다가 버려진 고양이를 한 마리 만났다고 치자. 혹은 사진 한 장을 통해 우리에 갇혀 우는 돼지의 모습을 봤다고 쳐도 좋다. 그 순간 우리는 일반 고양이, 일반 돼지의 개념에 포함되지 않는 유일하고 독자적인 개체를 마주하고 그 개체에게 어떻게 응답할지 고민한다. 어쩌면 사진 속 돼지는 우리가 봤을 때 이미 세상에 없을지도 모르므로, 우리의 응답이 그 돼지에게 가닿지 않을 수도 있다. 하지만 그럴 때도 우리에게 반성의 계기를 주는 것은 그 돼지임이 분명하고 사진을 본 우리가 그 후 다른 돼지를 구하기 위해 육식을 중단한다면, 그것도 그 한 마리에 대한 응답일 것이다.

여기서 중요한 점은 이러한 관계론을 적용해도 우리의 주체성이 부정되지 않는다는 점이다. 우리의 삶이 무수한 타자와의 관계를 통해 구축된다는 발상에 따르면 개인의 사고나 행동은 모두 환경에 의해 결정되는 것만 같다. 그럴 경우 우리의 행동에는 아무런 자유도 있을 수 없고 윤리나 책임을 생각하는 의미도 사라진다. 하지만 그렇지 않다. 포스트휴머니즘은 인간이 세계로부터 독립하고 초월할 수 있다는 환상을 물리치지만, 그것이 우리에게 **아무런** 자유도 자율성도 없음을 의미하는 것은 아니다. 우리는 타자로 둘러싸여 관계 속에서 형성되면서도 여전히 스스로의 의사를 갖고 주체적으로 행동한다. 버려진 고양이를 발견했을 때 필요하다면 수의사에게 데려가는 것도, 귀엽다며 가까이 부르는 것도, 무시하고 지나치는 것도 개인의 주체적인 선택이다. 돼지의 사진을 보고 식생활을 바꾸는 것도, 전처럼 계속 육식을 하는 것도 주체적인 선택이다. 따라서 우리는 스스로의 행동에 책임을 진다. 다만 윤리의 출발점이 되는 것은 **타자**와의 만남이지 **자기**의 합리적인 사고 같은 게 아니다. 우리는 유일하고 독자적인 타자와 만나 자신의 행동이 그 타자에게 영향을 끼침을 이해하고 그때마다 윤리적으로 혹은 비윤리적으로 응답한다. 타자의 존재야말로 우리의 태도와 행동을 돌아보는 계기이며, 응답이야말로 윤리의 본질을 이룬다.

그렇다면 윤리는 타자의 숫자만큼 있는 걸까. 바로 그렇다. 더 정확히 말하면 윤리는 만남의 숫자만큼 있다. 모든 존재자는 여러 관계의 추이와 함께 변해 가므로 같은 상대와 만났더라도 때가 다르면 전혀 다른 것이 될 수 있다. 무엇이 알맞은 응답인지는 그때그때 상황에 따라 변화한다. 그러므로 차이를 중시하는 윤리는 보편적인 원칙을 절대시하는 태도를 경계하고 데리다가 말한 '결정 불가능한 것의 시련the ordeal of the undecidable'[51]에 맞서는 길을 택한다.[52] 기존의 동물 윤리 학설은 상황에 관계없이 적용할 수 있는 규칙군을 수립하고 준수함으로써 공식에 대입해 계산 문제를 풀 듯이 타당한 행위를 도출하려고 했다. 그러나 현실은 훨씬 복잡해서 보편 원칙만으로 처리할 수 없는 갖가지 딜레마와 난제로 가득하다. 그래서 우리는 유일한 타자와 만날 때마다 무엇이 최선의 응답인지 처음부터 다시 생각해야 한다.

터무니없는 소리 같지만 실제로 많은 이들이 일상 속에서 그렇게 한다. 예를 들어 동물권 운동은 인간이 다른 동물을 관리·통제하는

---

51 [옮긴이] 데리다에 따르면 우리는 현재 자신이 내린 결정이 올바른지 아닌지 결코 알 수 없다. 이것을 결정 불가능성의 유령이라고 한다. 결정 불가능한 것의 시험을 통과하지 않은 결정은 결코 자유로운 결정이 아니기에, 결과를 예측할 수 없음에도 결정이라는 시련에 부딪쳐야 한다. 하지만 그것은 고유한 상황에서 내린 고유한 결정에 불과하므로, 상황이 바뀌면 우리는 유령처럼 주변을 맴도는 결정 불가능성과 또다시 맞닥뜨려야 한다. 자크 데리다 지음, 진태원 옮김,《법의 힘》, 문학과지성사, 2004. 참조.

52 Wolfe, 2010, pp. 82~83 및 Wolfe, 2003, pp. 68~69 참조.

데 반대하지만, 날 때부터 인간에 의해 사육된 동물은 다른 환경에서 사는 방법을 모르는 경우도 있기에 착취 업계에서 구출되더라도 방임하는 것만이 최선은 아니다. 때때로 그런 동물은 인간이 관리하지 않으면 살아가지 못할 수도 있다. 평생에 걸쳐 간섭하는 것은 동물권 운동에 위배되지만 상황에 따라서는 관리를 중단하는 편이 해당 동물에게 해로울 수 있으므로 활동가들은 임기응변을 발휘해서 어떻게 대응할지 생각할 필요가 있다. 또 가끔 가다 동물권론자들이 인간이 그 밖의 동물을 건드리지 않는 게 이상적이라고 말하는 경우가 있는데, 인간이 놓은 덫이나 바다에 버려진 어망에 걸린 동물이 있으면 불간섭 원칙을 지키기보다 구조하는 편이 정의에 부합할 것이다(현실에서는 어떤 동물이 곤란에 처했는지, 인간이 구조할 수 있는지 등에 따라 상황이 더 세분화되고 최선의 행동도 달라진다). 이처럼 현실은 고정된 원칙을 적용하는 것만으로 답을 낼 수 있을 만큼 단순하지 않다. 논리적인 정합성에 상관없이 역설적으로 행동해야 할 때도 있다. 더욱이 최선이라고 생각한 행동이 정말 최선이라는 보장은 어디에도 없고 간혹 결과가 나온 뒤에도 시비를 가릴 수 없는 경우도 있다. 그래도 우리는 타자를 앞에 두고 최선을 찾아야 하며 스스로가 응답한 결과에 책임을 져야 한다.

다만, 보편적인 원칙만으로 모든 상황에 대처할 수 있다고 믿는 태도와 거리를 둔다고 해서, 차이를 중시하는 접근법에 선악의 기준이 전혀 없는 것은 아니다. 최선의 행위나 정의에 부합하는 행위를 모색한다는 것은 그래도 행위의 좋고 나쁨을 따지는 기준이 뭔가 있다는 뜻이다. 그게 뭘까. 그에 관한 포스트휴머니스트의 견해는 다소 애매한데 철학자 퍼트리샤 맥코맥의 답이 한 가지 중요한 지침을 제시해 준다. 맥코맥에 의하면 정의 활동의 사명은 '타자에게 자유롭게 표현할 기회를 주는 일', '존재자 사이의 차이를 직시하고 그것이 개화할 수 있음을 인정하는 일'이다.[53] 즉, 타자의 욕구와 가능성을 헤아려 실현을 지지하거나 방해하지 않는 것을 포스트휴머니즘 윤리의 주축이라고 할 수 있으리라. 그와 비슷한 이론으로 마사 누스바움의 선례가 있는데, 그의 책《정의의 최전선》[54]도 타자의 잠재 능력을 개화시키는 것을 정의의 목표로 설정한다. 그런데 누스바움의 접근법은 휴머니즘의 범주적 사고에 입각해 '종의 규범'이라는 개념을 꺼내 든다. 요컨대 누스바움은 모든 생물에게는 '그 종만의 중심적인 잠재 능력'이 있는데 그것을 발휘할 수 있는 경지로까지 개개의 생물을 '끌어올리는' 것이 개화에 도움이 된다고 주장한다.[55] 이것은 옛 자유주의 운동이 피억압자에 속한 사람들을 휴머니즘의 주체 규범 안으로 끌어들이고자 했던 자세와 아주 닮았다. 게다가 우려했던 대로, 종의 규범이란 '전통적인 개와 인간의 관계' 같은 문화적인 소산마저 포함하는 개념으로 다분히 자의적이다. 앞서 말했듯이 포스트휴머니즘 윤리는 이런 본질주의를 인정하지 않고 '종'이라는 범주(이것 자체가 위태로운 개념이지만)에 포함되지 않는 '개체'의 독자성·복잡성·차이를 지지한다.

　　기존 윤리 학설에서는 특정한 인간적 능력의 유무가 생명의 도덕적 지위를 결정하는 척도였지만 차이의 윤리에서 타자는 그런 능력

53　Patricia MacCormack (2018) "Posthuman ethics," in Rosi Braidotti & Maria Hlavajova eds., *Posthuman Glossary*, London: Bloomsbury, p. 346.

54　Martha C. Nussbaum (2007) *Frontiers of Justice: Disability, Nationality, Species Membership*, Cambridge: Belknap Press.

55　Nussbaum, 2007, p. 365.

이 없어도 된다. '우리'와 동떨어진 매우 이질적인 존재자도 우리의 삶의 방식에 반성을 촉구할 수 있으리라. 따라서 이 접근법은 이론상 모든 생명을 배려의 사정거리에 포함시킬 수 있고 옛 이론에 따라붙던 선 긋기 내지 생명정치적 배제에 대한 문제를 해소할 수 있다.

한편 당연한 수순으로 식물이나 미생물도 윤리적으로 배려해야 하느냐는 의문이 들 수도 있다. 동물 해방론이나 동물권론에서는 능력을 척도로 삼기에 능력이 없는 존재에 대해서는 도덕적 의무를 부정할 수 있었다. '식물을 이용하는 건 괜찮은가', '손을 씻을 때 미생물을 죽이는 건 괜찮은가' 따위의 날선 물음에도 '식물이나 미생물은 고통을 느끼는 능력이 없으니 문제없다'라는 한마디가 완벽하고 논리적인 대답이 되었다. 그러나 능력에 따른 선 긋기를 그만둔다면 이제 이 논리를 쓸 수 없다. 일관성을 유지하는 차원에서, 모든 생명에게 열린 윤리라면 중추신경계가 없는 동물은 물론이고 식물 등을 대할 때도 방법을 고민하지 않을 수 없다. 그렇다면 앞의 물음에 대한 답은 무엇일까. 동물 대신 식물을 소비하는 탈착취(비거니즘)는 잘못된 것일까.

차이의 접근법을 지지하는 연구자들은 그렇게 생각하지 않는다. 그도 그럴 것이 식물 등을 도덕적 배려의 사정거리에 포함시킨다는 것이 동물이든 식물이든 똑같이 대한다는 것을 의미하지는 않기 때문이다. 각각의 동물, 각각의 식물, 각각의 미생물 등의 차이를 감안하면 그 각각을 대하는 방법이 달라지는 게 당연하고 오히려 다르지 않으면 안 된다. 타자의 숫자, 만남의 숫자만큼 윤리가 있다는 것은 그런 의미이다. 울프는 '무엇이 됐든, 다른 생명들과의 관계를 거듭 생각하는 일은 가치 있는 작업임에 틀림없다'[56]라고 하면서도 윤리나 정의의 영역에서는 존재자 간의 질적 차이를 고려하지 않을 수 없다고 주장한다. 즉, 중요한 과제는 '우리가 공유하는 세계나 네트워크, 나아가 그 질적인 차원들의 서술에 두께와 깊이를 더하는 것이지 평탄화하는 것이 아니다.'[57] 식물을 이용하는 것은 괜찮냐는 질문은 보통 '동물이든 식물이든 다 같은 생명이다. 그러므로 무엇을 먹든 도덕적인 차이는 없다'라는 반발심에서 비롯되는데, 바로 이러한 생각이 질적 차이의 평탄화이며 앞서 본 윤리 틀과 정반대의 위치를 차지한다. 제임스 스타네스쿠의 다음 설명은 이해하기 쉽다.

> 요컨대 '식물은 어떠한가'라는 반론은 다른 생명, 다른 물질 간의 차이를 없애려는 시도로 볼 수 있다. 어찌 된 영문인지 그런 논의는 해조류는 두부와 같고, 두부는 굴과 같으며, 굴은 돼지와, 돼지는 어쩌고 저쩌고 하는 식으로 흘러간다. 이 사례는 식물을 포함시키는 언뜻 보기에 평등주의적인 태도가 차이를 제거하면서 … 인간중심주의를 다시 중심에 갖다 놓는 사태의 전말을 보여준다.[58]

차이의 윤리는 모든 생명에 열려 있기에 모든 생명을 다른 방식으로 다룬다. 따라서 탈착취파(비건)가 동물과 식물을 대하는 방식에 차이를 두는 것에는 아무런 문제가 없다. 다만 이 접근법은 우리에게

---

56 Wolfe, 2013, p. 83.

57 Ibid.

58 James K. Stanescu (2018) "Matter," in Lori Gruen ed., *Critical Terms for Animal Studies*, Chicago: University of Chicago Press, p. 231.

기존의 동물 윤리 학설이 무시해 온 존재에도 눈을 돌려 최대한 개화할 길을 찾도록 요구한다. 칼라르코가 말했듯이 '이런 열린 자세는 관계와 윤리를 더 복잡하게 만들지만, 따지고 보면 관대한 방향으로 윤리 영역을 복잡하게 만드는 것이야말로 차이의 접근법의 주된 관심사이자 최대 장점이다.'[59]

물론 모든 타자가 유일하고 독자적이라는 점만을 강조한다면 타자는 우리에게 전혀 이해할 수 없는 존재가 되고, 개화 조건을 모색하려는 시도는 개인의 완전한 억측에 맡겨질 것이다. 사람들의 사고를 지배하는 갖가지 편견에 영향을 받아 인간중심적인 결정 행위로 치닫는 사태를 쉽게 상상할 수 있다. 차이의 윤리는 전통적인 윤리 틀에서 드러난 본질주의나 능력주의를 극복하는 방안이 될 수 있으나 그것만으로 인간중심주의를 불식시킬 수 있다는 보장은 없다. 인간 쪽에 유리한 자의적 사고를 배제하고 타자의 개화 조건을 견실히 찾으려면 한 단계를 더 밟아야 한다.

미분화와 되기

포스트휴머니즘은 인간의 탈중심화를 위해 다양한 존재자에 의한 관계망을 그린 뒤 그 속에 인간을 재배치했다. 관계망에는 중심이 없고, 인간은 망의 일부가 되어 자신의 의지와 주체성을 뛰어넘는 작용 속에서 시시각각 형태를 갖춰 나간다. 또 그곳에서는 모든 생명과 비생명이 여러 독특한 관계의 매듭을 맺고 전통적인 존재 범주에 포함되지 않는 차이와 유일성을 드러낸다. 이런 세계 인식에서는 인간

---

59   Calarco, 2015, p. 43.

과 동물의 이분법도, 안정된 인간 아이덴티티의 발견도 여의치 않고 '인간'이라는 이름으로 불리던 존재자는 여러 생명이 개념적으로 나뉘기 이전의 '미분화未分化' 영역에 놓인다. 인간은 인간이기 이전에 동물이자 생명으로, 다른 동물 등의 생명과 공통된 조건 속에서 살아간다. 인간중심주의를 넘어 타자를 배려하기 위한 열쇠는 여기에 있다. 우리는 인간과 비슷해서 동물을 아는 것이 아니라 **스스로가 동물이기에** 다른 동물을 이해할 수 있다. 굶주린 개와 고양이가 있을 때 또는 우리에 갇혀 우는 소와 돼지가 있을 때, 우리의 마음이 흔들리는 이유는 우리도 그들처럼 육체의 현실을 살고 다가올 재난에 두려워 떠는 존재이기 때문이다. 울프는 데리다를 바탕으로 모든 차이의 하층에 여러 생명을 관통하는 죽음과 고통에 대한 **불가항력성**, 즉 육체의 현실인 유한성·취약성·불가능성이 있다고 말했다. 윤리적 사고의 출발점은 여기가 되어야 한다. 필요한 것은 '능력, 활동성, 행위자성, 권한 부여에 입각한 윤리학이 아니라 우리의 취약성이나 수동성—데리다가 말하는 '힘의 중심에 있는 이 무기력'—에 뿌리내린 '연민=고통-나눔compassion'을 토대로 한 윤리학'[60]이다.

미분화 영역에 주목하는 것은 존재자들의 차이와 유일성을 지우는 일이 아니다. 칼라르코에 의하면 오히려 '미분화된 시점에 따르는 것은 근본적인 타자성을 생각하기 위한 **전제 조건**이다'.[61] 왜냐하면 이 접근법은 '인간'을 세계 이해의 참조 축으로 삼는 사고에서 우리를 해방시키기 때문이다. 우리는 철학적으로 구축된 특수한 인간 개념을

---

60 Wolfe, 2010, p. 141.

61 Calarco, 2020a, p. 34.

바탕으로 다양한 존재자를 이해한다. 이 사고는 주로 '인간' 유형에 속하는 자와 그렇지 않은 자를 나누는 이원론의 형태를 띠고 인간과 동물, 주체와 객체, 남성과 여성, 정상인과 장애인 등 고정적 범주군을 낳는다. '인간'을 축으로 만들어진 이런 범주로 존재자를 이해하는 한 '인간'과 무관한 숱한 이질성이나 다원성은 시야 바깥으로 밀려난다. 인간과 동물의 이원론이 동물 간의 차이를 지운다는 데리다의 논의는 이 문맥 위에 위치한다. 그렇다면 경직된 인간 개념과 그것이 낳는 이원론적인 범주를 벗어나 여러 생명의 미분화 영역에서 세상을 다시 바라볼 때야말로 새로운 축에 따라 다양한 존재자의 이질성과 연속성을 발견할 수 있으리라. '인간과 동물을 미분화된 관점에서 파악하면 적절하다고 하기 힘든 대립 축(인간/동물)이 붕괴되어 다르게 보고, 다르게 생각하고, 다르게 사는 법을 모색하는 길이 열릴 것이다.'[62]

지금까지 살펴본 존재론과 윤리적 관점을 종합한 실천이 프랑스 사상가 질 들뢰즈와 펠릭스 가타리의 논의를 바탕으로 칼라르코가 이론화한 동물-되기becoming-animal; devenir-animal[63]다. 되기變成[64]란 무언가로의 "변화"를 의미하므로 글자 그대로 해석하면 동물-되기는 동물로 변하는 것을 뜻한다. 그것을 통해 들뢰즈와 가타리가 하려던 말은 '인

---

62 Ibid.

63 [옮긴이] 원문에는 동물로의 변성動物への變成이라 되어 있으나 한국에서는 '동물-되기' 라는 말이 널리 쓰이므로 이를 따랐다.

64 원래 becoming(프랑스어: devenir)은 일본에서는 '생성'이라는 말로 번역되어 왔고 becoming-animal도 보통 '동물로의 생성 변화'로 번역할 수 있다. 그러나 '생성'이라는 말은 원래 없던 것이 생긴다는 뜻이 강하고 있는 것이 다른 무언가로 변한다는 뉘앙스는 약하다(일본어에 '갑이 을을 생성한다'는 말은 있어도 '갑이 을로 생성한다'는 말은 없다). 따라서 이 책에서는 어폐가 큰 번역어를 배제하고 그 대안으로 '변성'을 사용했다.

간'의 위치에서 벗어나 타자의 시점에 서서 세계와 대치하라는 것이다. 지금까지의 휴머니즘 비판을 통해 분명해졌듯이 서양철학 전통이 만든 인간 주체 모델(들뢰즈와 가타리가 말하는 주체의 위치)은 앞서 본 것처럼 이원론적 범주에 존재자들을 고정하고 어느 한쪽만 우대하는 사회질서를 형성해 왔다. 우리가 사는 사회에서는 남성에게 유리한 근무 체제가 세워지고, 자국민만 보호하는 각종 제도가 마련되고, 혼자서도 기기를 다룰 수 있는 사람만을 고려한 키오스크가 곳곳에 놓이고, 길거리 흡연이 방치되고, 고기와 우유와 달걀을 당연히 먹고 버린다. 이런 사회질서가 이원론의 다른 편에 놓인 자, 즉 고전적인 인간 주체 모델에서 벗어난 자에게 억압적인 것은 말할 필요도 없다. 하지만 앞서 말했듯이 이런 상황을 바로잡으려고 할 때, 피억압자에게 각종 권리를 주는 자유주의적인 시도로는 한계가 있다. 억압적인 질서를 근본부터 바로잡기 위해서는 타자를 '인간'의 위치로 끌어올릴 것이 아니라 특정한 인간 모델에 맞춘 사회구조 그 자체를 문제 삼고 판을 갈아엎을 필요가 있다. 그러기 위해서 우리는 '인간' 바깥으로 내몰린 타자의 시점에서 기존의 질서를 되돌아봐야 한다. 따라서 들뢰즈와 가타리는 타자 '되기'의 실천, 타자로의 변화를 주장하는 것이다. 그중에서도 동물이 되는 일은 특히 중요한 위치를 차지한다. 동물은 '인간'의 경계를 확정하는 '타자'의 원형으로, 그들의 처지에 인간중심주의의 억압성이 가장 뚜렷이 반영되어 있기 때문이다. 동물의 시점에 서고자 하는 시도는 배타적·폭력적인 기존 질서의 뿌리에 다가서는 길을 연다.

동물 '되기'라는 것은 단순한 모방이 아니다. 모방은 일찍이 '인간'의 관점에서 구축된 유형적인 타자상을 따르는 것이다. 우리는 동물

을 상상할 때 가족의 일원인 아이 같은 존재를 떠올리기도 하고 자연
과학의 언어로 기록된 표본 같은 존재나 신화에 등장하는 상징적인
존재를 떠올리곤 한다. 하지만 그런 이미지는 모두 기존 질서의 구축
물에 불과하며 동물 본연의 모습에서 동떨어져 있다. 인간 중심 체제
를 되돌아보는 데 필요한 것은 그런 유형이 만들어지기 전에 존재했던
살아 있는 동물, 이질적 타자인 동물의 관점이다. 들뢰즈와 가타리의
말을 되짚어 보자.

> 더 나아가서는 세 가지 종류의 동물을 구별해야 한다. '내' 고양이, '내' 개와
> 같이 작은 이야기를 갖는 오이디푸스적 동물들, 감정적이고 친숙하며 가정
> 적인 개별화된 동물들. 이 동물들은 우리를 퇴행으로 초대하며, 나르시시즘
> 적인 응시 속으로 우리를 이끌며, 정신분석학은 이 동물들 밑에서 아빠, 엄
> 마, 젊은 남자 형제의 이미지를 더 잘 발견하기 위해 이 동물들만을 이해한
> 다(정신분석학이 동물들에 대해서 이야기할 때 동물들은 웃는 법을 배운
> 다). 고양이와 개를 좋아하는 사람들은 모두 바보들이다. 그리고, 두 번째 종
> 류의 동물들, 특성이나 속성을 갖는 동물들, 위대한 신화들이 그로부터 계열
> 들이나 구조들, 원형이나 모델을 추출하기 위해 다루고 있는 것과 같은 어
> 떤 류로 분류되는 동물들, 국가 동물들(융은 그래도 프로이트보다는 더 심
> 오하다). 마지막으로, 한층 더 악마적이며, 다양성, 되기, 군群, 콩트를 이루는
> 무리의 감응적인 동물들 … 아니면, 다시 한번 강조컨데, 모든 동물들이 이
> 세 가지 방식으로 다루어질 수 있지 않은가?[65]

65 Gilles Deleuze and Félix Guattari (1980) *Mille Plateaux : Capitalisme et schizophrénie*, Paris: Éditions de
    Minuit, p. 294. [한글본] 김재인 옮김, 《천 개의 고원: 자본주의와 분열증 2》, 새물결, 2001,
    13-14쪽.

우리는 보통 안정된 분류나 범주 나아가 가족 관계에 따라 동물을 개념화하지만, 들뢰즈와 가타리의 인식에 따르면 원래 동물들, 아니 모든 존재자는 고정된 본질 안에 머무르지 않고 늘 다른 것으로 변화한다. 따라서 그 실체는 단수인 한편 잠재적으로는 다수의 존재 양식을 갖췄다고 할 수 있다. 이것이 앞의 인용문에서 말하는 악마적인 동물, '다양체·되기·집단 및 [짧은] 콩트를 이루는 동물'[66]이며 '인간'의 시점에서 구축된 갖가지 개념, 의미 체계, 범주, 아이덴티티를 거스르는 이질적인 타자다. 동물-되기는 그 시점에 서는 시도여야 한다. 그것은 '인간' 중심적인 존재 이해에 선행하는 모든 생명의 미분화 영역에서 사고하기 시작했을 때에만 가능하다.

앞서 언급했듯 인간과 다른 생명을 잇는 중요한 접점 중 하나는 육체라는 현실이다. 우리는 모두 죽음과 고통의 위험을 짊어진 육체를 가지고 현실을 산다는 점에서 여러 생명과 공통의 지평에 있다. '인간'이라는 주체의 위치를 떠나 위태로운 육체라는 생명 공통의 조건에 서서 기존 질서의 모든 측면과 마주하는 것이 동물 '되기' 실천의 핵심을 이룬다. '인간'의 위치에 있는 자는 죽음과 고통의 위험으로부터 보호받는 상태를 당연시하기 쉬운데, 되기의 실천에서는 그 전제

---

66 [옮긴이] "요약하자면 동물은 오이디푸스적 동물, 토템적 내지 국가적 동물, 악마적 동물로 나눌 수 있다. 그중 첫 번째 유형은 인간의 생활이나 감정이 길들여진 동물, 두 번째 유형은 사람들의 기대에 부응하는 어떤 특성이나 속성을 갖는 동물을 말한다. 세 번째 유형이야말로 무리를 짓는 감응적인 존재이기에 동물-되기에 성공한 사례다. 이런 악마적인 동물은 자신과 전혀 상관 없어 보이는 예외적 개체에 감응하여 무리나 다양체를 이루고, 미래를 향해 콩트를 펼쳐 나간다." _ 참고로 들뢰즈와 가타리의 《천 개의 고원》에 따르면 소설은 과거에 어떤 일이 일어났는가에 대한 이야기인 반면 콩트는 앞으로 어떤 일이 일어날 것인가에 대한 이야기이다.

를 버리고 자신도 일개 동물이라는 인식 하에 현행 사회질서가 동물의 몸에 미치는 작용을 자기 일로서 받아들여야 한다. 그러면 '인간'을 중심으로 짜인 지배 질서의 운용이 생명의 상품화나 자원화, 서식지 파괴, 폐기물 확산 등을 통해 동물의 가능성을 직간접적으로 해치고 있음을 실감할 수 있으리라. 이런 인간의 활동 가운데 적어도 몇 가지는 동물을 해칠 의도 없이 이루어진다. 도로를 개발하는 목적은 동물을 괴롭히는 것이 아니라 '인간'의 편의를 높이는 것이다. 가로등 설치는 '인간'의 안전을 지키기 위함이지 벌레를 현혹하기 위함이 아니다. 문제는 이런 일들이 바로 '인간'을 위한 행위이기에 인간 모델에서 벗어난 자를 **의도치 않게** 해친다는 점이다. 어쩌면 직접적으로 동물 착취에 관여하는 축산업이나 수산업, 과학 연구에도 얼마간 그런 사정이 있을지도 모르겠다. 그런 가해성·폭력성이 명료한 형태로 나타나는 순간은 우리 자신이 보호받지 못하는 육체의 동물이 되어 그 삶을 똑같이 체험하는 때다. 동물-되기란 우선 '인간'의 주체 위치에서는 인식조차 할 수 없는 기존 질서의 억압성을 타자인 동물의 시점에서 발견하는 일을 말한다.

그뿐만이 아니다. 들뢰즈와 가타리는 '우리가 동물이 되는 이유는 동물로부터 다른 것이 되기 위함이다'[67]라고 말하는데, 칼라르코는 그 속에서 되기의 실천이 갖는 또 다른 측면을 읽어 낸다. 동물 '되기'라는 시도에 진지하게 파고들면 우리는 지배 질서의 억압성을 실감할 수 있을 뿐더러 그 질서가 애초에 주어진 존재 양식 이상의 것임

---

67 Gilles Deleuze and Félix Guattari (1991) *What is Philosophy?* Hugh Tomlinson and Graham Burchell trans., New York: Columbia University Press, p. 109. [한글본] 이정임, 윤정임 옮김, 《철학이란 무엇인가》, 현대미학사, 1995.

을 알 수 있다. 오늘날의 질서는 동물을 '인간' 생활의 배경이나 자원, 실험 재료, 구입 가능한 허울뿐인 반려 동물, 고기로 전락시킨다. 그렇지만 만약 우리가 같은 처지에 있다면, 고작 그것뿐인 존재일 리 없다. 육체를 지닌 존재라는 차원에서 동물과 이어진 우리는 지위나 권리가 없더라도 벌거벗은 자신이 기존 질서의 틀을 넘어 다른 삶의 형태에 다다를 수 있음을 안다. 물론 지배 질서에 좌우되는 현실의 동물이 어떤 가능성을 품고 있는지 우리는 예상도 상상도 할 수 없다. 동물의 몸이 된 우리가 '나라면 이렇게 할 거다'라고 생각한다고 해서 동물도 그렇게 생각하겠거니 믿는 것은 위험하다. 야생동물에게 먹이를 주는 행동이 바로 그런 의인화 사고가 초래하는 실수에 해당할 것이다. 동물은 모두 유일하고 독자적인 타자임을 잊으면 안 된다. 관찰은 동물을 이해하는 데 도움이 되지만 그래도 개개의 동물이 무엇을 바라는지, 무엇을 이룰 수 있는지, 무엇이 될 수 있는지는 궁극적으로 알 수 없다. 다만 확실한 것은 '인간' 중심의 사회질서가 동물의 삶을 좁은 틀 안에 가둔다는 점, 원래 동물은 그 이상의 존재이고자 한다는 점이다. 그렇다면 우리의 윤리적 사명은 '타자'의 가능성을 막는 사회질서를 바로잡고 동물이 지금과 다른 삶을 살 수 있도록 모색하는 것임을 깨달을 수 있으리라. 칼라르코의 말을 빌리자면 '동물을 응시하고 질서에 덤벼드는 혁명가와 활동가는 생물을 다른 가능성, 다른 장래성, 다른 형태의 관계와 되기로 해방시키는 데 일조하는' 이다.[68]

미분화 영역에서 세상을 되돌아보고 바로잡는 되기의 윤리가 맥

---

68   Matthew Calarco (2017) "Beyond the Management of Pe(s)ts," in Stanescu and Cummings eds., *The Ethics and Rhetoric of Invasion Ecology*, p. 10.

코맥이 주장하는 개화의 윤리, 울프가 논하는 고통-나눔의 윤리와 일맥상통함을 깨닫기 바란다.[69] 포스트휴머니즘 윤리는 '인간'의 입장에서 '타자'의 지위를 끌어올리는 것이 아니라 '타자'의 입장에서 '인간' 중심의 질서를 되돌아보고 무한한 다양성으로 점철된 존재자의 독자적인 가능성을 꽃 피우기 위해 힘쓴다. 필요한 노력은 탈착취를 실천하는 등의 개인 차원의 행동부터 황무지의 자연을 재생하거나 생태계 배려형 도시를 설계하는 등의 사회 차원의 시행착오까지 다방면에 걸쳐 있다. 그것은 분명 종에 상관없이 모든 이질적인 타자를 사회 구성원에 포함시키는 혼합적·잡종적인 정치 구상이다.

자본·노동·저항

포스트휴머니즘의 존재론은 윤리학에만 머무르지 않고 인간 중심적 틀에 갇혀 있던 여러 학문에 재편을 촉구한다. 사회생활부터 전통 문화와 국제 정치 경제까지, 모든 인간 활동은 세계의 모습을 바꿔나가기도 하고 반대로 세계에 영향을 받아 형성되기도 한다. 같은 말을 동물 이용에 대해서도 할 수 있는데, 인간은 독자적인 의도를 가지고 다른 동물을 이용하지만 그 이용 양상은 동물의 행동이나 특성,

---

69　그리고 같은 접근법으로서 철학자 주디스 버틀러의 '위태로움'에 기인한 윤리 및 그것을 바탕으로 한 여러 이론도 꼽을 수 있다. Pierpaolo Antonello and Roberto Farneti (2009) "Antigone's Claim: A Conversation with Judith Butler," *Theory & Event* 12(1), DOI: 10.1353/tae.0.0048 참조. 또한 Judith Butler (2010) *Frames of War: When Is Life Grievable?* London: Verso 및 Judith Butler (2004) *Precarious Life: The Powers of Mourning and Violence*, New York: Verso. [한글본] 윤조원 옮김,《위태로운 삶: 애도의 힘과 폭력》, 필로소픽, 2018. 참조.

해당 동물 이용과 관련된 다른 생물(기생충·사료 작물·병원체 등)의 존재에 영향을 받는다. 그런 의미에서 인간의 활동은 전부 여러 존재자가 벌이는 상호 작용의 산물이라고 볼 수 있다. 이처럼 포스트휴머니즘의 틀에서는 인간과 동물, 사회와 자연 등이 대립 항이 아닌 혼합적 관계를 이루는 것으로 재평가된다. 따라서 인간 활동을 연구하는 학문이라면 무엇이든 인간을 넘어선 모든 사물, 모든 생명의 작용을 돌아봐야 그 활동을 이해할 수 있다.

이 관점은 자본주의를 이해하는 데도 새로운 통찰을 더한다. 환경사 연구자 제이슨 W. 무어는 자연에서 독립한 자본이 자연에서 부를 추출한다는 전통적인 이원론 도식을 물리치고 자본주의를 자연 속에 내포된 과정, 자연에 작용함과 동시에 자연에 의해 형성되는 과정으로 봐야 한다고 주장했다. 그의 말에 따르면 자본은 '외부'로 간주되는 자연을 개조하느라 여념이 없지만, 한편으로 '생명의 그물망the web of life'은 자본주의 과정에서 생물학적·지질학적 조건을 끊임없이 갈아치운다'.[70] 환경학자 마안 바루아의 주장도 이와 비슷한데, 그는 경제 시스템에 편입된 모든 생명의 성질과 작용이 생산이나 자본 축적의 양상을 좌우하기도 하는 실태에 빛을 비춘다.[71]

---

70   Jason W. Moore (2015) *Capitalism in the Web of Life: Ecology and the Accumulation of Capital*, London: Verso, pp. 2–3. [한글본] 김효진 옮김, 《생명의 그물 속 자본주의: 자본의 축적과 세계생태론》, 갈무리, 2020.

71   Maan Barua (2016) "Nonhuman Labour, Encounter Value, Spectacular Accumulation: The Geographies of a Lively Commodity." *Transactions of the Institute of British Geographers* 42, DOI: 10.1111/tran.12170 및 Maan Barua (2018) "Animating capital: work, commodities, circulation," *Progress in Human Geography*, DOI: 10.1177/0309132518819057 참조.

동물 노동론

앞 장에서 살펴보았듯이 비판적 동물 연구CAS에 종사하는 사회학자는 자본주의 비판의 일환으로 동물 노동을 분석해 왔다. 포스트휴머니즘의 관계론은 다른 각도에서 동물 노동론을 재해석한다. 기존에 '객체'나 '대상물'로 여겨져 온 인간 아닌 동물은 사실 원하든 원하지 않든 경제적인 생산 과정에 변화를 가해 가치를 낳는다. 그 활동을 노동으로 보는 시도가 포스트휴머니즘의 동물 노동론이다. 예를 들어 인류학자 레스 벨도Les Beldo는 자본이 이용하는 동물의 생명 활동을 '대사代謝 노동'으로 개념화한다. 인간은 품종 개량이나 유전자 편집 등의 기술로 동물 신체에 다양하게 개입하지만 결국 동물 산업에 부를 초래하는 것은 다름 아닌 동물 자신의 생명 활동이다. 젖을 만들고 알을 낳고 곡물 사료를 고기로 바꾸는 활동은 인간이나 기계의 노동으로 대체할 수도, 완전히 제어할 수도 없다. 이처럼 인간의 노동으로 환원할 수 없는 생명의 독자적인 활동은 동물 산업에서 가치를 산출하는 핵심 요소로, 일종의 노동이라고 볼 수 있다. 자본에 포섭된 동물은 능동성을 완전히 빼앗긴 존재 또는 지배 기구에 교란을 초래하는 존재로만 여겨져 왔으나 대사 노동 개념은 오히려 자본이 동물의 능동성이나 행위성을 활용해 적극적으로 잉여가치를 산출해 왔다고 해석한다.

동물의 행동이나 생리 현상을 노동으로 보는 방식에 위화감이 들지도 모르겠다. 적어도 노동으로 불리는 활동에는 의도나 목적의식이 있어야 한다고 가정하면 대사 노동이라는 개념을 받아들이기 힘들어진다. 하지만 그런 인간적 주체성의 산물을 노동의 성립 조건이라고 자의적으로 설정하는 것 자체가 휴머니즘 사상의 도그마임을 상기할 필요가 있다. 벨도는 자발적인 활동과 비자발적인 활동의 경계가 반드시 명료하지는 않다는 점 그리고 자발성의 유무와 상관없이 (또 인간 노동과는 독립적으로) 동물 혹은 그 신체가 자본이 바라는 잉여가치를 낳는다는 점에서 노동 개념을 인간이 아닌 생명의 활동으로까지 확장해야 한다고 주장했다.

마안 바루아도 휴머니즘적인 노동 개념에 이의를 제기하고 '동물은 자본주의의 그림자 일꾼이다'[72]라고 하면서 그 역할을 크게 대사 노동, 생태학 노동, 감정 노동으로 나눴다. 생태학 노동은 벌의 식물 수분 등 경제 생산에서 생태학적 조건을 갖춘 노동을 가리키고, 감정 노동은 동물 오락이나 동물 서비스 등 주로 사람들의 감정에 작용하는 노동을 가리킨다. 전통적인 정치경제학의 틀에서는 동물은 의지가 없으므로 생산 도구나 원재료는 될 수 있어도 노동자가 될 수 없었지만, 실제 동물 산업을 들여다보면 원재료에 불과한 동물에게 인간의 구상이 형태를 부여하는 것이 아니라 동물의 자발적인 활동(행동이나 성장)이 자본의 조정을 받아 가치를 낳는다. 이것은 이미 인간사회가 외부 자연에 조작을 가한다는 옛 생산 모델을 벗어나 있는 것이기에 인간과 기타 동물의 공동 생산 과정으로 보는 편이 알맞다. 인류학자 팀 잉골드의 말을 인용해 바루아가 주장하듯이 동물은 '노동 도구가 아니라 노동 그 자체를 이루기에 생산의 사회관계에 얽매인다'.[73] 동물을 자원이나 도구로 보는 대신 노동자로 파악하는 틀은, 바루아에 따르면 '단순한 비유 변경'이 아니라 '동물의 물질적·정치적 영

72   Barua, 2018, p. 4.

73   Tim Ingold (1988) *Hunters, Pastoralists and Ranchers: Reindeer Economies and their Transformations*, Cambridge: Cambridge University Press, p. 88. Barua, 2016, p. 7에서 인용.

향력을 인식하는' 시도이다. 그것은 인간 아닌 생명을 경제 구성원으로 가시화하는 작업으로 이어진다.[74]

접촉 지대

인간중심적인 경제 개념이나 노동 개념에 파문을 일으키고 동물을 사회 정치적인 행위 주체로 재배치한다는 점에서 동물 노동의 개념화에는 어느 정도 의의가 있을지 모른다. 게다가 뒤에서 살펴보겠지만 이것은 인간 아닌 동물에 대한 '착취'를 인간의 만행이나 폭력이라는 관점에서가 아니라 자본주의 체제하의 노동 착취라는 관점에서 분석의 도마 위에 올리기 위한 포석이 될 수도 있다. 전통적인 동물 옹호론에도 인간의 동물 이용을 노예제나 강제 노동에 빗댄 논의가 있는데, 그 비유에 포스트휴머니즘의 동물 노동론이 어떤 깊이를 더할지는 주목할 만하다. 그렇지만 동물 노동론에는 유용성과 함께 눈속임을 낳을 위험성도 내포되어 있다. 동물을 '협업'이나 '공동 생산'의 참여자로 간주하고 그들의 능동적인 '공헌' 운운하는 수상은 자칫 인간과 인간 아닌 동물의 협력 관계를 그리는 한편 생산 과정에 포함된 강제력이나 지배 관계를 경시하는 경향에 빠질 수 있다.

동물 노동 이론을 형성하는 데 크게 기여한 저술가 도나 해러웨이의 논의를 보면 이 개념을 안이하게 활용하는 것의 위험성을 분명하게 알아차릴 수 있다. 해러웨이는 유명한 저서 《종과 종이 만날 때》[75]에서 동물을 이용하는 형태가 동물의 신체 조건 등에 의해 규정된다

---

74 Barua, 2018, p. 7. 또한 Barua, 2016도 참조.

75 Donna J. Haraway (2008) *When Species Meet*, Minneapolis: University of Minnesota Press. [한글본] 최유미 옮김, 《종과 종이 만날 때: 복수종들의 정치》, 갈무리, 2022.

는 사실을 조명하고, 이용 과정에서의 인간 동물 관계를 협력 도식으로 포착하고자 했다. 예를 들어 책에서 언급되는 혈우병 연구에서는 인위적으로 병에 걸린 개가 치료법 개발에 쓰이는데, 이 상황은 질환 모델 '노동'에서 환자로 일하는 개와 돌봄 제공자로 일하는 과학자가 협동을 펼치는 장으로 해석된다. 설명에 따르면 과학자는 연구를 성공시키기 위해 무조건 개를 살려야 한다. 관점을 달리하면 이것은 과학자가 개를 이용하는 한편 개가 과학자에게 돌봄을 강요하는 상황이라고도 할 수 있다. 두 집단은 서로의 행동에 영향을 끼치고 연구 공간은 '임상의 소우주'가 된다.[76] 동물 옹호론의 문맥에서는 실험에 쓰이는 동물이 곧잘 '희생자'로 간주되는데 해러웨이는 실험의 성공 여부가 그들의 '협력'에 달린 이상 동물은 과학자와 협업하는 '파트너'이자 '노동자'라고 말한다.[77] 게다가 환자로 일하는 동물에게는 '다양한 수준의 자유가' 주어지는데 그 증거로 실험실에서는 '계산 밖의 사태가 일어날 수 있다.'[78] 상황이 과학자의 프로그램대로 굴러가지 않는 이유는 동물에게 자유롭게 행동할 여지가 있기 때문이라는 것이다.

이런 관점은 공장식 축산을 이해하는 데도 적용되어 비육되는 닭—인위적인 품종 개량으로 급성장하는 탓에 뼈와 내장이 짓눌리는 브로일러 종들—은 '국제적인 성장 산업을 위해 근육 트레이닝'에 매진하는 것으로 묘사된다.[79] 일반적인 감각으로는 이것을 도가 지나친

---

76 Haraway, 2008, p. 59.

77 Haraway, 2008, pp. 72–73.

78 Haraway, 2008, p. 73.

79 Haraway, 2008, p. 267.

농담으로밖에 생각할 수 없지만 산업에 이용되는 동물을 협력적인 노동자로 간주하는 해러웨이의 틀에서는 이렇게 파악하는 게 지극히 정상이다. 그리고 동물실험에 종사하는 과학자가 개에게 협력을 구해야 하듯이 식육 산업에서는 돼지나 닭에게 협력을 구해야 하는데, 그러지 않으면 동물은 '생존 거부'라는 수단을 들고 나온다고 해러웨이는 말한다.[80] 세계 각국에 동물성 식품을 공급하는 것도 산업이 아닌 동물 자신으로, 알을 낳는 암탉은 아침 식사와 저녁 식사를 제공하는 것이 천직인 '산업계의 캡틴'으로 묘사된다.[81]

해러웨이가 묘사하는 인간 동물 관계는 함께-만들기sympoiesis,[82] 함께-되기becominig-with,[83] 반려종, 사이보그, 하이브리드성, 접촉 지대 등 다채로운 개념으로 설명된다. 이런 용어가 의미하는 바는 상호 관계를 맺는 존재자가 서로를 형성하는 포스트휴머니즘적 상황이나 그로부터 도출되는 혼합적 주체 개념과 큰 차이가 없지만(같은 내용을 설명하기 위해 쓸데없이 많은 유의어를 양산하는 것은 대륙 철학과 포스트휴머니즘의 나쁜 특징이나), 접촉 지대contact zone 개념에는 유독 지배자와 희생자의 단순한 이항 대립 도식을 재고하려는 의도가 강하게 담겨 있다. 접촉 지대는 문화 연구자 메리 루이스 프랫이 처음 제시한 개념으로, 식민지나 노예제 사회처럼 결정적인 힘의 불균형이 존재하는

---

80 Haraway, 2008, p. 73.

81 Haraway, 2008, p. 266.

82 [옮긴이] 누구도 무엇도 상호 의존적인 관계의 바깥에서 나고 성장하고 만들어질 수 없다는 뜻으로 공-산共·産이라는 말로 번역되기도 한다.

83 [옮긴이] 인간도 언젠가 죽는 유한한 존재로서 다른 모든 것과 함께한다는 뜻으로 공-생共·生이라는 말로 번역되기도 한다.

상황에서도 사람들이 지배자와 피지배자로 양극화되지 않고 문화 접촉을 통해 서로에게 영향을 줌으로써 한데 섞이는 장을 가리킨다.[84] 해러웨이는 자신의 취미인 개 조련을 예로 들어 이런 상호 형성이 인간과 기타 동물 간에도 일어난다고 주장한다. 사육이나 조련의 폭력성에 항의하는 사람들을 이원론적이라고 비난하면서,[85] 올바른 조련이 개에게 즐거움을 줄 뿐만 아니라 '일인 듯하면서도 놀이인 듯한, 종을 넘나드는 공동 창작의 기회'[86]로 작용해 참여자 모두를 생각지도 못한 새로운 가능성으로 이끈다고 해러웨이는 이야기한다.[87] 동물 노동을 묘사한 뒤 이어지는 낙천적인 기록은 실험 시설이나 축사도 접촉 지대로 본 결과라고 생각할 수밖에 없다.

벨드나 바루아를 통해 살펴보았듯이 동물의 생명 활동이 가치를 산출하는 과정에서 적극적인 역할을 하는 것은 분명하고, 이것은 해당 동물이 어떤 수준의 구속 환경에 있든지 달라지지 않는다. 아울러 포스트휴머니즘적인 상황에 대한 논의를 감안하면, 산업 시스템에 편입된 동물이 해당 시스템에 영향을 끼치고 인간 사회를 바꿔 나간다는 시각도 틀린 것은 아니다. 여기까지는 해러웨이의 말도 특별히 이상하지는 않다. 다만 앞에서 힘주어 강조했듯이 이런 사태는 동물의 의도, 자발성, 주체성과는 아무런 관련이 없다. 굳이 말하는 것

---

84 Mary Louise Pratt (1991) "Arts of the contact zone," *Profession* 91: 33–40 및 Mary Louise Pratt (2008) *Imperial Eyes: Travel Writing and Transculturation*, London: Routledge. [한글본] 김남혁 옮김, 《제국의 시선: 여행기와 문화 횡단》, 현실문화, 2015 참조.

85 이를테면 Haraway, 2008, pp. 206–208, 222 참조.

86 Haraway, 2008, p. 205.

87 Haraway, 2008, pp. 202–203.

도 우습지만, 실험실의 동물은 연구에 협력할 의도가 없을 뿐더러 어째서 자신이 병에 걸렸는지도 모르는 채 자신의 의사와 무관한 생명 활동으로 과학자들이 바라는 데이터를 내놓을 뿐이다. 물론 섭식이나 수면은 자발적인 행위이리라. 질병에 대한 생리 반응도 마찬가지다. 약을 투여하든가 해서 인위적으로 조작했다고 해도 그 결과는 동물 자신의 신체 작용으로 나타난다. 이것을 노동이라 부르고 싶다면 불러도 좋다. 그러나 협력cooperation이라는 개념은 **정의상** 어떤 주체가 자신의 자유의지에 따라 타자의 목적 달성을 돕는 것을 말한다. 힘을 빌려 줄 의지가 없는 자가 타자의 목적에 도움이 될 때는 단순한 도구적인 이용 관계밖에 구성할 수 없으므로 협력 관계가 될 수 없다. 그것이 협력이라면 나치나 731 부대에서 벌인 인체 실험도 실험자와 피험자의 협력 작업이고 따돌림이나 강간이나 집단 학살도 가해자와 피해자의 협력 작업이다. 해러웨이의 논리에 따른다면 **온갖** 폭력을 협력의 산물로 봐야 한다.

언어의 속임수는 이미 드러났다. 그래도 넛붙이자면 동물이 이용되는 현장에서 벌어지는 예기치 못한 사태를 동물의 '자유'가 작용한 결과로 간주하고 공장식 축사에서 일어나는 동물의 죽음을 '생존 거부'로 보는 대목에서는 간과되어 온 동물의 주체성을 발견했다기보다는 **날조**했다고 하는 편이 타당하겠다. 동물은 살기를 바라지만 지옥과도 같은 모진 시련 속에서 기력을 잃어 간다. 그럼에도 지배 체제에 대한 항의의 뜻으로 자살한다고 표현하는 것은 동물에게 있지도 않은 의지와 자유를 찾는 유희에 불과하다. 해러웨이는 고통받는 동물을 대변하는 활동가의 노력을 '복화술'이라고 폄하하는데,[88] 사실

---

88   Haraway, 2008, pp. 296–297.

동물의 '협력', '생존 거부', '근육 트레이닝'을 논하는 해러웨이야말로 저속한 복화술에 빠져 있다. 비판 이론 연구자 지포라 와이스버그의 다음 지적은 타당하다.

> 자유 개념에 윤리 정치적인 의의를 부여한다면 그것은 착취나 폭력으로부터의 자유, 자신의 가능성을 충족시키는 것**에 대한** 자유여야 하지 않을까. 해러웨이의 저서를 읽고 잘 이해가 안 갔던 것은 구속 기구에 머리가 고정된 토끼나 개, 신경가스에 노출되고 전기 충격을 받은 원숭이가 대체 어떻게 실험에 협력**하지 않을** 수 있나 하는 점이었다. 가령 그런 희생자가 발버둥 치고 몸부림 쳐서 구속에서 벗어나거나 고문자를 물어뜯는다 해도 그 절망과 고통의 몸짓을 자유의 행사와 동일시하는 것은 어리석은 일이다.[89]

문제는 이 분석을 통해 해러웨이가 무엇을 하고 싶은가 하는 점이다. 동물은 지금도 인간 밑에서 고통을 받고 있다. 그런 그들을 굳이 협력적인 노동자로 보아 아름다운 인간 동물 관계를 그리는 일에 어떤 의의가 있는가. 앞의 비판에 이어 와이스버그는 동물의 부자유를 부정하는 해러웨이의 주장이 '고답적인 이론의 영역에서 동물 억압을 정당화하는' 일로 이어진다고 설명한다.[90] 아닌 게 아니라 해러웨이가 도달하는 결론은 지극히 보수적으로, 그에 따르면 우리는 응답하는 주체를 죽여야만 살아갈 수 있는 인간의 현실을 받아들여 생명을 책임감 있게 이용하고 살해해야 한다. 이 윤리는 '고통 나누기'라

89 Zipporah Weisberg (2009) "The Broken Promises of Monsters: Haraway, Animals and the Humanist Legacy," *Journal for Critical Animal Studies* 7(2): p. 35.

90 Ibid.

는 말로 공식화된다. 그 내용은 '실험에 필요한 개의 숫자를 최소화한다', '개의 삶을 가급적 알차게 만든다', '그들을 부릴 때 의식 있는 신체의 주인으로 대한다' 등으로[91] 고전적인 동물복지의 영역에서 한 발짝도 벗어나지 않는다. 그런가 하면 동물 이용과 살해를 폐지하기 위한 탈착취 실천은 노동 주체인 동물을 '박물관 수집품의 위치로 또는 순전한 멸종으로' 내모는 행위이기에 용인할 수 없다고도 말한다.[92]

휴머니즘에 입각한 고전적인 동물 옹호론이 갖가지 도그마나 본질주의에 사로잡혀 지배하는 인간과 지배당하는 동물의 단순한 이항 대립 도식을 그려 온 측면은 있을 것이다. 그래서 자칫 잘못하면 동물이 수동적인 희생자로만 그려지고 이용 관계에 편입된 동물의 작용력이나 행위자성, 인간과 인간 아닌 여러 존재의 복잡한 상호 영향이 간과될 수 있음은 부정할 수 없다. 하지만 그 틀에 이의를 제기한답시고 동물의 능동성을 과도하게 강조해 비대칭적인 인간 동물 관계를 대등한 거래의 장처럼 묘사한 끝에 윤리의 후퇴를 초래한 것은 심각한 본말전도나. 적어도 고전적인 동물 옹호론은 탈착취의 실천과 보급으로 동물 착취를 축소한다는 명확한 방침을 내세웠다. 그러나 해러웨이의 이론은 착취당하는 동물을 산업의 주역으로 보아 사실상 현실 긍정으로 흐른다. 어느 쪽이 동물의 행복에 기여하는지는 명백하다.

91 Haraway, 2008, pp. 83–4.

92 Haraway, 2008, p. 80. 해러웨이는 《종과 종이 만날 때》에서 제기한 논의로 비판을 초래했으나 그의 동물 윤리와 탈착취에 관한 시각은 지금까지 바뀌지 않았다. 이를테면 Sarah Franklin (2017) "Staying with the Manifesto: An Interview with Donna Haraway," *Theory, Culture & Society* 0(0): 1–15 참조.

아주 약간이라도 동물의 자주적인 노동 참여를 상정하는 순간, 동물 노동론은 동물 이용을 용인하는 결말에 이르게 된다. 하지만 현실의 동물 노동에서는 당연히 협력 의지나 자주성이 일절 개입되지 않는다. 동물은 강제로 생산 구조에 편입되고 그 생명 활동은 가치 산출 수단으로 이용된다. 다시 말해 자본은 가치를 산출하기 위해 동물의 생명 활동을 노동으로 바꾸고 나아가 동물을 노동자로 만든다. 노동은 생산 양식이 형성하는 **관계**일 뿐이다. 따라서 그것을 분석하려면 반드시 동물 노동의 조건을 갖추기 위해 거쳐 온 '징수와 착취의 역사'[93]에 시선을 돌려야 한다. 또한 서로 관계하는 존재자의 **상호적**인 형성 작용을 **호혜적**인 것으로 잘못 이해하면 안 된다. 인간의 활동과 소산, 다른 모든 생명의 행위는 서로를 새로운 것으로 바꿔 나간다. 하지만 그것이 늘 당사자의 삶에 득이 되는 건 아니며 오히려 나쁜 영향을 끼칠 때도 있다. 이것은 산업과의 관계에 붙들린 동물의 몸에 무슨 일이 일어났는지 돌아보면 명확히 알 수 있다. 실험실의 개는 환자 모델로 일하기에 원래대로라면 앓지 않아도 됐을 병을 앓는다. '산업계의 캡틴'은 자궁 탈출과 전신 골절과 압사 사고에 시달리며 평생을 보낸다. 자본주의의 생산관계에서 널리 보이는 것은 적대 구도와 폭력의 작용으로, 그곳에서 일어나는 갖가지 상호 형성은 늘 노동자의 삶을 해치는 방향으로 작동한다. 동물 노동론이 현실 비판의 도구로서 존재 의의를 획득하려면 생산의 배경에 있는 적대 관계와 폭력을 직시해야 한다.

93 Barua, 2018, p. 4.

분쟁 지대

　디네시 와디웰은 동물 노동을 협력 도식 속에 배치하는 접근법을 물리치고 자본주의의 생산관계를 접촉 지대가 아닌 분쟁 지대conflict zone라는 틀로 파악했다.[94] 접촉 지대는 명확한 역학 관계 속에서도 유리한 자와 불리한 자가 서로를 바꿔 나가는 상황을 설명하기 위한 개념으로, 기존의 지배 도식에 대한 안티테제적 성격으로 인해 당사자 간의 비대칭성이 경시될 위험이 있었다. 그 결과가 해러웨이의 인간 동물 관계론이다. 반면 분쟁 지대는 접촉 지대의 반대 개념으로 당사자들의 상호 형성이 폭력에 의해 규정되는 장을 가리킨다. 인간과 기타 동물이 관계하는 장을 조망하여 알 수 있는 것은 극히 일부의 예외를 제외하면 쌍방의 관계가 대체로 다툼의 구조를 띤다는 점이다. 인간과 기타 동물이 서로를 바꿔 나가는 것은 사실이지만 그 상호 형성의 결말은 폭력적인 지배 논리에 좌우된다. 언뜻 우호적이거나 건설적으로 보이는 관계도 예외는 아닌데, 가령 애완동물과 주인 간에는 생사의 장악이나 성적 행동의 통제, 행동 및 행동 규범의 제한, 예절 교육으로 불리는 반항 억제, 훈련과 조련 등의 수단이 눈에 띈다. 동물은 주인의 손에서 새로운 재주나 행동 패턴을 익히고 주인은 동물과의 교류로 새로운 인격이나 동물관을 기를 수 있을지 모르겠지만, 그 상호 형성의 배경에는 애초에 그런 수단에 의한 폭력적인 지배가

94　다음에 이어지는 와디웰의 동물 노동론에 관해서는 Dinesh Wadiwel (2018) "Chicken Harvesting Machine: Animal Labour, Resistance, and the Time of Production." *South Atlantic Quarterly* 117(3): 527–549 및 Dinesh Wadiwel (2020) "The Working Day: Animals, Capitalism and Surplus Time," in Charlotte E. Blattner, Kendra Coulter and Will Kymlicka eds., *Animal Labour: A New Frontier of Interspecies Justice?* Oxford: Oxford University Press, pp. 181–206 참조.

존재한다. 중요한 것은 관계하는 자들이 서로를 형성한다는 사실을 깨닫는 데 그치지 말고 그 상호 형성이 어떤 역학 속에서 진행되는지를 밝히는 일이다.

동물 산업의 생산 현장은 자본의 논리가 만든 분쟁 지대로, 인간, 기술, 인간 아닌 동물의 관계는 노동 착취와 생명정치의 폭력을 통해 형성된다. 거듭 말하지만 이때 인간에서 동물로 작용하는 일방적인 힘을 상정하는 것은 오류다. 동물은 인위적인 작용을 받음과 동시에 스스로의 행동으로 인간과 시스템에 변화를 준다. 그렇지만 행위 주체들의 쌍방향적 내지 다방향적 영향력을 인정하더라도 생산 관계가 지배와 적대 구조를 낳는다는 것에는 변함이 없으므로 그 속에서 일어나는 상호 작용은 상존하는 폭력과 연관 지어 이해해야 한다.

마르크스가 생각한 노동 착취는 노동력의 재생산 비용에 해당하는 가치, 즉 노동자의 생활비만큼의 가치보다 많은 양의 노동을 노동자에게 부과해서 그로부터 발생한 잉여가치를 쥐어짜는 과정을 의미했다. 한마디로 말해 필요노동을 넘는 잉여노동에서 가치를 추출하는 것이 노동 착취의 핵심이다. 나아가 《자본론》 제8장 '노동일'에는 자본이 잉여 노동 시간을 최대한으로 늘리기 위해 노동자의 자유 시간을 줄이는 내용이 나온다.

> 자본은 신체의 성장, 발달, 건강 유지에 드는 시간을 빼앗는다. 신선한 공기와 햇빛을 맛보는 데 필요한 시간을 훔친다. 식사 시간을 두고 협상을 벌여 가급적 그것을 생산 과정 자체에 포함시킨다… 생명력의 집중·갱신·회복에는 수면이 필요한데도 그 시간은 피로에 찌든 생명체가 겨우 소생할 만큼만 주어진다. … 자본은 노동력의 수명을 걱정하지 않는다. 관심사

는 오직 하나, 노동일 내에서 운용할 수 있는 최대 노동력뿐이다.[95]

마르크스가 옛 휴머니즘의 도그마에 사로잡혀 동물을 노동 주체로 보는 것을 거부한 바 있으나, 자본이 자유 시간을 빼앗는다는 관점은 종을 초월한 생산에서의 적대 관계, 동물 노동의 착취를 분석하는 데 유용하다. 와디웰이 보기에 동물 산업이란 자본의 합리성을 바탕으로 동물의 시간을 산업의 리듬에 맞춰 가치를 추출하는 시스템이다. 공장식 축산을 예로 들면, 그 과정에서 동물은 일정 기간에 걸쳐 정해진 시간에 잠들고, 정해진 시간에 일어나 정해진 시간에 먹이를 먹으며, 알맞은 시기에 임신·출산·수유를 하고, 알맞은 시기에 일정 체중에 도달해 결국 도살장으로 끌려간다. 이처럼 생산 과정은 여러 작업과 단계로 이루어지고 각각의 속도나 시기나 시간 간격에 따라 일종의 독특한 '리듬'을 형성한다. 이 생산 리듬이라는 틀에 동물의 생활사를 끼워 맞추고 그것을 가치 산출 활동의 일환, 즉 노동으로 바꾸는 것이 동물 산업의 기획이다. 동물은 본연의 출산 속도나 성장 속도, 수유기, 육추기,[96] 섭식 빈도, 동료와의 교류 시간, 산책 시간, 휴식 및 수면 시간, 수명을 부정당하고, 자본의 사정에 따라 최대의 경제 가치를 낳는 형태로 일생의 흐름이 설계된다. 이것이 동물 노동, 특히 대사 노동의 내막으로, 그 본질을 이루는 것은 동물의 자유 시간을 노동 시간으로 변환하는 강탈의 원리다. 이쯤 되면 노동은 지배 양식을 이루고 동물의 개화를 방해하는 요소로 나타난다. 따라서 노동은 저

---

95 Karl Marx (1962) *Das Kapital. Kritik der politischen Oekonomie* 1. Bd., in Marx-Engels-Werke Bd.23, Berlin: Dietz Verlag, S.280–281. 초판 1867년 간행.

96 [옮긴이] 알에서 부화한 새끼를 키우는 시기를 말한다.

항과 떼어 놓을 수 없다. 동물은 자신의 리듬에 따라 살고자 하고 이를 저해하는 생산 리듬에 거역하는 주체가 된다. 교란은 인간 작업원에 대한 명확한 공격의 형태를 띨 때도 있는가 하면 이동 거부나 탈주와 같이 생존 행동의 형태를 띨 때도 있는데, 이런 게 전체적으로 생산 리듬을 깨뜨리는 저항을 구성한다.

그러나 생산 시스템은 동물의 저항에 대처함으로써 추출할 수 있는 가치를 최대화하려고 한다. 동물 노동의 성립 자체가 저항의 억제와 표리 관계를 이루는데, 그 조치는 마우스mouse 고정기[97]나 배터리 케이지 같은 구속 기구의 사용에서부터 동물의 공포를 누그러뜨리는 '인도적' 도살 체제의 개발에 이르기까지 다양하다. 결과적으로 생산 관계에 편입된 동물은 자칫 무저항적인 존재, 순종적이면서도 '협력적'이기까지 한 존재로 간주될 수 있는데, 이것은 자본이 동물의 저항을 진압하여 낳은 환상에 불과하다. 이 상황을 이해하려면 인간 노동의 재편성에 숨은 교묘한 저항 억제 원리를 되새겨 보는 게 좋다. 와디웰은 노동자주의(오페라이스모operaismo)라고 불리는 정치 이론의 시각을 바탕으로 말한다. 유연 근무나 재택 근무 같은 새로운 근무 체제는 언뜻 보기에 노동자의 편의를 고려한 듯하지만 그 바탕에는 노동자의 저항을 미리 억제해 생산성을 유지 또는 향상시키고자 하는 자본의 속셈이 깔려 있다는 것이다.[98] 이 경우 저항은 생산 체제에 이른바 잠재적인 요소로 내재되어 표면화되지 않는다. 기술과 생산 체

---

97 [옮긴이] 편리한 실험을 위해 마우스가 움직이지 못하도록 고정하는 기구. 실험실에서는 마우스를 움직이지 않게 고정하는 것을 '보정'이라고 하며 그 기구를 '보정 틀'이라고 한다. 영어로는 restrainer 혹은 holder이다.

98 Wadiwel, 2018, p. 533 및 와디웰, 2019, 28-29쪽 참조.

제를 혁신하여 저항의 여지를 일일이 제거해 나가는 노력은 노동 효율화로 직결되어 자본에 더 큰 잉여가치를 안겨 준다. 같은 관점에서 동물 산업 장치를 되돌아보면, 그곳에서도 잠재적인(가능태로서의) 저항을 감안한 여러 가지 설계를 발견할 수 있다. 동물은 무저항적이지 않을 뿐더러 순종적이지도 않다. 그 저항은 처음부터 기술의 형태 자체, 생산 양식 자체에 반영되어 있다. 동물 이용의 역사 자체가 저항 억제 수단의 발명사라고 할 수 있을 정도다. 도망 방지용 미늘이 달린 낚싯바늘부터 탈출할 수 없는 감옥인 양식장까지 이르는 수산업 발달사를 보더라도, 또는 수렵에서 방목, 방목에서 공장식 축산, 공장식 축산에서 '인도적' 축산에 이르는 식육 생산의 변천사를 보더라도 그것은 명백하다.

저항을 억제하고 동물에게 무한한 노동을 강요하는 기획은 생산 체제가 기계화되고 자동화됨에 따라 하나의 도달점을 맞았다. 여기에 인간 노동자와 인간 아닌 동물의 결정적인 차이가 있다. 마르크스에 따르면 기계의 등장은 인간 노동자에게는 노동의 주도권을 박탈당했음을 의미했다. 효율적으로 일하는 기계가 사람 손을 대신하게 되면 노동자는 실업을 걱정해야 한다. 인간 노동자와 기계는 일자리를 놓고 다투는 관계가 된다. 반면 인간 아닌 동물은 노동력인 동시에 상품의 원재료라는 그 특수한 지위 때문에 전혀 다른 처지에 놓인다. 생산의 기계화나 자동화에 동물 노동은 불필요하지 않다. 원재료인 동물의 역할, 즉 대사 노동은 기계로 대신할 수 있는 것이 아니고 오히려 기계로 인해 밀도가 더 높아진다. 공장식 축사에서는 이제 인간 대신 기계가 지배력을 휘둘러 24시간 쉬지 않고 동물의 활동을 생산 리듬에 맞춘다. 생산 기구는 운동·섭식·생식·육아 등은 물론이고 수면

마저 조정해 가치 산출에 이바지한다. 이미 생산 노동과 재생산 노동에는 경계가 없다. 동물의 생애는 일분일초가 노동 시간으로 변한다. '공장식 축사는 자본주의의 꿈인 노동일 연장을 완수한 듯하다. 왜냐하면 그곳에서 동물의 시간은 모두 생산하는 데 쓰이기 때문이다. 노동일에는 상한선이 없어서 하루는 아침부터 밤까지 노동으로 점철된다.'[99] 노동일 연장은 최대 잉여가치를 낳는 수단인 동시에 필연적으로 자유 시간의 징수를 의미한다. 오늘날의 동물은 자동화된 생산 기구의 톱니바퀴가 되어 단 1초의 자유도 없이 잉여 노동에 내몰린다.

그런데 질리지 않고 이익 추구에 골몰하는 자본의 야망은 거기서 멈추지 않는다. 동물의 일생을 전부 노동시간으로 바꾸면 더는 노동량을 늘릴 수 없어 잉여가치 산출이 한계에 달할 것 같지만, 아직 많은 가치를 낳는 방법이 남아 있다. 그것은 가속, 즉 사용가치를 낳는 데 드는 노동시간의 단축이다. 가령 한 시간의 노동으로 만들었던 상품을 반 시간 만에 만들면 같은 시간 동안 두 배의 가치를 낳을 수 있다. 인간의 노동은 기계를 도입하거나 생산과정을 합리화하면 가속할 수 있다. 그렇지만 동물의 노동은 삶 그 자체를 의미한다. 그러므로 노동을 가속하는 것은 다름 아닌 삶을 가속하는 것이다. 동물의 성장이 빨라지면 빨라질수록 같은 기간 동안 더 많이 도살할 수 있기에 잉여가치가 부풀어 오른다. 축산 업계는 이 목표를 달성하고자 품종 개량, 유전자 편집, 농후사료 및 육골분 사료[100] 공급, 항생물질 및 성장 호르몬 주사 등 온갖 지식과 기술의 소산을 투입해 동물의 성장

---

99 Wadiwel, 2020, p. 195.

100 [옮긴이] 도축하고 남은 가축의 뼈와 내장, 고기 조각 따위를 가공 처리한 사료. 동물성 사료라고도 한다.

을 촉진하는 데 열을 올렸다. 이것은 일종의 생명정치임에 틀림없는데, 중요한 점은 생명 활동의 증진이 삶의 단축을 통해 이루어진다는 사실이다. 동물이 대사 노동을 통해 자기 육체에 비축한 '사용가치'는 죽음을 맞음으로써 현실화된다. 삶은 시체를 만들기 위한 **수단**에 불과하다. 따라서 자본은 삶을 부여하고 유지하고 육성하는 동시에 그 삶을 닦달해서 하루라도 빨리 거두려 한다. 가속 원리는 생산 사이클을 단축시켜 동물에게 육체의 한계를 뛰어넘은 급성장과 너무 빠른 죽음을 초래한다.

이런 생사의 전면 통제가 동물의 시간 경험을 변형시켰음은 의심할 여지가 없다. 와디웰은 문화 연구자 호세 에스테반 무뇨즈의 저서[101]에 입각하여 지배 질서 탓에 자신의 리듬이 깨진 자들은 "기다리는" 시간을 경험한다고 말한다. 기다린다는 것은 '시간을 마음대로 할 수 없다'[102]는 뜻으로 자유 시간의 상실을 의미한다. 생산 리듬이 부여된 동물은 자기 시간을 살지 못한 채 고통만 있고 자극은 없는 환경 속에서 그저 다음 공정, 그다음 공정만을 기다리며 평생을 보낸다. '이것은 기다리는 일생이다. 다음 먹이가 나오기를 기다리고, 다음 생산 단계를 기다리고, 수집기가 찾아올 날을 기다리고, 자동화된 목 절단기에 삶이 단축될 순간을 기다리는 일생.'[103] 그리고 그것은 저항의 일생이기도 하다. 아무리 자유를 빼앗기고 행동을 억눌러도 하나의 생명인 한 동물은 생산 리듬에 거역하는 성향을 잃지 않는다. 게다가 죽

101   José Esteban Muñoz (2009) *Cruising Utopia: The Then and There of Queer Futurity*, New York: New York University Press.

102   Muñoz, 2009, p. 182.

103   Wadiwel, 2018, p. 542.

음을 이익으로 전환하는 경제 기구에 속에서는 **살려는 의지 자체**가 생산 과정에 대한 저항이다. 자본이 목숨을 단축시키는 데 주력하는 한 동물의 살고자 하는 마음, 살아남기 위한 몸짓은 생산의 장을 지배하는 논리와 정면충돌한다. 그러나 인간 노동이 기계로 치환된 지금은 저항이 무생물인 폭력 장치로 향할 수밖에 없다. 드론 전쟁과 마찬가지로 적대 세력인 인간의 모습은 이미 눈앞에 없다. 그 대신 동물은 짧은 생 전반에 걸쳐 공포도 고통도 못 느끼는 기계를 상대로 절망적인 싸움을 벌인다.

이처럼 동물 산업의 현장에서 자본은 동물의 삶과 경험을 전면적으로 형성하는 한편 동물의 행동은 새로운 관리 기술의 개발을 촉진한다. 분명 이것은 인간과 기술과 인간 아닌 동물의 상호 형성임에 틀림없다. 하지만 그 전개는 폭력과 지배와 적대의 역학 관계로 규정되어 그들이 섞이는 장은 궁극의 분쟁 지대가 된다. 생산 과정을 변화시키는 동물의 역할—더 구체적으로 말하자면 생산 관계 속에서 경제적 가치를 낳는 동물의 역할—을 노동으로 볼 수는 있지만, 그것을 논할 때 자본의 강제력과 착취성을 빼놓을 수는 없다. 동물 노동의 본질은 시간 강탈이다. 자본이 동물의 시간을 빼앗아 잉여가치를 산출하는 데 쓰는 것이 여기서 말하는 노동의 내막이며, 애초에 착취적인 그 노동은 동물의 자기 실현과 연결되지 않을 뿐더러 오히려 위배된다. 따라서 동물 노동이 주목하는 행위자성이나 주체성은 저항의 형태로 표출된다. 노동은 자본에 의해 구축되고 강제되지만 저항은 동물의 의지로부터 생겨난다. 사실상 생산 체제는 동물의 의지에 반하는 노동보다 의지에 부합하는 저항에 촉발되어, 그것을 진압하고 억제하기 위해서 기술을 혁신해 나간다. 시간을 둘러싼 싸움이라는 적대 구조가 동물·인간·체제의 존재 양식을 바꿔 나가는 것, 이것이 분쟁 지대의 상호 형성이다.

와디웰은 마르크스의 노동가치설을 바탕으로 동물 착취를 자유 시간의 강탈이라는 측면에서 재검토했다. 이 접근법은 자본의 시간 질서에서 동물을 해방시킨다는 새로운 목표를 동물 옹호에 부여한다. 동물복지 개혁은 동물이 **살아 있는 동안**의 처우를 검토하는 데 그쳤기에 삶의 길이 또는 죽음 자체를 다루지는 못했다. 반면 시간에 주목하는 관점은 동물의 성장을 다그치고 전성기를 빼앗아 삶을 단축시키는 행태의 윤리성을 추궁한다. 삶의 가속과 단축은 잉여가치를 증대시키는 열쇠이므로 동물 산업의 근간에 파고드는 쟁점이 된다. 더군다나 이 추궁은 동물에게 알맞은 삶의 길이나 시간의 흐름이란 어느 정도인가, 동물이 자신의 시간 축에 따라 산다는 것 혹은 살 수 없다는 것은 무엇을 의미하는가와 같은 보다 근원적인 윤리 문제에 다가서는 계기를 마련하기도 한다.

아울러 동물의 시간을 둘러싼 투쟁은 자본수의를 특성짓는 가속의 폭력성에 도전한다는 점에서 동물 해방과 그 밖의 사회정의에 가교를 놓을 수도 있다. 자본주의의 가속은 노동자에게 가혹한 착취 환경을 조성하고(도살장은 그 정점에 있다) 생산과 소비 사이클을 폭주시켜 전대미문의 낭비 문화를 정착시켰다. 이 폐단에 맞선 대응은 이미 노동자 인권 운동이나 슬로푸드 운동, 슬로패션 운동 등의 형태로 존재한다. 시간에 초점을 둔 동물 해방 접근법은 이 반가속·반자본주의 운동에 인간 아닌 생명의 낭비라는 문제 축을 더함으로써 인간중심주의를 넘어서는 종합적 정의 구상의 초석이 될 수 있다.

* * *

첫머리에서도 말했듯이 포스트휴머니즘을 둘러싼 평가는 비판적 동물 연구CAS 안에서도 엇갈린다. 첫째, 포스트휴먼적 상황의 발견에서 비롯된 존재론은 해러웨이의 논의에서 살펴보았듯이 관계망을 변화시키는 모든 사물, 모든 생명의 작용을 의지나 주체성의 증거로 혼동할 우려가 있다. 다시 말해 의지적·주체적으로 행동하는 존재와 그렇지 않은 존재를 혼동한다는 뜻인데, 얄궂게도 이것은 포스트휴머니즘이 철저히 비판하던 차이의 말소 내지 평탄화에 빠졌 버렸다. 브뤼노 라투르의 행위자-네트워크 이론[104]이나 제인 베넷 등의 신유물론[105] 등도 같은 계통의 존재론으로 꼽히는데, 이 모두가 새로운 세계 인식을 기르는 데 유용한 도구가 될 수 있는 한편, 잘못된 적용을 경계할 필요가 있다.

둘째, 이번 장에서 언급하지는 않았으나 고정된 존재의 본질을 부정하는 포스트휴머니즘의 논의는 생명과 기술의 융합을 무비판적으로 예찬하는 경향이 있다. 예를 들어 그 대표 격인 해러웨이의 사이보그 이론에 따르면 유전자 공학이나 기계 공학에 의한 생명의 개조는 인간이나 기타 동물을 종의 본질에서 해방시켜 새로운 가능성으로 이끈다.[106] 이런 주장은 과학이나 기술의 정치성을 고려하지 않는다는

104   Bruno Latour (2007) *Reassembling the Social: An Introduction to Actor-Network-Theory*, New York: Oxford University Press 참조.

105   Jane Bennett (2009) *Vibrant Matter: A Political Ecology of Things*, Durham: Duke University Press. [한글본] 문성재 옮김, 《생동하는 물질: 사물에 대한 정치생태학》, 현실문화, 2020 참조.

106   이 사상은 해러웨이의 모든 저서를 관통하는데 특히 눈에 띄는 예로 Donna J. Haraway

점에서 너무 안일하며, 와이스버그가 지적했듯이 본질과 본질주의를 혼동하고 있다.[107] 종의 구분은 인간이 구축한 범주임에 틀림없지만, 개개의 생명을 특징짓는 본질(고유의 존재양식)은 실재하며 그것을 인위적으로 교란하는 행위는 본질주의를 극복하는 일이 아니라 타자의 존재를 부정하는 일밖에 되지 않는다.

셋째, 휴머니즘의 주체 모델을 포기하는 기획이 정말로 타당한가 하는 문제가 있다. 적어도 자유주의 정치 운동은 전통적인 주체 모델을 개량해 인권을 확장해 왔다. 그리고 오늘날에도 여전히 억압과 싸우는 사람 대다수는 자신이 인간의 주체상에 합치한다는 것을 근거로 모든 권리를 획득하고자 한다. 그렇다면 포스트휴머니즘의 주체 비판이 이런 노력에 치명적인 타격을 가할지도 모른다.

앞의 두 가지, 즉 주체성의 날조와 사이보그 숭배에 관한 비판을 포스트휴머니즘 지지자들은 진지하게 수용해야 할 것이다. 이론은 현실 인식에 깊이를 더하고 기존 질서에 내재된 문제를 들추는 도구가 되었을 때라야 의의를 가지며, 현실 긍정으로 흐른다면 애초에 불필요한 것이다. 윤리에 충실하고 싶은 이라면 이 원점을 상기하고 압제에 대한 비판적 시각을 흐리는 지적 유희와는 현명하게 거리를 둬

(1997) *Modest_Witness@Second_Millennium. FemaleMan_Meets_OncoMouse: Feminism and Technoscience*, London: Routledge. [한글본] 민경숙 옮김, 《겸손한_목격자@제2의_천년.여성인간ⓒ_앙코마우스™를_만나다》, 갈무리, 2007 참조.

107 Zipporah Weisberg (2014) "The Trouble with Posthumanism: Bacteria are People Too," in John Sorenson ed., *Critical Animal Studies: Thinking the Unthinkable*, pp. 93–116. 존 산본마쓰는 이것을 존재론적 범주와 사회적 범주의 혼동이라고 비판한다. John Sanbonmatsu (2004) *The Postmodern Prince: Critical Theory, Left Strategy, and the Making of a New Political Subject*, New York: Monthly Review Press. [한글본] 신기섭 옮김, 《탈근대 군주론》, 갈무리, 2005 참조.

야 할 것이다.

한편 주체 모델의 포기에 관해서는 포스트휴머니즘이 제기하는 문제를 인정하지 않을 수 없다. 여기서 주의해야 할 점은 포스트휴머니즘이 주체성 그 자체를 부정하는 것이 아니라 서양 사상이 구축한 특유의 주체 모델을 비판한다는 점이다. 이번 장에서 말했듯이 타자나 관계가 '나'를 만든다는 인식에 따르더라도 주체성 그 자체가 폐기되지는 않는다. 문제는 모종의 인간 유형을 이상적인 주체 모델로 간주해 서열이나 배제를 정당화하는 논리다. 공교롭게도 휴머니즘의 주체 모델은 늘 그렇게 기능해 왔으며, 옛 주체 모델의 억압성을 지적하는 오늘날의 반차별론자도 음으로 양으로 새로운 '주체 조건'을 내세워 여전히 방대한 집단을 무시하고 있다. 휴머니즘적 사고를 보류하고 다양한 주체를 인정하는 틀을 처음부터 다시 짤 필요가 있다. 포스트휴머니즘은 바로 그러한 시도였으며, 논쟁을 야기하면서도 젠더 이론이나 장애 이론, 선주민 연구 등 피억압자를 옹호하는 모든 이론에 막대한 영향을 끼쳤다. 지금은 아직 시행착오 단계에 있는 듯한 느낌이지만, 포스트휴머니즘의 시각은 분명 향후 인간중심주의를 벗어난 정의의 연대 운동을 형성하는 데 더욱 중요한 자원이 될 것이다.

5
페미니즘

　동물 윤리학의 역사에서는 보통 피터 싱어의 《동물 해방》을 이 모든 것의 시작으로 설명한다. 이 책은 20세기 후반 이후 동물 옹호 운동을 이끄는 성서가 되었고, 이어서 톰 레건이 동물권을 정밀한 철학으로 다듬었다는 이야기는 잘 알려져 있다. 간혹 더 선구적인 활동가로 일찌감치 동물권 옹호를 제창한 헨리 솔트의 이름이 언급되기도 한다. 더 시야를 넓혀 피타고라스나 레오나르도 다빈치, 미셸 드 몽테뉴, 레프 톨스토이, 마하트마 간디 같은 역사상의 위인을 동물 옹호 사상의 원류로 보는 사람도 있다. 그러고 보면 동물 윤리를 형성한 것으로 거론되는 이들은 모두 남성뿐이다. 그야 과거 긴 시간 동안 지식과 교육 대부분을 남성이 독점했으니 사상 철학 분야에서 여성의 활약이 눈에 띄지 않는 것도 무리는 아닐지도 모른다. 그렇다면 동물 옹호론은 남성 지식인이 주도한 운동 및 학문이며 여성의 공헌은 거의 없었을까.

　그것은 터무니없는 오해다. 동물 옹호 사상·이론·운동은 예나 지금이나 여성을 중심으로 전개되었다. 특히 과거의 여성 활동가들은 자신을 구속하는 성차별적 편견이나 제도와 싸우면서도 학대당하는 다른 사람이나 인간 아닌 생명을 위해서도 앞장서 목소리를 냈다. 그들은 페미니스트였다. 원래 페미니즘은 남성 주도의 갖가지 억압 제도에 신음하고 있는 모든 존재를 해방시키는 철학이자 운동, 즉 종합적 해방의 계획으로 시작되었다.[1] 17세기 작가 마거릿 캐번디시Margaret Cavendish는 그 초창기를 대표하는 사람 중 하나로 르네 데카르트의 기계론 철학(뒤에 설명하겠다)에 도전하는 한편으로 귀족의 수렵이나 자연 파괴에 펜으로 일침을 가했다. 한편 19세기 후반에 시작된 제1물결 페미니즘의 주역들은 여성 참정권 싸움에 몸을 던지는 한편 흑인 노예나 동물 착취에도 항의의 목소리를 높여 자연과 조화를 이루는 생활이나 윤리적 채식을 권했다. 작가 루이자 메이 올컷Louisa May Alcott과 마거릿 풀러Margaret Fuller, 샬럿 퍼킨스 길먼Charlotte Perkins Gilman 등이 모두 그 계보에 이름을 올렸다. 화학자 엘렌 스왈로우Ellen Swallow는 환경 과학·공중위생·생활 개선 등을 통합한 선진 생태 사상을 주창하고 실천했다.[2] 조직적으로 동물을 옹호하려 한 시도로는 제2장 첫머리에서 언급한 애나 킹스포드나 프랜시스 파워 코브의 공적이 있고 그 밖에 캐럴라인 얼 화이트Caroline Earle White가 세운 동물 보호 단체[3]는 미국 최초로 동물 보호소를 개설했다.

1　다음에 이어지는 페미니즘, 동물 옹호, 환경 보호의 관계사는 주로 Greta Gaard (2002) "Vegetarian Ecofeminism: A Review Essay," *Frontiers* 23(3): 117–146 및 Greta Gaard (2011) "Ecofeminism Revisited: Rejecting Essentialism and Re-Placing Species in a Material Feminist Environmentalism," *Feminist Formations* 23(2): 26–53 참조.

2　공교롭게도 남성 중심 사회 안에서 스왈로우의 철학은 인정을 받지 못했고 정통 에콜로지는 생물학자 에른스트 헤켈이 주창한 '생태학'을 가리키는 개념이 되었다. 스왈로우는 에콜로지 대신 가정 경제학home economics이나 생활 개선학euthenics이라는 대체어를 사용할 수밖에 없었다.

3　[옮긴이] Women's Branch of the Pennsylvania Society for the Prevention of Cruelty to Animals, WPSPCA.

1960년대부터 1970년대에 걸쳐 환경 파괴와 베트남 전쟁이 진행됨에 따라 펜의 힘을 빌려 지구 생명 억압과 싸우는 페미니스트들이 등장한다. 간과되기 일쑤지만 《침묵의 봄》을 쓴 레이첼 카슨도 그런 페미니스트 중 하나였다. 1965년에는 작가 브리지드 브로피Brigid Brophy가 〈동물권Rights of Animals〉이라는 제목의 기사를 발표했고, 1971년에는 프랜시스 무어 라페Frances Moore Lappé가 윤리적인 채식을 촉구하는 명저 《작은 행성을 위한 식습관Diet for a Small Planet》을 출간했다. 이 시기에 시작된 제2물결 페미니즘은 사적 영역의 정치성에 주목하여 '사적인 것이 정치적인 것The personal is political, the private is political'이라는 표어를 낳았으며, 많은 페미니스트들이 비폭력의 일환으로 채식을 실천했다.

1974년에는 프랑수아즈 드본느Françoise d'Eaubonne가 페미니즘과 생태학을 융합한 에코페미니즘을 제창한다. 에코페미니즘은 가부장제와 자연 지배의 관계를 주축으로 다양한 차별이나 억압 시스템의 연관성을 밝히고, 1980년대 이후 군국주의나 자본주의, 신식민지주의에 대한 강력한 저항을 형성했다. 남반구 국가에서는 여성의 생활 기반을 망가뜨리는 환경 파괴 사업이 문제로 떠올라 인도에서 삼림 벌채에 항의하는 칩코 운동Chipko Andolan[4] 등이 일어나면서 에코페미니즘 논의가 활발해졌다. 한편 종차별이나 육식 문제로 시선을 돌린 에코페미니스트도 등장했는데 그들은 자연·인간·동물에 대한 옹호가 하나의 불가분한 관계라는 사상을 키워 나갔다. 때는 마침 싱어의 저서를 계기로 서구권 내에서 동물권 운동이 융성했던 시기로, 페미니

---

4 [옮긴이] 1970년대 인도 여성들이 나무를 껴안는 방식으로 펼친 벌목 반대 운동. 칩코는 '껴안다', 안돌란은 '운동'이라는 뜻의 힌두어다.

스트는 주류 활동 단체의 남성 중심적 성향에 이의를 제기하며 독자적인 동물 옹호 단체를 다수 설립했다.[5]

1990년대 들어 페미니즘은 인간중심적 견해와 인간 이외의 존재도 시야에 넣는 견해로 갈라졌다. 에코페미니스트들은 인간중심적 페미니즘을 비판했는데, 후자가 여성 문제와 환경 및 동물 문제의 연관성을 인정하지 않았기에 두 견해 사이에서 분열이 발생했다. 에코페미니즘은 여성과 자연의 결합을 긍정하는 본질주의 사상으로 치부되어 주류 페미니즘에서 주변화되었다. 또 에코페미니즘 안에서도 동물 착취에 맞서는 입장과 맞서지 않는 입장이 나뉘었다. 이 같은 반발과 분리는 페미니즘 관점에 입각한 동물 옹호를 약화시킨 혐의가 짙다.

그렇지만 페미니즘 초기부터 자라난 종합적 해방에 대한 전망은 동물 옹호와 에코페미니스트에 의해 오늘날까지 계승되었으며, 다른 여러 페미니즘 유파에서 생겨난 이론도 동물 옹호에 유용한 분석 도구를 내놓았다. 그것들의 총체인 페미니즘 동물 옹호론은 이제 자연·동물·인간에 대한 착취 문제에 파고들 뿐만 아니라 주류 페미니즘과 주류 동물 윤리학 양쪽에 반성을 촉구하는 논의로 발전했다. 비판적 동물 연구CAS는 그 성과를 적극 수용해 왔다. 지금부터 우선 에코페미니즘이 규명해 온 여성·동물·자연 지배의 연관성을 살펴보겠다. 이어서 현대 페미니즘이 낳은 교차성이라는 중요 개념을 조명하고 끝으로 페미니즘 동물 옹호론의 핵심을 이루는 돌봄의 윤리ethics of care를

5 이 시기에 설립된 구체적인 페미니스트 동물 옹호 단체에 관해서는 다음을 참조하라. Carol J. Adams and Lori Gruen (2014) "Groundwork," in Carol J. Adams and Lori Gruen eds., *Ecofeminism: Feminist Intersections with Other Animals and the Earth*, New York: Bloomsbury, pp. 9–17.

기존의 동물 윤리 학설과 비교하며 낱낱이 파헤치고자 한다.

가부장제와 자연

에코페미니즘의 기조를 이루는 것은 성차별과 자연 파괴가 관련되어 있다는 인식, 더 자세히 말해 가부장제와 자연·동물에 대한 지배가 서로를 지탱하고 강화한다는 인식이다. 언뜻 들으면 이 말에 납득이 안 갈지도 모르겠다. 현대인의 생활을 돌아보면 겉보기에 여성도 남성과 똑같이 자동차나 에어컨을 사용하고, 값싼 상품을 사고 버리며, 동물성 식품을 먹는다. 자연이나 동물을 해치는 건 남성이든 여성이든 기타 성별이든 마찬가지로, 그 가해 행위에 성차별 요소는 없다고 믿고 싶은 것도 무리는 아니다. 그러나 표면상으로 어떻게 보이든 현재의 동물 착취적이고 자연 파괴적인 사회 체제를 쭉 거슬러 올라가 보면 그곳에는 가부장제의 강한 영향이 있었음을 알 수 있다. 애초에 가부장제는 자연이나 동물에 대한 억압적인 틀로서 존재했다. 따라서 에코페미니즘의 논의를 이해하려면 일단 가부장제의 발달사로 눈을 돌리는 편이 좋다.

가부장제patriarchy란 무엇인가. 글자 그대로 해석하자면 가장이나 족장patriarch으로 불리는 남성 연장자가 통치권을 장악한 체제를 말한다. 인류학이나 사회학에서도 거의 그 의미로 쓰여 왔는데, 제2물결 페미니즘은 가부장제를 재정의하여 생활의 여러 측면을 남성이 지배하는 불평등한 사회구조라는 개념으로 고쳤다.[6] 사회학자 실비아 왈비는 가부장제를 '남성이 여성을 지배·억압·착취하는 사회구조 및 관행 체계'로 정의한다.[7] 가부장제는 전 세계에 다양한 형태로 존재하며 기원이 매우 오래된 제도다. 유력한 설에 따르면 그 원형은 일찍이 신석기 시대에 나타나기 시작했다.

신석기 시대는 인류가 수렵 채집 중심의 생활에서 농경 목축 위주의 생활로 이행하던 시기에 해당한다. 《가부장제의 창조》를 저술한 역사가 거다 러너는 수렵과 목축이 가부장제의 형성에서 수행한 역할을 이야기한다. 수렵은 여성도 참여하는 활동이었는데, 러너에 따르면 인간의 수명이 짧고 부족의 존속에 사활이 걸려 있던 시절에는 생식 능력이 있는 여성을 대형동물과의 싸움 같은 위험에 노출시키지 않는 집단이 노출시키는 집단보다 살아남는 데 유리했던 모양이다. 이런 '기능적'인 이유로 수렵, 특히 큰 동물의 사냥이 남성 중심의 활동이 되면서 성별에 따른 역할 분업이 발달했다는 의혹이 강하다.[8] 농경 목축도 남성이 주도했을 가능성이 높은데 그로 인해 동물이나 축산물의 소유권·관리권을 남성이 장악하는 구조가 생긴 것으

---

6 Ara Wilson (2000) "PATRIARCHY: Feminist theory," in Cheris Kramarae and Dale Spender eds., *Routledge International Encyclopedia of Women: Global Women's Issues and Knowledge*, New York: Routledge, 2000, pp. 1493–1494. 더불어 Maria Mies (1998) *Patriarchy and Accumulation on a World Scale: Women in the International Division of Labour*, London: Zed Books. [한글본] 최재인 옮김, 《가부장제와 자본주의: 여성, 자연, 식민지와 세계적 규모의 자본 축적》, 갈무리, 2014 참조.

7 Sylvia Walby (1990) *Theorizing Patriarchy*, Oxford: Basil Blackwell, p. 20.

8 Gerda Lerner (1986) *The Creation of Patriarchy*, New York: Oxford University Press, pp. 41–42. [한글본] 강세영 옮김, 《가부장제의 창조》, 당대, 2004.

로 추측된다.[9] 이런 활동은 남자의 통과 의례와 맞물려 남성 간의 결속, 즉 호모소셜한 관계의 발전으로도 이어졌다. 게다가 목축은 인간에게 수컷으로서의 생식 역할을 일깨워 주었다고 한다.[10] 이것은 부성에 대한 인식을 기르고 가족 구성을 모계에서 부계로 전환시키는 결과를 낳았다.[11] 부계 사회에서는 여성이 종가에서 분리되어 남성 배우자의 친족 안에 고립된다. "남성은 가족·혈족에 '소속'되는 반면 여성은 그 몸에 대한 권리를 획득한 남성에게 '소속'되었다."[12] 인류학자 바버라 스머츠도 이런 점에 주목하고 (1) 농경 목축을 통해 남성이 생활 물자를 지배하는 형태가 정착한 점, (2) 호모소셜한 관계로 맺어진 남성이 여성에 대한 권력을 강화한 점, (3) 부계 사회 안에서 여성이 취약한 위치에 놓인 점 등을 가부장제의 발달 요인으로 꼽았다.[13] 이런 견해는 수렵과 목축의 탄생으로 인간 사회의 불평등이 확대되었다는 데이비드 니버트의 분석과도 일치한다(제3장을 참조하라).

가부장제의 기원은 동물 지배나 그로부터 파생된 풍습과 밀접한 관련이 있다. 수렵과 목축 같은 활동을 통해 가족이나 부족의 수장인 남성이 여성·동물·자연(토지)을 소유하고 관리하는 사회구조가 정착했다. 가부장을 허즈번드husband, 목축을 허즈번드리husbandry라고 칭하

---

9   Lerner, 1986, pp. 50-51.

10   Lerner, 1986, p. 149.

11   Sylke Rene Meyer (2015) "Animal Husbandry, Tragedy and the Patriarchal Psychosis," *New Theatre Quarterly* 31(1), pp. 1-2.

12   Lerner, 1986, p. 77.

13   Barbara Smuts (1994) "The Evolutionary Origins of Patriarchy," *Human Nature* 6(1): 1-32. 또한 스머츠는 다른 요인으로 남성 간 서열, 여성의 살아남기 전략, 언어 발달을 꼽는다.

는 까닭은 그것 때문이다. 이런 역학 관계는 지배 아래 놓인 여성·동물·자연을 동시에 사물화·타자화한다. 원시 시대 부족에게 존속과 번영의 핵심이던 여성의 생식 능력은 남성의 '보호'와 관리를 받는 재산이 되었고, 어느새 가축을 모독했던 관리법이 인간 여성의 생식 관리에도 적용되었다. 페미니스트인 패트리스 존스가 말하듯이 '가부장제(남성에 의한 정치, 가정 생활 통제)와 목축(생활 수단으로서의 동물 관리)은 같은 시기에 역사의 무대에 등장했고 … 같은 이데올로기와 관행에 의해 옹호되고 유지되었다'.[14]

여성·동물·자연

가부장제의 형태는 문명 도시가 나타나자 더욱 명료해졌고, 이후 서양 문화권에서는 자연 및 동물 멸시 이데올로기와 한 몸이 되어 발달했다. 서양에서 여성관과 자연관의 관계사는 《자연의 죽음》을 저술한 캐럴린 머천트를 효시로 바버라 노스케, 발 플럼우드 등에 의해 정리되었다.[15] 이는 앞 장에서 살펴본 휴머니즘의 전개와 겹치는데, 젠더와 자연을 대하는 태도에 초점을 맞춰 다시 한번 자세히 살펴볼 필요가 있다.

서양 사상에 절대적으로 영향을 끼친 고대 그리스의 2대 철학자

---

14 Pattrice Jones (2005) "Their Bodies, Our Selves: Moving Beyond Sexism and Speciesism," SATYA, http://www.satyamag.com/jan05/jones.html(2021년 7월 23일 접속).

15 Carolyn Merchant (1980) *Death of Nature: Women, Ecology, and the Scientific Revolution*, New York: Harper & Row. [한글본] 전규찬, 이윤숙, 정우경 옮김, 《자연의 죽음: 여성과 생태학 그리고 과학혁명》, 미토, 2005; Barbara Noske (1990) *Beyond Boundaries: Humans and Animals*, Montreal: Black Rose Books; Val Plumwood (1993) *Feminism and the Mastery of Nature*, London: Routledge.

플라톤과 아리스토텔레스의 자연관에는 일찌감치 인간중심적이고 남성 중심적인 가치관이 짙게 나타난다. 플라톤은 영혼과 육체, 진리와 현상을 엄격히 구별하고 세계가— 영혼의 고향인 진리의 영역(이데아계)과 육체가 사로잡힌 현상의 영역(물질계)으로 나뉜다고 믿었다. 그의 저서에서 높이 평가되는 것은 언제나 이데아계에 속한 불변의 진리와 이성이며 물질계에 속한 자연과 육체는 폄하된다. 중요한 것은 그가 이 이원론 도식을 젠더와 대응시켰다는 점인데, 아버지인 창조자가 어머니인 혼돈의 세계에 질서를 부여했다면서 남성적인 이성이 여성적인 자연을 통치하는 세계를 묘사했다. 이는 원래 플라톤의 인간관을 바탕으로 한다. 대화편 《티마이오스》에 따르면 인간 중에서 뛰어난 것은 남성이다. 영혼이 육체의 욕구나 감정에 승리하면 고향인 이데아계로 돌아갈 수 있지만 패배하면 내세의 지상에 여성으로 태어나고 타락한 영혼은 동물이 된다. 영혼은 어리석을수록 대지에 이끌린다.[16] 이처럼 육체에서 일어나는 갖가지 마음, 불합리·무능력·무질서 같은 자연에 속한 부적절한 요소는 모두 여성이나 동물의 성질로 치부되며 남성이 이성으로 극복해야 하는 것으로 지목된다. 플라톤 철학은 철저하게 자연을 증오하는 자세로 일관하는데, 그것은 여성성의 기피이기도 하며 자연 증오와는 표리일체의 관계를 이룬다. 나아가 자연을 미워하다 못해 지상의 삶을 감옥이라고 생각한 플라톤은 거의 필연적으로 죽음을 찬미하게 된다.[17]

---

16 Plato (1929) *Timaeus. Critias. Cleitophon. Menexenus. Epistles* (Loeb Classical Library), Cambridge: Harvard University Press, pp. 248–253. [한글본] 김유석 옮김, 《티마이오스》, 아카넷, 2019.

17 한편 플라톤의 저서에는 에콜로지와 통하는 사상이나 남녀 평등론으로 읽히는 구절도 있으나 플럼우드는 그 해석에 이의를 제기한다. Plumwood, 1993 의 Ch. 3 참조.

플라톤의 제자에 해당하는 아리스토텔레스는 스승과 달리 동물이나 자연계에 강한 관심을 품고 놀라울 만큼 세밀한 관찰을 바탕으로 동물학 저서들을 남겼다. 그의 철학은 영혼과 육체를 불가분의 관계로 여기고 지상에서의 생활에 충실한 것에 가치를 둔다. 따라서 플라톤에 비하면 아리스토텔레스를 훨씬 자연이나 동물에 친화적인 사상가였다고 할 수 있을지 모른다. 하지만 그도 인간중심주의에서 자유롭지는 않아 여성에 대한 노골적인 차별 의식을 갖고 있었다. 아리스토텔레스가 묘사한 세계에는 훗날 '존재의 대사슬great chain of being'이라고 불리는 명확한 서열 구조가 있는데 맨 밑에는 무생물, 그 위에는 식물, 또 그 위에는 동물이 자리하고 맨 위에는 가장 완성된 생물인 인간이 군림한다. 그 구조를 자세히 들여다보면 동물 중에서도 야생종보다는 길들여진 종이 뛰어나고 인간 중에서도 여성보다는 남성이 뛰어나다. 세계는 아래에 있는 것이 위에 있는 것의 목적에 따르도록 되어 있는데 그곳에 평등을 초래하는 것은 유해한 일일 뿐이다. 따라서 아리스토텔레스에 의하면 남성이 여성을 거느리고 인간이 동물을 거느리는 것은 '자연'스럽고 건전한 일이다. 게다가 영혼과 육체, 이성과 감정에도 위아래가 있어서 전자는 후자를 복종시켜야 한다.[18] 그에 따라 동물론의 생식 이론에서도 암컷은 육체적 소재의 제공자, 수컷은 영혼의 제공자로 설정된다.[19] 철학적으로는 여러모로 플라톤과 대립한 아리스토텔레스였으나 이성과 남성을 치켜세우고 여성·동물·자연 및 그와 관련된 정념과 감정을 폄하한 가부장적인 자연관은 사제

---

18 이를테면 Aristotle (1932) *Politics* (Loeb Classical Library), London: Harvard University Press, pp. 18–25. [한글본] 김재홍 옮김, 《아리스토텔레스 정치학》, 그린비, 2023 참조.

19 Aristotle (1942) *Generation of Animals* (Loeb Classical Library), Cambridge: Harvard University Press 참조.

간에 큰 차이가 없었다.

그렇지만 은혜로운 어머니 자연이라는 시각은 오래도록 민간에 남아 자연에 대한 존중심이나 귀속 의식을 지탱했다. 만물을 낳고 생명을 키우는 자연의 작용은 아이를 낳아 기르는 여성의 힘으로 비유되어 경외에 찬 어머니 자연이라는 이미지를 형성했다. 출산과 여성을 직결시키는 연상법이 오늘날 어떻게 보이는지는 둘째 치고, 이것이 자연 파괴를 경계하는 근거로 기능했다고 머천트는 말한다. 자연이 존경스러운 어머니라면 자연 파괴는 어머니의 몸을 더럽히는 모독 행위다. 따라서 서구 문화권에서는 예부터 채굴업으로 대표되는 자연 파괴적인 사업이 어머니를 능욕하는 것과도 같은 만행으로 통렬한 비난을 받아 왔다.

중세가 되자 그 자연관에 변화가 찾아왔다. 당시 유럽 도시는 기독교 교회를 중심으로 한 공동체였는데, 도시를 경계 짓는 벽 바깥에는 전원이 펼쳐져 있고 더 바깥에는 푸른 숲이 우거져 있었다. 벽 안에 사는 시민은 오로지 기상 재해가 일어날 때만 자연과의 관계를 의식할 뿐 자연 덕분에 산다는 점을 거의 실감하지 못했을 것이다. 도시 너머에 펼쳐진 숲은 정체 모를 것이 설치는 무서운 마계였다. 한편 도시 안은 염소나 돼지 같은 인간이 이용하는 각종 동물로 가득해 방대한 배설물과 악취가 문제되었다. 이 모두가 자연과 동물에 대한 혐오를 조성했을 것임을 충분히 상상할 수 있다. 중세 도시의 지식 형성에 크게 기여한 것은 신학자였다. 그들은 고대 그리스의 자연철학에 의거해 인간 중심의 우주상을 그렸고 성서를 자의적으로 해석하고는 그것을 정당화했다. 중세 신학을 집대성한 이탈리아의 성 토마스 아퀴나스는 존재의 대사슬에 신을 추가하고, 피조물이란 신으로부터 세계의 지배권을 받은 인간을 정점으로 하며 다른 것들은 더 완벽한 존재를 위해 만들어졌다고 여겼다. 식물은 동물을 위해 만들어졌고 동물은 인간을 위해 만들어졌다. 그러므로 동물이 인간을 먹는 것은 야만이지만 인간이 동물을 먹는 것은 신의 율법이다. 동물에게 자비를 베풀라는 권유도 인간의 덕을 높이기 위해서이지 동물을 위해서가 아니다. 동물은 의지도 이성도 없이 자극에 반응할 뿐인 존재다.[20] 이런 견해는 교회에서 주류 학설로 깊이 뿌리내렸고 현대까지 살아남았다. 13세기에 살았던 아시시의 성 프란치스코는 동식물을 비롯한 만물을 사랑한 것으로 알려졌으며 윤리적인 채식에 힘쓴 구석도 있으나, 이런 사람은 드물었다.[21] 동물 멸시는 신학자 사이에 널리 공유되었고 종교 교육의 역할은 인간의 동물성을 바로잡는 것이었다.

호모소셜한 신학자는 당연히 여성 멸시 관념도 심했다. 아퀴나스는 성서와 아리스토텔레스 철학을 바탕으로 여성은 어떤 요인으로 인해 남성으로 태어나지 못한 불량품이라고 말했다. 저서 《신학대전》에 의하면 남성은 이성적인 사고에 능하고 여성은 남성의 보조자로서 출산에만 임한다. 또한 인간 사회는 현명한 자가 어리석은 자를 다스려야 바람직한 상태를 유지할 수 있기에 여성이 남성에게 종속

---

20 St. Thomas Aquinas (1920) *The Summa Theologiæ of St. Thomas Aquinas*, Fathers of the English Dominican Province trans., II, II, Q.64, Art.1 및 Q.159, Art.2.

21 피터 싱어는 《동물 해방》에서 이 성인이 채식주의자는 아니었을 것이라고 말했으나 성 프란치스코가 가급적 육식을 삼갔다는 사실을 동시대인의 증언으로 짐작할 수 있다. Leo Sherley-Price (1959) *Saint Francis of Assisi : His Life and Writings as Recorded By His Contemporaries*, New York : Harper & Brothers, p. 75 참조. 싱어의 억측은 Peter Singer (2009) *Animal Liberation: The Definitive Classic of the Animal Movement*, New York: Harper Collins Publishers, p. 198. [한글본] 김성한 옮김, 《동물 해방: 개정완역판》, 연암서가, 2022에 나온다.

되는 것은 당연하고, 이것은 원죄 이전부터 존재했던 신의 섭리라고 한다.[22] 아담의 갈비뼈에서 태어난 이브의 후예가 남성만 못한 것은 신학자에게는 의심할 여지도 없는 상식이었다. 여성은 덜 이성적이므로 정욕을 억누를 수 없고 남성을 꼬드겨 타락시킨다는 생각도 널리 침투해 있었다. 이런 이미지들을 통해 여성이 꺼림직한 짐승에 가까운 존재로 자리 잡은 것은 간과할 수 없다. 여성과 동물의 모욕적인 동일시는 당시 회화에도 나타나는데, 인류를 타락시킨 에덴 동산의 뱀은 가끔 그림에 여성의 얼굴로 등장한다.[23]

여성적인 것에 대한 강한 적의는 자연관과도 영향을 주고받았다. 여성에 대한 존중심도 자연에 대한 고마움도 희미해진 사회에서, 자연은 자혜로운 어머니가 아니라 파멸과 혼란을 가져오는 마녀 또는 '창녀'로 받아들여졌다. 자연은 인간의 지혜를 넘어선 수수께끼이며 때로는 기근이나 역병, 천재지변을 일으켜 사람들을 괴롭히는데, 그것은 마치 요상한 힘을 가진 사악한 여자와 같다는 논리였다. 이런 시각은 현실에서는 여성에 대한 처우에 반영되었다. 여성, 특히 농촌에 사는 여성은 약초 사용법 등 자연에 관한 지식이 풍부하다는 이유로 자연을 매개로 악마와 교류하고 인간 사회에 재앙을 내리는 마녀로 몰렸다. 자연이 세상에 맹위를 떨치는 것은 마녀의 계략 때문이라는 미신에다가 격렬한 이단 탄압이 더해져 마녀 사냥이 일어났다는 것은 주지의 사실이다. 신분이 격하된 여성을 중심으로 수만 명이 고문에 희생되었다. 더욱이 도시에서 볼 수 있는 다양한 야생동물도 마녀

---

22 Aquinas, 1920, I, Q.92, Art.1.

23 Alixe Bovey (2015) "Women in medieval society," The British Library, https://www.bl.uk/the-middle-ages/articles/women-in-medieval-society 참조(2021년 7월 27일 접속). [2024년 3월 현재 접속 불가.]

의 사역마로 간주되어 함께 죽임을 당했다.

가부장적인 자연관의 발달은 16, 17세기에 진척된 과학 혁명과 함께 융성을 맞았다. 이 시대는 제3장에서 다룬 자본주의의 발흥기로, 효율적인 굴착기를 비롯한 각종 신기술이 등장해 진보와 성장을 지향하는 기운이 팽배해졌다. 머천트는 그 시기 여성이 경제 활동에서 배제되어 간 현상에 주목한다. 중세 여성은 방직, 농업, 식품 가공 등 다양한 일에 종사했으나 르네상스기 이후 농업 구조가 변화하고 불평등한 임금 노동제가 도입되면서 많은 여성이 일을 빼앗겼다. 여성에게는 남성 덕분에 사는 정숙한 아내라는 역할이 주어졌고, 남편이 죽으면 경제적인 곤궁에 빠지곤 했다.

여성이 생산의 장에서 축출되고 남성에게 관리받는 수동적인 역할로 후퇴하자 여성적인 자연에 대한 취급도 나란히 변화를 맞았다. 인간 사회를 위협하는 마녀인 자연은 이성의 힘으로 굴복시켜야 할 표적이 되었다. 근대 과학의 기초를 쌓은 것으로 알려진 영국의 철학자 프랜시스 베이컨의 사상에는 그 변전이 잘 나타난다. 그가 생각하는 자연과학의 목적은 자연 법칙을 이해하고 자연을 마음껏 조작·개조·최적화하여 인류 공익에 이바지하는 것이었다. 베이컨에게 그것은 남성 과학자가 여성적인 자연을 심문하는 구도였다. 말하자면 중세 학문을 대신하는 새로운 과학은 있는 그대로의 자연을 이해하기보다는 '꽁꽁 얽매여 스트레스를 받은 자연, 즉 인간의 기술과 활동으로 원래 상태에서 떨어져 나와 억눌리고 형틀에 묶인 자연'[24]을 다루

---

24 Francis Bacon (n.d.a) "Distributio Operis," in James Spedding, Robert Leslie Ellis, Douglas Denon Heath eds., *The Works of Francis Bacon* Vol. 1, Boston: Houghton, Mifflin and company, p. 222.

는 데 중점을 둔다. 진리를 발견하는 데 열쇠가 되는 것은 실험인데, 그도 그럴 것이 자연은 '재판에 회부되어 기술에 의해 스트레스를 받아야 보다 명료하게 스스로의 정체를 드러내기 때문'이다.[25] 자연을 재판에 회부하고 기술의 힘으로 닦달해 정체를 밝힌다는 이미지가 당시 이루어진 마녀 재판에서 기인했음은 분명하다. 머천트는 자연에 대한 구속·고문을 시사하는 40개 이상의 표현이 베이컨의 저작 전반에 걸쳐 빈번하게 쓰였음을 입증했다.[26] 베이컨은 인간을 고문하는 행위에는 지지를 표하지 않았으나 그 고문의 위력을 자연에 행사하는 묘사에는 전혀 거리낌이 없었다. 이것을 단순한 표현의 문제로 볼 수 없다. 베이컨이 사용한 고문이라는 단어는 근대 과학의 방법론을 규정했다. 이후 공익을 위한다는 대의명분하에 동물이나 다른 자연물을 가혹하게 공격해 진리를 캐내는 "실험"이라는 수단이 자연과학의 기본이 된다. 머천트가 결론지었듯이 자연의 여성화는 확실히 여성 억압을 자연에 적용하는 발상과 결부되었다.[27]

베이컨이 가부장적인 자연 지배의 창시자라는 해석은 머천트, 노스케, 이블린 폭스 켈러에 의해 제시되었는데 그것에 대한 반론도 있었다. 고문을 연상시키는 단어는 그저 시대 배경이 반영된 말에 불과하다는 것이다. 베이컨은 인간의 힘이 자연을 감당할 수 없음을 깨

---

25 Francis Bacon (n.d.b) *The Advancement of Learning*, in James Spedding, Robert Leslie Ellis, Douglas Denon Heath eds., *The Works of Francis Bacon* Vol. 6, Boston: Houghton, Mifflin and company, p. 188. 초판 1605년. [한글본] 이종흡 옮김, 《학문의 진보》, 아카넷, 2002.

26 Carolyn Merchant (2008) "'The Violence of Impediments:' Francis Bacon and the Origins of Experimentation," *ISIS* 99: p. 749.

27 Merchant, 1980, p. 169.

닫고 대표작 중 하나인 《신기관》에서 '자연은 [인간이] 따르지 않으면 지배할 수 없다'[28]라고 썼다. 반론자는 이러한 철학은 겸허한 자연 이해가 중요하다는 것이지 자연을 지배하라는 것이 아니라고 말한다.[29] 하지만 이 말에는 설득력이 없다. 앞뒤 문맥을 음미하건대 《신기관》의 구절(같은 취지의 다른 문장도[30])은 자연을 지배하기 위해 반드시 그 법칙을 이해해야 한다는 의미로 해석할 수밖에 없다. 자연 법칙에 따르는 것과 자연물이나 자연 환경을 신중하게 지배하는 것은 다르다. 베이컨 옹호자의 반론에 다시 상세한 반론으로 맞서며 머천트가 지적했듯이 후세 철학자도 베이컨의 주장을 일관되게 자연에 대한 고문의 장려로 해석해 왔다.[31] 무엇보다 베이컨이 방종한 자연 지배를 꿈꾸고 있음은 그가 그린 유토피아를 보면 명백하다. 미완으로 끝난 소설 《새로운 아틀란티스》에서는 '아버지'인 과학자의 학원에 온갖 동식물이 흘러 들어와 지식의 발전을 위한 해부나 실험, 유용한 산물을 만들기 위한 생물 개조에 몸 바치는 세계가 아름답게 묘사된다.[32]

28 Francis Bacon (n.d.c) Novum Organum, in James Spedding et al. eds., *The Works of Francis Bacon* Vol. 1, p. 241. 초판 1620년. [한글본] 진석용 옮김, 《신기관》, 한길사, 2016.

29 이를테면 Alan Soble (1995) "In Defense of Bacon," *Philosophy of the Social Sciences* 25: 192–215; Peter Pesic (1999) "Wrestling with Proteus: Francis Bacon and the 'Torture' of Nature," *ISIS* 90: 81–94; Iddo Landau, "Feminist Criticisms of Metaphors in Bacon's Philosophy of Science," *Philosophy* 73: 47–61 등. 또한 일본의 연구자도 머천트 등의 해석에 반론을 제기했다. 이를테면 가네코 쓰토무 (1996) "숲=미궁'적 자연관과 환경 과학", 우메하라 다케시, 이토 슌타로, 야스다 요시노리 편집, 《강좌, 문명과 환경 제14권》, 아사쿠라쇼텐 수록 및 가와카미 사토에 (2006) "유럽 사상사에서의 동물관 변천", 《구마모토 대학 문학부 논집 89》 수록 등.

30 Bacon, n.d.a, p. 227.

31 Carolyn Merchant (2006) "The Scientific Revolution and The Death of Nature," *ISIS* 97(3), pp. 526–528 참조.

32 프랜시스 베이컨 지음, 가와니시 스스무 옮김 (2003) 《뉴 아틀란티스》, 이와나미분코. [한글본] 김종갑 옮김, 《새로운 아틀란티스》, 에코리브르, 2002.

베이컨의 사상을 이어받은 다음 과학자도 남성이 여성을 지배하는 구도하에서 자연 연구를 장려했다. 런던 왕립 학회Royal Society of London의 창설에 관여하고 학회 멤버로 뽑힌 토머스 스프랫은 이런 글귀를 남겼다. '누구든 자연에 적절하고 상서로운 구애를 하려는 남성은 너무 많은 것을 시도하면 안 된다. 왜냐하면 그녀[자연]도 … 부녀자이기에 적극적이고 용감한 자에게는 바로 항복해 버리기 때문이다.'[33] 왕립 학회의 선전원을 맡은 조지프 글랜빌은 '자연을 포로로 삼고 그녀를 목적과 의도에 맞게 이용할 줄 아는 일'은 훌륭한 계획이라고 말했다.[34] 왕립 학회의 초대 사무국장을 지낸 헨리 올덴부르크에 따르면 학회의 목적은 과학적 지식을 통해 인간Man의 정신과 생활을 향상시키는 '남성적 철학'의 수립에 있었다.[35] 한편 프랑스 왕립 과학 아카데미French Academy of Sciences 초대 사무국장이었던 장 바티스트 뒤아멜Jean-Baptiste Duhamel의 말은 흡사 베이컨을 방불케 한다. '그녀(자연)의 수수께끼는 … 화염이나 다른 기술적인 수단으로 (그녀를) 고문하면 훨씬 손쉽게 밝힐 수 있다.'[36] 베이컨 이래로 근대 과학의 권위자가 하나같이 가부장적인 사상에 입각해 알맞은 자연 공략법을 공식화해 왔음을 생각하면, 오늘날에 이르기까지 주류 과학 연구가 지구 생명에 더없이 폭력적으로 간섭해 온 까닭을 이해하기 어렵지 않다. 아울러 지

33   Thomas Sprat (1734) *The History of the Royal-Society of London: For the Improving of Natural Knowledge*, London : Knapton, p. 124. 초판 1667년.

34   Joseph Glanvill (1885) *Scepsis Scientifica: or, Confest Ignorance, the Way to Science*, London: K. Paul, Trench & Co., p. lxii. 초판 1663년.

35   Henry Oldenburg (1664) "The Publisher to the Reader," in Robert Boyle, *Experiments and Considerations Touching Colours*, London: Henry Herringman, https://www.gutenberg.org/files/14504/14504-h/14504-h.htm에서 열람함(2021년 8월 28일 접속).

36   Merchant, 2006, p. 526.

도자의 손으로 기능하는 이런 과학 기관이 오랜 기간 여성 차별을 방치한 것은 앞서 살펴본 대로인데, 런던 왕립 학회는 1945년까지 여성에게 회원 자격을 주지 않았고, 프랑스 왕립 과학 아카데미는 1979년까지 여성을 정식 회원에 포함시키지 않았다.

자연에 대한 최후의 철퇴는 기계론자에 의해 내려진다. 과학 혁명 시대에 자연의 구조가 잇따라 밝혀지고 전에 없던 정교한 기계류가 등장하자, 철학자는 인체와 동물뿐만 아니라 우주 자체도 기계적인 원리에 따라 움직인다는 인식을 굳혔다. 근대 과학은 자연법칙 해명을 첫째 목표로 삼고 객관적으로 계측되는 자연의 성질을 수학이라는 언어로 나타내는 데 힘썼다. 그 결과 색깔이나 냄새나 아름다움 등 당시 숫자로 기록할 수 없었던 것은 감각적·주관적 성질로서 과학의 연구 대상에서 제외되었고, 세계는 물질의 위치·형태·부피 등 계측 가능한 성질의 집합으로 파악되었다. 그렇다면 늘 변하는 세계나 사물의 운동은 어떻게 설명하면 좋을까. 물질이 저절로 움직이지는 않으므로 옛날에는 영혼처럼 목적을 가진 영적 원리 때문에 물질이 움직인다고 여겼다. 하지만 관성의 법칙이나 운동량 보존의 법칙이 발견되자 영혼의 목적이나 동기로 운동을 설명할 필요가 없어졌다. '세계는 태초에 신이 태엽을 감으면 그 이후로는 마치 시계처럼 한 부품의 움직임이 다음 부품, 그다음 부품으로 전달되어 목적도 없이 계속 움직이는 복잡한 기계라고 볼 수 있다. 과학이 그 기계를 매우 작은 단위로 분해해 부품 하나하나의 움직임을 규명하면 세계의 전체상을 알 수 있으리라.' 이처럼 기계적인 원리로 세계를 전부 설명할 수 있다고 생각하는 사상을 기계론mechanism이라 하고, 부분의 집합이 전체를 구성한다(따라서 부분을 해명하면 전체를 이해할 수 있다)고 생각하는 사상을 환원주의reductionism라 한다. 세계가 물질과 그 작용의 집합이며 그 이상은 아니라고 파악하는 기계론은 환원주의의 일종이다.

　기계론을 발달시킨 철학자로는 마랭 메르센Marin Mersenne, 피에르 가상디Pierre Gassendi, 토머스 홉스 등이 있으며 프랑스의 철학자 르네 데카르트는 그 사상을 밀어붙여 이른바 동물 기계론을 주창한 것으로 잘 알려졌다. 데카르트는 당시 해부학적 지식을 바탕으로 동물의 신체와 행동 모두를 기계적인 원리로 설명할 수 있다고 믿었다. 그는 만약 동물을 충실하게 본뜬 기계가 있다면, 우리는 그것을 진짜와 구별할 수 없을 거라고 말했다. 인간의 경우 육체는 기계에 불과하지만 또 다른 실체인 정신이 있어 이성을 발휘할 수 있다. 이성은 자유로운 언어 사용으로 발현되며 그것은 분명 기계로는 재현할 수 없는 것이다. 인간을 본뜬 기계가 있더라도 어떤 결함이 있을 것이며 그 결함 때문에 우리는 눈앞에 있는 것이 기계임을 간파할 수 있으리라. 즉, 데카르트는 물질적인 육체와 비물질적인 정신을 각기 다른 실체로 보아 동물은 정신 활동을 드러낼 수 있는 이성적인 언어가 없기에 단순한 물질이며 기계라는 결론에 도달했다.[37] 수많은 물음표가 떠오르는 데카르트의 추론에 동시대를 살았던 지식인들도 반론을 퍼부었다. 그러나 데카르트 본인이 인정했듯이[38] 이러한 논리는 동물 착취의

37　르네 데카르트 지음, 오바세 다쿠조 옮김 (1972) 《방법서설》, 무타이 리사쿠 외 편집 《세계의 대사상 9, 데카르트》, 가와데쇼보신샤 수록, 108-110쪽. [한글본] 이현복 옮김, 《방법서설: 정신 지도 규칙》, 문예출판사, 2022.

38　René Descartes (n.d.) Lettre à Morus, 5 février 1649, http://www.ac-grenoble.fr/PhiloSophie/descartes-avonsnous-des-devoirs-envers-les-animaux/에서 열람 가능(2021년 8월 3일 접속). [2024년 3월 현재 해당 편지는 다음 웹사이트에서 열람 가능. http://blog.ac-versailles.fr/formationinitialephilo/public/textes_sur_la_question_des_devoirs_envers_les_animaux.pdf]

실행자나 가담자가 갖다 쓰기에 매우 편리한 것이었기에 이후 서양 사회에서 주류 동물관이 되었으며 이윽고 유럽 사상의 하나로 전 세계에 퍼졌다.

　기계론은 인간과 자연의 간극을 결정적으로 벌려 놓아 자연에 대한 도덕적 배려의 기반을 무너뜨렸다. 이 사상에 의하면 자연은 법칙에 따라 움직일 뿐인 순전한 객체다. 인간은 관찰하는 주체, 자연은 관찰되는 대상으로 존재하고 둘의 관계는 역전될 수 없다. 관찰하는 시선은 일방적인 것으로 인간은 자연에 비해 절대적인 우위에 있다. 그리고 자연에 그 자체의 자율성이나 목적 지향성이 없다면 내재적 가치를 인정할 까닭이 없으므로 가치는 인간이 결정하게 된다. 즉,자연은 인간이 유용하다고 보는 범위에서만 가치를 인정받는 도구적 존재이므로 자연의 현명한 이용을 경계하고 거리낄 이유가 없다. 나아가 데카르트식 동물 기계론에서는 동물의 눈물이나 비명이 기름 유출이나 잡음과 다를 바 없으므로 기계적인 반응에 불과한 동물의 단말마에 동요하는 것은 비이싱직인 난센스일 뿐이다.[39] 이처럼 기계론은 자연과 생명의 가차 없는 이용에 철학적인 정당성을 부여했다.

　기계론을 가부장제에서 직접 파생된 이론으로 보기는 힘들겠지만, 이론에 가부장적인 이데올로기가 반영되어 그 강력한 기반이 된 것은 분명하다. 데카르트가 생각한 정신은 여성에도 있다. 그런 의미에서 기계론을 남녀의 대등성을 입증하는 근거로 볼 수도 있다. 그러

39　데카르트의 철학이 동물의 고통을 완전히 부정하는 것은 아니었다는 해석도 있으나 게리 스타이너는 오독과 왜곡에 의한 견해라며 이를 무시한다. Gary Steiner (2005) *Anthropocentrism and Its Discontents: The Moral Status of Animals in the History of Western Philosophy,* Pittsburgh: University of Pittsburgh Press의 Ch. 6 참조.

나 기계론의 틀에서 특별하게 취급하는 것은 이성의 사용뿐이며 그 이외의 활동은 모두 기계적인 것으로 간주된다. 데카르트는 성격이나 감정마저 육체의 기계적인 원리로 환원시켰다. 그렇게 본다면 존재론적으로는 여성이든 남성이든 단순한 기계가 아니지만, 가부장제 사회 속에서 여성에게 할당돼 온 감정적이고 감성적인 일은 기계의 영역으로 볼 수밖에 없게 된다. 반면 그런 일을 여성에게 맡기고 자유로운 언어 활동이나 이성적 사고를 즐기는 유한층 남성 지식인은 기계를 초월한 인간다움을 가장 잘 발휘할 수 있는 셈이다. 애당초 여성의 활동은 육체와 감정의 사용에 국한되어 있고 이성의 사용은 남성의 전매특허로 간주되는 서양의 지적 전통 속에서 이성만을 기계와 인간의 차이라고 본다면, 여성은 기계적인 존재이고 남성은 인간적인 존재라는 귀결을 피할 수 없을 것이다.[40]

기계론은 자연과학이 발전함에 따라 수정되었고 마침내 생물학은 생명 현상 전체를 물리적·화학적 과정으로 파악하는 물리적 환원주의의 형태를 취하게 된다. 이것은 의식이나 사고 같은 정신 활동까지 물질의 작용으로 귀속해 인간을 기계적으로 보는 경향에까지 이르렀다는 점에서 어떤 의미에서는 이성의 특권적인 지위를 무너뜨린 셈이다. 그러나 억압은 해소되지 않았다. 새로운 기계론적 생물학에서는 인간이든 그 밖의 동물이든 유전자의 전략이나 호르몬의 작용에 의해 조종되는 용기容器나 다름없게 되어 버렸기 때문이다. 생물의 기질·행동·심리는 육체를 구성하는 물질과 그 작용에 따라 결정된다.

---

40 이 문제는 데카르트와 교류가 있던 여성 지식인도 지적한 바 있다. Beverley Clack (1999) *Misogyny in the Western Philosophical Tradition: A Reader*, New York : Routledge, pp. 95-96 참조.

이런 생각은 남녀 간, 인종 간 차이를 선천적인 요인으로 설명하는 생물학적 결정론biological determinism에 다다랐다. 남성은 논리적 사고에 능하고 야심이 넘치며 밖에서 활동의 장을 찾는다. 여성은 도덕적 사고에 능하고, 안정을 선호하며, 가정과 육아에 대한 헌신을 기쁨으로 여긴다. 남녀는 생물학적으로 그렇게 '프로그래밍'되어 있다. 이런 생물학적 결정론의 주장이 여성을 정치 참여나 사회 참여의 장에서 내쫓는 과학적 근거로 쓰여 왔다. 애당초 이 논의는 갖가지 환경 요인에 강한 영향을 받아 형성되는 인간의 성격이나 행동을 생물학적 요인으로만 설명하려 든다는 점에서 치명적이다. 페미니즘이 오랫동안 그 문제를 지적했음에도 오늘날에도 똑같은 과오가 사회생물학이나 진화심리학 등의 주장에서 발견된다. 종종 간과되곤 하는데 생물학적 결정론이 동물 기계론의 연장선상에 있음을 잊으면 안 된다. 페미니스트 생물학자 린다 버크도 비판의 목소리를 높였다. 동물을 마음 없는 기계로 상정하고 그 행동학적 성차性差를 물질의 작용으로만 설명하려고 한 과학적 방법이 인간의 성차를 생물학적 결정론과 결부시키는 기반이 되었다고 말이다.[41] 인간의 기계화는 생명의 존엄을 박탈할 뿐 종평등도 성평등도 가져오지 못했다. 기계론은 오늘날에도 여전히 여성·동물·자연을 타자화하고 사물화하여 가부장적인 이데올로기를 강화하고 있다.

---

41 Lynda Birke (1994) *Feminism, Animals, and Science: The Naming of the Shrew*, Buckingham: Open University Press.

이원론 형성

지금까지 전개된 역사로 알 수 있는 것은 서양 사상에서 여성관과 자연관이 서로 영향을 주고받으며 변천해 왔다는 사실이다. 자연은 예부터 여성적인 이미지로 인식되어 가부장적인 가치관 속에서 폄하되어 왔다. 고대에서 중세까지 인간 남성은 모든 자연물보다 우월한 존재로 그려졌고, 근대가 되자 인간의 힘에 대한 커다란 신뢰를 바탕으로 남성 과학자는 여성적인 자연을 지배하고자 했다. 인간 아닌 동물은 자연적인 존재로 그 역풍을 정면에서 맞았다. 그리고 여성은 존재론적으로 자연이나 동물과 결부되어 멸시와 지배의 표적이 되었다. 그 반대편에 있는 것이 인간 남성의 속성으로 상정되는 이성에 대한 숭배다. 인간은 이성이 있고 동물은 본능을 따른다. 남성은 이성적 사고에 능하고 여성은 동물적 감정에 사로잡힌다. 따라서 이치를 아는 남성이 실수하기 쉬운 여성을 다스리는 편이 옳다. 근대 과학 사상이 성립된 이후에는 이성의 자유와 자연의 필연성이 대립 축을 이뤘다. 이성은 자유 의지를 형성하고 문화를 구축한다. 이성 없는 자연은 법칙에 매인 필연성의 세계이며 기계나 다름없다. 그렇다면 이성의 영역에서 내쫓겨 자연적인 존재로 몰린 여성의 감정 표현(특히 분노나 애정)을 월경 주기나 호르몬 작용에 의한 기계적인 본능으로 설명하는 것도 납득이 간다. 가부장제의 지배 논리는 이런 과정을 거쳐 남성/여성, 인간/동물, 이성/자연, 정신/육체, 논리/감정, 자유/필연, 주체/객체 같은 여러 이원론을 낳았다.

발 플럼우드의 《페미니즘과 자연 지배》는 이원론의 구조를 상세히 분석한다. 중요한 것은 이원론dualism이 단순한 이분법dichotomy이 아니라는 점이다. 이질적인 것을 구별·분류하는 것은 문제가 되지 않는다. 문제는 이원론이 타자화의 산물이며 대상을 이분법에 의해 우열관계로 나눈다는 것이다. 남성과 여성의 구별이 우월자와 열등자, 지배자와 종속자의 차이로 인식되는 순간 이분법은 이원론으로 변질된다. 게다가 플럼우드의 견해에 따르면 이성/자연과 남성/여성의 이원론은 다른 여러 이원론의 토대를 이루는 가장 기본적인 인식 틀이 되었다. 이원론의 우월한 쪽에 놓인 항목은 모두 이성과 관련된 개념이며 열등한 쪽에 놓인 항목은 자연과 관련된 개념이다. 인간/동물 이원론에서 인간은 이성적 존재, 동물은 자연적 존재로 규정된다. 정신/육체 이원론에서는 정신이 이성에 대응되고 육체가 자연에 대응된다. 논리/감정, 자유/필연, 주체/객체도 마찬가지이며 역사 속에서 구축된 다른 이원론인 주인/노예, 문명/미개, 정상인/장애인, 정신 노동/육체 노동 등도 같은 구조로 파악된다.

남성/여성의 이원론은 또 다른 기반을 이룬다. 앞의 역사에서 살펴보았듯이 애초부터 남성은 이성적으로, 여성은 자연적으로 인식된 한편 이성은 남성적 능력, 자연은 여성적 존재로 간주되었다. 이성과 관련된 개념은 남성이 가진 속성을 뜻하고 자연과 관련된 개념은 여성에게 할당된 속성을 뜻한다. 즉, 정신·논리·자유 등등의 행사는 남성적이며 육체·감정·필연 등등에 관한 활동은 여성적이다. 그로부터 학문·법률·정치·경제는 남성의 일, 출산·육아·가사·요리는 여성의 일이라는 고정관념이 생겨났다. 공과 사, 생산과 재생산의 구분도 이런 남성/여성의 이원론과 대응된다. 그리고 사회에서는 항상 남성의 범주 쪽에 놓인 활동만이 높이 평가되는 것은 말할 필요도 없다. 가부장제가 낳은 이원론은 남성적 이성의 숭배에서 출발해 그로부터 쫓겨난 모든 존재와 속성을 자연과 여성으로 귀속시켜 왔다고 할 수 있다.

이처럼 남성/여성, 이성/자연을 기본 축으로 각종 이원론이 결합하여 전체적으로 지배자의 눈높이에 맞는 세계상이 구축되었다. 인간중심주의와 남성중심주의, 가부장제와 자연 지배의 관련성은 이미 명백하다.

플럼우드는 시종일관 이원론을 극복하기 위해 지배자 모델에 동화되려 하면 안 된다고 당부한다. 여성이 자연적·동물적 존재로 폄하되었기에 제1물결, 제2물결 페미니즘은 여성을 완전한 인간으로 자리매김하여 이성과 문화의 영역에 들여놓기 위해 노력했다. 그것이 이성 숭배와 자연 멸시가 단단히 뿌리 박힌 사회에서 여성의 지위를 향상시키는 데 필요한 단계였는지도 모르겠다. 그러나 이 접근법은 조만간 폐기되어야 한다. 왜냐하면 이원론의 틀에 입각해 자연과 동물성에서 여성을 분리하고, 반대편에 위치한 남성적 이성에 동화시키는 시도는 결국 남성과 여성이 함께 지배자의 자리에 오르는 결과밖에 낳지 않기 때문이다. 그러면 자연의 영역으로 내몰린 다른 여러 타자는 계속해서 억압을 받게 된다. 진정으로 필요한 것은 바로 남성이든 여성이든 구분 없이 인간적이면서도 동물적이고, 이성적이면서도 자연적이라고 인식을 전환하는 일이다. 원래 인간성과 동물성, 이성과 자연을 양립 불가능한 범주로 규정하는 것부터가 잘못이다. 말할 필요도 없이 인간은 동물이고, 이성과 그 문화는 자연 속에 있다. 우리는 '이원화된 인간 아이덴티티 개념을 추궁하여, 자연에서 괴리된 것이 아니라 자연과 연속된 것으로서의 인간 아이덴티티를 온전히 인정하는 새 문화를 쌓아야 한다.'[42] 이 일은 자연 개념의 재검토로 이

---

42 Plumwood, 1993, p. 36.

어지고 나아가 자연이라는 범주로 분류되어 온 존재의 정의를 뒤흔들 것이다. 린다 버크는 생물학적 결정론에 입각한 설명을 인간 여성뿐만 아니라 인간 아닌 동물에게도 적용하면 안 된다고 주장한다. 다양한 관찰 사실이 이야기하듯이 인간 아닌 동물도 단순한 생물학적 차원의 객체가 아닌 문화적·사회적 주체로 재정립될 필요가 있다.[43]

가부장적 억압

가부장제는 이원론적 사고를 키우고 자연적·여성적 속성을 폄하하여 타자에 대한 다양한 억압을 정당화해 왔다. 다음으로 생각할 문제는 가부장제가 구체적인 억압 양식을 어떻게 규정했는가 하는 점이다. 다시 말해 가부장제가 억압에 어떤 '형태'를 부여했는지 규명하는 셈이다. 이것은 억압 양식에 내재된 가부장적 논리를 파헤쳐 성차별 및 다른 박해와의 관계를 확인하는 일로 이어신다. 일부 페미니스트는 인간이 아닌 생명의 처우에도 주목하며 이 작업을 진행해 왔다. 여기서는 특히 중요하게 생각되는 가부장적 생명 억압의 양태를 추려 보겠다.

잔혹에 대한 의지
감정을 사용하는 것은 가부장제 안에서 여성성과 결부되어 부정적인 평가를 받는다. 공감·애정·연민 같은 가치는 폄하되어 고통받는 타자를 불쌍히 여기고 돕는 것은 정신적인 미숙함의 증거 나아가 사

43 Birke, 1994.

물의 이치를 분별하지 못하는 불합리한 도착으로 간주된다. '감정론'이라는 꼬리표에는 그 자체로 모욕적인 함의가 있어 모든 이타주의와 평화주의를 비웃는 데 쓰여 왔다. 이런 경향이 도달하는 곳은 잔혹성의 무한한 승인과 추구이다.

가부장제 사회를 돌아보면 폭력이 인간 생활을 굴러가게 하는 기본 원리임을 알 수 있다. 배외주의 정책, 군수 경제, 강탈 자본주의, (신)식민지 정책 등 예는 얼마든지 있지만, 인간 아닌 생명에 가해지는 횡포를 보면 사태는 더욱 명료해진다. 우리는 식량을 얻고 싶으면 동물을 죽이고, 연구를 하고 싶으면 동물을 실험대에 올리며, 오락이 필요하면 서커스장이나 경마장, 동물원에 간다. 예술가는 죽인 동물이나 산 동물을 작품으로 내놓고, 전 세계에서 열리는 축제는 동물의 희생과 피에 굶주려 있으며, 텔레비전 프로그램은 동물의 포획·살해·기예를 특종으로 다룬다. 이는 인간은 채식으로도 살 수 있고, 동물 착취 없이도 필요한 물건을 만들 수 있으며, 타자를 괴롭히지 않는 형태의 즐거움도 발견할 수 있다는 진리와는 무관하다. 가부장제 사회는 평화로운 선택지가 있는데도 뭔가에 홀린 듯 매사에 폭력을 원한다. 경쟁을 떠받드는 남성 문화는 동물 살해를 '스포츠'로까지 격상시켰다. 매년 수만에서 수십만에 달하는 동물이 취미성 수렵으로 살해되고, 수백억 마리에 달하는 물고기가 취미성 낚시로 살해된다.[44] 물

---

44 수렵의 추산치는 Bigad Shaban, Michael Bott, Mark Villareal and Jeremy Carroll (2015) "American 'Trophy' Hunters Kill Endangered, Threatened Animals Abroad Almost Daily," *NBC Bay Area*, https://www.nbcbayarea.com/news/local/us-hunters-trophy-hunting-endangered-threatened-animals/78671/에서, 낚시의 추산치는 Animal Ethics (n. d.) "Sport fishing," https://www.animal-ethics.org/animal-exploitation-section/animals-used-for-entertainment-and-as-companions-introduction/sport-fishing/#sdfootnote4anc에서 얻었다(2021년 8월 15일 접속). [2024년 3월 현재 후자의 Animal Ethics 웹사이트는 기능하지 않는다.]

론 개개의 관습에는 대체로 복잡한 문화적·종교적·경제적 배경이 있으므로 전부 다 가부장제 때문에 생겼다고 단언하기는 힘들 것이다. 하지만 배려를 우습게 보고 힘을 우러러보는 가부장적 가치관이 다방면에 걸친 폭력의 발달을 허용하고 방조했음은 부정할 수 없다. 에코페미니스트 앙드레 콜라드는 수렵 정신이 가부장제 사회의 생활을 전면적으로 규정했다고 말했다. '사냥감을 선정/지목하고 그 뒤를 쫓아 쟁탈전을 벌이다가 맨 먼저 일격을 가하는 메커니즘이 여성과 동물과 자연 나아가 타 국가나 타 인종 같은 표적에 작용하는 곳, 그곳이 바로 우리가 사는 세계이다.'[45] 마찬가지로 사회학자 그웬 허니컷에 따르면 가부장적인 서열 사회에서는 '남성과 남성성이 수렵·전쟁·폭력 등 생명을 빼앗는 활동과 연결되고, 여성은 생식·출산·양육 등 생명을 부여하는 활동과 연결된다.'[46] 이런 질서를 받아들이고 심지어 즐기는 것이 상식 있는 인간에게 요구되는 태도이기에 희생되는 존재에 가슴 아파하면 '계집애 같다'는 비웃음을 산다. 가부장제 안에서는 잔혹한 것을 잔혹하다고 말하는 것 자체가 소소의 대상이 된다.

공익을 부르짖는 과학 연구 업계에 유독 이 경향이 두드러지게 나타나는 것은 아이러니라고 할 수밖에 없다. 앞서 살펴보았듯이 근대 과학은 그 발단부터가 남성 과학자에 의한 자연 정복 모델이었기에 생명 유린으로 치달을 운명이었다. 이 틀은 전통적으로 주관성을 여성성, 객관성을 남성성과 결부시키고 전자가 진리 탐구를 망친다

---

45   Andrée Collard and Joyce Contrucci (1988) *Rape of the Wild: Man's Violence against Animals and the Earth*, London: The Women's Press, p. 46.

46   Gwen Hunnicutt (2020) *Gender Violence in Ecofeminist Perspective: Intersections of Animal Oppression, Patriarchy and Domination of the Earth*, London: Routledge, p. 49.

고 여겼다.[47] 그러므로 자연과학 연구에서는 주관을 배제하고 철저히 객관적·중립적인 태도로 관찰하는 것이 대원칙인데, 노스케가 보기에 이것은 관찰 대상과의 감정적인 관계를 끊고 그 처우에 대한 윤리적인 가치 판단을 막는 요인이다.[48] 아울러 근대 이후 과학을 지탱해온 기계론은 동물의 주관적인 경험을 육체의 물리작용으로 치부하여 아픔·괴로움·두려움을 말소했다. 실험대에 오르는 마우스는 불안을 품고, 공포를 느끼고, 동료의 처지에 공감하는 것이 아니라 그저 '불안-**유사**', '공포-**유사**', '공감-**유사**' 행동을 보이는 것이다. 그러니 가학을 삼갈 이유가 있을 리 없다.

생명과학도의 길을 가려는 이는 학생 때부터 동물실험이나 해부에 참여하여 감정을 억제한 채 냉정하고 냉혹하게 관찰하는 태도를 몸에 새겨야 한다. 동물 이용의 잔혹함을 견디지 못하는 이는 과학의 세계에서 물러나는 수밖에 없다. 과학 분야가 남성을 중심으로 돌아가게 된 요인 중 하나로 버크는 여성의 사회적 위치가 자연과학의 접근법과 상반된다는 점을 꼽는다. 여성은 사회적으로 공감을 나타내야 할 경우가 많은데 과학에서는 감정 이입이 허용되지 않는다. 그것이 많은 여성을 과학과 맞지 않는다는 생각에 빠뜨린다고 한다(여성은 날 때부터 감정이 풍부하기 때문에 과학에 맞지 않는다는 소리가 아니다[49]). 객관적인 태도라면서 잔혹함에 익숙해지기를 바라는 오늘날의

47 주관성·객관성과 젠더의 관련성은 Evelyn Fox Keller (1985) *Reflection on Gender and Science*, New Haven: Yale University Press, pp. 52-3 및 Birke, 1994, pp. 46-47 참조. [한글본] 민경숙, 이현주 옮김, 《과학과 젠더: 성별과 과학에 대한 제반성》, 동문선, 1996.

48 Noske, 1990, p. 56.

49 Birke, 1994, p. 142.

과학은 실로 남성의 사회 조건을 토대로 한 가부장적인 사업이라고 해도 좋다. 페미니스트들은 동물실험이 탄생한 순간부터 이 만행에 반대했으나, 늘 그랬듯이 그들의 비판은 감정론, 의인화, 반지성주의, 또는 '과학 알레르기'라는 조소를 받았다. 그 모든 비난에서 감정과 여성적인 것에 대한 우롱이 역력히 배어난다.[50]

가부장제 사회는 매사를 힘으로 해결하는 사고에 물들어 있기에 폭력이 문제를 일으켰을 경우 똑같이 폭력으로 대처하려고 든다. 가축을 해친다고 늑대를 없앴다가 사슴이 너무 늘어나자 이번에는 사슴을 쏴 죽이고 다른 데서 늑대를 데려오려 하는 것이 그 전형적인 사례다. 또는 토지 개발로 약해진 땅에 외래종을 풀어 생태계 파괴에 박차를 가하더니 생태계를 복원하겠다면서 외래종을 모조리 죽인 사례를 참고해도 좋다. 둘 다 문제의 근본 원인은 방치한 채 그저 잇따른 살육으로 사태를 호전시키는 것이 목적이다. 이런 사업은 때때로 감정론에 휩쓸리지 않는 과학적인 관리법으로 일컬어지지만 그 '과학적'이라는 단어는 '폭력석'이라는 말의 완곡한 표현으로 기능한다. 힌

50 동물의 고통을 호소하는 사람들의 주장에 '의인화'라는 꼬리표를 붙이는 것은 동물실험 옹호자의 상투적인 수법이지만, 사실 자연과학의 기록이야말로 의인화된 표현으로 넘쳐 난다는 점은 종종 간과된다. 분자생물학자 에르빈 샤르가프는 비아냥조로 지적했다. "이처럼 세포를 기계로 간주하는 흐름의 다른 한편에서는 흔히 두뇌의 특성으로 여겨지는 것이 세포의 다양한 성질로 귀속된다. … 뉴클레오티드 사슬 '읽기' 또는 '고쳐 쓰기'가 맞느니 틀리느니 한다. 세포가 '자살한다'라고 표현하는가 하면 어느 시스템이 '부정확하게' 기능한다는 등 어느 '정보'가 '번역된다'는 등 말한다. 가장 기묘한 건 '인식하다'라는 말의 사용이다. 생물에게 지성을 부여하지 않으면 현대 생물학은 굴러가지 않는 모양이다"(에르빈 샤르가프 지음, 야마모토 유, 나이토 미치오 옮김 (1993)《불가해한 비밀: 자연을 위한 그리고 자연에 맞서는 싸움으로서의 과학》, 호세이대학출판국, 34쪽).

편 식용 동물 밀집 사육의 경우 환경이 파괴되면 밀집 사육을 관두는 것이 아니라 동물 유전자 편집으로 환경 부하를 줄이고자 한다. 부유한 나라에서 배출하는 온실 가스로 지구가 더워지면 배출 가스를 줄이는 게 아니라 대량의 이산화황을 공중에 뿌려 태양광을 반사시킨다(이런 식으로 날씨를 조절하려는 시도를 기후 공학이라고 한다). 이것은 이제 편집증에 가깝다. 가부장제 안에서는 파괴와 폭력이 만사를 해결하는 '요술 방망이'[51]로 신봉된다.

폭력의 정당화

가부장제는 감정의 가치를 부정한다. 그렇지만 제대로 된 인간이라면 아무리 감정을 죽이려고 노력하더라도 노골적인 만행에 거부감을 느끼지 않기 힘들다. 만행에 익숙해졌다 해도 자신을 잔혹한 인간이라고 인정하는 것은 유쾌한 일이 아니다. 따라서 가부장제 사회는 폭력을 옹호·용인하기 위한 다양한 논리 장치를 낳았다. 이것은 사람에 대한 폭력이나 동물 착취를 정당화할 때도 똑같이 애용된다.

심리학자 멜라니 조이는 육식을 당연한 습관으로 정착시킨 신념 체계를 육식주의carnism라고 명명하고 그 중심에 세 가지 N이라는 정당화 패턴이 있음을 규명했다.[52] 육식은 평범함Normal, 자연스러움 Natural, 필요함Necessary이라는 신념에 의해 정당화된다. 악마 같은 행위

---

51 [옮긴이] 원문은 銀の弾丸(은제 탄환)으로 되어 있다. 어떤 일에 대한 해결책, 특효약이라는 뜻으로 요술 방망이로 번역했다.

52 Melanie Joy (2010) *Why We Love Dogs, Eat Pigs, and Wear Cows: An Introduction to Carnism*, San Francisco: Conari Press. [한글본] 노순옥 옮김, 《우리는 왜 개는 사랑하고 돼지는 먹고 소는 신을까: 육식주의를 해부한다》, 모멘토, 2021.

도 세상에 널리 퍼진 관습이라면 망설일 이유가 없다. 그것이 자연스럽고 필요한 일이라면 더더욱 그렇다. 앞서 살펴본 온갖 횡포도 같은 논리에서 비난받지 않는다. 사냥이나 축제는 문화이며 전통을 잇는 중요한 행사이므로 비판하면 안 된다(평범함·필요함). 인간은 많은 생명의 희생 속에 살고 있으니 동물 이용에 일일이 트집을 잡으면 안 된다(평범함·자연스러움). 사슴이나 외래종이 늘어나면 생태계가 망가져 모든 생물이 죽으므로 인간이 자연의 균형을 되찾아 주어야 한다(자연스러움·필요함). 세 가지 N은 강력한 심리 장치다. 따라서 조이가 말하듯이 이는 '아프리카인 노예제에서 나치의 홀로코스트에 이르기까지 각종 착취 시스템을 정당화하는 데 쓰여 왔다.'[53] 우생학은 물론이고 남녀 간이나 인종 간의 본질적인 차이를 설명하는 생물학적 결정론도 성차별이나 인종차별 체계를 자연스럽고 필요한 것으로 정착시키는 정당화 논리를 뒷받침한다.

가부장제 논리가 더 잘 반영된 것은 합의의 논리이리라. 가부장제 사회에서 성폭력이나 성적 착취를 낭했나는 주장이 가볍게 여겨지는 이유는 해당 행위가 당사자 간의 합의하에 이루어졌다는 믿음이 널리 퍼져 있기 때문이다. 남자를 따라가는 여자는 성행위에 합의한 것이라는 믿음이 침투해 있어서 데이트 강간은 강간으로 인정되지 않는다. 부부 사이의 강간은 더욱 그렇다. 성매매나 성 산업에 종사하는 사람 중에는 빈곤에 처하거나 협박을 받아 성적 서비스를 한 사람, 심지어 인신매매의 희생자도 있지만 하나같이 스스로의 의사에 따라 성을 판 것으로 간주되어 합의와 호혜성을 믿는 소비자에게

---

53   Joy, 2010, pp. 96–7.

착취당한다.[54]

그와 마찬가지로—하지만 더 부조리하게—인간이 다른 동물을 착취하고 살해할 때도 심심찮게 합의가 상정된다. 수렵 문화권에서 전해지는 설화 중에는 동물이 스스로 인간에게 몸을 바치는 전개가 다수 눈에 띈다. 그것은 전통 수렵이 인간과 인간 아닌 동물의 호혜적인 '거래', '증여', '교환 행위'라는 논거가 된다.[55] 스포츠 헌팅의 세계에서는 '페어 체이스fair chase'라는 개념을 신봉하고, 낚시의 세계에서는 대형어와의 '대결', '격투'가 회자된다. 모든 문맥에서 동물은 자발적으로 인간과의 경쟁에 참여하는 양 묘사되어 있고 있지도 않은 합의가 날조된다. 생명과학 영역에서는 과거 위안부 제도를 미화했듯 실험 동물의 '공헌'에 경의를 표하는 불온한 관습이 있다. 앞 장에서 살펴본 도나 해러웨이의 협력/협동론도 같은 발상에서 비롯된 것이기에 학술 세계에서 높이 평가된다. 동물의 마음이나 고통을 언급하면 의인화라는 조소가 쏟아지는 반면 동물의 '공헌'이나 '협력'을 거론하면 아무도 의문을 제기하지 않는다.

축산 영역에서는 '태고의 계약'이라는 모델이 등장해 호혜설을 내세운다. 인간은 동물에게 식량·안전·의료를 제공하고 동물은 그 답례로 노동력이나 식량을 제공한다는 것이다. 이는 폭력을 정당화하는 다양한 논리가 반영된 논의로서 주목할 만하다. 클레어 팔머에 따

---

54 사실 스스로 원해서 성노동에 종사하는 사람도 있으므로 성노동자를 전부 희생자로 보는 것은 적절하지 않다. 하지만 강제적 또는 반강제적인 상황에서 성 노동을 하고 극도로 괴로워하는 사람도 있다는 것은 부정하기 힘든 사실이다.

55 이를테면 Paul Nadasdy (2007) "The Gift in the Animal: The Ontology of Hunting and Human-Animal Sociality," *American Ethnologist* 34(1): 25–43 참조.

르면 이러한 모델의 시초는 환경 윤리학자 존 베어드 캘리콧John Baird Callicott의 논문과 역사가 스티븐 부디안스키Stephen Budiansky의 저서에서 찾을 수 있으며, 이후로 인간 동물 관계를 논의할 때 널리 쓰였다.[56] '태고의 계약'설에서는 사육 환경에서 태어난 모든 동물이 대대손손 구속받고 도살당할 운명을 받아들인 일, 강제 번식되어 기하급수적으로 늘어날 미래를 알고도 계약을 맺은 일, 자유로운 일생과 관리받는 일생을 비교한 뒤 후자를 택한 일 등등이 의심의 여지없는 전제로 통한다. 팔머는 자유 의사에 따라 합의했다는 그 모델이 지배 관계의 은폐와 정당화로 이어진다고 주장한다.

합의의 논리는 주객전도에 기인한다. 일반적으로 억압자는 자신을 주체, 피억압자를 객체로 보는데, 폭력을 옹호하는 문맥에서만 이 관계가 역전된다. 성폭력 옹호에서는 피해자가 성행위를 부추긴 유혹자로 그려진다. 의미심장하게 군 것, 타깃이 될 만한 복장을 한 것, 술을 마신 것 등등 피해자와 얽힌 모든 요소·행동이 증거로 작용한다. 성매매 관련 논의에서는 성을 파는 여성의 행동에만 초점이 맞춰지고 남성의 존재는 책임과 함께 배경에 묻힌다. 동물 착취 옹호에서는 동물이 종을 뛰어넘은 협상이나 거래에 자발적으로 참여하는 것처럼 그려진다. 저항은 인간의 활동에 참여한다는 의사 표현, 의존은 동물이 인간을 이용하는 증거로 간주된다. 이런 전도 현상이 특히 잘 드러나는 예가 맹인 안내견 광고다. 그 내용을 보면 개 자신이 '사용자'에 대한 봉사를 행복으로 여긴다는 주장이 되풀이된다. 순종성을 심어

---

56 Clare Palmer (1997) "The Idea of the Domesticated Animal Contract," *Environmental Values* 6(4): 411-425.

주는 육종育種[57]이나 거세 같은 폭력, 학대가 간과될 만한 사육 환경, '사용자'의 이동이나 근무로 인한 오랜 기다림 등은 결코 문제되지 않는다. 가부장제의 텍스트에서는 남성/인간 쪽에서 욕망하는 것이 아니라 여성이나 동물 쪽에서 자기 몸을 소비해 달라고 애원한다. 콜라드의 말대로 '우리의 지식 속에서 여성은 강간당하기를 바라고, 사슴이나 사자는 총에 맞기를 바라고, 대지와 바다와 하늘은 도려내지고 더럽혀지고 파헤쳐지기를 원한다.'[58] 폭력을 용인하는 편견 속에서 피억압자는 억압자가 선호하는 틀에 갇혀 목소리를 빼앗긴다.

상대 쪽에서 간섭을 바란다는 생각은 상대를 위해 간섭할 필요가 있다는 온정주의적 사고에 접근한다. 온정주의의 영어 표현인 퍼터널리즘paternalism은 '아버지 같은'이라는 뜻의 퍼터널paternal을 어원으로 둔 단어로, 힘 있는 자가 온정을 베풀기 위해 타자에 간섭하는 경향을 가리킨다. 간섭자는 자신의 행동이 선의에서 비롯되었다고 주장하는데, 스스로 그렇게 믿는 경우도 드물지 않다. 남성이 여성을 책임져야 한다는 사상은 여성의 권리와 독립, 일할 기회를 제한하는 구실로 쓰여 왔다(이것은 전형적인 젠더관과 맞물려 여성 존중이라는 미명하에 '선의의 성차별'을 형성하기도 한다[59]). 19세기 미국의 식민지 정책은 야만인의 문명화에 대한 '백인 남성의 책임the white man's burden'이라 일컬어졌다. 완전히 같은 정신을 자연 지배나 동물 지배의 정당화에

---

57 [옮긴이] 생물의 유전적 성질을 이용하여 새로운 품종을 만들거나 기존의 품종을 개량하는 일.

58 Collard and Contrucci, 1988, p. 46.

59 Peter Glick and Susan T. Fiske (1996) "The Ambivalent Sexism Inventory: Differentiating Hostile and Benevolent Sexism," Journal of Personality and Social Psychology 70(3): 491–512 참조.

서도 찾아볼 수 있다. '태고의 계약'설은 알기 쉬운 사례로, 공장식 축산 업체도 동물을 포식 짐승에게서 지킨다고 우긴다. '길들여진 동물은 인간에 의존하므로 동물 해방은 그들을 위한 일이 아니다'라는 주장이 착취 옹호자의 상투 어구가 되었다. 야생동물 살해는 생태계 보호라는 명목으로 이루어진다. 사냥꾼은 개체 수 폭증으로 동물이 굶어 죽는 사태를 막기 위해 솎아 내는 거라고 큰소리치고, 낚시꾼은 물고기가 살 수 있는 환경의 수호자를 자처한다. 일본에서 포경을 추진하는 자는 고래가 물고기의 씨를 말려 생태계를 망치므로 잡아 죽여야 한다는 망언을 남발한다.

끝으로 콜라드는 "가부장제 문화 속에서는 만행이 일상화되어 있기에 '가벼운' 만행이 만연할 수 있다"라고 말한다.[60] 특정 형태의 강간, 희롱, 가정 폭력은 보다 노골적인 폭력에 비하면 단속할 가치가 없는 사소한 일로 간주된다. 동물 착취도 더 심한 학대와의 비교를 통해 옹호되는 경우가 많다. 동물실험 업체는 동물복지 원칙에 따라 최소한의 동물만 가급적 덜 고통스러운 방법으로 이용한다고 자신한다. 애당초 동물에게 과학이나 상품 개발에 '공헌'하라고 강요하는 것부터가 폭력이라는 점은 고려되지 않는다. 한편 전통 방식의 축산을 옹호하는 문맥에서는 '태고의 계약'이 인간 동물 관계의 이상적인 모델로 꼽혀 공장식 축산과 대치된다. 인간은 과거 길들여진 동물과 호혜적인 계약 관계였으나 현대에 이르러 계약을 어기고 시스템에 왜곡을 낳았다는 것이다.[61] 자본주의나 과학 기술 발달이 초래한 현대

---

60   Collard and Contrucci, 1988, p. 73.

61   이를테면 Bernard E. Rollin (2011) "Animal Rights as a Mainstream Phenomenon," *Animals* 1(1): 102-115 참조.

적인 동물 착취의 참상 앞에서 과거의 인간 동물 관계는 훨씬 건전했다고 여기는 것은 무리가 아니며 분명 틀린 생각도 아니다. 하지만 상대적인 평화와 절대적인 평화는 다르다. '좋았던 옛 시절'의 축산에서도 동물은 신체가 파괴되는 폭력에 노출되고, 가족 관계가 깨지고, 영양실조에 시달리고, 때가 되면 목이 잘렸다. 오늘날의 '인도적' 축산도 똑같은 폭력성을 안고 있다. 현재 공장식 축산은 변명의 여지 없는 동물 착취의 상징이 되어 수렵 및 전통 축산을 추진하기 위한 연막으로 기능한다. '남획' 또한 '지속 가능한 어업'이 자행하는 폭력을 감추고 개발도상국의 노골적인 자연 파괴도 '지속 가능한 개발'이라는 이름의 보다 교묘한 자연 착취 문제를 흐린다. 폭력의 일상화 자체가 폭력에 관용적인 풍토를 조성한다.

생식 지배

조이스 콘트루치가 편찬한 콜라드의 저서 《야생 강간》[62]은 가부장제하의 동물 억압을 고발한 에코페미니즘의 고전으로 꼽힌다. 책속에서 콜라드가 주로 비판하는 것은 수렵, 동물실험 그리고 생식 지배다. 가부장제에서 인간 여성과 가축 모독된 동물의 생식 능력을 관리·지배해 온 역사는 길다. 가부장제의 기원을 탐구하는 절에서 말했듯이 늦어도 목축이 시작되었을 무렵에 이미 여성의 신체가 남성의 소유로 치부되었다. 러너는 이렇게 말한다. '여성의 생식 능력은 부족의 자원으로 인식되었다가 지배 계급이 나타나자 특정 친족 집단의 재산에 포함되었다.'[63] 그로 인해 여성은 부계 가족의 혈통을 존속시

---

62 Collard and Contrucci, 1988.

63 Lerner, 1986, p. 49.

키는 수단으로서 결혼 후 가부장의 피를 잇는 남자를 출산하게 되었다. 가정이나 부족이나 국가는 노동력을 늘릴 요량으로 여성에게 가급적 많은 아이를 낳도록 강요했다. 생식에 관해 남성이 결정권을 쥐는 것은 여성의 자유와 자율을 빼앗는 데 가장 효과적인 수단이다.

남성의 생식 지배는 어느덧 가정이라는 단위를 뛰어넘어 퍼터널리즘의 색채가 감도는 의학적 개입의 형태를 갖추었다. 근대 유럽에서는 자본주의 발달의 그늘에서 여성이 생산 활동의 장에서 내쫓겼는데, 그 무렵 과학 혁명을 배경으로 태어난 조산학은 예부터 여성의 출산을 돕는 산파의 일까지 빼앗았다. 혈액 순환을 발견한 것으로 유명한 윌리엄 하비 등 권위 있는 남성 의사는 산파의 전통적인 분만법을 불합리한 것으로 단정 지음으로써 조산을 전문 의료로 포섭하는 데 성공했다.[64] 20세기 이후 서구 각국에서는 임산부가 '환자'로 간주되어 여성 혼자 출산하는 일은 산모와 아기 모두에게 유해하다는 것, '환자'는 전문 의사를 신뢰해야 한다는 것이 상식으로 퍼졌고, 생식 과정은 갈수록 남성 중심의 의료 기관에 관리·지배되었다. 미국 산부인과에서 여성 의사가 남성 의사보다 많아진 것은 아주 최근에 불과하고, 일본에서는 여전히 산부인과 의사의 약 80퍼센트를 남성이 차지하고 있다.[65] 합리화와 모자 보호라는 명목하에 사실상 여성의 생식

---

64 Merchant, 1980, pp. 151–155 참조.

65 미국의 상황은 Karen Garloch (2018) "Female ob-gyns are now the majority: 'Having choice means a lot,'" Novant Health, https://www.novanthealth.org/healthy-headlines/having-choice-means-a-lot을 참조하라. 일본의 상황은 내각부, '안심하고 낳아 기를 수 있는 산부인과·소아과 의료 체제 구축' https://www8.cao.go.jp/shoushi/shoushika/meeting/priority/saisei/k_4/19html/s2.html 을 참조하라(2021년 8월 21일 접속). [2024년 3월 현재 접속 불가.]

과정이 남성 의학 전문가에게 찬탈되어 버린 모양새다. 이처럼 여성이 가진 엄마로서의 기능을 기술에 예속시켜 본연의 양태를 파괴하는 기획—'삶의 순환과 과정에서의 모성 원리 말살'—을 콜라드는 모친 살해matricide라고 명명하고 규탄했다.[66]

남성이 물리적·상징적으로 여성의 생식 능력을 빼앗는 현상은 일종의 선망에서 비롯된 것이다. 철학자 브라이언 루크의 가설[67]에 의하면, 인류는 자신들의 번영을 여성의 생식 능력에 의지해 왔기에 출산을 맡은 여성을 높은 위치에 두었다. 이것은 각지에 남겨진 여신상이 임산부의 모습인 것으로도 미루어 짐작할 수 있다. 남성은 출산 능력이 없기에 상대적으로 낮은 지위에 만족해야 했다. 자의적 내지 무의식적으로 여성의 지위를 선망한 남성은 몇 가지 방법으로 가치 전도를 꾀했다. 첫 번째는 상쇄, 즉 능력의 보완으로, 남성의 주요 활동 영역을 마련해서 여성과 맞먹는 남성만의 공헌을 만드는 것이다. 수렵이나 자연과학은 그 전형으로 이런 남성 주도의 문화 활동이 인류 발전의 핵심이었다고 찬양하면 남성의 사회적 지위는 높아진다. 두 번째는 재평가로, 여성의 역할을 깎아내리고 남성의 역할을 치켜세우는 것이다. 여성은 자궁이 있기에 지능이 떨어진다, 육아를 하기에 사회 활동에 적합하지 않다와 같은 주장이 이에 해당한다. 세 번째는 찬탈로, 여성 고유의 역할을 남성이 빼앗는 것이다. 생식을 지배하는 전통과 기술은 이 논리에서 탄생한 듯 보인다.

콜라드에 의하면 모친 살해의 대상이 되는 것은 인간 여성뿐만

---

66 Collard and Contrucci, 1988, p. 110.

67 Brian Luke (2007) *Brutal: Manhood and the Exploitation of Animals*, Urbana: University of Illinois Press, pp. 112-113.

이 아니다. 사실 생식의 관리 통제는 줄곧 동물 지배의 근간이었다. 인간 여성이 사회의 의도에 따라 거듭 출산하듯, 동물도 인간의 의도에 따라 출산에 출산을 거듭한다. 축산 부문에서든 실험 부문에서든 애완동물 부문에서든, 번식에 쓰이는 암컷은 한 마리 동물이 아니라 그저 자궁으로 취급되어 신체의 자유도 새끼나 동료와의 교류 기회도 최소한으로 제한된다. 개도 소도 돼지도 닭도 원칙상 자신이 낳은 새끼를 기를 수 없고, 조기 수유 중단으로 모자 관계가 깨지면 인간에 의해 다시 임신한다. 쉴 새 없이 임신, 출산, 젖 생산을 되풀이한 암컷은 몸이 축나고 번식력이 떨어졌을 때 죽음으로 폐기된다. 모성은 착취에 장벽이 되므로 유전학적으로 제거가 시도되어 왔다. 동물 산업이 원하는 것은 오로지 암컷이 가진 생식 능력이며 그 이외의 동물성은 요구되지 않는다. 가부장적인 논리는 지나칠 정도로 명료하다.

생물학적 지식이 발전하면서 생식을 담당하는 신체는 더욱 도구화되었다. 18세기에는 영국의 농학자 로버트 베이크웰이 과학적인 선발 육종을 확립해 식용·애완용·경주용 동물로 개량하는 연구가 활발해졌다. 육종 이론에는 가부장제 사회의 젠더관이 짙게 반영되어 있어 우량 수컷은 한 품종의 '견본'으로서 중시된다.[68] 특히 혈통에 대한 비정상적인 집착이 엿보이는 경마계에서는 아버지나 외할아버지에 해당하는 말이 높이 평가된다. 그들의 피가 자식 말의 성적에 큰 영향을 미친다는 이유 때문이다. "수말은 유전적으로 우성이기에 자신의 특질을 자손에게 '각인'시키는 반면 암말은 … 훨씬 공헌이 적다는 시

---

68   Sarah Franklin (2002) "Dolly's Body: Gender, Genetics and the New Genetic Capital," *Filozofski vestnik* 23(2): 119–136.

각이 있었다."[69] 식용으로 쓰이는 동물도 사정은 마찬가지다. 예컨대 젖소인 홀스타인 종의 99퍼센트 이상이 1960년대에 태어난 고작 두 마리의 수컷만을 조상으로 두었다.[70] 동물 육종은 가부장(허즈번드)의 혈통을 퍼뜨리는 부계 가족 모델과 판박이로, 사실상 이 과정에서 암컷은 우수한 수컷의 새끼를 낳는 씨받이로 기능한다. 그야말로 허즈번드리가 따로 없다.

　　다만 생명 조작 기획에서 진짜 '아버지'로 기능하는 것은 생식 기술을 다루는 인간임을 잊어서는 안 된다. 영국에서 시작된 경주마 선발 육종에서는 신체 능력이 뛰어난 것으로 정평이 난 아랍 지역의 수말이 쓰였는데, 그 자손은 '잉글리시' 서러브레드Thoroughbred로[71] 불렸다. 따라서 육종으로 태어난 말은 영국인 '아버지'에게 종속되는 셈이다.[72] 같은 논리는 생물 공학 시대에 접어들어 한층 명료한 형태를 띤다. 인류학자 사라 프랭클린은 복제 양 돌리의 개발을 둘러싼 고찰에서 동물 복제가 두 가지 중요한 점에서 기존의 육종과 다르다고 지적했다.[73] 첫째, 돌리를 복제할 때는 암컷 동물의 DNA가 '견본'이 되었다는 점, 둘째, 복제 동물의 탄생은 암컷의 생식 능력이 아니라 체외수정이나 체세포 핵이식과 같은 인간의 과학 기술이 열쇠가 된다는 점이다. 수컷의 혈통을 퍼뜨리는 모델이 소거되는 대신에 동물은 '아버

69　Birke, 1994, p. 37.

70　Maureen O'Hagan (2019) "From Two Bulls, Nine Million Dairy Cows," *Scientific American*, https://www.scientificamerican.com/article/from-two-bulls-nine-million-dairy-cows/(2021년 8월 21일 접속).

71　[옮긴이] 서러브레드는 '순종'이라는 뜻이다.

72　Birke, 1994, p. 37 참조.

73　Franklin, 2002, p. 124.

지'인 인간 과학자의 피조물이 된다. 전통 육종에서는 우량 동물의 유전자와 생식 능력에 가치가 있었지만 '돌리의 경우 유전자에도 생식 능력에도 가치가 없다. 돌리가 유일하게 체현하는 것은 특허 신청에 기여하는 동물 모델로서의 가치뿐이다'.[74] 돌리는 암양의 세포에서 추출한 세포핵을 핵이 제거된 다른 암컷의 난세포와 조합하고 그것을 또 다른 암컷의 자궁에 주입해 탄생했는데, 이 과정에서 이용된 여러 암컷 동물도 마찬가지로 가치가 없다. 가치가 있는 것은 돌리의 '아버지' 이언 윌머트Ian Wilmut 등이 개발한 핵이식 기술로, 이것은 유익한 지식 재산으로서 특허를 인정받았다. 돌리는 이 기술의 유용성을 증명하는 표본으로서 정중한 관리를 받았을 뿐이다(그러나 복제로 인한 폐병으로 요절했다). 돌리를 비롯한 암컷 동물의 신체는 말 그대로 그 '아버지'에게 소유되어 목적에 따라 이용되었다고 할 수 있다. 여기에 지식 재산권의 원형인 저작권이 원래 아버지가 낳은 것은 아버지에 속한다는 가부장적 사상에서 비롯된 개념임을 덧붙이면 충분하리라.[75] 생물의 개발에서는 '태어나는 존재뿐만 아니라 생식 수단 그 자체가 부성에 의해 소유물로 정의된다.'[76] 유전자 편집이나 사이보그 기술에 의한 새 생명의 창조에도 같은 사상이 내재되어 있음은 말할 필요도 없다.

동물 이용 중에 개발된 생명 조작 기술은 인간 여성의 착취도 확대했다. 인공수정이나 체외수정은 불임으로 고민하는 부부의 아이를

---

74 Franklin, 2002, pp. 124-125.

75 Mark Rose (1993) *Authors and Owners: The Invention of Copyright*, Cambridge: Harvard University Press, pp. 38-41.

76 Franklin, 2002, p. 132.

다른 여성에게 낳게 하는 대리 출산을 가능케 했다. 부유한 나라의 여성을 대리모로 구하려면 많은 비용이 들기에 아이를 원하는 사람들이 인도, 우크라이나, 캄보디아, 과테말라 등의 여성이 제공하는 저비용 출산 서비스로 몰려든다.[77] 빈곤한 나라의 여성에게 그 대가로 받는 수십만 엔의 돈은 생활을 바꿀 만한 액수이기에, 대리 출산이 언뜻 호혜적인 거래처럼 비칠지도 모른다. 부유한 나라에서 살아가는 불임 부부는 자신들의 피를 이어받은 아이를 얻고 빈곤한 나라에서 살아가는 여성은 만족스러운 보수를 받는다. 그렇지만 따져 보면 이것도 합의의 날조다. 출산을 담당하는 여성은 다른 선택지가 얼마든지 있는데도 불임으로 고민하는 사람을 행복하게 해 주고 싶어서 선의에서 그 일을 하는 것이 아니다. 불평등한 세계 질서와 성차별적인 사회 조건 속에서 다른 생활 수단, 노동 수단을 빼앗겼기 때문에 과도한 부담이 수반되는 일을 떠맡는 것이다. 살아남을 수단이 한정된 상황에서 하는 선택은 자주적일지는 몰라도 자유롭지는 않다. 여성은 아이를 낳는 수단으로만 취급되어 엄마로서의 역할을 부정당한다. 장애아를 비롯한 탐탁잖은 아이가 태어나면 유기되기도 한다. 대리 출산 비즈니스는 구조적 폭력의 전형으로, 새 시대의 모친 살해나 다름없다.

대리 출산을 없애면 그 대가로 보수를 받고 살아가는 여성이 생활의 양식을 잃는다는 논의도 있는데, 그렇다면 필요한 것은 현행 세계 질서를 바로잡고 여성의 교육 기회나 노동 기회를 확대하기 위해

---

77 이를테면 Aimee Jakeman (2016) "Putting a Price on Reproduction: The Global Surrogacy Market," New Security Beat, https://www.newsecuritybeat.org/2016/09/putting-price-reproduction-global-surrogacy-market/ 참조(2021년 8월 22일 접속).

그들과 함께 싸우는 일이겠다. 세계에는 입양을 기다리는 고아가 2천만 명도 넘는다고 하니[78] 아이를 원하는 커플은 그들을 가족으로 맞아들이면 된다. 혈연에 연연하는 태도야말로 가부장적인 가치관이 반영된 것이다.

성과 육식

육식이 남성의 특권이나 성차별과 관련되어 있음을 입증한 사람은 미국의 채식 페미니스트 캐럴 애덤스다. 그의 대표작 《육식의 성정치》는 상호 연결된 세 가지 주제, 육식과 남성성의 관계, 동물 억압과 여성 억압의 연관성, 가부장제에 대한 저항으로서의 채식 실천을 다룬다. 가부장제의 발달사에서 확인했듯이 동물 살해와 관련된 수렵이나 목축 등의 활동은 많은 문화권에서 남성 위주로 진행되어 왔다. 고기는 귀중한 경제 자원이었으며 고기 공급을 관리하는 남성은 결과적으로 여성에 대한 지배권을 강화했다. '성 불평등은 육식의 형태를 띤 종 불평등에 포함되어 있다.'[79] 고기는 남자의 음식으로, 인류사의 초기 단계부터 가부장적인 권력의 상징이 되었다. 세계에서 찾아볼 수 있는 음식에 관한 문화적·종교적 금기는 여성의 육식을 제약하는 규칙으로 가득 채워져 있으며 남성의 고기 독점을 지원한다.

원래 식량이 부족한 공동체에서는 남성이 많은 몫을 차지하는

---

78 Home for Every Child (n.d.) "FACTS & STATS," https://www.homeforeverychild.org/facts-and-stats (2021년 8월 22일 접속).

79 Carol J. Adams (2015) The Sexual Politics of Meat: A Feminist-Vegetarian Critical Theory, New York: Bloomsbury Academic, p. 13. 초판 1990년. [한글본] 류현 옮김, 《육식의 성정치: 여혐 문화와 남성성 신화를 넘어 페미니즘-채식주의 비판 이론을 향해》, 이매진, 2018.

경향이 있기에 한정된 고기는 남성에게 돌아간다. 특히 19세기 영국의 노동자 계급에서 그런 경향이 뚜렷했는데, 가족 중 대부분의 고기를 먹는 사람은 으레 가장인 남자였다. 여기에 계급이나 인종 같은 요소를 가미하면 상황은 더 복잡해진다. 고기는 특권자가 우선적으로 소비하는 음식으로, 상류 계급이나 백인 여성은 피억압 집단의 남성보다 훨씬 많은 고기를 먹는다. 식량이 충분히 공급되는 상황에서는 성별이나 인종, 계급에 따른 고기 소비량에 큰 차이가 나타나지 않는다. 그 대신 사회는 육식 규범으로 뒤덮여 각지에 남아 있는 식문화는 고기가 만연함에 따라 파괴된다. 오늘날 세계는 미국식으로 균질화된 고기 제품이 다국적 음식 체인점을 통해서 자리 잡아 식문화 제국주의가 심각하다. '고기 공급이 한정적이라면 백인이 고기를 차지해야 한다. 그러나 풍부하다면 모두 고기를 먹어야 한다.'[80] 애덤스는 직접적인 언급을 피했으나 이런 현상이 자본주의 논리에서 비롯된 것임은 의심의 여지가 없다. 자본가의 관점에서 보면 속성에 따라 고객을 가리기보다 모두를 소비자층으로 끌어들이는 편이 훨씬 좋다.

한편 고기를 남자의 음식으로 보는 고정관념은 고기가 강한 힘의 원천이라는 미신을 낳았다. 그런 배경에서 20세기 미국에서는 고기가 전사의 식량으로 선전되었고, 제2차 세계대전 중에 미 육군 및 해군 병사는 민간인보다 약 2.5배 많은 고기를 소비했다.[81] 이 미신은 오늘날에도 뿌리 깊어 고기는 근육을 만드는 유일한 단백질 공급원인 양 신봉된다. 남자는 힘이 강해야 하고, 힘을 기르려면 고기를 먹

80 Adams, 2015, p. 8.

81 Adams, 2015, p. 10.

어야 한다는 생각이 사회에 널리 침투하여 채식을 시작한 남성은 종종 남자답지 못하다고 비웃음을 산다. '진정한 남자는 고기를 먹는다'라는 말이 상징하듯이 육식은 (비록 무의식적일지라도) 남성이 자신의 남성성을 확인하는 수단으로 존재해 왔다. 이것은 최신 연구에서도 증명되었다. 2021년 캘리포니아 대학의 연구자 대니얼 로젠펠드와 아야코 자넷 토미야마는 18세부터 88세까지의 성인 1706명을 대상으로 젠더관과 육식의 관계를 확인하고자 대대적인 조사를 벌였다. 그 결과에 따르면 전통적인 젠더관을 가진 남성일수록 많은 고기—특히 소고기와 닭고기—를 먹고 채식을 거부하는 경향이 있었는데 여성은 그런 경향을 보이지 않았다고 한다. 연구자들은 '남성이 채식보다 육식을 선호하는 이유는 전통적인 성 역할의 관념상 육식을 통해 자신을 '진정한' 남자로 느끼기 때문인 듯하다'라고 결론지었다.[82]

육식과 남성성의 관계는 동물 소비와 여성 소비가 뒤섞인 상황에서 가장 명확한 형태로 드러난다. 애덤스는 스테이크나 육식 행사 광고에 유혹적인 여성이나 여성화된 동물의 이미지가 자주 쓰인다는 사실을 여러 가지 실제 사례를 들어 증명했다.[83] 동물의 신체 부위를 인간 여성의 가슴이나 다리나 허벅지에 빗대는 등 명백히 성적인 함의를 담은 표상이나 광고 카피도 드물지 않다. 한편 여성은 성적인 문맥에서 '고기'에 비유되어 페티시를 자극하는 신체 부위의 집합으로 소비된다. 고기 소비는 여성 소비에, 여성 소비는 고기 소비에 비유된다. 동물 및 여성의 몸을 멋대로 다루는 것이 가부장제 사회의 이상으

---

82 Daniel L. Rosenfeld and A. Janet Tomiyama (2021) "Gender Differences in Meat Consumption and Openness to Vegetarianism," *Appetite* 166: 1–8. 인용은 p. 7.

83 이에 관해서는 Carol Adams (2004) *The Pornography of Meat*, New York: Continuum도 참조.

로, 그것을 체현하는 자는 으레 특권 계급의 남성 이성애자이다.

동물 소비와 여성 소비를 잇는 것은 '객체화·단편화·소비 사이클' 이다.[84] 인간 여성과 인간 아닌 동물은 모두 소비 문화 속에서 자신의 의사나 주체성, 전인격성을 잃고 말없는 객체로 전락한다. 사람들이 '풍만한 가슴'이나 '섹시한 몸매'에 눈길을 주고 '스테이크'나 '치킨 너 깃'에 입맛을 다실 때, 여성이나 동물의 신체는 단편화되어 그곳에 존 재하는 듯하면서도 본연의 의미를 잃는다. 이것을 애덤스는 부재 지 시 대상absent referent이라는 개념으로 설명했다. 지시 대상이란 어떤 개 념이나 말이 가리키는 대상을 의미하므로, 부재 지시 대상은 해당 개 념이나 말이 가리키는 대상이 사라지는 사태를 뜻한다. '가슴'이나 '여 체'는 성적 대상물을 가리킬 뿐 살아 있는 인격을 가리키지는 않는다. '고기'나 '햄버거'는 죽은 식품을 가리킬 뿐 생명 있는 동물을 가리키 지 않는다. 말하자면 신체나 음식이 페티시의 대상으로 소비되는 문 맥에서 하나의 전체적 존재인 여성 내지 동물은 부재한다. 육식의 경 우 동물은 첫째, 목숨을 빼앗김으로써 부재 지시 대상으로 변한다. 우 리가 고기를 먹을 때면 동물은 말 그대로 이미 그곳에 없다. 다음으로 둘째, 동물은 말에 의해 부재화된다. 동물은 살아 있을 때부터 무생물 처럼 '그것'이라는 대명사로 불린다. 도살은 살해의 뉘앙스를 제거한 '식육 처리'나 '도축' 같은 말로 대체되고 사체는 상품화된 부위의 명 칭이나 요리의 명칭으로 바뀐다. 소비의 문맥을 벗어난 동물은 그 어 떤 순간에도 사람들의 의식에 떠오르지 않는다. 셋째, 동물은 비유를 통해 부재한다. 사람이 '고기 조각이 된 듯한 기분'이라고 비유할 때

84   Adams, 2015, p. 27.

실제 도살된 동물의 경험은 지워지고 왜소화된다. 동물 소비와 여성 소비의 경우 서로가 서로를 비유해 살아 있는 생물과 살아 있는 여성은 모두 부재하게 된다.

부재 지시 대상이라는 개념은 얼마든지 사정거리를 넓힐 수 있다. 말에 의한 부재화의 연장선상에 시각 표현에 의한 부재화를 놓을 수 있으리라. 유혹적인 여성을 제시하는 포르노 표상은 성폭력을 겁내는 여성의 목소리를 지우고 여성에 대한 왜곡된 시각을 키운다. 한편 고기 요리 광고는 종종 소비되어 기쁜 듯이 미소 짓는 동물을 제시한다. 축산물 광고에는 때때로 농장에서의 삶을 구가하는 듯한 동물 사진이 쓰이기도 한다. 하지만 사진은 거짓말을 하지 않는다는 환상과 달리 사진만큼 허위를 진실처럼 꾸미는 데 적합한 미디어는 없다. 현실의 동물은 촬영이 끝나고 나면 빠르건 늦건 간에 언젠가 궁극의 공포를 맛본다. 그런 시각 표현은 합의의 논리와 마찬가지로 살기 위해 폭력에 저항하는 주체로서의 동물을 소거한다. 캐시 글렌의 말을 빌리자면 '우리가 만들어 낸 '주체'는 객체의 영역을 벗어나지 않는다. 그것은 행위자성도 없고 자신을 지킬 수단도 없는 주체다. … 인간 아닌 동물은 가까스로 우리에게 호소할 수 있게 됐지만, 그 말은 하나같이 우리 같은 일반 소비자에게 그들을 팔아넘기는 업계의 시각을 거친 것이다. 동물은 재갈이 물린 거나 마찬가지다. 자신의 진짜 고통이나 항의는 말로 표현할 수 없다.'[85] 동물이 부재하는 곳은 육식의 현장뿐만이 아니다. 동물 산업의 모든 부문은 언어 표현과 시각 표현으로

---

85   Cathy B. Glenn (2004) "Constructing Consumables and Consent: A Critical Analysis of Factory Farm Industry Discourse," *Journal of Communication Inquiry* 28(1): p. 76.

동물을 부재 지시 대상으로 바꾼다. '동물 모델'의 행동을 기계론적(내지 '행동주의[86]적')인 언어로 기록하는 과학 논문은 주체적으로 경험하는 동물을 지워 버린다. 편집 기술로 미려하게 연출된 동물원 포스터는 감시 카메라, 전기 울타리, 또는 별의별 인간에 에워싸여 살아가는 동물의 현실을 전달하지 못한다. '레더', '울', '캐시미어', '다운', '실크' 등등의 소재명은 그것이 동물에게서 왔다는 사실마저 감춘다.

가부장적 억압의 역사와 현 상황을 대충 살펴보고서 깨달은 것은 종차별이 곧 페미니즘의 문제이며 성차별이 곧 자연의 문제, 동물 윤리의 문제라는 사실이다. 여성·동물·자연에 대한 억압은 가부장제 사상을 바탕으로 서로를 강화하는 관계다. 애덤스는 세계대전 시기에 쓰인 여성 작가의 소설에서 채식이 남성의 폭력에 저항하는 페미니즘의 실천으로 다뤄졌음을 밝혔다. 채식은 부재 지시 대상을 밖으로 끌어내어 같은 폭력에 억눌린 타자화된 인간과 기타 동물의 연대를 형태화한다. 주류 페미니즘은 에코페미니즘과 분열된 후 대체로 자연이나 동물 생명의 파괴를 경시해 왔다. 오늘날 페미니스트 대다수는 동물 이용의 산물을 소비하고 방대한 타자 억압을 적극적으로 지지한다. 그러나 성차별과 동물·자연 멸시가 그 토대에서 하나로 이어져 있음을 감안하면, 페미니즘은 다시 인간중심주의를 뛰어넘은 종합적 정의의 관점을 되찾을 필요가 있다. 어차피 동물이나 그 밖의 지구 생명에 대한 만행이 남성 원리에 기인한다는 사실을 고려한다면,

---

86 [옮긴이] 관찰과 예측이 가능한 행동들을 통해 인간이나 동물의 심리를 객관적으로 연구할 수 있다고 보는 심리학 이론.

동물 옹호론은 성별 차이에 대한 고정관념이나 가부장적인 가치관에 도전하는 수밖에 없다. 동물 해방 운동이나 동물 윤리학은 표면상으로는 '모든 차별에 반대한다'라고 외치는데, 나중에 설명하겠지만 사실 사회 운동이나 학술 세계에 퍼진 몰지각한 성차별을 끌어안고 있다. 그 문제를 지각하고 극복하는 일은 동물 운동이 염원해 온 차별·착취·억압 없는 사회를 구축하는 데 절대적인 조건이다.

교차성

가부장적 서열 사회의 구조를 둘러보면 피억압자의 경험이 모두 같지 않음을 알 수 있다. 일반적으로는 남성이 여성보다 특권을 누리지만, 어떤 남성들은 다른 남성들에게 권력을 휘두르고 어떤 여성들은 다른 여성들보다 약한 위치에 놓이며 반대로 어떤 여성들은 일부 남성보나 유리한 입장에 서기도 한다. 애덤스의 예에서 살펴보았듯이 19세기 영국의 노동자층 가정은 남성이 고기 대부분을 소비하는 구조였다. 그러나 고기 부족에 시달리지 않는 상류층에서는 남녀 간의 고기 소비량이 그리 다르지 않았다고 한다. 상류층 여성의 식사는 노동자층 여성의 식사보다 상류층 남성의 식사에 가까웠다.[87] 그렇다면 노동자층 여성은 성별의 불리함과 계급의 불리함을 모두 겪었던 셈이다. 상류층 여성도 물론 다양한 차별에 직면했을 테지만 노동자층 여성은 전혀 다른 경험 속에 살았다.

87   Adams, 2015, p. 7.

이런 현상을 오늘날에도 찾아볼 수 있다. 일본에 사는 여성은 누구나 성차별을 겪지만 그중에서도 유색인종인 외국인 여성은 학습 기회나 취업 기회의 측면에서 일본인 여성보다 압도적으로 불리하고 직장에서도 다양한 편견에 노출된다. 노동자는 누구나 자본가에게 착취당하지만 여성 노동자는 고용·승진·임금의 측면에서 남성보다 불리하며 희롱에도 시달린다. 그런가 하면 생물학적 성과 성 정체성이 다른 트랜스젠더 여성은 두 성이 일치하는 시스젠더 여성이라면 결코 경험하지 않을 곤란을 겪는다. 이처럼 인종·민족·국적·계급·연령·장애·거주지·아이덴티티 등은 복잡한 역학 관계를 구성하고, 개인의 경험은 성별 이외에도 이런 다양한 역학 관계의 교차에 의해 형성된다. 그러므로 피억압자의 권리 투쟁이 남성 노동자의 이익만, 시스젠더 여성의 이익만, 이성애자나 정상인, 자국민의 이익만 고려하는 투쟁으로 빠지지 않는 것이 중요하다.

억압의 교차라는 문제는 흑인 여성을 옹호하는 블랙 페미니스트들에 의해 처음 발견되었다.[88] 일찍이 19세기에 미국의 블랙 페미니스트가 여성 문제와 인종 문제 모두에 시달리는 흑인 여성의 처지를 조명했다. 그 대표자 중 한 명인 애나 줄리아 쿠퍼는 저서 《남부의 목소리》[89]에서 이에 관한 이야기를 다뤘다. 20세기 후반에는 블랙 페미니

---

88 다음에 이어지는 역사는 Patricia Hill Collins (2015) "Intersectionality's Definitional Dilemmas," *Annual Reviews* 41: 1–20 및 Anna Carastathis (2014) "The Concept of Intersectionality in Feminist Theory," *Philosophy Compass* 9(5): 304–314의 도움을 많이 받았다. 관련하여 패트리샤 힐 콜린스, 시르마 빌게 지음, 오하라 리노 옮김 (2021) 《인터섹셔널리티》(진분쇼인)도 참조하기 바란다(교차성의 역사에 관해서는 제3장). [한글본] 이선진 옮김, 《상호교차성》, 부산대학교출판문화원, 2020.

89 Anna Julia Cooper (1892) *A Voice from the South*, Xenia: Aldine Printing House.

즘 외에도 라틴 페미니즘이나 치카나 페미니즘[90] 등 유색인종 여성에 의한 페미니즘 운동이 성별·인종·계급·성적 지향 등 딱히 특정하기 어려운 복합적인 불평등에 억눌린 사람들의 경험을 문제화했다. 이것은 주류 사회정의가 백인·남성·이성애자 중심주의를 내포하고 있는데 대한 문제 제기이기도 했다. 1977년에는 블랙 페미니스트 단체 컴바히강공동체Combahee River Collective, CRC가 성명을 통해 '주요 억압 체계가 연결되어 있다는 사실을 바탕으로 통합적인 분석과 실천을 육성할 것'이라고 발표했다.[91] '우리는 단순히 인종적이지도, 단순히 성적이지도 않은 어떤 인종-성적 억압이 있음을 안다.'[92] 이런 인식은 운동에 참여하는 학생이나 대학 관계자에 의해 학술 세계로 흘러들어 여성학의 일부로서 인종/계급/젠더 연구로 불리는 분야를 형성했다.

그리고 1985년, 법학자이자 여성 운동가 킴벌리 크렌쇼는 〈인종과 성별의 교차를 탈주변화하다〉라는 제목의 논문을 발표하고 연결된 억압 체계를 교차성intersectionality이라고 명명했다.[93] 크렌쇼는 교차성의 실제 사례로 기존의 차별금지법이 품은 한계를 제시한다. 어떤 판례에서는 어떤 기업이 직원을 고용할 때 흑인 여성을 차별해 쟁점이 되었는데, 법정은 해당 기업에 백인 여성이 다수 일한다는 점에서

90 [옮긴이] 멕시코계 미국인 여성 치카나Chicana의 경험에 초점을 맞춰 인종차별과 성차별을 교차적으로 분석하는 페미니즘 조류.

91 Combahee River Collective (2019) "A Black Feminist Statement," *Monthly Review*, https://monthlyreview.org/2019/01/01/a-black-feminist-statement/(2021년 8월 29일 접속).

92 Ibid.

93 Kimberlé Crenshaw (1989) "Demarginalizing the Intersection of Race and Sex: A Black Feminist Critique of Antidiscrimination Doctrine, Feminist Theory and Antiracist Politics," *University of Chicago Legal Forum* 1(8): 139-167.

성차별은 없었다고 판단했으며, 인종차별 문제는 그 기업에 제기된 흑인 남성의 소송과 통합해야 한다고 봤다. 다른 판례에서는 어떤 기업이 성차별로 고소당했고 실제로도 성차별이 확인되었으나, 원고가 '여성'이 아닌 '흑인 여성'으로서 소송을 제기했기에 '여성'의 목소리를 대표한다는 점을 인정받지 못했고 소송은 기각되었다. 즉, 기존의 차별금지법으로는 백인 여성과도 다르고 흑인 남성과도 다른 흑인 여성 특유의 문제를 다룰 수 없었고, 흑인 여성이 일반 흑인 내지 일반 여성을 대표할 수도 없었던 것이다. 피억압 속성을 여럿 가진 사람은 어느 한 가지 속성으로 분류되거나 '너무 특수하다'는 이유로 모든 당사자의 틀에서 제외된다. 크렌쇼는 이것이 사회운동에서도 보이는 경향이라고 말한다. 공민권 운동은 흑인 남성의 경험에 입각해 인종차별과 싸우고, 페미니즘은 백인 여성의 경험에 입각해 성차별과 싸운다. 일반적으로 주류 사회정의는 같은 속성을 가진 사람 중에서 **가장 특권적 위치에 있는** 층의 경험에 의해 구성된다. 속성은 불리할 때만 문제되는 것이 보통이며, 백인 여성의 인종이나 흑인 남성의 성별은 특권이기에 대체로 운동 참여자의 의식에 떠오르지 않는다. 결국 사회정의는 한 가지 속성 외에는 곤란할 게 없는 사람들의 상황 인식에 따라 그들의 요구만을 전달하는 운동이 된다. 이를테면 가부장제를 둘러싼 페미니즘의 논의에서는 여성의 노동 기회가 박탈되는 현상이 쟁점이 된다. 하지만 이것은 백인 여성이 직면한 문제이며 오히려 흑인 여성은 역사적으로 노예 노동에 시달려 왔다. 그런 차이를 자각하지 못한 채 백인 여성이 '여성'의 대표로서 행세하면 흑인 여성의 목소리는 지워질 수밖에 없다. 법률이나 사회운동도 같은 속성을 공유한 자는 모두 같은 경험을 한다고 잘못 가정한다. 소외 없는 포괄적인 정의를 실현하기 위해서는 단일 쟁점의 차별 틀을 벗어나 가장 불리한 사람의 처지와 마주하는 자세가 필요하다고 크렌쇼는 결론 내린다.

교차성의 탄생을 이야기할 때 놓치기 쉬운 것이 에코페미니즘의 공헌이다. 이 장 첫머리에서 언급했듯이 남반구 국가의 에코페미니스트들은 1970년대 이후 환경 파괴의 피해가 여성에게 집중된다는 인식에서 침략적 개발 사업에 저항해 왔다. 아시아, 아프리카, 중남미 등지의 나라에서는 여성이 농업이나 가사에서 큰 역할을 하는데, 그들은 물 긷기, 장작 모으기, 산나물 캐기 같은 일상의 영위 속에서 자연 환경을 이용한다. 자연이 망가지면 여성은 맨 먼저 가장 큰 피해를 입는다. 인도의 저명한 에코페미니스트 반다나 시바는 말한다. '자연에 대한 폭력은 처음부터 주된 개발 모델에 포함되어 있는 것처럼 보이는데 그것은 여성—즉 스스로와 가족과 사회를 돌보기 위해 자연에 의지하는 사람들—에 대한 폭력과도 이어져 있다.'[94] 시바가 보기에 식량 증산을 목표로 인도에서 이루어진 공입직 농업 개발 사업인 '녹색 혁명'도 여성을 식량 생산의 장에서 축출하고 자연 환경을 황폐화하는 가부장적인 침략 사업에 불과하다. 이용하던 상수원이 독극물로 오염되면 여성의 생식 기능도 망가진다. 환경 파괴는 인류 모두를 평등하게 괴롭히는 것이 아니라 북반구 국가보다 남반구 국가에, 남반구 국가 중에서도 특히 여성에게 더 큰 피해를 끼친다. 환경 피해 경험은 주거지나 성별에 따라 달라지는데, 이것이 바로 교차성의 문제이리라. 그 후 1980년대 미국에서는 환경 파괴의 악영향이 유색인

---

94   Vandana Shiva (1989) *Staying Alive: Women, Ecology and Development*, London: Zed Books, p. xvi.

종의 빈곤층에 집중되기 쉽다는 사실이 드러나 환경 인종차별 개념과 함께 그것을 시정하기 위한 환경 정의라는 개념이 만들어졌다. 이처럼 교차성이라는 말 자체는 크렌쇼가 고안한 것이지만 그 문제는 비교적 새로운 몇몇 정의 운동에서 공유하고 있다. 교차성 이론이 발달하면서 분석의 범위도 확대되어 성별·인종·계급에서 국경·장애·신앙 및 성 정체성까지 다양한 범주를 아우르게 되었다.

비판적 동물 연구에서의 교차성

비판적 동물 연구CAS는 주로 동물에 관한 교차성, 동물 착취 피해자에 관한 교차성, 동물 옹호 운동에 관한 교차성, 이 세 가지에 초점을 맞춘다. 동물 착취와 성의 교차는 앞에서 이미 확인했다. 에코페미니스트 리사 케머러는 말한다. '여자라는 성을 가진 존재들—암퇘지, 암소, 암탉—은 서양적 가부장제 문화 속에서 성으로 인해 고통받고 그 여성으로서의 신체를 성의 상징으로 착취당하는가 하면 생식을 위해, 착유를 위해, 채란을 위해 착취당한다.'[95]

패트리스 존스는 성 개념을 비판·분석하는 퀴어 이론의 관점에서서 생식의 지배와 강제는 이성애 규범이 반영된 것이라고 주장한다. 동물의 성이나 성적 지향이 매우 다채롭다는 사실이 여러 연구에서 밝혀졌는데도[96] 동물 산업은 모든 동물을 이성애의 틀에 끼워 맞춘다. 축산 업계는 물론이고 동물원, 실험 업계, 애완동물 브리더도

---

95 Lisa Kemmerer (2011) "Introduction," in Lisa Kemmerer ed., *Sister Species: Women, Animals and Social Justice*, Urbana: University of Illinois Press, p. 19.

96 대표적인 자료로는 Bruce Bagemihl (1999) *Biological Exuberance: Animal Homosexuality and Natural Diversity*, New York: St. Martin's Press 참조.

동물을 암수 짝지어 가둬 놓고 번식을 강요한다. '종종 이것은 동성 커플을 떼어 놓고 암컷을 원치 않는 성교로 밀어 넣는다.'[97]

장애 연구와 동물 연구의 통합을 탐구하는 수나우라 테일러는 의존성을 둘러싼 고정관념이 인간의 관리를 받는 동물에 대한 시각, 나아가 취급 방법까지 규정한다고 주장한다.[98] 정상인 중심주의에서는 다양한 타자에 의존하는 정상인의 실태를 고려하지 않은 채 타자의 의존을 무능력 및 비생산성으로 연결시킨다. 그러한 전제가 동물에게도 적용된 결과, 사육되는 동물은 어리석은 존재이며 인간의 보호를 필요로 한다는 생각이 통용되어 온정주의적인 지배가 정당화된다. 동물이 장애를 입으면 결국 가치가 부정되어 어떤 산업 부문에서든 일찌감치 죽임을 당한다. 의존이나 장애는 본질적으로 불행한 것이라는 시각이 사회에 정착한 탓에 다리가 부러진 경주마 등 정상 규범에서 벗어난 동물은 죽이는 편이 자비로운 것이라는 주장도 제기된다.

한편 인간의 관리 밖에 있는 자유로운 동물을 보면, 그들의 운명이 국수주의나 배외주의의 논리에 좌우됨을 알 수 있다. 토착 고유종은 국가나 지역의 재산으로서 인간의 생명정치적 관리에 놓여 개체

---

97 Pattrice Jones (2014) "Eros and the Mechanisms of Eco-Defense," in Carol J. Adams and Lori Gruen eds., *Ecofeminism: Feminist Intersections with Other Animals and the Earth*, New York: Bloomsbury, p. 97.

98 Sunaura Taylor (2014) "Interdependent Animals: A Feminist Disability Ethics of Care," in Adams and Gruen eds., *Ecofeminism*, pp. 109–126. 또한 동물과 장애를 둘러싼 보다 포괄적인 논의로는 다음도 참조하라. Sunaura Taylor (2014) *Beasts of Burden: Animal and Disability*, New York: The New Press. [한글본] 이마즈 유리, 장한길 옮김, 《짐을 끄는 짐승들: 동물 해방과 장애 해방》, 오월의봄, 2020.

수가 줄면 강제로 번식되지만, 외래종은 '침략자'라는 꼬리표가 붙고 악마화되어 생태계와 경제의 적으로서 말살된다. 하지만 인간이 복원하고자 하는 '본연의 자연'이나 '원풍경'은 그들이 막연히 그리워하는 환상 속의 과거일 뿐인 경우가 드물지 않다. 자연을 인간의 이상향에 가깝게 만들고자 하는 외래종 근절 정책에는 종종 외모 차별적인 요소도 포함된다. 일반적으로 아름다운 동물로 여겨지는 말 등은 종종 관광 자원으로 정착되어 퇴치가 필요할 때도 이송과 같은 비폭력적 수단으로 처리된다. 반면 일반적으로 추한 동물로 여겨지는 돼지 등은 독살, 총살, 덫 사냥 등 가장 폭력적인 방법으로 처치된다. 이런 예에서 알 수 있듯이 동물은 성별, 신체 기능, 국적, 외모 등에 따라 저마다 독자적인 방식으로 억압당한다.[99]

또한 동물 착취에 따른 인적 피해에서도 교차적 성격을 발견할 수 있다. 공장식 축사는 농촌에 집중되어 지역민을 악취나 오염에 시달리게 한다. 미국의 대형 식육 회사는 국내에서 항의 운동이 일어나 축사를 신설하기 힘들어지자 생산 거점을 남반구 국가로 옮겼다. 이것은 일종의 공해 수출이며 남반구 국가의 농민에게도 타격을 준다. 반다나 시바는 '녹색 혁명'과 병행된 공장식 낙농장 개발 프로젝트인 '백색 혁명'도 동물 학대에 해당할 뿐만 아니라 여성 농민의 생활 수단을 망가뜨린다고 규탄한다. 제3장에서 살펴보았듯이 축산업을 위한 사료 생산 또한 남반구 국가에 막대한 희생을 강요한다. 이 모두가 환경 정의 문제의 일환에 포함되어야 할 것이다.

---

99 외래종을 둘러싼 역학 관계에 대해 자세히 다룬 것으로 James Stanescu and Kevin Cummings eds. (2017) *The Ethics and Rhetoric of Invasion Ecology*, Lanham: Lexington Books 참조.

그런가 하면 동물성 식품, 특히 패스트푸드 광고는 어린이를 집중 겨냥한다. 미국의 패스트푸드점은 가난한 유색인종이 사는 지역에 밀집하여 그곳을 건강한 식품을 구할 수 없는 '식품 사막food desert'으로 바꿔 놓았다. 소득이 적은 사람, 바쁜 사람, 장애가 있는 사람은 살 수 있는 것의 선택지가 제한된다. 따라서 공장식 축산으로 만들어진 값싸고 질 나쁜 동물성 식품이 만연한 사회에서는 그런 사람에게 건강 피해가 집중된다. 동물성 식품에 기인하는 비만·당뇨병·고혈압·심질환 등의 '생활 습관병'은 이제 부유층보다 빈곤층에 더 널리 퍼져 있다. 음식으로 인한 병은 구조적인 폭력이며 연령, 교육, 경제력, 신체 조건, 생활 환경 등과 교차된다.

끝으로 동물 옹호 종사자도 교차성과 관련이 있다. 동물 옹호 운동 참여자의 약 70퍼센트 이상이 여성이지만 지도층이나 저명 인사는 대부분이 남성이며 대체로 여성 활동가에게는 수수한 일상 업무가 주어진다. 애덤스는 운동을 지탱하는 무임금 봉사 노동을 주로 여성에게 맡기는 현상을 지적하며 성 역할에 따른 불평등한 분업 구도를 꼬집는다.[100] 게다가 여성은 사람들의 시선을 끄는 포르노적 캠페인에 이용되기도 한다. 세계 최대의 동물 옹호 단체 '동물을 윤리적으로 대우하는 사람들의 모임PETA'은 반라나 전라의 여성을 전면에 내세운 퍼포먼스로 특히 악명이 높다. 이런 전략은 대중의 호기심만 자극할 뿐 메시지의 울림 자체는 약한 데다가 여성 상품화를 통해 동물 상품화에 항의한다는 모순에 빠진다. 겉으로는 이런 캠페인에 활동

100   Carol J. Adams (2011) "After MacKinnon: Sexual Inequality in the Animal Movement" in John Sanbonmatsu, ed., *Critical Theory and Animal Liberation*, Lanham: Rowman & Littlefield, p. 271.

가가 합의한 것 같지만, 그 논리에는 '본질적으로 문제가 있다'라고 애덤스는 말한다. 이 정도로 성 상품화가 깊이 침투한 사회, 여성이 성적 대상화를 거부하기 힘든 사회에서는 '합의라는 개념이 거의 의미를 잃기' 때문이다.[101] 아울러 여성은 운동 내부에서 희롱이나 성폭력을 당하기도 하는데 그 일에 비판의 목소리를 내더라도 운동의 취지에서 벗어난 문제라는 이유로 무시당할 때가 많다. 그 결과 2017년부터 동물 옹호 운동 내부의 성폭력을 고발하는 캠페인 '#ARMeToo'[102]가 시작되었다.[103] 한편 여성의 안전을 지키는 일은 활동 조직의 의무지만 거기서 간과되기 쉬운 것이 LGBTQ의 존재다. 미국의 단체 '동물권을 위한 페미니스트 모임Feminists for Animal Rights, FAR'은 시스젠더 여성에 대한 회원제만 마련한 탓에 트랜스 여성이 배제되어 안팎에서 비판이 일었다.[104]

인종차별, 장애인 차별, 외모 차별 등도 동물 옹호 운동과 무관하지 않다. 유색인종 활동가는 서구권에서 개최되는 동물권 및 탈착취(비거니즘) 관련 행사에서 종종 백인 참가자로부터 차별적인 말을 들

---

101 Adams, 2011, p. 267.

102 [옮긴이] the Animal Rights Me Too movement.

103 #ARMeToo의 전개에 관해서는 Krystal Caldwell (2018) "A Timeline of #ARMeToo," Upfront Project, https://medium.com/upfront-project/a-timeline-of-armetoo-c1f289dd343f 참조(2021년 9월 3일 접속). 다만 이 자료는 2018년 봄까지만 시간 순으로 정리되어 있다. 그 이후의 전개는 알 수 없다.

104 Carol J. Adams and Lori Gruen (2014) "Groundwork," in Adams and Gruen eds., *Ecofeminism*, p. 23. 다만 애덤스 등이 FAR의 회원제에 대해 트랜스 배제적으로 '여겨져 왔다'라고 말한 것에는 문제가 있다.

는다.[105] 동물 옹호 활동가의 번아웃 증후군을 조사한 연구에서는 유색인종 **전원**이 인종차별 때문에 운동계를 떠났다고 답했다.[106] 문제는 노골적인 차별 발언뿐만이 아니다. 비판적 인종 페미니스트Critical Race Feminist 에이미 브리즈 하퍼는 채식이나 탈착취에 관한 광고 매체 대부분이 탈착취파(비건)의 이미지로 백인의 표상을 이용하고, 동물에 대한 배려를 은근슬쩍 백인종과 연결 짓는다고 지적한다.[107] 사회학자 코리 리 렌은 이 운동의 대표적 간행물인 PETA의 계간지《애니멀 타임스》와 채식 전문 잡지《베지뉴스》를 조사하여 인물 사진의 90퍼센트 가까이가 백인임을 입증했다. 히스패닉이나 라틴계 사람이 피사체인 경우는 1퍼센트도 되지 않았다.[108] 대개 무의식의 결과로 보이는 이런 인종 편향이 유색인종을 운동에서 멀어지게 하고, 운동 내부에서도 고립시키는 모습은 상상하기 어렵지 않다. 이런 매체에서 나타나는 슬림한 체형이 짐짓 강조되는 경향도 그런 체형에서 벗어난 사람을 주변화한다고 하퍼와 렌은 주장한다.

일본은 동물 옹호 운동 자체가 소규모이고 단체도 아직 큰 영향력

105 이를테면 Kassy Ortega (2017) "One Person of Color's Experience at the 2017 National Animal Rights Conference," *Encompass*, https://encompassmovement.org/blog/one-person-of-colors-experience-at-the-2017-national-animal-rights-conference 참조(2021년 9월 3일 접속).

106 Paul Gorski, Stacy Lopresti-Goodman & Dallas Rising (2019) "'Nobody's Paying Me to Cry': The Causes of Activist Burnout in United States Animal Rights Activists," *Social Movement Studies* 18(3): 364–380.

107 Breeze A. Harper (2010) "Introduction: The Birth of the Sistah Vegan Project." in Breeze A. Harper ed., *Sistah Vegan: Black Female Vegans Speak on Food, Identity, Health, and Society*, New York: Lantern Books, p. xv.

108 Corey Lee Wrenn (2016) "An Analysis of Diversity in Nonhuman Animal Rights Media," *Journal of Agricultural and Environmental Ethics* 29(2): 143–165.

을 갖추지 못했다. 또 차별에 대한 자각이 없는 활동가가 많아서 인권 의식의 희박함을 부정할 수 없다. 그중에서도 차마 눈 뜨고 볼 수 없는 것은 개 식용 규탄인데, 대부분이 아시아 국가에 대한 매도가 그 내용이다. 개고기 및 고양이 고기 거래에 반대하는 페이스북 그룹 '반DCMT재팬反DCMTJapan' 등은 마치 증오 발언의 박람회장 같다. 인종·민족 문제에 관해서는 채식 보급 단체에 널리 퍼진 우경화 경향도 무시할 수 없다. 이를테면 일본에티컬비건협회日本エシカルヴィーガン協会에서는 역사수정주의자가 임원에 올랐고, 일본비건협회日本ヴィーガン協会나 베지프로젝트재팬ベジプロジェクトジャパン은 역사수정주의자 정치인 마쓰바라 진松原仁 등과 함께 채식 추진 협동 사업에 착수했다. 한편 장애인 차별에 관해서는 풀뿌리 조직 포 애니멀스 재팬フォー・アニマルズ・ジャパン, 4AJ 간토 그룹이 정신질환에 대한 불신을 이유로 어떤 인물의 참여를 거부한 사례를 들 수 있다. 동물 산업 종사자를 '정신이상자'라거나 '사이코패스'라고 욕하는 활동가도 드물지 않고, 동물 착취 가담자의 신체적 특징(비만 체형이라든지, 중년이라든지, 대머리라든지)을 왈가왈부하는 일도 끊이지 않는다. 이 모두가 사람들의 고민, 고통, 트라우마에 대한 활동가의 배려 없음을 증명한다. 이런 태도는 운동에 대한 신뢰를 해칠 뿐만 아니라 다양한 아이덴티티를 가진 운동 참여자를 활동 커뮤니티 안에서 몰아낼 것이다. 이 문제와 진지하게 마주함으로써 고통받는 사람이 생기지 않도록 활동하는 것은 동물 해방보다도 더 중요한 과제이다.

교차성 분석의 의의

우리는 인간이나 기타 동물의 삶을 '여성의 경험', '흑인의 경험',

'동물의 경험' 등으로 뭉뚱그려 파악하기 일쑤지만 교차성이라는 개념은 각 존재가 다양한 역학의 얽힘 속에서 살아감을 재인식시켜 준다. 존재를 둘러싼 역학 관계는 그저 가산되는 것이 아니라 교차되면서 질적으로 독자적인 경험을 형성한다. 예를 들어 어떤 나라에 사는 외국인 여성의 경험은 외국인의 아이덴티티와 여성의 아이덴티티로 나뉘지 않으므로 하나로 연결된 채 항상 그만의 독자적인 경험으로 존재한다. 따라서 교차성을 직시하고자 한다면 정의 운동은 균질한 피억압 집단의 이미지를 버린 뒤 다양한 당사자의 목소리를 듣고 그 경험에 다가서서 당사자와 함께 개개의 구체적인 해결책을 구축할 필요가 있다.[109]

본질주의에서 벗어난 정의를 전망하는 것은 교차성의 인식이 낳은 중요한 관점이지만, 그 개념의 역할은 그것뿐만이 아니다. 교차성 분석은 다양한 존재의 경험과 마주하게 하고 그 경험을 이루는 권력 체계의 축을 발견하게 한다. 존재의 속성이나 조합은 무한한 갈래로 나뉘므로 그것을 낱낱이 이해하기란 불가능해 보인다. 그러나 애초에 그럴 필요가 없다. 중요한 것은 독자적인 삶을 사는 당사자의 어려움을 파악하고 어떤 구조나 규범이 조합되어 그를 독자적인 어려움에 빠뜨리는지 상세히 확인하는 작업이다. 앞서 살펴보았듯이 동물의 억압 경험은 사육 목적이나 신체 조건, 출생지, 외모 등에 따라 달라진다. 그렇다면 그 삶의 밑바탕에는 종차별이나 인간중심주의 같

---

109 Gender and Development Network (2017) "Intersectionality," *Thinkpieces*, https://static1.squarespace.com/static/536c4ee8e4b0b60bc6ca7c74/t/5a130e9d53450a0abd9c0f8f/1511198367912/Intersectionality+GADN+thinkpiece+November+2017.pdf 참조(2021년 9월 3일 접속).

은 단일한 역학 관계뿐만 아니라 자본주의, 가부장제, 이성애 규범, 정상인 중심주의, 배외주의, 외모 차별 등 다방면에 걸친 권력 체계의 집합이 가로놓여 있을 것이다. 이처럼 억압 경험을 구성하는 여러 체계 및 그 연결에 따른 작용의 이해가 교차성 분석의 두 번째 의의로 꼽힌다.[110]

　그리고 교차성 분석은 사회정의에 중요한 시사점을 제공한다. 인간이나 기타 동물의 경험이 다양한 권력 시스템의 교차로 인해 형성되는 것이라면, 정의 운동은 단일한 차별과 싸우는 데 그쳐서는 안 된다. 여러 권력 축의 교차점에서 고통받는 당사자가 있다면 정의는 그 축을 전부 무너뜨릴 필요가 있다. 따라서 동물 옹호론이 진정으로 모든 동물의 평화를 도모한다면 종차별뿐만 아니라 그것과 교차하는 다른 권력 시스템도 와해해야 한다. 지키고 싶은 것은 오직 동물뿐이고 인간은 아무래도 좋다는 식의 태도로는 동물도 구할 수 없다. 동물 옹호를 실천하는 사람들 사이에 심심찮게 보이는 인간 차별적 사고는 인간 아닌 동물을 억압하는 원리이기도 하다. 같은 이유에서 페미니즘이 모든 여성을 위한 운동이 되려면 반드시 성차별과 교차하는 다른 억압 구조에도 저항해야 한다. 아울러 종차별과 인간중심주의가 인간의 다른 정의와는 무관한 듯 보여도, 종차별은 인간의 동물화를 초래하는 원리이며 인간중심주의는 환경 파괴를 일으키는 원리이다. 또한 인간 아닌 동물의 처지에 무관심한 사회정의는 동물 착취 안에 내재된 각종 억압 원리를 방치하는 결과를 낳는다. 그런 정의에 의

110　비슷한 견해로 이를테면 Rita Kaur Dhamoon (2010) "Considerations on Mainstreaming Intersectionality," *Political Research Quarterly* 20(10): 1-14 참조.

해서라면 인간 사회는 다소 개선될지 몰라도 **동물 착취 안에**는 가부장제 같은 것이 오래도록 남아 있을 것이다. 그런 부분에 파고들지 않는 한 사회정의는 진정한 의미에서 각각의 목표, 즉 억압의 극복을 달성할 수 없다. 따지고 보면 모든 정의는 다른 운동에 대한 무관심에서 벗어나 상호 연결된 억압군을 포괄적으로 이해하고 타도해야 한다. 그리하여 비로소 교차성의 인식은 종합적 해방의 전망을 열 수 있다.

돌봄의 윤리

페미니즘은 여성관이나 성 개념을 바로잡는 데 머무르지 않고 기존의 철학 틀 전체를 뒤흔들었다. 이전 철학에서는 인간을 논하든 사회를 논하든 생각의 중심축이 되는 것은 으레 남성의 경험이었다. 철학이 말하는 '인간'이 늘 남성이었기에, 공동체란 은연중에 여성이 배제되고 남성이 활약하는 공공의 영역을 뜻했다. 앞에서 훑어보았듯이 근대 이전 서양철학은 여성에 관해 그 어떤 내실 있는 통찰도 내놓지 않았다. 윤리학도 예외는 아니다. 어떤 규범 이론에서든 전제되는 것은 완전한 자율성을 갖추고 합리적으로 행동하는 개개의 남성에 의한 공동체다. 그 구성원은 누구나 대등하고 균질하여 서로 특수한 관계를 맺지 않는다. 이 같은 설정이 치우침 없는 도덕 판단을 이끌어 내기 위한 대전제로 여겨져 왔다. 게다가 공평한 판단을 금과옥조로 삼았던 기존의 윤리 학설은 단일하고 보편적인 도덕 원칙을 세우고 모든 윤리 문제에 그것만으로 대처해야 한다고 믿었다. 예컨대 공리주의는 모든 상황에서 공리성의 원칙에 따라 어떻게 하면 최대 다수의 최대 행복을 실현할 수 있는지 궁리하는 것을 이상으로 삼는다. 이것은 공식에 따라 문제를 푸는 수학이나 자연과학의 사고 양식에 가깝다. 알맞은 행위를 검토할 때는 감정을 배제하고 객관적·논리적인 태도로 도덕 원칙에 따라야 한다. 그 결과 철학자 마거릿 어번 워커가 말했듯이 도덕 행위의 주체는 '판사, 관리자, 관료, 혹은 책략가 gamesman'[111] 모델을 닮게 되었다. '그런 지위나 임무는 서양 사회 안에서 역사적으로 남성의 것이었던 역할·직무·활동을 상징한다'[112]는 점을 생각하면 기존 윤리 학설이 모두 남성의 시점에서 구축되었음은 명백하다.

　페미니즘은 여성의 경험을 조명해 이 전통을 뒤흔들었다. 인간에는 남성뿐만이 아니라 여성도 포함되고 성년뿐만이 아니라 미성년도 포함된다. 타인과의 관계는 인간 생활의 일부에 불과하고 현실의 우리는 가족·동료·친구·반려 등과 고유한 관계를 쌓는다. 대등성은 한정된 곳에만 존재하고 그 밖의 광대한 영역은 처음부터 불평등 및 역학 관계에 점령된 채다. 이 다원적인 인간과 인간 생활의 현실은 만인이 가졌다는 완전한 자율성이라는 것이 환상에 지나지 않음을 일깨워 준다. 일부 사람은 자율성이 없고, 많은 사람이 자율성을 빼앗긴 채 살아간다. 상아탑을 떠나 현실 세계와 마주하려면 철학적 사고는 그 모든 전제를 근본부터 재검토할 필요가 있다. 틀림없이 페미니즘은 사회 혁명임과 동시에 지식 혁명이었다.

　남성 중심적인 관점이 비판받으면서 새로 태어난 윤리 틀 중 하

111　Margaret Urban Walker (2007) *Moral Understandings: A Feminist Study in Ethics*, Oxford: Oxford University Press, p. 22.

112　Ibid.

나가 돌봄의 윤리寄り添いの倫理, ethics of care이다.[113] 이것은 균질한 개인 모델에 입각한 기존의 도덕 이론과 달리 살아 있는 구체적인 인간관계에 주목해 윤리적 행위를 고찰하는 접근법으로, 20세기 후반에 수립된 이후 동물 윤리학에도 응용되어 큰 영향력을 확보했다.

이전에도 돌봄의 윤리와 비슷한 생각이 몇몇 있었다. 그중에서도 1980년 발표된 철학자 사라 러딕의 논문 〈모성적 사고〉[114]가 그 틀의 원형으로 꼽히는데, 확고한 토대는 심리학자 캐럴 길리건에 의해 구축되었다. 대표작 《또 다른 목소리》[115]에서 길리건이 다룬 것은 도덕 판단의 발달에 관한 심리학자 로렌스 콜버그Lawrence Kohlberg의 분석이다. 콜버그는 남자아이 84명에 대한 추적 연구를 바탕으로 도덕 판단의 발달 정도를 6단계로 나눴는데, 그 과정에서 여성의 사고 수준은 도식의 제3단계에 머무른다고 주장했다. 그 연구에서 남성 중심적인 편견을 발견한 길리건은 여성의 도덕 판단이 뒤떨어져 보이는

---

113 번역하기 힘든 용어를 원어 발음 그대로 표기하는 학계의 악습에 따라 일본에서는 ethics of care를 보통 '케어ケア의 윤리'로 번역한다. 하지만 '케어'는 대체로 간병이나 간호 영역에서의 특수 기능을 의미하여 일본에서는 훨씬 한정된 문맥에서 쓰이므로 번역어로 적절하다고 하긴 힘들다. 한국에서는 ethics of care가 '배려의 윤리'로 번역되곤 하는데 그 말은 일본어에서는 '도덕적 배려moral concern'의 뉘앙스를 풍겨 care만의 느낌이 살지 않는다. 중국에서는 '관회関懷 윤리학'으로 번역되어 관계성을 중시하는 본연의 의미를 가장 잘 살렸다고 생각하지만 일본어 화자에게는 낯설다. '마음 씀気づかい'은 타자를 돕는다는 의미가 약하고 '동정思いやり'은 compassion과 혼동된다. 고민 끝에 여기서는 '돌봄寄り添い의 윤리'라는 번역어를 제안하기로 했다. [옮긴이] 한국에서는 '돌봄의 윤리'로 더 많이 번역되며, 이 책에서는 이 용어를 따랐다.

114 Sara Ruddick (1980) "Maternal Thinking," *Feminist Studies* 6(2): 342–367.

115 Carol Gilligan (1982) *In a Different Voice: Psychological Theory and Women's Development*, Cambridge: Harvard University Press. [한글본] 이경미 옮김, 《침묵에서 말하기로: 심리학이 놓친 여성의 삶과 목소리》, 심심, 2020.

이유는 그 단계설이 여성의 사고 양식을 평가하는 데 적합하지 않았기 때문일 것이라고 의문을 던졌다. 예를 들어 콜버그가 예로 든 11세 소년과 소녀, 제이크와 에이미는 제시된 도덕 문제에 전혀 다르게 대답했다. 아내가 죽음에 처했는데 약이 비싸서 살 수 없다면 남편이 아내를 구하기 위해 약을 훔쳐야 하겠느냐는 물음에 제이크는 훔쳐야 한다고 답하면서 인간의 목숨은 돈보다 소중하기 때문이라고 이유를 설명한다. 반면 에이미는 훔치면 안 된다고 답하면서 약을 훔치면 죄를 지은 남편도 사실을 안 아내도 불행해질 테니 약국에 잘 말해서 해결을 도모하는 편이 좋다고 이야기한다. 길리건은 이것은 누가 우수한가의 문제가 아니라 사고 방식 차이의 문제라고 말한다. 제이크는 이 딜레마를 생존권과 재산권의 충돌로 보았으나 에이미는 인간 관계에 관한 이야기로 보았다. 전자는 독립된 개인과 개인의 이익을 공정하게 저울질하는 것을 중시했고, 후자는 서로 관계된 사람이 타인의 요구에 알맞은 형태로 부응하는 것을 중시했다. 이런 일련의 관찰을 단서 삼아 길리건은 추상적인 규칙이나 원칙에 입각한 정의와는 다른, 구체적인 문맥이나 관계에 입각한 윤리가 있는 것 같다고 말했다. 그것이 바로 기존의 도덕 발달 이론이 포착하지 못한 '또 다른 목소리', 돌봄의 윤리다. 피가 통하는 현실의 타자에게 시선을 돌려 그 심정까지 헤아린 다음 요구에 부응하고자 노력하는 것이 돌봄寄り添い, care의 실천에서 핵심을 이룬다. 이는 여성 고유의 선천적인 사고 양식이 아니라 많은 여성이 생활 속 경험을 통해 익히는 것으로 보인다.[116]

---

116 길리건의 이론에 대해 본질주의에다가 '노예의 도덕'이라는 비판이 쏟아졌는데, 길리건은 그 오해에 대한 해명을 내놓았다. Carol Gilligan (1986) "Reply by Carol Gilligan," *Sign* 11(2): 324-333 참조.

길리건 이후 돌봄의 윤리는 넬 나딩스Nel Noddings, 에바 페더 키테이Eva Feder Kittay, 조앤 토론토Joan C. Tronto 등의 손을 거치면서 교우나 육아 같은 사생활의 영역뿐만 아니라 사회복지나 지원 사업 같은 정치 영역에까지 개입하는 틀로 발전했다. 페미니스트 철학자 버지니아 헬드는 일련의 논의를 종합하여 돌봄의 윤리를 특징짓는 다섯 가지 측면을 추출했다.[117]

첫째, 돌봄의 윤리는 개인을 독립된 존재가 아니라 관계 속의 존재로 본다. 우리 모두는 태어난 순간부터 다양한 타자로 둘러싸여 서로에게 영향을 끼치며 살아간다. 인격을 가진 개인이 있어 그 각각이 관계를 맺는 것이 아니라 개인과 개인의 관계가 서로의 인격을 형성한다. 관계 속에서도 특히 중요한 위치를 차지하는 것은 상호 의존이다. 우리는 평생에 걸쳐 타자에게 의존한다. 유아기에는 부모를 의지하고, 병에 걸리면 가족이나 지인의 손을 빌리고, 노년을 맞으면 간병인의 보살핌을 받는다. 주류 도덕 이론은 자율적인 개개인에 의한 사회를 상정해 왔으나 그 자율은 타자의 뒷받침이 있어야만 비로소 성립된다. 관계와 의존은 자율보다 중요한 인간 존재의 기본 조건이다.

둘째, 돌봄의 윤리는 타자의 필요에 부응할 책임을 중시한다. 상호 의존적인 관계를 맺고 사는 우리에게는 자신을 의지하는 자의 요구를 파악하고 적절하게 도울 강한 의무가 있다. 그 속에서는 이기와 이타의 구별이 의미를 잃고 돌보는 자와 돌봄을 받는 자의 이익이 연결된 것으로 간주된다. 이는 모자 관계나 교우 관계를 맺을 때 또는

---

117 Virginia Held (2006) *The Ethics of Care: Personal, Political, and Global*, New York: Oxford University Press. [한글본] 김희강, 나상원 옮김, 《돌봄: 돌봄 윤리 개인적, 정치적, 지구적》, 박영사, 2017. 편의상 다음에 이어지는 설명에서는 헬드의 말을 약간 수정했다.

어려움에 처한 자를 지원할 때 상대방의 행복이 곧 자신의 행복임을 생각하면 이해하기 쉬울 것이다. 따라서 이 접근법은 '관계하는 자의 협조적인 행복과 관계 그 자체의 양호함'[118]을 지향한다.

셋째, 돌봄의 윤리는 보편적인 원칙을 과신하지 않고 타자가 처한 현실의 상황에 초점을 맞춘다. 주류 도덕 이론이 내세우는 보편 원칙은 그에 상정된 독립적이고 대등한 개인 사이의 분쟁을 처리할 때에는 효력을 발휘한다. 그러나 현실의 인간은 주위 사람과 복잡한 사회적·문화적·감정적 관계를 쌓기에 배경을 도외시한 보편 원칙은 인간 생활의 여러 문제에 대처할 때 적용하기 힘들 때가 많다. 이를테면 자기 자식을 대할 때와 남의 자식을 대할 때는 태도가 다른 게 당연하고 오히려 그 편이 바람직하지만, 이런 차별화를 전통적인 보편 원칙에서 이끌어내기는 어렵다. 동일한 문제로 곤경에 처한 사람을 도울 때에도 무엇을 하면 타당한지는 상대방의 성격이나 자신과의 관계에 따라 다른 게 보통으로, 똑같은 사례를 똑같이 다루는 게 반드시 좋다고만은 할 수 없다. 현실의 도덕 문제를 생각할 때는 타자의 독자성과 마주하는 자세가 요구된다.

넷째, 돌봄의 윤리는 공사 구분을 재검토한다. 가정과 같은 사적 영역은 정치성을 띠지 않는다는 이유로 주류 도덕 이론에서는 거의 고려되지 않았다. 정의의 개입은 학대나 가정 폭력처럼 노골적인 권리 침해가 있을 때로 한정되었다. 그러나 페미니즘이 입증해 왔듯이 실제로는 사적인 영역에도 남성 우위나 연장자 우위 같은 눈에 잘 띄지 않는 정치적·사회적 불균형이 존재한다. 한편 공적인 영역에도 다

---

118 Held, 2006, p. 12.

양한 감정이나 역학 관계, 상호 의존이 있음을 많은 사람이 피부로 느꼈으리라. 따라서 돌봄의 실천에서는 사적인 듯한 관계를 다룰 적에도 그 배경에 있는 정치성을 놓치면 안 되고, 공적인 듯한 관계를 다룰 적에도 그 속에 내재된 문맥을 놓치면 안 된다.

다섯째, 아마 가장 중요한 점일 텐데 돌봄의 윤리는 행동의 적합성을 검토할 때 이성이나 옳고 그름의 계산뿐만 아니라 감정도 반영한다. 오랫동안 감정을 부정해 온 전통에 따라 기존 윤리 학설에서는 감정을 배제한 현실 인식이 적절한 도덕 판단의 기반으로 자리 잡았다. 그렇지만 타자를 돌볼 때 객관적인 태도로 당사자의 경력이나 생활 환경을 파악하는 것만으로는 불충분하다. 그런 상황 속에서 당사자가 무엇을 느끼고 어떤 생각을 키워 왔는지 감성이나 공감이나 배려를 통해 추측할 필요가 있다. 한마디로 말해 상대의 입장에서 생각하는 것이 돌봄의 기본이다. 부당한 일로 괴로워하는 이가 있다면 공감은 당사자를 향한 연민이나 원흉에 대한 분노를 낳을 테고 그로 인해 비로소 당사자가 끌어안은 문제의 크기를 실감할 수 있을 것이다. 반대로 당사자와 거리를 둔 객관적인 문제 해결 방법은 당사자가 주관적으로 경험한 괴로움을 헤아리지 못해 자칫하면 문제를 과소평가할 수 있다. 물론 감정은 틀릴 수도 있으므로, 타자에 대한 이러한 관여가 적절한지 아닌지는 곱씹어 봐야 하고 감정 사용법을 연마하는데도 힘을 쏟아야 한다. '필요한 것은 돌봄 자체가 아니라 돌봄의 **윤리**다.'[119]

돌봄의 윤리를 지지하는 사람은 대체로 정의의 윤리(고전적인 도

---

119 Held, 2006, p. 11.

덕 이론)에 비판적이지만, 두 접근법이 양립 불가능하다고는 생각하지 않는다. 오히려 그 둘은 다른 각도에서 문제를 파악하여 종종 상보적인 역할을 한다. 예를 들어 범죄 대책을 강구할 때는 부당한 위해로부터 보호받을 만인의 평등한 권리가 꼭 보장되어야 한다. 하지만 범죄 피해자의 고민이나 트라우마에 걸맞은 체제도 없어서는 안 된다. 사회복지에서는 사람들의 생존권이나 행복추구권을 보장하는 것이 최소한의 조건이지만, 서비스를 제공할 때 약자의 명예나 존엄을 훼손하지 않도록 배려하는 일에도 소홀히 하면 안 된다. 그릇된 것은 고전적인 도덕 이론으로만 인간 사회의 모든 문제에 대처할 수 있다는 생각이다. 개인 차는 차치하고 일단 적절한 일반 원칙을 적용함으로써 원만하게 처리할 수 있는 상황도 있지만 개인의 고유한 배경이나 관계를 고려해야 하는 국면도 있으며, 오히려 인간 생활에서는 후자가 압도적으로 넓은 영역을 차지한다. 교차성의 발견으로 사람들을 둘러싼 다양한 차이나 역학 관계가 인식의 수면 위로 떠오른 지금, 돌봄의 윤리는 그 중요성이 차츰 높아져 가고 있다.

윤리와 감정

문학자 조세핀 도노번은 캐럴 애덤스와의 공동 논고에서 동물 윤리의 고전 이론이 안고 있는 다섯 가지 문제를 지적한다. 첫째, 고전 이론에 쓰인 자연관 개념은 백인 남성 지주의 영토나 소유물을 지키는 장치로서 구축되어, 근본적으로 특권자를 이롭게 하는 서열 사상이 포함되어 있다. 둘째, 그런 까닭에 동물 윤리학 창시자들은 동일성에 따라 이익을 보호해야 한다면서 억압된 동물 대다수에게도 특권자인 인간과 같은 능력이 있다고 주장한다. 이는 동물의 독자성을

간과하는 경향으로 이어졌다. 셋째, 동물 윤리의 고전 이론은 전통적
인 도덕철학이 상정하는 자율적 주체 모델을 이어받은 결과, 모든 생
명의 의존 관계를 고려하지 않는다. 넷째, 고전 이론은 감정의 가치를
인정하지 않고 철저히 합리적인 논의만을 구축하고자 한다. 다섯째,
고전 이론은 형식적인 보편 원칙에 치우쳐 있어 고통받는 자가 처한
상황의 특수성이나 정치 구조를 감안하지 못한다. 이 중에서 첫째, 둘
째, 다섯째는 이전 장들에서 다루었고 셋째는 앞 절에서 살펴보았다.
넷째인 감정 경시에 대해서는 지금 약간 설명이 필요하다.

　　동물 윤리학의 창시자들은 스스로의 주장이 논리적 사고에서 비
롯되었다는 점, 결코 단순한 감정론이 아니라는 점을 강조해 왔다. 제
2장에서도 살펴보았듯이 피터 싱어는 《동물 해방》 서문에서 자신의
주장이 동물에 대한 관심이나 애정이 아닌 이성의 요청에서 비롯되
었다고 말했다. 즉, 싱어에게 문제가 되었던 것은 다른 동물을 대하
는 인간의 태도가 불합리하다는 점, 논리적으로 앞뒤가 맞지 않는다
는 점이었다. 싱어의 철학을 비판한 돔 레건도 감정을 배척한다는 점
에서는 공통된다. 《동물권 옹호》 서문에는 동물 옹호가 불합리하다
거나 감정론이라는 비난을 면하려면 감정을 억누르고 '끈질긴 이성
적 탐구'로 일관해야 한다고 쓰여 있다.[120] 이상적인 도덕 판단에 필요
한 조건 중 하나로 레건은 냉정한 태도를 꼽는다. 고양된 기분은 합리
적 판단을 가로막는 일이 많으므로 도덕을 생각할 때는 냉정해져야
한다는 것이다. '강한 감정은 최선의 행동(내지 판단)을 이끌어내는 데

120　Tom Regan (1983) The Case for Animal Rights, Berkeley: The University of California Press, p. xii.
　　　[한글본] 김성한, 최훈 옮김, 《동물권 옹호》, 아카넷, 2023.

도움이 되지 않는다.'[121]

이런 도덕철학자들의 태도가 비판을 받은 것은 필연적이며 필요한 일이었다. 브라이언 루크가 지적하듯이 많은 활동가는 동물 착취의 실태에 솔직한 혐오나 의분을 느끼는 것이지 거기서 엿보이는 불합리에 분노하는 것이 아니다.

> 이런 관습에 반대할 때 나는 인간과 동물의 취급을 비교하고 '이건 불공평하다. 인간은 이런 취급을 받지 않으니까'라고 생각하는 게 아니다. 나는 학대 그 자체에 충격을 받는다. … 만행에 대한 도덕적 규탄은 인간이 그런 학대로부터 보호받는가 아닌가와 상관없이 동물에 대한 연민으로부터 직접 우러나오는 것이다.[122]

그와 마찬가지로 앙드레 콜라드도 동물 착취에 관해 '우리는 온몸으로 그것에 반응한다. 자신의 감정을 정당화할 필요조차 느끼지 못한 채 분노를 불태울 수 있다'라고 말한다.[123] 동물 옹호 참여자는 다른 정의 실현 활동의 종사자가 동물의 고통에 아랑곳하지 않는 모습을 보일 때 일관성의 결여에 분노하기도 한다. 하지만 분노를 느끼는 것과 동물 착취에 반대하는 것은 다르다. 동물 옹호론에서 감정적 동기를 제거하는 이론은 운동 참여자 대부분의 주장과 분리되어 있다.

---

121 Regan, 1983, p. 129. 참고로 이상적인 도덕 판단에 필요한 또 다른 조건으로 레건이 꼽는 것은 개념의 명확성, 판단 자료가 되는 정보의 충분함, 논리적 일관성, 공평성, 타당한 도덕 원칙이다.

122 Brian Luke (1992) "Justice, Caring, and Animal Liberation," *Between the Species* 8(2): pp. 102–103.

123 Collard and Contrucci, 1988, p. 96.

또한 자신들의 이론이 단순한 감정론이 아닌 이성적 귀결이라는 논조에서는 여성적인 능력으로 여겨지는 감정을 폄하하고 남성적인 능력으로 여겨지는 이성을 우위에 두는 고약한 이원론적 사고의 흔적을 발견할 수밖에 없다. 그것을 여실히 드러내는 것이《동물 해방》서문으로, 그 속에서 동물 애호가 여성은 이성을 좇는 싱어와 반대되는 인물로 모욕적으로 그려진다.[124] 콜라드는 싱어의 저서가 가진 의의를 인정하면서도 그 속에 내포된 감정을 멸시하는 태도가 '종차별과 성차별의 관련성에 대한 분석을 한정시키고 만다'고 비판했다.[125]

물론 도덕철학자들이 감정을 배제한 논의를 고집하는 데는 이유가 있다. 싱어가 말했듯 동물 옹호론이 감정론으로 치부되면 '인간 아닌 존재의 취급이라는 문제 전체가 진지한 정치적·도덕적 토론의 장에서 배제'된다.[126] 감정에서 우러난 호소가 통하지 않는 사회에서 어쨌든 여러 사람에게 이야기를 들려주려면 적이 가치를 두는 것에 압박을 가할 수밖에 없다고 믿고 싶은 것은 무리도 아니다. 동물 착취 추진자가 떠받드는 이성이나 합리적 사고를 추궁해 해당 착취의 징당성을 박탈한다는 점에서 동물 윤리학의 고전 이론은 어떤 의미에서는 상대방의 가치관을 역이용하여 구성한 논의이기도 하다. 바로그래서 강한 설득력을 가질 수 있었다. 한편 감정에 의거한 주장은 보편화하기 어렵다는 말도 있다. 레건은 돌봄의 윤리를 비판하면서 그

---

124 Peter Singer (2009) "Preface to the 1975 Edition," in Singer, *Animal Liberation*, pp. 8-10. 여기서 동물 애호가의 반대편에서 싱어 개인이 아닌 싱어 부부라서 성차별적인 것 아니냐는 반론이 있을 수 있으나 싱어의 아내는 이 문맥 안에서는 거의 배경화되어 있다.

125 Collard and Contrucci, 1988, p. 97.

126 Singer, 2009, p. 10.

럼 동물에 공감하지 못하는 자를 어떻게 동물 착취 반대로 이끄냐고 따져 물었다.[127] 공감이나 배려에 입각한 주장은 같은 감정을 느끼지 못하는 사람에게는 통하지 않는다. 그런 맥락에서 보면 감정을 행위 지침으로 삼는 윤리 틀은 동물 해방을 인류의 보편적 사명으로 정착시킬 기반이 될 수 없을 것만 같다.

그러나 이런 생각은 큰 오류다.[128] 첫째, 정말로 감정을 전부 배제하면 도덕 이론의 기반 자체가 위태로워진다. 감정이 보편화될 수 없는 이유는 그것이 각자의 주관에 속하기 때문인데, 사실 고전적인 도덕 이론도 알게 모르게 주관에 의지하고 있다. 레건은 내재적 가치의 소유자를 단순한 수단으로 대하면 안 된다고 말했다. 각각의 존재를 그 지분에 걸맞게 대하는 것이 정의의 원칙이기 때문이다. 하지만 그 원칙은 도덕적 직관으로 명명된 감정 없이는 수립될 수 없다. 사태의 진상은 프란시온의 이론을 보면 한층 명료해진다. 프란시온은 인간 노예제를 용납할 수 없다는 직관으로부터 동물권을 이끌어내는데, 그 직관은 사람들 사이에 공유된 감정적인 판단임이 분명하다. 한편 공리주의에서 말하는 이익의 비교·평가도 주관적·감정적 판단 그 자체이기에 간혹 공리주의자 사이에서도 도덕 문제에 대한 답이 일치하지 않는다. 도덕철학자들이 즐겨 쓰는 가장자리 상황 논증도 사람들의 감정에 기댄 것이다. 그도 그럴 것이 순수하게 논리적인 정합성

---

127 Tom Regan (1991) *The Thee Generation: Reflections on the Coming Revolution*, Philadelphia: Temple University Press, pp. 95–96.

128 이어지는 세 단락은 다음 논집에 수록된 여러 논문을 참고했다. Josephine Donovan and Carol J. Adams eds. (2007) *The Feminist Care Tradition in Animal Ethics: A Reader*, New York: Columbia University Press.

만이 문제라면 동물 착취 추진자가 가장자리 상황에 있는 사람들을 동물과 함께 도덕적 배려의 틀에서 몰아냄으로써 모순을 피할 수 있기 때문이다. 이성적인 존재에게만 존엄을 인정하고 이성이 없는 인간을 그 밖의 동물과 함께 무시해 버리면, 적어도 논리적으로는 앞뒤가 맞는다. 그럼에도 이것을 부도덕이라고 판단하는 것은 감정이다. 그리고 무엇보다도 감정이나 공감이 없으면 타자의 피해나 불이익을 **인식**조차 할 수 없어 도덕을 따지는 의미 자체가 사라진다(경제적 손실처럼 수치화할 수 있는 불이익이더라도 그것을 정말 '불이익'으로 인식하려면 공감이 필요하다). 즉, 도덕 이론은 주관이나 감정이 없으면 정립할 수 없다. 이것은 역으로 이성과 감정이 공존할 수 있다는 뜻이기도 하다.

둘째, 감정이 천차만별인 것은 사실이지만 타자의 고통에 대한 공감 같은 기본적인 감정은 거의 모든 사람이 공유하고 있고 무정함이나 냉혹함은 사회적으로 구축된 측면이 크다. 가령 동물 학대를 끔찍이 싫어하는 감정은 전 세계 사람에게서 찾아볼 수 있는데, 그렇기 때문에 동물을 착취하는 자는 다양한 수단으로 그 감정을 억누르려고 한다. 착취 시설을 사람들의 시야에서 감추고, 합의의 논리나 인도적인 대우에 대한 신화를 퍼뜨리고, 언어 조작을 통해 동물을 부재 지시 대상으로 만드는 것은 모두 사람들의 공감이나 의분을 막기 위한 전술이다. 공장식 축사의 질서정연한 우리에 갇힌 동물은 개성을 빼앗긴 채 집단으로 파악된다. 동물원이나 수족관, 펫 숍에 진열된 동물은 출생 이력이나 가족 관계가 은폐된다. 우리는 동물을 앞에 두고도 그들로부터 하나의 일대기적인 삶을 보지 않는다. 이 역시 공감을 죽이는 요소다. 공교롭게도 윤리학의 추상적 논의, 특히 현실과 동떨어진 사고 실험은 곤경에 처한 당자자를 탁상 위의 장난감으로 만들어 사람들의 감정 이입을 막아 왔다. 사회정의는 감정의 무력함을 당연시할 것이 아니라 감정을 무력화하는 시스템을 척결하기 위해 노력해야 한다.

셋째, 같은 맥락에서 감정의 부정은 폭력의 원흉이다. 사람들이 연민이나 배려를 포기하는 순간 타자에 대한 횡포가 시작된다. 바로 그렇기에 폭력을 토대로 한 가부장제 사회는 감정을 철저히 멸시해 왔다. 얄궂게도 동물 윤리학 창시자들은 감정론과 거리를 두려고 애태운 결과, 줄곧 동물 옹호를 '정치적·도덕적 토론의 장에서 배제'해 온 억압자의 사상을 긍정하고 말았다. 감정에 입각한 호소가 등한시될 때 필요한 것은 그 풍조 자체 그리고 그 이면의 가부장적 이데올로기를 비판하고 감정을 복권시키는 일이다.

동물에 대한 배려

지금까지 살펴본 문제 의식을 바탕으로 동물 옹호과 페미니스트가 감정이나 관계, 존재의 독자성을 중시하는 배려의 윤리에 주목하기 시작한 것은 자연스러운 흐름이었다고 할 수 있겠다. 도노번은 '도덕 문제의 개별적·상황적·감정적 요소뿐만 아니라 정치적 요소마저 간과하는'[129] 주류 이론의 한계를 극복하고자 애덤스 등과의 공동 작업을 통해 돌봄의 윤리에 입각한 동물 옹호론을 구축해 왔다.

도노번의 틀은 동물을 주체로 파악하는 일에서부터 시작된다.

---

129   Josephine Donovan (1996) "Attention to Suffering: Sympathy as a Basis for Ethical Treatment of Animals," *Journal of Social Philosophy* 27(1): p. 81.

돌봄의 윤리는 타자의 요구에 응답하는 것을 기본 의무로 여기는데 타자에는 인간만 포함되는 것이 아니다. 인간 아닌 동물도 다양한 행동으로 자신의 소망을 표현한다. 그렇다면 그 행동을 주의 깊게 해석해 알맞은 응답을 모색하면 종을 초월한 돌봄이 가능해질 것이다. 그 과정에서 핵심을 이루는 것은 시몬 베유Simone A. Weil 등이 말한 '주의를 기울이는 사랑attentive love'이다. 베유에 의하면 그것은 눈앞의 타자가 어떤 곤경에 처했는지 살펴 집단이나 표본으로 환원되지 않는 하나의 고통받는 주체와 마주하려는 노력을 말한다. 요컨대 이 접근법은 사전에 정한 도덕 원칙에 따라 타자에게 알맞은 처우를 결정하는 틀이 아니라 타자 고유의 주체적/주관적 경험을 진지하게 검토하여 그것을 도덕적 의사 결정에 반영하는 틀이다. 상대가 인간이든 인간 아닌 동물이든, 그 내면을 공감 없이 이해할 수 없다는 점은 이미 말했다. 반대로 공감을 발휘하면 상대의 어눌한 말이나 별것 아닌 몸짓으로부터 이면에 작용하는 복잡한 심리를 읽어 낼 수 있다. 인간의 말을 하지 못하는 동물을 상대로도 행동이나 표정을 단서로 그 내면을 헤아리는 것은 불가능하지 않다. 도살장에 끌려간 소나 돼지의 비명, 닭이나 칠면조의 거센 날갯짓은 그들이 느끼는 공포와 고통을 뚜렷이 전달한다. 유심히 들여다보면 동물원이나 수족관의 동물이 이상 행동을 보이는 것, 서커스의 동물이 조련사의 채찍 앞에서 쭈뼛쭈뼛하며 재주를 부리는 것, 낚싯바늘에 걸린 물고기가 필사적으로 도망치려 하는 것을 알 수 있다. 그래서 동물 착취는 용서받을 수 없다. 그것은 인간에 대한 처우와 그 밖의 동물에 대한 처우를 비교해서 얻을 수 있는 결론이 아니라 동물 자체의 요구에 대한 응답이다.

우리는 동물을 죽이고, 먹고, 고문하고, 착취해서는 안 된다. 왜냐하면 동물은 그런 대우를 바라지 않고 우리는 그것을 알고 있기 때문이다. 귀를 기울이면 우리는 그들의 목소리를 들을 수 있다.[130]

동물 이용의 폭력적인 측면은 교묘하게 감춰지는 경우가 많으므로 동물을 배려하는 이는 그 생애의 자초지종을 알기 위해 노력해야 한다. 그러면 겉보기에는 사랑받는 듯한 애완동물이나 사람을 태우는 말, 방목장의 동물들이 그늘 속에서 강제 번식이나 조련이나 도살에 시달리는 현실이 눈에 들어오기 시작한다. 장기간에 걸쳐 파악한 지식은 착취 시설에서 구출된 동물 각각을 위해 적절한 보호나 치료법을 강구하는 데도 요긴하게 활용될 것이다. 이와 같은 돌봄은 동물과의 직접적인 접점이 없어도 성립된다. 동물이 사는 현장을 직접 방문할 수만 있다면 그 기회를 적극 이용해야겠지만 착취 시설은 종종 출입이 제한된다. 하지만 돌봄의 핵심은 타자의 경험을 공감하고 이해하는 것, 타자의 요구를 파악해 응답하는 것이며 그 일은 타자가 멀리 떨어진 존재여도 가능하다.[131]

다만 공감이 만능은 아니다. 헤아리기 힘든 고뇌라는 것도 있고 인간 아닌 동물이 표현하는 희로애락은 인간과 크게 다를 수도 있다.

130 Josephine Donovan (1990) "Animal Rights and Feminist Theory," *Signs* 15(2): p. 375.

131 나딩스는 돌봄을 주는 자와 받는 자의 상호성을 중시하기에 멀리 떨어진 타자를 돌보는 일은 불가능하다고 했다. 하지만 이 말은 돌봄의 윤리가 지닌 가능성을 좁힌다는 이유로 많은 비판을 받았다. 딘 커틴은 나딩스의 주장에 대해 '설득력이 없다'고 평가하며 실제 돌봄에서는 오히려 상호성이 성립하는 게 예외라고 반박했다. Deane Curtin (1991) "Toward and Ecological Ethic of Care," *Hypatia* 6(1): pp. 67–68.

침팬지의 '미소'가 겁에 질린 표정이라는 사실은 배우지 않으면 알 수 없을지도 모른다. 누구를 돌보든 간에 상대의 특징적인 행동을 파악하는 것은 중요한데 그것은 오랜 시간에 걸친 관찰 또는 교류로 얻을 수 있는 지식이기도 하다. 따라서 도노번은 생명과학을 재편할 필요가 있다고 주장한다. 실험을 중심으로 한 종전의 과학은 대상을 묶어놓고 과학자의 물음에 답하게 하는 심문의 논리를 따랐다. 그와 달리 새로운 과학은 연구하고자 하는 생명 자체의 자유로운 이야기를 기록하는 방식이어야 한다. 제인 구달이나 마크 베코프, 조너선 밸컴을 비롯한 뛰어난 동물 행동학자들은 그 방법론을 제시해 왔다. 관찰을 기초로 하는 비폭력적·비침습적 과학은 동물의 감정을 이해하는 데 풍부한 견식을 제공할 수 있다.

돌봄의 윤리는 각자를 둘러싼 여러 문제에 주목해 공사의 구분을 무너뜨린다. 독자적인 곤경에 처한 이에게 깊이 관여하고 싶다면 반드시 그 당사자의 경험을 이루는 넓은 배경을 알아야 한다. 교차성의 분석에서도 피익입자의 역경을 사회 정치적 문맥 속에서 파악할 필요가 있었다. 돌봄의 윤리도 같은 시점을 공유한다. 이 접근법과 정치 이론의 접목은 조앤 토론토에 의해 시도되었는데, 그것을 토대로 도노번도 동물에 대한 관여를 사회구조 비판과 연결시켰다. 주의를 기울이는 사랑은 개인적인 윤리를 행동으로 옮길 뿐만 아니라 고통을 낳는 사회적인 원인을 비판해야 한다.

한 생명을 향한 대화적 주의dialogical attention는 그것이 살아가는 정치적·사회적·역사적 배경에도 관심을 가져야 한다. 감정적인 헤아림과 주의가 따르는 대화는 페미니즘이 말하는 돌봄의 윤리에서 중요하게 다뤄지는 측면인데, 돌보는 자는 그로부터 한 발 더 나아가 동물에게 죽음이 위해를 초래하는 문화적·정치적 연쇄에도 주목해야 한다. 그리고 그것을 막기 위해 행동해야 한다.[132]

그러고 보면 돌봄은 일정한 노력에 의해 습득되는 기능임을 알 수 있다. 따라서 도노번은 교육의 필요성을 강조한다. 그중 하나는 감정과 지식을 바탕으로 동물을 이해할 힘을 기르는 교육으로 '동물의 이야기를 듣고 진지하게 검토하여 배려하는 방법을 배우는 것, 그들의 말을 해석하고 그 말에 주의를 기울이는 방법을 배우는 것'이 목표다.[133] 앞서 말한 새로운 동물 행동학의 식견은 여기서도 활용된다. 그에 더해 타자 이해의 기반이 되는 사회적 시각을 기르는 것도 잊으면 안 된다. '비판적 사고를 교육하는 것은 … 돌봄의 윤리가 기능하는 데 필수 조건이다.'[134] 이런 제안은 현행 교육 제도에 대한 근본적인 재검토를 촉구하는 구상이라고 할 수 있다.

에코페미니즘 윤리

돌봄의 윤리가 가진 또 하나의 가능성은 동물 윤리와 환경 윤리의 대립을 해소할 수 있다는 점이다. 주류 도덕 이론에 따른 기존 동물 윤리 학설은 동물을 환경에서 독립된 자율적인 주체로 보기 때문

---

132 Josephine Donovan (2015) "Caring for Earth and Her Creatures," in Lisa Kemmerer ed., *Animals and the Environmnent: Advocacy, Activism, and the Quest for Common Ground*, London: Routledge, p. 65.

133 Josephine Donovan (2006) "Feminism and the Treatment of Animals: From Care to Dialogue," *Signs* 31(2): p. 324.

134 Ibid.

에 모든 생명을 특징짓는 의존 관계를 도덕 판단에 반영할 수 없었다. 게다가 단일 능력을 기준으로 한 선 긋기 논리는 도덕적 배려의 사정 거리를 감각 있는 존재로 한정시킨다. 이 틀은 사정거리 안의 동물을 직접적인 위해로부터 보호할 때는 탁월하지만 더 넓은 생태계의 보호 기반이 되기는 힘들다. 감각 없는 동식물이나 무생물은 이익 개념이 없으므로 배려할 필요가 없고, 생태계 파괴는 감각 있는 동물에게 명백한 피해를 끼칠 경우에만 문제시되기 때문이다. 동물 윤리의 고전 이론이 중시하는 것은 동물 각각의 이익을 보호하는 것에 불과하다. 그런 사고는 환경 배려에 대한 무관심을 조장했다. 예를 들어 리사 케머러는 동물 옹호파의 소비 경향에 의문을 던진다. '동물 옹호파 대다수가 상품을 구입할 때 포장 문제를 생각하지 않고, 유기농 식품을 위한 추가 지출에 의욕을 보이지 않으며, 소박한 식재료보다 가공 식품을 선호한다.'[135] 또 필자의 좁은 식견에 따르면 비건 생활에 수반되는 플라스틱 화학 섬유의 환경 부하 문제[136]도 동물 옹호파 간에 충분한 논의가 이루어졌다고 말하기 힘들다.

한편 환경 윤리학은 크게 보전론과 보존론으로 나뉘는데 둘 다 동물을 지키는 틀이 될 수 없다. 환경 보호의 주류인 보전론은 인류 (실제로는 북반구 국가의 특권자)의 번영을 유지하기 위해 생태계를 현

---

135 Lisa Kemmerer and Daniel Kirjner (2015) "Conflict and Accord: A Critical Review of Theory and Methods for Earth and Animal Advocacy," in Kemmerer ed., *Animals and the Environment*, p. 16.

136 [옮긴이] 의류 업계에서 출시하고 있는 대부분의 비건 가죽 제품은 폴리우레탄, 폴리에스테르와 같은 플라스틱 소재의 합성 섬유로 만들어지고 있다(http://planet-times. com/View.aspx?No=2608610)[2024년 3월 현재 접속 불가]. 화학 섬유는 석유 등에서 뽑아낸 화학 물질을 원료로 만든 섬유류를 일컫는다. 레이온과 같은 재생 섬유, 아세테이트와 같은 반합성 섬유, 폴리에스테르와 같은 합성 섬유가 있다.

명하게 관리해야 한다고 주장하는데, 거기서 동식물은 인간 생활에 도움을 주는 자원에 불과하다. 보존론은 한 발 더 나아가 인간중심주의를 비판하고 생태계 그 자체에 가치가 있다고 주장하면서 보호에 앞장선다. 후자의 계보에 속하는 사상으로는 미국의 산림 관리관 알도 레오폴드가 내세운 토지 윤리나, 그 계승자인 존 베어드 캘리콧이 제시한 생태계 중심주의, 노르웨이의 철학자 아르네 네스가 주장한 심층 생태론Deep ecology을 꼽을 수 있다. 그러나 보존론 중심의 환경 윤리학에서 가치를 두는 것은 어디까지나 생태계다. 이 틀에서 동식물은 하나의 개체가 아닌 종 단위로 파악되어 생태계의 건전함에 기여하는 정도에 따라 가치가 결정된다. 자연계의 희소종은 보호 대상이 되는 반면 인간에게 이용되는 동물, '너무 증식한' 동물, 야생화한 동물이나 외래종 등은 무가치한 대상으로 간주되어 생태계에 유해할 경우 적극적인 살해 대상이 되기도 한다. 이런 생각 차이로 인해 동물 윤리학자와 환경 윤리학자는 동물이라는 개체가 중요한가 생태계 전체가 중요한가를 두고 거의 무의미한 논쟁을 벌여 왔다.

에코페미니스트 마티 킬은 전체론 중심의 환경 철학에 돌봄의 윤리를 더해 이 대립을 극복하고자 했다.[137] 전체론holism은 환원주의와 대조되는 사상으로 사물의 전체는 부분의 총합을 초월한다는 입장을 취하며 환경 철학 내에서는 특히 자연계를 모든 생명의 단순한 집합이 아닌 그 상호 관계의 결과로 이해하는 입장을 말한다. 환경 윤리학자는 대개 전체론의 관점을 취하는데, 앞에서 말했듯이 그것은 개개

---

137 다음에 이어지는 글은 Marti Kheel (2007) *Nature Ethics: An Ecofeminist Perspective*, Lanham: Rowman and Littlefield 참조.

의 생명을 경시하는 태도와 표리를 이루어 왔다. 돌봄의 윤리는 생명의 관계와 상호 의존을 인식한다는 점에서 전체론과 궤를 같이하나 그와 동시에 생태계 구성원 각각에게 독자적인 성향·욕구·감정이 있다는 사실도 잊지 않는다. 동물은 건전한 환경에 의존하며 건전한 환경이란 동물이 행복하게 살 수 있는 곳을 의미한다. 개체와 전체 중 어느 한쪽만 중요한 것이 아니라 모두 다 중요하며 둘을 분리해서 생각하면 안 된다. 그 말에 조금 어폐가 있음을 인정하면서 킬은 신학자 엘리자베스 도슨 그레이를 예로 든다. 그에 따르면 가정을 꾸려 나가는 부모는 통상 아이의 행복이 중요한지 가정 전체의 행복이 중요한지 생각하지 않는다. 그 둘을 대립항으로 놓는 것은 잘못된 일로, 좋은 부모는 '아이 한 명 한 명의 복지와 가정 전체의 복지를 함께 지키는 것을 최우선 과제로 삼아' 어떻게 하면 좋을지 그때그때 결정해 나간다.[138] 이 말은 인간이 생태계의 '부모'로서 행동해야 한다는 뜻이 아니다. 요점은 부모가 아이를 '개별적인 존재인 동시에 더 큰 무리의 일원으로'[139] 파악한다는 것이다. 이이의 행복과 가정의 행복은 이어져 있다. 우리가 생명과 마주할 때도 개체로서의 측면과 관계망의 일원으로서의 측면을 함께 응시하는 자세가 필요하다. 환경을 경시하는 동물 옹호는 동물이 사는 곳을 훼손하고, 생명을 경시하는 환경 보호는 불행밖에 낳지 않는다. 돌봄의 윤리에 입각한 에코페미니즘의

---

138 Kheel, 2007, p. 232. 인용문은 Elizabeth Dodson Gray (1979) *Green Paradise Lost*, Wellesley: Roundtable Press, p. 148에서 가져왔다. 당연히 가부장제 문화 속에서 이 역할은 압도적으로 여성이 도맡아 왔다. 또 현실에서는 가정의 행복이 성 분업이나 가족 제도 같은 구조적인 불평등을 포함하는 형태로 개념화된 것이 사실이다.

139 Kheel, 2007, p. 232.

전체론은 동물 윤리와 환경 윤리의 융합을 촉구한다.

그렇다면 오늘날 개별과 전체의 충돌로 야기되는 쟁점을 어떻게 해결하면 좋은가라는 의문이 드는 것이 당연하리라. 킬은 융합적 사고 방식이 필요한 사례를 두 가지 든다. 첫째, 희소종 보호는 대상 동물을 유폐해서 번식 계획에 이용하는 방법을 취하는데, 이것은 개체의 행복을 희생하는 정책인 까닭에 용인될 수 없다. 그에 투입될 자금은 동물이 사는 서식지를 보호하는 데 써야 마땅하다.[140] 둘째, 유기된 애완동물은 번식해 질병을 퍼뜨리거나 생태계를 어지럽히므로 오늘날에는 중성화 수술로 개체 수를 억제하는 시책이 채택된다. 그에 관해서는 떠돌이 동물野良動物에게 새 집을 마련해 주는 한편 인공적인 동물 번식을 금지할 필요가 있다. 나아가 인공 번식에 의존하는 동물 산업 자체를 없애야 한다고 킬은 주장한다.[141] 이 같은 사례를 보아 이른바 개체와 전체의 충돌 문제는 관련 생물의 구체적인 상황이나 배경을 조사하면 해소할 수 있음을 알 수 있다. 도노번도 그 점을 언급한다. '거의 늘 도마 위에 오르는 충돌은 사실 문제의 특수한 상황에 맞게 처리하면 택일이 아닌 양립의 형태로 해결할 수 있다.'[142]

이와 같은 사고 방식을 동물 문제 대다수에 응용할 수 있을 것이다. 가령 일본에서는 외래종 미국가재가 재래종 수생 곤충에게 위협이 된다고 한다. 생태계 보호에 종사하는 전문가는 미국가재를 내쫓아 재래종 곤충을 지키려고 했다. 그러나 미국가재와 수생 곤충의 역

---

140 Kheel, 2007, p. 230.

141 Kheel, 2007, p. 232.

142 Donovan, 2006, p. 311.

사를 돌아보면 과거 가재가 황소개구리의 먹이로 수입되었다가 매매와 유기를 통해 전국 수계에 퍼진 경위, 개발로 인해 수생 곤충이 대거 서식지를 잃은 사정 등이 밝혀진다. 그로써 진정한 해결책은 가재 소탕이 아니라 파괴된 서식지의 회복과 확장, 동물 거래 금지라는 사실에 이르게 된다. 이른바 사슴의 '지나친 증식' 문제도 잘 조사해 보면 나무가 부적절하게 심긴 정비 구역이나 경작 포기지가 식재료원이 되면서 사슴의 행동이나 생존율에 영향을 주어 그런 일이 생겼음을 알 수 있다.[143] 그렇다면 해결책은 사슴 총살이 아니라 토지 관리의 재검토이다. 이런 인식은 추상적인 택일 사고에서 벗어나 문제의 구체적인 상황과 마주하지 않으면 얻을 수 없다. 사고 실험의 세계와 달리 현실에서는 반드시 문제 뒤에 복잡한 역사적·구조적 배경이 있는데, 돌봄의 윤리는 그곳에 빛을 비춰 딜레마를 해소한다. 다만 여기서도 포인트를 잊으면 안 된다. 구체성을 띤 상황 이해는 윤리적인 활로를 찾기 위한 필수 조건인데, 그런 노력을 토대에서 떠받치는 것은 삶을 갈망하고 죽음을 두려워하는 동물에 대한 공감, 주의를 기울이는 사랑이다.

---

143 이를테면 하타케야마 다케미치 감수, 고지마 노조무, 다카하시 미쓰히코 편저 (2016) 《야생동물 먹이 주기 문제: 선의가 일으킨다? 생태계 교란, 금수 피해, 감염증, 생활 피해》(치진쇼칸) 및 에구치 유스케 감수 (2013) 《최신 동물 행동학에 의거한 동물로 인한 농작물 피해 종합 대책》(세이분도신코샤) 참조.

* * *

　돌이켜 보면 풀뿌리 동물 옹호 운동은 페미니스트인 여성을 중심으로 이루어져 왔다. 싱어나 레건보다 훨씬 전부터 그들은 세간의 조소에도 굴하지 않고 길거리와 토론장 양쪽에서 동물 착취에 항의해 왔다. 그 노력이 동물 윤리학의 안에서나 밖에서나 거의 주목받지 못한 이유는 오로지 이 사회의 성차별적인 편견 때문이다. 학계의 남성이 훌륭한 논의를 구성해 온 것은 분명하지만 그 전후에 등장한 페미니스트도 탄탄한 근거를 바탕으로 통찰을 제시한다.

　여성 운동에서는 학대당하는 생명을 자신의 입장에서 생각하는 공감이 큰 의미를 지닌다. 도노번은 19세기 여성 활동가들이 동물실험의 실상에 자신의 처지를 포개어 생각했다고 말했다.[144] 콜라드도 이렇게 말했다. '여성은 어렵지 않게 동물의 곤경과 일체화될 수 있다. … 그것은 무엇보다 우리가 다방면에 걸친 억압 현상을 경험하여 알고 있기 때문이다.[145] 이런 인식 덕분에 여성 억압과 동물 억압의 연결고리를 발견할 수 있었다. 에코페미니즘의 역사를 정리한 그레타 가드Greta Gaard에 의하면 상호 관련된 억압의 발견은 1980년대 후반에 이르러 억압 구조의 분석으로 이어졌다.[146] 발 플럼우드나 캐럴 애덤스 등의 고찰도 이 시대에 발달했다. 자크 데리다는 서양 사상의 뿌리

144　Josephine Donovan (2012) *Feminist Theory: The Intellectual Traditions*, Fourth Edition, New York: Continuum, p. 206. 그리고 Josephine Donovan and Carol J. Adams (2007) "Introduction," in Donovan and Adams, *The Feminist Care Tradition in Animal Ethics*, p. 8 참조.

145　Collard and Contrucci, 1988, p. 96.

146　Gaard, 2002.

에 종차별, 성차별, 이성 숭배를 일체화한 육식남근로고스중심주의가 있다고 주장했으나 그런 이데올로기가 어떻게 형성되었는지는 설명하지 못했다. 에코페미니스트들이 데리다보다 먼저 그것을 분석해낸 셈이다.

여성 억압과 동물 억압, 성차별과 종차별이 서로 이어져 있다는 논의는 현대 페미니즘과 동물 옹호 운동 양쪽에 문제를 제기했다. 페미니즘은 에코페미니즘과 분열된 후 인간 사회 이외의 세계를 거의 고려하지 않는 경향에 빠져 버렸다. 억압의 관련성을 인정한다면 이제 그 태도는 재고해야 한다. 그렇다면 페미니스트는 동물 착취나 자연 파괴에도 비판의 시선을 던져 탈착취파가 되어야 할 것인가. 그러면 페미니즘에 부담이 가중되어 성차별 철폐라는 목표가 더 멀어지지 않을까. 이런 점을 둘러싸고 현재도 계속 논쟁이 벌어지고 있으나 동물 옹호파 (에코)페미니스트들은 이전에 고려되지 않았던 피억압자의 존재를 깨닫고 옹호와 관심의 폭을 넓히는 포용적인 자세야말로 페미니즘의 발전을 촉진했다고 말한다.[147] 이 시적은 교차직 속성을 지닌 여성의 비판과 함께 주류 페미니즘에 진지하게 받아들여져야 할 것이다.

동물 옹호 운동은 적어도 두 가지 과제를 안고 있다. 첫 번째로 종차별은 성차별과 구조적으로만 닮은 것이 아니라 애초에 성차별의 원리를 그 내부에 포함하고 있다는 것이다. 다시 말해 인간 여성을 억압하는 가부장제의 논리는 동물 착취의 사상적·물질적 기반이기도 하다. 따라서 페미니즘이 인간 여성만의 정의이면 안 되듯이 동물 옹

147 이를테면 Gaard, 2002, p. 128 참조.

호 운동도 인간 아닌 동물만의 정의이면 안 된다. 그 점은 이 운동에서 당연시되어 왔는데 거기에 두 번째 과제가 있다. 동물 옹호 운동의 문맥에서 제기되는 성차별 등에 대한 반대는 대부분 종차별을 반대하는 주장에 정합성을 부여하기 위한 부록에 불과했다. 운동 내부에 보이는 갖가지 차별 구조는 인권 문제에 대한 활동가의 무관심을 입증한다. 운동을 뒷받침하는 동물 윤리학은 여성의 연구를 우습게 여기는 편견과 은근슬쩍 여성성을 감정과 결부시키는 이원론적 사고로 구조적인 성차별을 방치해 왔다. 차별에 반대한다는 것은 단순히 반대 의사를 표명하는 행위만을 의미하지 않고 특정 집단을 향한 명백한 폭력에 저항하는 행위만을 의미하지도 않는다. 반대 활동에는 우리 자신이 무의식 중에 체득한 상식, 판단, 심지어 말 한마디 한마디까지 피억압자의 시점에 서서 끊임없이 되돌아보고 비판적으로 검증하는 노력이 필요하다. 그러는 데는 학습이 필수다. 동물 옹호 이론과 운동이 인간과 그 밖의 동물을 억압하는 가부장제에 맞서려면 우선 인간 차별 문제를 적극적으로 파악하고 피억압자의 목소리에 귀를 기울이기 위해 노력해야 한다.

또한 페미니즘은 비판적 동물 연구CAS에 교차성이나 돌봄의 윤리 같은 새로운 사회정의 도구를 가져다주었다. 이런 접근법은 차이, 관계, 상황의 특수성에 빛을 비춘다는 점에서 대륙 철학이나 포스트휴머니즘 논의와 비슷하게 느껴질 수도 있다. 그러나 포스트휴머니즘이 매슈 칼라르코나 디네시 조셉 와디웰 같은 탁월한 이론가의 손을 거친 뒤에야 정치적 실천으로 이어진 데 반해, 페미니즘 이론은 처음부터 구체적인 운동 개선이나 정책 개선에 기여하는 시점을 길러 왔다. 그것은 틀림없이 그 운동 이론이 억압받는 당사자들에 의해 형성되었기 때문이다. 비판적 운동 연구, 그리고 향후 동물 옹호 운동은 페미니즘의 성과를 그저 동물을 위해서만 이용하는 데 그치지 말고, 당사자의 입장에서 페미니즘의 문제 의식을 공유하며 서로의 목표를 위해 연대를 키워 나가야 한다.

나가며
종합적 해방

　동물 윤리는 고통 속에서 사는 동물의 현실을 돌아보기 위한 학문으로 도덕철학의 한편에서 탄생한 후 여러 인문·사회 과학과의 교류를 통해 비판적 동물 연구CAS로 성장했다. 이 책은 그 커다란 학제 연구 중에서도 원점이 되는 도덕철학 그리고 비판적 동물 연구CAS의 중심을 이루는 3대 분야로 사회학, 포스트휴머니즘, 페미니즘 이론의 전개 양상을 살펴보았다. 각 분야는 저마다 독립성을 유지하면서도 논쟁이나 공동 작업을 통해 서로에게 영향을 미쳤고 인간 동물 관계의 고찰에 다각적인 관점을 부여했다. 그 골자를 간단히 되짚어 보면 도덕철학은 전통적인 규범 이론의 언어로 동물의 처우를 둘러싼 윤리 문제를 설명하고 그 후 이어진 동물 해방 및 동물권의 틀을 구축했다. 사회학은 동물 착취를 지탱하는 억압 체계, 특히 인간과 기타 동물의 사물화·상품화를 추진하는 자본주의에 주목하고 사회구조 혁신의 필요성을 강조했다. 포스트휴머니즘은 이상화된 인간 주체 모델을 정점에 세워 방대한 타자를 도덕적 배려의 범주에서 몰아내는 서양철학의 도그마를 추궁했다. 그리고 페미니즘, 특히 에코페미니즘은 가부장제가 낳은 이원론적 사고 속에서 여성·동물·자연 억압이 서로를 강화하는 동태를 드러내고 전통적인 정의 사상마저 그 주술에 걸려 있음을 확인했다. 이런 논의를 감안하면 동물 윤리는 동물의 처우 개선을 주축으로 하면서도 그것을 뛰어넘을 필요가 있다. 그리하여 생명의 주변화와 비인간화를 가능케 하는 사상적·제도적 원리 전체에 맞서 여러 정의를 잇는 영역 횡단적 해방 이론을 수립해야 한다. 비판적 동물 연구CAS의 중심 과제는 바로 이 종합적 해방total liberation 의 이론적 기반을 다지는 것이다. 따라서 이 책을 마무리하며 새로운 해방 이론의 전망을 검토하는 일은 우리가 나아가야 할 길을 모색하는 데 참조 축이 될 것이다. 다음에서는 지금까지 형성된 종합적 해방이론과 실천을 돌아본 뒤 정의 통합을 방해하는 문제들과 마주하고, 끝으로 그 모든 장벽을 뛰어넘어 새로운 사회운동을 육성하기 위한 구상을 제시하고자 한다.

종합적 해방의 계보

마거릿 캐번디시 같은 선구자의 사례를 제외하면 종합적 해방의 전형은 19세기 활동가나 지식인에 의해 구축되었다. 제5장 첫머리에서도 살펴보았듯이 제1차 페미니즘의 주역은 인간 생활과 자연 환경의 관계, 여성이나 유색인종에 대한 폭력과 동물이나 자연에 대한 폭력의 관계 등 여러 생명의 경험을 잇는 접점을 발견하고, 모든 존재자의 복지를 동시에 높이는 사회로 개량하기를 원했다. 여성권 투쟁, 주변화된 사람에 대한 지원 활동, 동물 보호, 채식은 모두 같은 해방 사상에 뿌리를 둔 실천이다. 이어서 사회주의자나 무정부주의자 중에서도 포괄적인 정의를 제창하는 자가 나타났다. 그 대표격 중 한 명인 영국의 헨리 솔트는 사법부터 교육, 노동에 이르는 광범위한 사회 영역을 개선할 것을 호소하고 그 일환으로 동물 옹호와 채식을 내세웠다. 1886년에 나온 저서 《비거니즘을 위한 청원》에서는 육식과 식료품 부족의 관계를 언급하면서 식문화 개량이 자본주의적 가치관에 대한 비판으로도 이어진다고 말했다. 솔트에게 육식과 동물 착취는 단순히 윤리적 문제에 머무르는 것이 아니라 사회적 문제에도 해당하는 것이었다. 따라서 채식 사회로의 이행은 정치 경제 체계의 근본적인 개혁을 의미했다.[1] 한편 프랑스의 지리학자 엘리제 르클뤼는 인간·동물·자연에 대한 폭력을 상호 관련된 도덕적인 후퇴로 간주하고 무정부주의의 입장에서 모든 지배에 반대했다.[2] 이런 선구자들의 사상은 후세 활동가와 이론가에게 끊임없는 영감을 주었다.

1970년대 이후에는 에코페미니스트가, 1980년대 이후에는 동물 옹호나 환경 보호에 힘쓰는 급진적인 풀뿌리 활동가 집단이 등장하여 종합적 해방의 이념을 형성한다. 사회학자 데이비드 나기브 펠로와 홀리 니세스 브렘은 에코페미니스트 다음으로 나타난 급진파 집단이 종합적 해방 운동을 형성했다고 본다.[3] 적어도 에코페미니스트 내지 그중 한 집단은 인간·동물·자연 옹호를 유기적으로 연결해 억압적인 지배 권력에 직접행동으로 저항했다는 점에서 이미 종합적 해방의 틀을 갖고 있었던 것 같다. 그 후 지구해방전선ELF이나 동물해방

1 H. S. Salt (1886) *A Plea for Vegetarianism, and Other Essays*, Manchester: The Vegetarian Society.

2 르클뤼의 저서들은 다음 링크에서 열람할 수 있다. The Anarchist Library (n.d.) "Elisée Reclus," https://theanarchistlibrary.org/category/author/elisee-reclus(2021. 10. 22. 접속).

3 David N. Pellow and Hollie Nyseth Brehm (2015) "From the New Ecological Paradigm to Total Liberation: The Emergence of a Social Movement Frame," *The Sociological Quarterly* 56(1): 185–212.

전선ALF을 비롯한 활동가 집단이 대두하고 1990년대 후반 시작된 연대 활동을 통해 '환경 보호, 사회정의, 동물권을 잇는 커다란 이론'이 탄생한다.[4] 일련의 동향 뒤에 있었던 것은 동물 착취와 생태계 파괴의 심화다. 이 시기에 융성을 맞은 공장식 축산은 몇 억 마리에 이르는 동물을 죽였고, 주변 환경을 망가뜨렸으며, 사람들의 건강을 해쳤다. 난개발은 생태계를 망쳤고, 그곳에 사는 무수한 생명을 멸종으로 몰아넣었으며, 대기·토양·수계를 오염시켜 인간 생활의 기반까지 무너뜨렸다. 이제 인간·동물·자연 중 무엇을 우선시해야 하느냐는 물음은 의미가 없다. 그것들의 이해는 긴밀하게 연결되어 있다. 이런 현실은 관심의 차이를 뛰어넘어 정의의 연대를 구축할 필요성을 활동가에게 인식시켰다.

연대solidarity, 즉 다양한 운동의 상호 이해와 협력은 종합적 해방의 핵심이다. 남반구 국가에서 에코페미니즘이 전개된 경위 그리고 그것이 다른 페미니즘의 여러 유파와 교류하며 이론적으로 발전한 사실을 앞 장에서 살펴보았다. 한편 급진파 동물·환경 활동가들은 다른 사회정의 운동으로부터 많은 것을 배웠다. 지구해방전선ELF 활동가였던 저술가 레슬리 제임스 피커링은 인도의 독립 투쟁, 영국의 러다이트 운동, 미국의 노예제 폐지 운동, 베트남 반전 운동, 제1차 페미니즘 등을 사회 변혁 운동의 모범으로 본다.[5] 또한 멕시코 선주민의 인권 옹호 조직 사파티스타 민족해방군Ejército Zapatista de Liberación Nacional, EZLN, 흑인 해방 조직 블랙팬서당, 아프리카계 미국인 무정부

4 Pellow and Brehm, 2015, p. 185.

5 Leslie James Pickering (2007) *The Earth Liberation Front, 1997-2002*, Portland: Arissa Media Group, pp. 57-58.

주의 조직 MOVE 등으로부터 배운 활동가도 있다. 특히 MOVE는 인종차별, 자본주의, 군사 활동 및 동물 착취와 환경 파괴에 저항하고 채식, 동물 보호, 자연 조화형 생활 등을 실천하여 급진파 동물·환경 활동가에게 막대한 영향을 주었다. MOVE의 멤버들은 필라델피아 시경의 폭격으로 참혹하게 살해당하고[6] 살아남은 자들은 투옥되었으나 동물·환경 활동가는 저항의 목소리를 밖으로 전달하면서 그들을 지원했다.[7] 그 후에도 풀뿌리 활동가 집단은 이민자·선주민·유색인종 옹호 조직과 연대하고 공동 학습회 등을 개최해 문제 인식을 심화하는 데 힘을 쏟았다. 이 같은 노력은 단일 쟁점을 벗어난 정의 구상을 촉진시켰다.

　모든 정의의 영향은 새로운 활동가의 급진성과도 관련이 있다. 급진파라고 하면 전투나 만용을 즐기는 자들을 떠올리기 쉬운데 그러한 이해는 잘못되었다. 펠로와 브렘이 정의했듯이 급진파란 원래 기존의 사회 체계를 개량하는 것이 아니라 극복해서 문제를 뿌리 뽑자는 입장을 가리킨다.[8] 주류 동물·환경 보호 운동은 대체로 국가와 시장의 메커니즘에 따라 문제를 해결한다는 전략을 세우는데, 급진파가 보기에 이 접근법으로는 해방이라는 목표를 달성할 수 없다. 현대 지구의 위기는 시장 원리에서 비롯되는 측면이 커서 부분적인 수정에 주력하는 한 억압은 모습을 바꿔 가며 존속하기 때문이다. 동물

6　[옮긴이] 1985년 5월 13일, 급진 단체 MOVE의 거주지에 필라델피아 경찰이 폭격을 가한 사건으로 집 안에 있던 13명 중 11명이 사망했으며, 이웃집 61채가 파괴되어 250여 명이 집을 잃었다(1985 MOVE bombing, https://en.wikipedia.org/wiki/1985_MOVE_bombing).

7　Pellow and Brehm, 2015, p. 206.

8　Pellow and Brehm, 2015, p. 189.

복지를 추진하고 지속 가능한 개발을 장려하는 일도 마찬가지다. 결국 악질적인 사업이 해외로 이전하거나 이름뿐인 '윤리적ethical' 시장이 개척되는 등 파괴와 폭력의 재생산을 낳았을 뿐이다. 더욱이 국가의 도구는 원래 기존의 역학 관계를 유지·강화하기 위해 존재한다. 특히 주류 비영리 단체가 의지하는 형사 사법 제도로는 산발적인 '일탈 행위'를 적발할 수는 있어도 세계의 사람들이나 여타 동물에 고통을 주는 합법화된 대규모 폭력을 단속할 수는 없다. 더군다나 형사 사법 제도는 이민자나 빈곤자 같은 주변화된 사람을 억압하고 사회정의 종사자를 정치범으로 몰아 탄압해 온 역사가 있다. 경찰의 흑인 폭행이나 활동가 투옥은 최근 들어 시작된 것이 아니다. 그러므로 해방 운동이 작금의 정치 경제 체제 자체를 전복시켜야 한다는 믿음이 생겨난 것도 당연하다. 급진파 집단은 주로 모든 서열이나 권력을 거부하는 무정부주의 사상에 따라 지배 권력의 규율에 저항하고자 직접 행동에 나서는 것을 중시한다.[9] 풀뿌리 활동가들이 형성한 종합적 해방의 틀에는 이런 철저한 반권력·반자본주의의 급진성이 관철되어 있다.

비판적 동물 연구CAS의 창설 멤버로 꼽히는 학술 활동가 스티븐 베스트는 이런 과정을 거쳐 형성된 종합적 해방의 철학을 향후 사회 정의가 따라야 하는 규범으로 내세운다. 종합적 해방의 틀은 각종 인간 해방 운동을 향해서 종차별과 인간중심주의에서 탈피할 것을 촉구한다. 지구에 존재하는 전 인류의 수백 배에서 수천 배에 달하는 생

---

9 참고로 급진파 집단은 서열이나 권력을 거부하므로 조직 내에 중앙화된 지시 계통이 없는 경우가 많다. ELF나 ALF를 '테러 조직', '과격파 조직'으로 설명하는 것은 오해다.

물을 죽이고 괴롭히고 무시하는 문화를 방치하면, 해방 운동이 지향하는 정의도 평화도 민주주의도 도덕적으로 자가당착에 빠질 수밖에 없기 때문이다. 동물이나 자연에 대한 착취를 방치하면 인간 해방조차 달성할 수 없다. 기아·빈곤·오염·분쟁·기후 변동 등 주변화된 사람의 인권을 위협하는 위기는 동물 착취나 자연 파괴에 기인한 부분이 크다. 게다가 동물 착취는 노예제, 인체 실험, 우생 정책 등 온갖 인간 억압의 원형이 되었다. 그러므로 윤리적으로나 전략적으로나 인간 해방은 인간 아닌 생명의 해방과 융합될 필요가 있다. 한편 종합적 해방의 틀은 동물 해방 운동에 급진주의 정치철학을 요구한다. 앞에서 살펴보았듯이 동물 해방은 자본주의 및 국가 권력에 대한 저항과 하나가 되어야 한다. 그와 동시에 인간의 다양성과 교차성에 좀처럼 주목하지 않았던 이 운동은 다양한 인간 해방 운동과 연대함으로써 고립이나 독선에 빠지지 않는 정의로 성장해야 한다. 이처럼 각각의 해방 운동을 상호 관계로 연결 짓고 억압 체계에 대해 공동 전선을 구축하는 것이 바로 베스트가 생각하는 종합적 해방이다. '인간/동물 해방 운동은 서로 배울 여지가 크다. 어느 운동이든 다른 운동과 따로 떨어져 목표에 이를 수는 없다. 이것은 하나의 투쟁, 하나의 항쟁이다.'[10]

10 Steven Best (2010) "Total Liberation: Revolution for the 21st Century," https://drstevebest.wordpress.com/2010/12/31/total-liberation-revolution-for-the-21st-century-4/(2021. 10. 25. 접속).

종합적 해방의 장벽

급진파의 동물·환경 보호 운동에서 탄생한 종합적 해방의 틀은
그 후 주로 북미권의 사회정의 운동이나 대학의 여러 학과에 영향을
미쳤고 억압의 연결이나 교차성 분석과 맞물려 이론적으로 발전해
왔다. 오늘날 종합적 해방 이론은 몇몇 주목할 만한 시도로 결실을 맺
었는데, 그 속에서는 단순한 적과의 대결 차원을 뛰어넘은 독창적인
직접행동을 발견할 수 있다.

1980년대 반핵 활동가에 의해 결성되어 이제는 전 세계에 퍼진
무정부주의 활동가 집단 푸드낫밤스Food Not Bombs는 빈곤과 식료품
폐기가 병존하는 부조리한 사회 현상을 바로잡기 위해 노력한다. 각
지의 소매점과 제휴를 맺고 팔 수 없는 빵이나 농산물을 양도받아 비
폭력, 식품 안전, 환경 배려가 고려된 비건 식품을 빈곤층에 무료로
제공하는 것이다. 그와 동시에 군사 활동, 자본주의, 환경 파괴에 대
한 저항으로서 다른 사회운동의 종사자나 관계자에게 식료품 지원,
후방 지원을 하기도 한다. '푸드낫밤스는 공유, 존중, 평화, 협력, 존엄,
환경 개선, 그리고 무엇보다 다수가 절망에 빠진 시대에서 낙관을 응
원한다. … 우리는 기업 권력의 지배를 끝내고 삶과 미래에 관한 의사
결정에 모두가 참여할 수 있는 기반을 마련한다. 음식은 권리이지 특
권이 아니다!'[11]

---

11 Food Not Bombs (n.d.a) "FAQ," https://foodnotbombs.net/new_site/faq.php(2021년 11월 1일 접
속). 참고로 푸드낫밤스는 비건식을 제공하는 것이 원칙이지만 식료품을 낭비하지 않는
다는 의미에서 기부받은 동물성 식품을 예외적으로 이용한다. Food Not Bombs (n.d.b) "The
Three Principles of Food Not Bombs", http://foodnotbombs.net/principles.html 참조(2021년 11월 1
일 접속).

로렌 오넬라스Lauren T. Ornelas가 창시한 푸드 임파워먼트 프로젝트Food Empowerment Project는 공정하고 지속 가능한 세계를 확립하기 위해 사회 체제를 개선하는 일에 종사한다. 중심 활동은 비건 식품 보급이다. 웹사이트에서는 인종이나 민족의 다양성을 고려해 다국어로 다양한 민족 요리 레시피를 소개하는 한편, 아동 노동이나 노예제로 악명 높은 초콜릿 생산 현장에 주목하여 비건 초콜릿에 관한 장려/비장려 브랜드 일람 등을 공개 중이다. 그에 더해 주변화된 사람의 생활 환경을 개선하는 사업도 실시한다. 장기적으로 이루어진 활동 중 하나는 주로 가난한 이민자로 구성된 농장 노동자들의 자녀에게 학용품을 제공하는 사업으로, 이것은 교육 기회를 평등화하기 위한 시도이다. 과거에는 농장 노동자를 억압하는 주법의 철폐에도 힘을 쏟아 2018년에 승리를 거두었다. 또 먹거리 불평등을 해소하고자 빈곤층이나 유색인종이 사는 지역의 식품 유통 사정을 조사하여 건전한 식생활을 방해하는 문제가 있으면 당국에 알리고 개선을 요구하는 등의 활동도 병행해 왔다.

　　미리엄 존스Miriam Jones와 패트리스 존스가 만든 VINE 생츄어리는 LGBTQ가 운영하는 농장 출신 동물 보호소다. 동물은 인간에게서 받은 상처를 치유받고 인간은 동물에게서 배우는 협력 과정을 통해 '모든 존재에게 안전한 장소가 되는' 것을 목표로 한다.[12] VINE 생츄어리는 에코페미니즘 철학을 바탕으로 상호 관련된 억압을 타파하기 위해 강연, 집필, 패널 전시 등의 활동으로 동물 옹호와 LGBTQ 옹호를 연결시킨다. 나아가 자연과 야생동물을 배려하는 차원에서 보호소의

12　VINE Sanctuary (n.d.a) "Amazing Animals," https://vinesanctuary.org/animals(2021년 11월 2일 접속).

절반 이상을 야생동물 보호구로 지정했으며 태양광 발전 도입이나 폐자재의 재이용에도 힘을 쏟는다. "에코페미니스트인 우리는 '돌봄의 정신'에 입각하여 영웅적인 구세주도 '목소리 없는 자의 목소리'도 아닌 자기 목소리와 존엄한 자유, 자기 결정권을 가진 동물의 연대자임을 자처한다."[13]

북미권 밖에는 대만의 활동가 페이 수蘇佩芬가 창설한 액트아시아 ACTAsia가 있다. 이 단체는 교육의 역할에 주목하여 아동·소비자·전문가를 대상으로 사업을 벌인다. '생명 돌봄 교육'이라는 이름의 아동 프로그램에서는 전문가와 제휴해 아이들의 정신적 건강을 증진하고 동물을 대하는 올바른 방법이나 생명의 유대 등을 가르쳐 윤리적인 차세대를 양성하고자 한다. 소비자 교육에서는 동물 제품 생산에 수반되는 동물 착취, 환경 파괴, 노동 착취를 조명하고 윤리적인 소비 행동을 촉구하기 위해 노력한다. 특히 중국에서는 모피 생산이 거대 산업으로 성장해 동물이 고통에 시달리고 모피 가공에 쓰이는 맹독 물질로 인해 노동자나 인근 주민이 건강에 피해를 입고 있다. 따라서 액트아시아는 일반적인 계몽 활동을 하는 한편 모피 없는 패션쇼를 여는 등 독창적인 시도를 벌여 희생이 따르지 않는 의복을 선택하도록 촉구하고 있다. 전문가 교육에서는 교사나 수의사를 대상으로 생명 교육이나 동물복지 훈련을 실시한다. '우리는 사회 문제의 근원에 다가서고자 미래를 내다보고, 교육을 통해 지속 가능한 사회로 변혁하고자 힘쓴다.'[14]

---

13 VINE Sanctuary (n.d.b) "About VINE Sanctuary," https://vinesanctuary.org/about-us(2021년 11월 2일 접속).

14 ACTAsia (n.d.) "About us," https://www.actasia.org/about-us/(2021년 11월 3일 접속).

이런 조직적인 노력을 감안하면 사회정의의 앞날에 큰 기대를 걸 수 있을지도 모르겠다. 그러나 냉정하게 현실을 돌아보면 종합적인 시야를 가진 이런 시도는 아직 소규모에 머물러 있다. 세계에 다양한 정의 운동이 존재하고 적어도 문제 의식의 일부가 공유되고는 있지만 서로 간에 연대를 쌓기는커녕 반목하기 일쑤다. 무엇이 그들의 접근을 막는 것일까. 이 책은 지금까지 동물 옹호나 그 이론이 안고 있는 문제를 다수 확인하고 다른 운동에서 엿보이는 문제도 조목조목 언급했다. 그렇지만 모든 정의의 연대를 확립함으로써 종합적 해방 기획을 소수자의 노력에서 사회운동의 주류로까지 성장시키려면 현행 운동에 내재된 문제를 재고하고 극복할 필요가 있다. 비판적 동물 연구CAS의 관점에서 보면 정의의 연대를 막는 요인은 동물 옹호의 외부와 내부에 모두 존재한다.

특권, 단일 쟁점, 억압 올림픽

교차성 논의에서 다루었듯이 세계에는 각양각색의 역학 관계가 존재하여 성별·인종·능력·국적·거주지 등등의 차이를 바탕으로 불평등이 형성된다. 그 속의 모든 사람은 몇몇 불평등으로 혜택받는 한편 몇몇 불평등으로 고통받으며 특권과 곤경의 뒤얽힘을 경험한다. 사회정의 문제를 탐구하려면 일단 이 상황을 꼼꼼히 되짚어 봐야 한다.

특권privilege은 최근의 억압 연구에서 주목받기 시작한 개념으로 특정 개인이나 집단은 가진 반면 다른 존재는 얻지 못한 이익을 말한다.[15] 예컨대 일본에 사는 일본 국민은 법이 보장하는 모든 권리를 누

---

15 특권에 대한 자세한 내용은 Michael S. Kimmel and Abby L. Ferber eds. (2016) *Privilege: A Reader* (4th Edition), New York: Routledge 참조.

리고, 일상 생활에서 언어로 고생할 일이 적으며, 경찰의 집요한 검문을 받을 일도 없다. 일본 국적을 가진 사람이라면 평생 의식 못 할지도 모르겠지만 이것은 모두 특권에 속한다. 그러나 외국 국적을 가진 사람은 참정권도 직업 선택의 자유도 없고, 일본어가 모국어가 아니면 종종 언어로도 고생한다. 유색인종은 거리를 걷기만 해도 경찰의 의심과 불안을 일으켜 빈번히 검문에 걸린다. 국민의 특권을 가진 자는 이런 문제에 시달리지 않는다. 위의 예로 알 수 있듯이 특권의 큰 특징은 다른 자가 겪는 억압이나 곤란을 피할 수 있다는 점이다. 다른 예를 몇 가지 더 들자면 그럭저럭 수입이 있는 사람은 공기가 깨끗한 땅에서 살고, 정상인은 장애인 이용이 고려되지 않은 시설에서도 고생하지 않으며, 시스 남성(출생 시의 성별과 성 정체성이 모두 남성인 자)은 다른 젠더가 일상적으로 겪는 편견이나 성폭력에서 벗어난다.

여기서 깨달을 수 있는 것은 특권과 차별이 깊이 관련되어 있기는 하지만 아주 같지는 않다는 사실이다. 참정권이 있는 것이나 이동에 부자유하지 않은 것이 차별에 가담했기 때문이라는 논리는 타당하지 않다. 특권자는 차별적인 체제에 고통받지 않으며 그 체제의 혜택을 누리기도 하지만, 그것은 스스로 선택한 행동을 통해 직간접적으로 타자를 억압하는 것과는 다르다. 특권은 차별의 원인이 아니라 결과로 존재하며, 그것 자체가 필연적으로 사람을 차별자·억압자로 만들지는 않는다. 실제로는 특권자가 피억압자들과 손을 잡고 불평등을 해소하기 위해 싸우는 일도 가능하다.

문제는 특권이 우리의 사회 인식을 좁힌다는 것이다. 인간은 누구나 자신의 경험을 바탕으로 세상을 이해하므로 특권자는 자칫 사회에 내재된 차별이나 억압을 간과한 채 불평등한 사회를 평등하다고 믿을 수 있다. 경찰이나 배외주의자의 공격에 시달리지 않는 현지인은 외국인에게 가해지는 나날의 고통을 인지하지 못하고 자기 나라에는 인종차별이 없다고 믿기 쉽다. 마을의 장애물을 어려움 없이 피할 수 있는 정상인은 사회의 장애인 배려 수준이 충분하다고 믿고 업무 성과에 따라 승진할 수 있는 시스 남성은 이제 성차별 같은 건 없다고 믿을지도 모른다. 설령 차별이나 억압의 존재를 알아차린다 해도 특권자는 본인이 그 피해에서 벗어나 있기에 당사자의 고통을 과소평가하는 경향이 있다. 수많은 희롱이 가벼운 장난이나 농담, 때로는 애정 표현으로 행해지고, 피해자가 고통을 호소하면 너무 예민한 사람으로 몰아 간다. 가해자와 같은 특권을 가진 자도 사태를 똑같이 파악한다. 게다가 세상에는 피억압자의 모습을 왜곡하는 여러 논리가 정착되어 있어 특권자는 그것을 무비판적으로 흡수하곤 한다. 앞 장에서 살펴보았듯이 성폭력을 둘러싼 합의의 논리도 그중 하나다. 한편 아내에 대한 남편의 폭력은 '부부싸움'으로 명명되어 마치 부부 사이에 대등한 역학 관계가 작용하는 듯 다루어져 왔다. 빈곤의 원인은 나태라는 설도 널리 침투해 있다. 사실 빈곤의 배경에는 나고 자란 가정 환경이나 심신의 장애, 문제 많은 사회복지 제도 등 갖가지 구조적인 요인이 숨어 있다. 그럼에도 여러 특권자는 세상에 유포된 논리를 믿고 가난한 것은 당사자가 공부나 구직을 게을리한 탓이라며 개인의 책임으로 돌린다. 특권을 갖는 것과 타자를 억압하는 것은 다르다고 말했는데, 이처럼 특권자는 쉽게 타자가 처한 어려움을 왜소화하고 억압자의 입장에 동화될 수 있다.

이런 사고 경향을 가진 우리는 모종의 계기로 사회정의의 한 영역에 관심을 갖게 된다. 그것은 해당 정의가 우리에게 닥친 어려움을 정확히 언어화하여 무엇이 극복되어야 할 문제인지 명확히 드러냈기 때문인지 모른다. 아니면 우리가 몰랐던 피억압자의 현실을 설득력 있는 형태로 제시하여 마음이 강하게 흔들렸기 때문인지 모른다. 자신이 곤란에 처한 당사자든 아니든 이런 계기를 얻어 정의를 학습해 나간다면 거기서 다루어지는 문제가 무엇이든 우리는 그 중대함을 이해할 수 있다. 단적으로 말해서 우리는 학습을 거듭하는 사이 자신이 맞닥뜨린 사회정의 문제를 진지하게 받아들일 수 있다. 하지만 그 순간조차 우리가 가진 숱한 특권은 의식되지 못한 채 우리를 자기중심적인 사고로 이끈다. 유명한 예로 미국의 페미니스트 베티 프리단은 1963년 출간된 대표작 《여성성의 신화》에서 다음과 같이 말했다. "우리는 이제 여성 내면의 목소리를 무시할 수 없다. 그것은 이렇게 외치고 있다. '우리에게는 남편과 자식과 가정 이상의 것이 필요하다'라고."[16] 이 책은 큰 반향을 불러일으켜 제2물결 페미니즘에 불을 붙였으나 훗날 특권 계급의 인식이 짙게 배어 있다는 이유로 많은 비판을 받기도 했다. 벨 훅스는 말한다.

> 그 … 는 남편 없는 여성, 아이 없는 여성, 가정 없는 여성의 요구는 다루지 않았다. 모든 백인이 아닌 여성, 가난한 백인 여성의 존재를 고려하지 않았다. 가정부, 베이비시터, 공장 노동자, 사무원 또는 창녀인 것이 유한 계급의 전업 주부인 것보다 행복한지에 대해서는 이야기하지 않았다.[17]

16 Betty Friedan (1963) *The Feminine Mystique*, New York: W. W. Norton & Company, p. 32. [한글본] 김현우 옮김, 정희진 해제, 《여성성의 신화: 새로운 길 위에 있는 우리 모두에게 용기를》, 갈라파고스, 2018.

17 bell hooks (1984) *Feminist Theory: From Margin to Center*, Boston: South End Press, pp. 1–2. [한글본] 윤은진 옮김, 《페미니즘: 주변에서 중심으로》, 모티브북, 2010.

프리단은 백인 중산 계급 기혼 여성이라는, 사실상 많은 특권을 가진 입장에서 성차별을 논한 결과 그런 특권을 가지지 못한 많은 여성을 논의의 장에서 배제했다. 이것은 비단 그만의 문제가 아니다. 일반적으로 특권의 소유자에게 특권은 너무도 당연한 생활 조건이다. 따라서 자칫 잘못하면 매사를 내가 가진 것은 누구나 가졌고, 내가 할 수 있는 일은 누구나 할 수 있고, 내 경험은 같은 속성을 가진 모두에게 적용된다는 가정하에 이야기할 수 있다. 그것은 사회정의의 제창자나 참여자도 마찬가지다. 세상의 부조리를 깨닫고 항의의 목소리를 내기 시작한 사람이 자기 자신과 다른 곤경에 처한 사람을 주변화하는 사태는 쉽게 일어날 수 있다. 노동자 투쟁이나 장애인 운동의 경우 남성 중심적이라는 비판을 받은 지 오래다. 오늘날에는 주류 페미니즘이 LGBTQ를 경시하여 문제가 되고 있다. 명확한 차별이나 배제의 의도가 있든 없든, 이런 운동은 다른 곤경에 처한 사람이나 다른 정의에 종사하는 사람들 눈에는 일면적이고 독선적으로 비쳐 안팎으로 불만을 불러일으킨다.

특권의 폐해는 그것뿐만이 아니다. 특권은 자각하기 어려워서 종종 타자가 지적하지 않으면 인식할 수 없다. 그래서 더 큰 불화를 낳기도 한다. 리사 케머러는 말한다. '변혁을 일으키기 위해 애쓰는 사람들은 흔히 정의나 평등이 불충분하다는 비난을 받으면 방어적이 되고 짜증과 피로를 느낀다. 또 다른 큰 과제가 나타났다고 생각하는 것이다. 하물며 **자신들이** 거기에 참여까지 해야 한다고 하니 신경이 곤두서지 않을 수 없다.'[18] 인간은 일반적으로 여러 특권과 곤경을 함

18 Lisa Kemmerer (2011) "Introduction," in Lisa Kemmerer ed., *Sister Species: Women, Animals and Social Justice*, Urbana: University of Illinois Press, p. 5.

께 갖고 있는데 특권을 의식할 일은 드문 반면 곤경은 강하게 느낀다. 따라서 특권의 개념을 안 뒤에도 자신은 그런 걸 누리지 않으며 오로지 곤경만을 짊어졌다고 생각하기 쉽다. 특권에 대한 자각이 없다는 지적에 많은 사람이 순순히 인정하지 않고 오히려 반발심만 느끼는 것은 그 때문이다. 심지어 자각 없는 특권에 관해서는 '큰 과제'로 인지하지 못할 수도 있다. 가령 페미니즘을 배우지 못한 남성 인권 활동가는 여성 멸시라는 지적을 받고도 그냥 무시하거나 우선적인 문제가 아니라면서 넘겨 버린다. 이처럼 어떤 문제를 무시할 수 있는 것, 뒤로 미룰 수 있는 것 자체가 특권이지만 해당 특권을 누리는 자는 그것을 이해하기 어렵다. 특권자는 일정한 학습을 거치지 않는 한 자신의 이해로 직결되지 않는 문제를 진지하게 받아들이지 못한다. 그리하여 특권에 대한 반성 없음은 사회정의의 대상을 단일 쟁점으로 좁히고 많은 충돌을 낳는다.

자신의 중심 과제만 중시하고 다른 과제는 경시하는 단일 쟁점화의 사세는 어느 한 가지 억압을 가장 근원적인 것으로 간주하는 사고로 이어진다. 마르크스주의자는 계급 지배를 모든 악의 근원으로 보고자 했다. 적잖은 페미니스트가 성차별이나 가부장제를 모든 지배의 근원에 두고 궁극의 억압으로 간주한다. 이처럼 각각의 정의가 저마다의 타도 목표를 최대 악으로 설정하려 한 결과 억압 올림픽 Oppression Olympics이라고 불리는 비건설적인 게임이 탄생했다. 정의 운동의 종사자는 억압에 서열을 매겨 '가장 억압받는 자'라는 칭호를 놓고 쟁탈전을 벌인다. 그렇지만 이 게임에 승자는 없다. 억압 올림픽이 열리는 동안 원래 타도해야 할 지배 권력은 방치되고, 활동가는 상호 경시와 몰이해에 안달하며 소모된다. 그로써 정의의 연대는 영영 불

동물 윤리의 최전선

가능해진다. 남는 것은 깊이 상처받고 뿔뿔이 흩어진 끝에 여전히 억압받는 사람들뿐이다.[19]

사회정의의 동물 경시

이 같은 전말은 인간 아닌 동물의 처우가 문제로 부상했을 때 특히 명료한 형태를 띤다. 전통 휴머니즘에 입각한 사회정의는 인간 아닌 존재를 피억압자로 인식하는 데 번번이 실패했다. 그나마 교차성 문제를 직시하는 사회정의라 해도 모든 '사람'을 해방시키자는 수준에 머물러 있다. 가령 벨 훅스는 앞의 백인 페미니스트 비판에 이어 말한다. 흑인 여성의 사회적 지위는 '다른 어느 집단보다 낮다. … 우리는 사회화를 거쳐 착취/억압하는 위치에 올라 본 적이 없는 집단이다.'[20] 흑인 여성 내지 백인 문화권에 사는 유색인종 여성이 성별과 인종의 교차성으로 인해 엄청난 억압을 받는 것은 확실하다. 그러나 동물 옹호에 힘쓰는 이라면 이 주장을 받아들이지 못할 것이다. 케머러가 지적했듯이 '훅스의 말은 자신의 특권과 그로 인한 간과 그리고 이해 부족을 드러낸다.'[21] 다만 이 경우에도 실수를 저지르는 사람은 훅스 한 명이 아니다. 우익, 자유주의자, 페미니스트 등을 막론하고 모

---

19 억압 올림픽이라는 단어를 맨 처음 쓴 사람은 치카나 페미니스트인 엘리자베스 '베티타' 마르티네즈이다. Angela Y. Davis and Elizabeth Martínez (1994) "Coalition Building Among People of Color," in María Ochoa and Teresia Teaiwa eds, *Enunciating Our Terms: Women of Color in Collaboration and Conflict*, Inscriptions 7, University of California: Santa Cruz Center for Cultural Studies. 그리고 Elizabeth Martínez (1993) "Beyond Black/White: The Racisms of Our Time," *Social Justice* 20(1/2): 22–34도 참조.

20 hooks, 1984, p. 14.

21 Kemmerer, 2011, p. 10.

든 사회정의의 종사자가 하나같이 간과해 온 특권은 인간으로서의 특권이다. 온 세계 전 인류라고까지는 못해도 거의 모든 인간이 인간 아닌 동물에 비해 특권적이다. 이것은 우리가 합법화된 강제 번식과 학살의 사이클에서 벗어나 있기 때문만은 아니다. 사회적으로 불리한 자까지 포함해서 우리 모두는 억압을 가하는 특권자로서 종차별의 직접적인 혜택을 입는다. 케머러는 말한다. '인간 아닌 동물은 조직적으로 주변화되고 객체화되어 착취되는데, 그 과정에는 모든 성별·인종·연령·능력의 인간, 모든 사회 경제적 배경의 인간이 관여한다.'[22] 존 산본마쓰도 비슷한 말을 한다. '종차별 시스템에 가담해 그로부터 이익을, 종종 기쁨도 얻는 사람은 엘리트뿐만이 아니다. 직업의 차이도 사회적 지위도 상관없이 사실상 모든 인간이 그렇게 한다. 부유층이든 빈곤층이든, 남성이든 여성이든, 제1세계 거주민이든 선주민이든 마찬가지다.'[23] 그것을 뒷받침하는 증거로 동물 옹호론에 쏟아지는 상투적인 반론만 한 것이 없다. 식물은 죽여도 되는가, 사자도 다른 동물을 먹지 않는가와 같은 뻔한 말로 농물 옹호를 외면한다는 점에서 전 세계 사람은 강자·약자의 차이도 없이 모두 균질한 특권자이다. '아무런 협력 없이 자발적으로 행동하는데도 사람들의 반응은 이데올로기 차원에서 하나가 되어 이음새 없는 '상식'의 그물망을 이룬다. 서로 독립된 개인이 똑같은 헛소리를 지어 내 동물권론의 도덕적 위력에

22 Kemmerer, 2011, p. 16.

23 John Sanbonmatsu (2014) "The Animal of Bad Faith: Speciesism as an Existential Project," in John Sorenson ed., *Critical Animal Studies: Thinking the Unthinkable*, Toronto: Canadian Scholars' Press, p. 30.

서 벗어나고자 한다.'[24]

사회정의 종사자도 인간 특권의 영향 아래 있다. 다른 방면에서는 촌철살인의 입담으로 사회 현상을 비판하는 사람일지라도 동물의 처우에 관해서는 놀랍도록 보수적인 사고에 사로잡힌 경우가 자주 있다. 통상 좌파라고 불리는 반권력·반체제론자 대부분이 육식 또는 경마나 낚시의 폭력성을 외면한 채 동물의 고통을 경시하고, 동물을 하찮게 대하고, 동물 윤리 철학을 접해도 자신의 삶과 연결 짓지 않는다. 존 소렌슨이 말했듯이 '상당수의 좌파가 동물 옹호를 보잘것없는 단일 쟁점 운동이라며 멀리하고 탈착취(비거니즘)를 개인적인 선택이나 생활 스타일의 문제로 간주한다.'[25] 피억압자의 목소리가 묵살되는 일을 문제 삼는 지식인도 종차별이 쟁점으로 떠오를 때면 똑같이 묵살한다. 게다가 반쪽짜리 지식으로 동물 옹호를 폄하하고 조소하는 이도 끊이지 않는다. 예를 들어 〈화씨 9/11〉 등의 작품으로 알려진 영화 감독 마이클 무어는 동물에게 권리가 있다는 생각을 명확히 부정하고 '이 따위 것들을 상대하고 있으면 우리 집 개를 발로 걷어차고 싶어진다'라고 말했다.[26]

환경 보호나 식문화 개혁에 힘쓰는 이들도 그보다 낫다고 할 수

---

24 Sanbonmatsu, 2014, p. 36. 그리고 이 뻔한 물음들에 대한 동물 옹호파의 대답은 Sherry F. Colb (2013) "Mind If I Order the Cheeseburger?: And Other Questions People Ask Vegans" Lantern Publishing & Media에 정리되어 있다.

25 John Sorenson (2011) "Constructing Extremists, Rejecting Compassion: Ideological Attacks on Animal Advocacy from Right and Left," in John Sanbonmatsu ed., *Critical Theory and Animal Liberation*, Lanham, MD: Rowman & Littlefield, p. 232.

26 Michael Moore (2003) *Dude, Where's My Country?*, New York: Warner Books, p. 190. [한글본] 김남섭 옮김, 《이봐, 내 나라를 돌려줘!》, 한겨레출판, 2004.

없다. 그린피스 등은 집중적인 비판을 받고 태도를 바꾸고 있으나, 환경 보호 단체 대부분이 줄곧 육식의 환경 부하를 언급하기 꺼렸으며 '지속 가능'한 수산물이나 축산물의 소비를 장려했다. 일본자연보호협회日本自然保護會, Nature Conservation Society of Japan, NACS-J의 경우 초원에 서식하는 희소종 나비를 구하기 위해 '먹어서 지키는 생물 다양성'이라는 제목으로 방목 소 소비 촉진 캠페인을 개최한 적도 있다.[27] 앨고어나 나오미 클라인처럼 주로 기후 변동 문제를 다루는 저명한 환경 보호론자도 육식 문제에는 파고들지 않을 뿐더러 동물의 고통에는 눈길조차 주지 않는다. 한편 공정한 식품 시스템을 요구하는 개혁가는 대기업이 주도하는 공업형 농업이 인간과 환경에 막대한 해를 끼친 사실을 문제 삼으면서도 육식으로부터의 탈피는 주장하지 않는다. 그 대신 수렵이나 방목이나 지산지소를 장려하고 최근에는 곤충식 등을 권하고 있을 뿐이다. 일반적으로 식문화 개혁가가 중시하는 것은 지속 가능성이나 분산형 식료품 생산, 생산자와 소비자의 '얼굴이 보이는 관계' 등이며 그런 논의에서는 소비자가 동물 죽이기에 직접 참여하는 과정이 찬양되기도 한다.[28]

동물 문제를 가벼이 여기는 활동가나 지식인은 정해진 수순처럼 억압 올림픽의 사고로 흐르곤 한다. 좌파 지식인 마이클 앨버트는 '솔직히 동물권을 여성 운동이나 라틴아메리카인 옹호 운동, 청년 운동

---

27 NTT (2017) 〈음식과 자연 보호 활동 '큰홍띠점박이푸른부전나비와 붉은 털 소의 비밀 관계 ~먹어서 지키는 생물 다양성~' 개최〉 https://group.ntt/jp/environment/news/2017/20170224_event_fin.html(2021년 11월 15일 접속).

28 Vasile Stănescu (2011) "'Green' Eggs and Ham? The Myth of Sustainable Meat and the Danger of the Local," in Sanbonmatsu ed., Critical Theory and Animal Liberation, pp. 239–255.

등과 동급으로 보기는 힘듭니다. ⋯ 까놓고 말해서 그것은 이라크 전쟁 저지나 주 30시간 노동제 실현, 자본주의 전복에 비하면 전혀 긴급한 과제 같지가 않습니다'라고 말했는데,[29] 이런 식의 논의가 사회정의 지지층에 의해서 거듭 제기되어 왔다. 인간 사회의 문제를 해결하는 것이 우선이라는 주장은 동물 옹호에 대한 전형적인 반론 중 하나다. 톰 레건은 '꼬아서 듣지 않더라도 그것은 동물권을 영원히 무시하기 위한 수단임을 알아차릴 수 있다'라고 말한다. '현실적으로 생각하면 알 수 있겠지만, 뭐든 해결을 요하는 인간의 문제는 늘 존재하니까.'[30] 물론 매년 몇조 마리나 되는 생명을 낭비하는 만행이 현대인을 괴롭히는 문제에 비해 '가볍다'고 인식하는 것 자체가 타자의 고통에 대한 심각한 무관심을 드러낸다. 그런 이가 부르짖는 정의에 얼마나 힘이 있을지 의심스러울 따름이다.

　이런 점에서 동물 옹호 지지층이 다른 사회정의에 불만을 키워온 것은 당연하다고 할 수 있다. 마틴 루터 킹 주니어가 멋지게 표현했듯이 '선의 있는 사람들의 얄팍한 이해는 악의 있는 사람들의 완전한 곡해보다 가증스럽다.'[31] 동물 옹호파가 다른 정의 운동의 결점을 나무라는 것은 분리를 초래하는 행위로 간주되기 일쑤다. 하지만 동물이 곤경에 처한 지금, 정의를 논하는 자가 인간의 특권을 자각하지 못하고 계속 종차별에 가담하는 모습은 비판받아도 별수 없으리라.

29　Michael Albert (2002) "Progressives: Outreach Is the Key: The Satya Interview with Michael Albert," *Satya*, http://www.satyamag.com/sept02/albert.html(2021년 11월 13일 접속).

30　Tom Regan (2004) *Empty Cages: Facing the Challenge of Animal Rights*, Lanham, MD: Rowman and Littlefield, p. 71.

31　Martin Luther King, Jr. (1963) "Letter from Birmingham Jail"

모두가 탈착취를 실천할 수 있는 건 아니라는 반론도 들려온다. 그건 확실히 동물 옹호 운동이 마주해야 할 중요한 문제 중 하나지만, 탈착취를 실천할 수 없는 사람도 있다고 해서 정의를 부르짖는 자가 육식 등의 동물 착취에 무비판적으로 군다는 것은 말이 안 된다. 유색 여성을 위한 탈착취 운동을 주도하는 줄리아 펠리즈 브루엑은 '주변화된 사람과의 연대를 들먹이며 탈착취를 거부하는' 태도를 경계한다. '당신이 어떤 사회정의에 종사하든, 그것이 다른 사람의 개인적·사회적 조건에 좌우되면 안 된다.'[32] 해방 운동의 연대는 오로지 기존 사회정의가 인간의 특권 문제를 직시할 수 있는가, 나아가 휴머니즘의 한계를 뛰어넘을 수 있는가에 달려 있다.

동물 옹호의 여러 문제

동물 옹호에 힘쓰는 사람은 다른 여러 정의에 불만을 품을 정당한 이유가 있다. 그러나 동물 옹호 운동에도 다양한 문제가 있음은 이 책에서 살펴본 바와 같다. 동물 옹호도 인간이 만든 사회정의 중 하나인 이상 다른 운동과 같은 실수를 피할 수는 없다.

한정된 집단의 동물 착취만 도마 위에 올리는 단일 쟁점 활동, 포르노적 표현을 활용하는 계몽 활동, 동물 착취 가해자에게 모멸적인 꼬리표를 다는 행위 등 차별이 수반되는 행동 대다수는 활동가 자신의 특권과 관련되어 있다. 자신은 해당 고통에서 벗어나 있기에 일부 활동가는 가볍게 타 문화를 폄하하고, 타자의 몸을 상품으로 취급하

---

32 Julia Feliz Brueck (2017) "Introduction," in Julia Feliz Brueck ed., *Veganism in an Oppressive World*, New York: Sanctuary Publishers, pp. 21-22.

며, 타자의 아이덴티티를 모욕 거리로 사용한다. 동물을 학대하는 국가나 집단에 '미개', '야만', '후진국', '열등 인종' 같은 꼬리표를 다는 것도 마찬가지다. 자국을 비판할 때도 다르지 않은데, 일본인 활동가가 일본을 '후진국'이라 칭하고 이 나라 인간은 '열등 인종'이라며 분통을 터뜨리는 일도 있다. 그 경우 폄하되는 것은 본인이 속한 집단이니 문제 없다고 생각할지도 모르겠다. 하지만 그 또한 식민지주의의 폭력이나 인종차별을 겪은 적 없는 특권자의 견해일 뿐이다. 세계에는 실제로 야만인이나 열등 인종으로 폄하되었던 역사가 있어 그 모멸을 불식하기 위해 아직까지도 싸우는 사람이 있다. 이 싸움이 당사자에게 얼마나 쓰라린 경험인지 상상할 수 없는 자만이 가벼운 자학처럼 '우리는 후진국의 열등 인종이다'라는 소리를 입에 올리는 것이다.

특권은 생각지도 못한 곳에서 동료가 될 수 있는 사람을 멀리 떨어뜨리도록 작용한다. 앞 장에서 언급한 미국처럼 도심의 식당에는 비건 음식이 보급되어 가는 반면 가난한 유색인종이 사는 지역은 건강에 나쁜 가공 식품이나 패스트푸드밖에 구할 수 없는 '식품 사막 지대'로 변한 나라도 있다. 이런 사실을 감안하지 않고 백인 중산 계급 활동가가 '탈착취 실천이 전보다 훨씬 용이해졌다', '이제 대부분 가게에서 맛있는 비동물성 식품을 손에 넣을 수 있다'라는 식의 메시지를 발신하면, 설령 그럴 의도가 없었다고 해도 다른 인종·계급에 속한 사람의 경험을 무시하는 셈이 되어 동물 옹호 운동은 백인 시점의 운동이라는 인상이 강해진다.[33] 일상적인 대화 속에서도 적당한 경제 수준

33 Saryta Rodriguez (2015) "Oppression Olympics and the Pitfalls of 'Animal Whites,'" *Reasonable Vegan*, https://rvgn.org/2015/07/31/oppression-olympics(2021년 11월 19일 접속).

을 영위하는 활동가가 최신 비건 상품이나 비건 음식점 이야기에 열을 올리면, 그런 것과 인연이 없는 사람은 소외되어 그곳은 자신이 있을 자리가 아니라고 생각할 수 있다.[34] 항상 아무도 상처받지 않는 대화만 하는 건 불가능한 일이겠지만, 자신에게 당연한 조건이 만인에게 당연하지는 않음을 자각하고 교류 대상의 다양한 배경에 끊임없이 마음 쓰는 자세를 갖추지 않는다면, 활동가는 자신도 모르는 사이에 다양한 균열을 낳게 된다.

타자의 역경에 대한 상상력의 결여는 활동가를 단일 쟁점의 정의로 이끈다. 동물 옹호 운동에도 확실히 그런 경향이 있는데, 일례로 탈착취의 실천이 '잔혹성 없는Cruelty-Free'[35] 생활로 묘사되는 경우를 꼽을 수 있다. 동물 착취에 가담하기를 거부하는 일은 도덕적으로 바람직하지만 그것은 일상 생활의 배후에 숨겨진 수많은 잔혹 요소 가운데 하나를 거부하는 일에 지나지 않는다. 에이미 브리즈 하퍼는 식료품 생산이나 의복 생산 대부분이 가난한 유색인종의 착취 노동으로 이루어지는 현실에 주목한다. 그는 공정 무역 표시가 없는 면 재질 옷이나 설탕, 커피, 초콜릿 등을 소비하는 탈착취파(비건)의 삶 이면에 '몇천 명의 **인간**에 대한 잔혹성이 도사리고 있을 것이다'라고 말한다.[36] '잔혹성 없는'이라고 표기하지는 않아도 모피를 사용하지 않

---

34 Michelle Carrera (2017) "A Veganism for Us," in Brueck ed., *Veganism in an Oppressive World*, pp. 47–50.

35 [옮긴이] 잔혹성이 없다는 뜻인 '크루얼티-프리'는 동물실험을 하지 않거나 동물성 원료를 사용하지 않고 만들어진 제품 및 서비스를 가리키는 표현이다. 주로 화장품 업계나 패션 업계에서 사용된다.

36 Amie Breeze Harper (2010) "Race as a 'Feeble Matter' in Veganism: Interrogating Whiteness, Geopolitical Privilege, and Consumption Philosophy of 'Cruelty-Free' Products," *Journal for Critical*

는 의류 브랜드로 유니클로나 ZARA, H&M 같은 패스트 패션 기업을 호의적으로 소개하는 동물 옹호 종사자도 있다. 패스트 패션의 생산도 노동 착취나 환경 오염을 낳는 것으로 악명이 높기에 그것을 무시한 처사도 단일 쟁점의 정의라는 비판을 피할 수 없다. 최근에는 맥도널드나 네슬레가 비동물성 식품을 취급하기 시작해 동물 옹호 활동가가 기쁨의 뜻을 표했는데 여기에도 같은 문제가 있다. 몇몇 비동물성 식품을 갖춘다고 해도 해당 기업이 노동 착취나 물 점유 같은 인권 침해를 저질러 온 사실은 달라지지 않는다. 동물 착취에 관여한 사실만 가지고 기업이나 상품의 윤리성을 판단하는 태도는 인권 옹호 종사자라면 용인할 수 없으리라.

동물 옹호가 인간 아닌 동물만을 위한 정의에 빠져 버린 것에서 짐작했겠지만, 이 운동에 종사하는 사람 대다수도 종차별을 궁극의 차별로 보는 억압 올림픽식 사고에 사로잡혀 있다. 다만 그 이유가 다른 사회정의 종사자와는 차이가 있을 것이다. 첫째, 활동가가 인식하기에 인간은 누구나 목소리가 있지만—즉 자신의 고통을 타인에게 알릴 수 있다—인간 아닌 동물은 말 그대로 목소리가 없다. 둘째, 동물 착취가 노예 제도나 우생 정책, 나치의 집단 학살 등 주요 억압의 원형을 제공해 왔다는 역사적 사실이 있다. 셋째, 순수하게 희생 규모만 놓고 보면 오늘날의 동물 착취를 능가하는 폭력은 인류 역사상 존

Animal Studies 8(3): p. 14. 물론 기업 활동의 윤리성을 약속하는 다른 인증 제도와 마찬가지로 공정 무역 표시에도 다분히 허점이 있기에 안이하게 신뢰할 수는 없다. 이를테면 Conor Woodman (2011) *Unfair Trade: How Big Business Exploits the World's Poor and Why It Doesn't Have To*, London: Random House, 2011 참조. [한글본] 홍선영 옮김, 《나는 세계 일주로 자본주의를 만났다》, 갤리온, 2012.

재하지 않았다. 축산에서만 연간 800억에 달하는 생명이 온갖 자유를 박탈당하고, 신체 곳곳을 훼손당하고, 임신을 강요당하고, 가족 관계를 파괴당한 채 끔찍한 방법으로 죽임을 당한다. 여기에 동물실험, 대규모 어업, 스포츠 헌팅 등의 희생도 가세한다는 점을 감안하면, 인간 아닌 동물에게 '가장 억압받는 자'라는 칭호를 주고 싶은 것도 무리는 아니다.

하지만 그럼에도 여전히 동물 옹호를 우선해야 한다고 믿는 활동가는 생각을 고쳐야 할 것이다. 첫 번째 이유인 '인간은 목소리가 있고 다른 동물은 목소리가 없다'는 인식은 단순한 착각이다. 억압당한 사람 대다수는 목소리를 봉쇄당한다. 성폭력 피해자는 피해를 호소함으로써 주위의 호기심 어린 시선에 노출되고 가해자 쪽으로부터 해코지를 당할 수 있다. 그런 이차 가해의 가능성은 때때로 그들을 침묵하게 한다. 그리고 교육을 받지 못한 빈곤층 사람은 자신의 고민을 논리정연한 말로 설명하지 못할 수 있다. 그래서 부조리에 솔직한 분노를 표출했다가 감정적이고 말이 통하지 않는 인간으로 지탄을 받기도 한다. 또한 도살장이나 의류 공장에서 착취당하는 사람, 남반구 국가의 쓰레기장에 사는 사람 등은 그저 하루하루 삶을 부지하는 것만으로도 벅차 고통을 호소할 여유가 없다. 반면 인간의 언어를 가지지 못한 동물일지라도 자신의 쾌락과 고통을 몸으로 표현할 수 있다. 인간이든 그 밖의 동물이든 '목소리'는 우리가 주의를 기울이는 곳에 존재하고, 우리가 무시하는 곳에는 존재하지 않는다.

두 번째, 세 번째 이유는 뒤집을 수 없는 사실이며 다른 사회정의에 종사하는 사람도 심각하게 받아들여야 한다. 단, 동물 옹호를 지지하는 이라면 희생의 크기를 따지는 일에 어떤 의의가 있는지 자문할 필요가 있다. 더 거대하고 심각한 폭력이 세상에 존재한다고 해서 억압받는 개개인의 고통이 가벼워지는 것은 아니다. 정의의 연대를 쌓는다는 관점에서 보면 억압에 순위를 매기는 자세 자체가 잘못되었다. 공장식 축산과 '인도적' 도살이 심각한 도덕 문제이듯이 배외주의도 가정 폭력도 그리고 공해 유출도 세상에서 사라져야 할 부정 행위임에 틀림없다. 우리는 정의를 계층화한다는 생각을 씻어 버리고 모든 억압에 도전하는 공동 투쟁의 길로 되돌아가야 한다.

종합적 해방의 전망

오늘날 사회정의의 단편화는 심각한 문제가 되었다. 정의 운동에 종사하는 모든 이들이 다른 투쟁을 자신과는 무관한 것, 때로는 대립된 것으로 간주하고 곳곳에서 충돌을 빚는다. 물론 비판이나 논쟁이 운동 참가자의 인식을 풍부하게 만드는 기회가 될 수도 있지만, 오늘날 눈에 띄는 충돌의 태반은 활동가의 단절과 피폐를 초래할 뿐 흡족한 성과로 이어지는 것 같지 않다. 영역의 차이를 뛰어넘은 종합적 해방 운동의 확립은 먼 꿈인 듯하다.

혹자는 무리하게 정의의 통합을 꾀하는 것부터가 잘못이라고 지적할지 모르겠다. 각각의 운동은 다른 운동에 수렴되지 않는 독자적인 주장을 가졌으니 분산된 작은 정의가 공존하며 저마다의 길을 걸으면 될 거라고 말이다. 하지만 단편화된 정의 운동의 앞날은 어둡다.

대표작 《탈근대 군주론》에서 존 산본마쓰가 이야기하듯이[37] 다른 운동과 연결되지 않은 단일 쟁점의 정의는 타도할 지배 질서의 전체상을 놓친다. 각각의 정의는 성폭력이나 배외주의나 동물 착취, 더 나아가 어느 한 기업의 난폭한 행동이나 어느 한 소수자에 대한 박해 등 표면화된 개개의 부당함에 도전할 뿐, 그것들을 서로 복잡하게 얽힌 억압 체계의 일환으로 파악하지 못한다. 그 결과 '역사는 이해하기 어려운 '사건'의 연속이 된다.'[38] 활동가는 속속 눈앞에 나타나는 악의 무리와 조직을 규탄하느라 정신이 팔려 악함을 낳는 애초의 원인을 뿌리 뽑지 못한다. 더욱이 지배 질서의 전체상을 못 보는 정의는 서로의 목표 달성을 방해하고 때때로 **자신의** 목표 달성도 방해한다. 육식을 하는 활동가의 환경 보호가 가장 기묘한 사례인데, 그 밖에도 나쁜 인물을 동물이나 장애인에 빗대어 욕하는 경우, 빈곤층 지원 시 동물성 식품을 제공하는 경우, 탈착취 보급 활동에서 소비의 즐거움을 지나치게 강조하는 경우 등 구체적인 모순은 일일이 꼽을 수도 없다. 이런 문제를 계속 사소한 일로 치부하면 모든 정의는 어디까지나 피상적인 차원에 머물러 부정의 척결이 아닌 유지와 강화에 공헌하게 된다. "물론 그것이야말로 권력의 지배 체제가 바라는 상황이다. 권력은 끊임없이 진실을 봉쇄하여 '전체성'을 잊게 함으로써 번영한다."[39]

물론 세상에는 무수히 많은 사회정의가 있으므로 그것을 전부

---

37 John Sanbonmatsu (2004) *Postmodern Prince: Critical Theory, Left Strategy, and the Making of a New Political Subject*, New York: Monthly Review Press. [한글본] 신기섭 옮김, 《탈근대 군주론》, 갈무리, 2005.

38 Sanbonmatsu, 2004, p. 197.

39 Sanbonmatsu, 2004, p. 198.

숙지한다는 것은 누구라도 불가능하다. 개인이 가진 시간·체력·예산에는 한계가 있기에 그것을 특정 영역의 활동에만 쏟아붓는 것도 납득이 간다. 오히려 그러는 편이 현명하리라. 그렇다 해도 활동가는 전문 영역으로 분화한 뒤에도 다른 운동을 존중하고 상호 이해와 자기 쇄신에 힘써야 한다. 푸드낫밤스처럼 식료품 지원 종사자가 동물 옹호의 관점까지 헤아려 비동물성 식품만 제공하는 일은 가능할 것이다. 어떤 정의의 종사자든 기회를 찾아 다른 정의를 접하고 응원·협력·학습에 힘써야 한다. 그때 중요한 것은 다른 정의에 대한 신뢰다. 대체로 사회정의 운동은 우리가 상식으로 여겨 온 생각에 이의를 제기하므로 방관자의 입장에서 보면 사소하거나 난센스로 느껴질 때도 있다. 하지만 그 정의에 인생을 바친 사람이 있다면 거기에 상당한 사상적·이론적 토대가 있다고 상정해야 한다. 정의가 틀릴 때도 있지만 한 운동과 거리를 두는 것은 그것에 정통하고 난 다음에 해도 늦지 않다. 아울러 다른 정의에 대한 존중은 그 관점을 **자신의 실천에 반영함**으로써 표현된다. 그런 점에서 동물 해방 활동가 사리타 로드리게스 Saryta Rodriguez의 말은 핵심을 찌른다.

> 주변화된 집단의 사람들에게 가르침을 청하는 것은 멋진 일이지만 우리가 그들의 조언을 얼마나 실천에 옮기는가. 현재의 행동을 고친 적은 있는가. 추천받은 자료를 읽기는 하는가. 우리는 가르침에 귀를 기울일 뿐만 아니라 자신의 신념이나 선호하는 전략 … 에 구애됨 없이 그 사상에 실제로 영향받을 준비를 해야 한다.[40]

40 Brueck, 2017, p. 28.

관심의 차이를 초월한 이런 접근 과정—모든 정의의 상호 이해와 상호 형성—을 통해 우리는 모든 억압에 대항하는 통일 전선을 구상해야 한다. 그것은 모든 정의의 차이를 지우는 것이 아니라 억압 없는 사회를 실현하는 데 꼭 필요한, 통일성을 띤 전체론적 정의의 틀이다. 종합적 해방, 즉 비판적 동물 연구CAS의 제7원칙에 포함된 '모두를 아우르는 하나의 포괄적이고도 다양한 투쟁'이란 이런 것을 의미하리라(들어가며 참조). 산본마쓰는 이 종합적 정의의 틀이 억압 체계의 전체상을 드러내어 각종 투쟁을 유기적으로 연결하는 열쇠가 될 거라고 말했다. '서로에게 접근할 때 비로소 [활동가들의] 다른 인식 영역은 하나로 융합되기 시작한다. 서로 협력함으로써 그들은 전체 지도를 그리고 권력의 패턴, 공통된 저항의 전통, 사상적인 일체성을 확인할 수 있다.'[41]

상이한 정의를 통합하는 데서 활동가의 교류에 더해 이론의 역할도 무시할 수 없다. 비판적 동물 연구CAS에 종사하는 이론가들은 비로 이런 점에서 두 가지 중요한 일을 수행해 왔다. 끝으로 이 책 전체를 요약하는 대신에 그 전개를 살펴보고자 한다.

억압 네트워크 해석

모든 정의가 손을 잡기 위해서는 각각의 투쟁이 서로 어떤 관계인지를 이해하는 과정이 꼭 필요하다. 단편화된 정의는 자신의 투쟁을 다른 투쟁과의 관계 속에서 파악하지 못하고 하나의 억압을 독립된 범주로 보거나 다른 모든 억압을 포섭하는 길을 걷는다('종차별과

---

41 Sanbonmatsu, 2004, pp. 201-2.

성차별은 무관하다'라는 시각은 전자, '계급은 모든 부당함의 근원'이라는 시각은 후자에 해당한다). 이것이 억압 올림픽의 뿌리에 있는 인식이다.

억압의 상호 관계를 확인하는 작업을 통해 이 잘못을 바로잡을 수 있다. 앞서 살펴본 예를 들자면, 동물 산업 복합체의 행위가 토지 수탈이나 침략 전쟁, 문화 파괴, 자원 낭비, 기후 변동 등의 큰 원인 중 하나라는 사실을 깨달으면, 동물 착취가 인권 옹호나 환경 보호 운동에서도 무시할 수 없는 문제임을 알 수 있다. 그리고 인간 사회의 불평등은 빈국의 생존을 위한 동물 착취나 자연 파괴를 영속화하고, 자원 채굴이나 쓰레기의 대량 폐기는 인간과 그 밖의 동물이 살 곳을 빼앗는다. 게다가 억압의 발달사로 눈을 돌리면 동물 착취 수단이 인간 집단의 관리·학살·노예화에 응용된 실태나 인간중심주의와 결합한 가부장제가 다양한 '타자'를 거느린 지배 권력으로 등장한 이력 등이 밝혀진다. 그리고 자본주의는 그런 다양한 억압을 양식 삼아 그것을 강화하는 구조로 성장했다. 모든 사회정의가 어떤 억압과의 투쟁인 이상, 갖가지 억압에 의한 네트워크를 해석하는 작업은 그에 대응하는 모든 정의를 적절히 관련짓는다. 실제로 과거 및 현재의 종합적 해방 노력은 동물·인간·환경 문제가 서로 이어져 있다는 인식에 기초한다. 각종 인문 사회과학의 억압·폭력 연구는 그 인식을 가꾸는 데 도움이 될 것이다. 다만 기존의 학문은 인간에서 기타 동물에 이르는 권력을 거의 등한시했기에 억압의 얽힘을 완벽히 해석하는 수준에 이르지 못했다. 이른바 인간 동물화에 관한 논의 등이 지극히 얄팍한 차원에 머물러 있는 것이 그 귀결 중 하나다. 비판적 동물 연구CAS는 이 학문적 결함을 메우고 억압 구조의 밑그림을 보다 완성에 가깝게 만드는 역할을 맡는다.

다만 억압의 연관성을 이해하면서도 여전히 동물 착취 규제가 인간에게 이롭다는 식으로만 생각한다면 머지않아 새로운 분리가 일어날 가능성을 부정할 수 없다. 왜냐하면 그것은 하나의 정의를 실현하기 위해 다른 정의를 이용하는 데 불과하기 때문이다. 동물 옹호의 사고에 따르면 인간 아닌 동물은 그 존재 자체가 중요하기에 착취·폭력·억압으로부터 보호받아야 하며, 인간 복지의 향상이나 인류의 존속만을 위해 부차적으로 배려받아서는 안 된다. 최근에는 기후 변동을 완화하기 위해 육식을 억제하거나 채식에 힘쓰자고 호소하는 지식인도 등장했는데, 그것이 축산에 이용되는 동물 자체를 도덕적으로 배려하지 않는 논의라면 동물의 수단화를 거부하는 탈착취 철학과는 궁극적으로 양립할 수 없다. 겉으로는 행동이 일치하더라도 누구를 옹호하는가 하는 점에서 동기가 공유되지 않으면 진정한 연대는 있을 수 없다.

억압 네트워크의 해석은 배려의 확대로 이어져야 의미가 있다. 억압 올림픽식 사고 방식에 빠진 사람은 종종 이런저런 정의를 세로섬 게임으로 파악해 하나의 투쟁이 다른 투쟁에 불리하게 작용한다고 생각한다. '동물의 지위를 높이면 인간의 편익에 위협이 된다', '인권에 대한 배려는 동물 옹호에 방해가 된다'와 같은 사고를 오늘날 사회운동에서 발견하기란 어렵지 않다. 그것은 정의의 사정거리를 특정 인간 집단으로만 또는 동물이나 자연으로만 한정 짓는 암묵적인 근거로 여겨져 왔다. 그러나 억압의 얽힘을 이해하면 갖가지 피억압 집단을 적대 세력이 아닌 운명 공동체로 볼 수 있다. 이 책에서 다각도로 분석했듯이 인간과 기타 동물의 이해는 대립하지 않을 뿐더러 불가분의 관계를 맺고 있다. 자연 환경의 상태와 인간 및 기타 동물의 복지도 마찬가지다. 말하자면 인간 옹호, 동물 옹호, 환경 보호에 관한 모든 정의는 어느 하나를 위해 다른 목표를 타협해야 하는 관계가 아니라 서로에게 도움을 주고 서로를 필요로 하는 관계다. 특정 부조리에 맞서는 정의 운동이 다른 부조리에 시달리는 존재를 굳이 내쳐야 할 이유는 없다. 여러 형태의 억압이 이어져 있다는 사실은 모든 정의가 모든 피억압자를 도덕적 배려의 사정거리에 넣을 수 있는 강력한 근거가 된다.

뒤얽힌 억압을 전체적으로 이해하는 일은 명백히 대립하는 듯했던 정의도 새로운 시각으로 보게 하여 지금까지 고려되지 않았던 공동 전략의 가능성을 연다. 하나만 예를 들자면 보조견 이용을 둘러싼 시비는 장애인 옹호와 동물 옹호가 충돌할 만한 쟁점으로 꼽힌다. 동물의 수단화에 반대하는 입장에서 보면 보조견 이용은 당연히 폐지되어야 한다. 그러나 장애인의 권리를 중시하는 입장에서 보면 가뜩이나 힘든 사람을 더 다그치는 듯한 동물 옹호파의 주장에 동의하기 힘들지도 모른다. 장애인 보조를 개가 아닌 인간이 맡아야 한다는 지적은 타당해 보이지만, 보조견 이용 추진자에 따르면 장애를 가진 사람의 일상적인 동작이나 문제 처리(떨어진 물건 줍기, 문 여닫기 등)를 전부 인간 보조자가 거들 수는 없다고 한다. 보조견 이용에 관해 장애인 옹호파와 동물 옹호파가 의견을 좁히는 일은 불가능해 보인다. 그렇지만 여기서 어느 정의를 우선할 것인가 하는 식의 사고를 떠나 문제를 둘러싼 더 큰 상황으로 시선을 돌리면 다른 구조가 눈에 들어온다. 우리 사회는 정상인에게 유익한 사업에는 압도적으로 많은 인력·물자·자금을 투입하는 반면 장애인 지원 사업에는 소홀히 한다. 기술 개발 쪽을 살펴보면 청소 로봇이나 접객 로봇, 심지어 장기말을 자유자재로 다루는 장기 로봇이라는 것까지 있는데 휠체어 사용자를 위해 떨어진 물건을 줍는 장치나 시각 장애인의 이동을 돕는 장치는 거의 없다. 인프라 정비 방면을 살펴보면 도로 건설 등에는 쓸데없이 많은 힘이 할당되어 있는데 각 지하철역에는 추락 방지 울타리조차 세워져 있지 않다. 이런 상황에서 보조견 이용은 장애인의 극히 한정된 자구책 중 하나로 존재한다. 게다가 보조견은 알려진 것만큼 훌륭한 자구책도 아니다. 일본의 경우 보조견을 소유하려면 장기 합숙 훈련에 참가해야 할 뿐만 아니라 소유 후에도 계속 훈련을 받아야 하며, 개를 돌볼 도우미를 고용하고 개의 식비·위생비·의료비 등등을 부담해야 한다. 마을의 시설이 안전하고 따로 뛰어난 보조 도구가 존재한다면 틀림없이 개의 도움은 불필요할 것이다. 다시 말해 보조견 이용은 동물 착취임에 분명하지만, 일부 장애인이 개를 하나의 자구책으로 삼는 것은 정상인을 중심으로 돌아가는 사회가 더 나은 장애인 지원법을 강구하지 않은 결과이기도 하다. 그것을 안다면 동물 옹호 종사자와 장애인 옹호 종사자는 서로에게 거눈 칼끝을 거두고 개를 대신할 보조 기술을 개발하거나 장애인 편의 시설을 걸치하기 위해 단결할 수 있다.

정의가 충돌하는 것처럼 보일 때, 우리는 긴장 관계에 있는 양쪽 진영 내지 모든 진영의 주장을 최대한 진지하게 받아들이고 도마 위의 문제에 관한 여러 가지 역학 관계를 직시할 필요가 있다. 정치학자 클레어 진 김은 이것을 '다시점 시각multi-optic vision'이라 부르고 정의의 상호 시인을 위한 방법론으로 정립했다. '이 인식법은 모든 주장을 적어도 한번은 탈중심화한다. 그로써 소박한 단일 시점에 빠지고 싶은 유혹을 물리치고 다양한 집단을 아우르는 억압 경험 및 상호 연관과 마주할 수 있도록 우리를 돕는다.'[42] 그 과정에서 때로는 어느 한 정의가 옹호하는 행위를 비판해야 할지도 모른다. 그렇지만 억압 시스템의 전체상을 시야에 넣고 정의의 대립을 양립으로 바꾸는(지양해 나가는) 노력에 의해 관련 당사자의 운동은 더 나은 모습으로 변모하리라. 나아가 이 건설적인 상호 형성은 모든 정의의 연합체인 종합적 해방 운동을 발전으로 이끌 것이다.

공통 축 확립

종합적 해방이 하나된 정의 운동으로 존속하기 위해서는 다양한 투쟁을 관통하는 공통의 '축'이 필요하다. 집단 박해, 동물 착취, 환경 파괴의 역사만 봐도 알 수 있듯이 억압의 형태는 시대와 함께 변화해 왔다. 그에 따라 각각의 정의가 내세우는 타도 목표나 전략도 바뀌어 갈 것이다. 하지만 우리의 운동은 그런 변천과 상관없이 역사적·윤리적으로 일관된 방향성을 갖고 전체가 가야 할 길을 모든 정의에 시사해 나가야 한다. 이 종합적 해방 운동의 기초를 이루는 축―모든 정의의 차이를 존중하면서도 토대에서 하나의 투쟁으로 연결하는 철학―은 어떤 것이어야 할까. 그것은 쉽게 답을 낼 수 있는 문제가 아니며 우리는 정의의 울타리를 넘어 연대를 실천하는 과정에서 이를 모색해야 하리라. 그런데 이 물음에 도전한 존 산본마쓰의 구상은 신기하게도 이 책에 소개된 모든 이론을 종합하는 느낌이 들기에 주목할 만하다. 메타 휴머니즘[43]이라고 불리는 그 틀에 새로운 해방 이론의 성

---

42   Claire Jean Kim (2015) Dangerous Crossings: Race, Species, and Nature in a Multicultural Age, Cambridge: Cambridge University Press, p. 182.

43   [옮긴이] 인문주의, 계몽 등 진보적 전통을 계승하면서 인간중심주의로서의 인문주의를 넘어서고자 하는 사상을 말한다.

과를 섞으면 모든 정의를 잇는 철학적 기반이 모습을 드러낸다.

산본마쓰에 따르면 해방 운동의 근본적 사명은 우리의 존재 양식을 옹호하는 것이다. 억압은 우리 본연의 모습을 가로막는 힘으로서 작용한다. 빈곤에 시달리는 사람은 자신이 바라는 생활이나 활동을 실현하지 못하고 뜻대로 되지 않는 인생에 번민하다가 인간 관계를 망치기도 한다. 지속적인 폭력이나 차별에 노출된 사람은 무력감이나 자기 부정감이 심어져 스스로와 싸우게 된다. 소외된 노동자에게 자기 신체나 노동은 자신이 제어하는 것이 아니라 타자의 의도에 따르는 낯선 힘이 되어 노동자 자신의 존재에 대적한다. 인간 아닌 동물에게도 착취는 존재하는데, 그것은 자유로웠을 경우 그들이 바랐을 삶을 빼앗고 그들이 바라지 않는 삶을 강요한다. 20세기 후반 이후 발전한 생명 조작법—생명 복제, 유전자 편집, 사이보그화 등—은 동물의 존재론적 붕괴를 일으켰고, 내면의 선호·소망·가능성과는 다른 존재로서 고통받는 몸으로 그들을 바꿔 놓았다.[44] 자신이 (잠재적으로나마) 되고 싶었던 모습으로 살 수 없는 것은 인간에게도 그 밖의 동물에게도 고통을 준다. 해방 운동은 고통을 느끼는 모든 주체에게 이런 억압으로부터 자유를 보장해야 한다. '도덕적·정치적 운동을 통해 **우리의 지금 모습 또는 앞으로의 모습**을 지키겠다고 약속할 마음이 없는 활동은 해방 운동이라 불릴 가치가 없다.'[45]

타자가 받는 억압을 이해하기 위해 산본마쓰가 중시하는 것은 감정 이입empathy, 즉 페미니스트가 이론화한 돌봄이다. 감정 이입은

---

44 존재론적 붕괴에 관한 뛰어난 고찰로는 Zipporah Weisberg (2014) "Biotechnology as End Game: Ontological and Ethical Collapse in the' Biotech Century'", *Nanoethics* 9: 39–54 참조.

45 Sanbonmatsu, 2004, p. 207.

'지각知覺의 양식'이며 타자의 경험을 파악하기 위한 기술이다. 전통적인 정의 이론에서는 감정의 역할을 부정해 왔으나 감정 이입 없이는 타자의 고통을 인식할 수 없고 도덕 판단도 불가능하다. 고통받는 자에 대한 감정 이입은 다른 말로는 타자의 고통에 '흔들린다'라고도 할 수 있으며, 흔들리는 경험이야말로 억압에 대한 감수성을 키워 준다. 그것은 억압의 전체성을 가늠하기 위한 열쇠이기도 하다. 산본마쓰는 '**감정적** 상호 주관성間主体性, '감각적' 시점을 공유해야 비로소 전체가 모습을 드러낸다'라고 말하는데,[46] 거기서 두 가지 의미를 읽어낼 수 있다. 첫째, 억압은 객관적으로 관찰할 수 있는 구조로 존재할 뿐만 아니라 주변화된 사람이나 동물에 의해 주관적으로 경험되기도 하므로, 그것을 완전히 이해하려면 피억압자의 심정을 헤아리는 공감이 꼭 필요하다. 둘째, 우리와 다른 경험 속에 사는 타자의 고통은 인식조차 되지 않을 때가 많다. 여러 특권을 가진 우리는 세상에 존재하는 억압 시스템의 극히 일부만을 자신과 관련된 것으로 인지할 뿐이다. 그 한정적인 이해를 뛰어넘어 억압의 전체상을 포착하려면 단순한 데이터로 수렴되지 않는 이질적인 타자의 목소리를 경청하려고 노력해야 한다. 감정 이입을 토대로 한 타자 이해 내지 타자 돌봄은 우리의 세계 인식을 넓히고 모든 정의의 연대를 심층에서 지탱한다.

조세핀 도노번은 인간 아닌 동물도 목소리가 있기에 우리가 돌볼 수 있는 주체라는 사실에 주목했다. 산본마쓰도 같은 관점에 서서 메타 휴머니즘은 세계의 '재주술화reenchantment'를 요청한다고 말한다. '자유를 요구하는 투쟁은 단지 추상적인 잠재 능력이나 본질을 실

---

46   Sanbonmatsu, 2004, p. 210.

현하기 위한 것이 아니다. 그것이 인간이든 인간 아닌 생명이든, 모든 신체적 존재의 고통을 '돌보기' 위한 것임을 알면, 우리는 간과되어 온 중요한 윤리적 차원을 실천에 끌어들여 세계를 재주술화해야 함을 인정하게 될 것이다.'[47] 특히 서양의 근대 이후 이루어진 과학적인 자연계 해석은 탈주술화disenchantment 과정으로 불린다. 앞 장에서 살펴보았듯이 근대 과학은 영혼과 신의 힘을 상정한 기존의 자연 이해를 버리고 세상의 여러 현상을 물리 법칙에 끼워 맞춰 합리적으로 설명하고자 했다. 그것은 미신이나 종교적 도그마에서 사람들을 해방시키는 계몽 활동으로 이해되기 일쑤지만 자연이나 생명의 신비를 박탈하여 기계적 법칙에 얽매인 물질로 격하하는 시각도 길러 냈다. 1980년대 이후 생명과학과 정보 공학이 융합되면서 생물과 무생물의 경계가 완전히 무너졌다. 신흥 과학 분야인 사이버네틱스, 유전체학genomics, 생물 정보학bioinformatics 등에 따르면 생물은 일종의 [정보 처리 시스템] 또는 염기 배열 데이터에 지나지 않는다. 이런 기계론적·물질적 생명관의 발달을 재촉해 온 것이 자본의 논리임은 의심의 여지가 없다. 자연이나 생명의 윤리적인 독자성을 빼앗는 탈주술화는 모든 존재를 상품 시스템으로 포섭하고자 하는 자본주의에서 중요한 위치를 점한다.[48] 우리의 해방 운동은 이 추세에 대항하여 수량화·수치화할 수 없는 생명의 주체적인 경험을 인식해야 한다. 요컨대 재주

---

47 John Sanbonmatsu (2007) "The Subject of Freedom at the End of History: Socialism Beyond Humanism," *American Journal of Economics and Sociology* 66(1): p. 230.

48 생명과학과 정보 공학 그리고 자본주의의 관계에 대해서는 John Sanbonmatsu (2011) "John Sanbonmatsu Replies to Derrick Jensen," *Upping the Anti*, https://uppingtheanti.org/news/article/response-to-derrick-jensens-letter-from-john-sanbonmatsu 참조(2021년 12월 7일 접속).

술화란 미신으로 회귀하려는 것이 아니라 합리주의가 잊어버린, 인간 아닌 주체가 사는 현실을 재발견하려는 시도다.

산본마쓰는 인간 아닌 동물의 고통과 마주하는 일을 재주술화의 중심에 놓는 편인데, 그 경향은 더 확장할 수 있으며 그럴 필요가 있어 보인다. 사회학자 로렌 코먼은 동물 옹호론과 운동이 오직 동물의 고통과 희생자성victimhood에만 초점을 맞추고 동물의 주체성을 고려하지 않은 점에 반성을 촉구한다.[49] 물론 인간 아닌 동물은 고통이 무시되거나 부정되어 애당초 '희생자' 범주에도 들지 못했고 무지막지한 폭력을 당해 왔다. 그러므로 종차별에 반대하는 운동이 동물의 고통을 호소하고 그들도 폭력의 희생자가 될 수 있음을 주장하는 일은 합당하다. 게다가 사람들에게 인지되지 않았던 희생자의 고통을 조명하고 기성 질서의 재검토를 촉구하는 일은 원래 사회정의의 원점이기도 할 것이다(다만 발달한 정의 이론에서는 고통이 수반되지 않는 힘의 불균형이 문제될 때도 있다). 하지만 최근 인권론에서는 억압에 놓인 사람을 희생자로만 보는 것이 문제로 떠올랐다. 법학자 라트나 카푸르는 여성을 희생자로 보는 인권 운동의 경향이 여성의 자주성이나 행위자성을 지우고 국가의 보호자로서의 개입을 부추겼다고 말한다.[50] 동물 옹호 활동에서도 고통받는 동물은 사실상 수동적인 객체로 여겨지고 활동가는 그들을 구제하는 '영웅'을 자처하는 경향이 있

49 Lauren Corman (2017) "Ideological Monkey Wrenching: Nonhuman Animal Politics beyond Suffering," in David Nibert ed., *Animal Oppression and Capitalism* Vol. 2, Denver: ABC–CLIO, pp. 252–269.

50 Ratna Kapur (2002) "The Tragedy of Victimization Rhetoric: Resurrecting the 'Native' Subject in International/Post-Colonial Feminist Legal Politics," *Harvard Human Rights Journal* 15(1): 1–38.

는데, 이것이 남성적인 정복욕과 연결된다는 분석도 있다.[51] 고통과 희생자성을 뛰어넘어 주체성—의사 소통, 문화 형성, 협력, 저항 등의 능력—에 주목하는 일은 이런 실수를 막고 우리의 역할을 일방적인 구세주로부터 타자의 자유와 개화를 지지하는 연대자로 바꾼다. 이것은 해방 운동이 주체의 사물화를 더 근본적으로 불식하는 데서도 그리고 존재자의 다양한 요구와 소망에 걸맞은 사회를 적극적으로 창조하는 데서도 중요한 의미를 갖는다.

메타 휴머니즘은 보편적 자유의 추구라는 사명을 휴머니즘으로부터 이어받아 그 목표를 진정으로 달성하고자 존재론의 전환을 꾀한다. 그렇다면 필요한 것은 주체 개념의 쇄신이며 그 핵심은 재주술화, 즉 세계에 살아 숨쉬는 다양한 주체의 재발견이다. 그로 인해 해방 운동의 사정거리는 인간 아닌 존재로까지 저절로 확장된다. 하지만 그것에는 인간 개념의 쇄신도 필요하다. 가부장제와 인간중심주의의 전통은 이성과 자율을 인간의 본질로 간주하는 한편 감정이나 의존성이나 신체적 욕구는 인간성의 반대편에 있는 동물성으로—에 코페미니스트의 견해에 따르면 여성적·동물적·자연적인 것으로—폄하해 왔다. 그 인간관이 생명을 적대하는 합리성의 문화를 키운 것은 거의 필연이었다고 할 수 있다. 산본마쓰는 사회 이론가 빌헬름 라이히에 입각해서 말한다. '타자인 동물로부터 멀어짐으로써 우리는 스스로의 인간성을 부정하고(그것 자체가 필경 **동물성**의 한 형태이므로) 죽음 숭배를 토대로 하는 '기계 문명'을 신봉하기에 이르렀다.'[52] 메

---

51 Lisa Kemmerer (2015) "Conflict and Accord," in Lisa Kemmerer ed., *Animals and the Environment: Advocacy, Activism, and the Quest for Common Ground*, London: Routledge, p. 30.

52 John Sanbonmatsu (2011) "Introduction," in Sanbonmatsu ed., *Critical Theory and Animal Liberation*, p. 10.

타 휴머니즘은 이런 자기 파괴적인 인간관에 작별을 고하고 인간성과 동물성(으로 여겨져 온 것)의 화해를 촉구한다. 그것은 신체, 감정, 관계성을 지닌 날것의 인간을 복권시키는 일로, **동물인 인간**의 해방을 의미한다. 돌봄의 실천은 이 문맥에 위치한다. 이성과 감정을 이용해 타자를 돌볼 때, 우리는 억압적 이데올로기의 속박에서 벗어나 완전한 인간으로 존재할 수 있다. 그것은 자기 희생적인 윤리가 아니다. 이타적인 행위로 스스로의 가능성을 발휘하는 일, 스스로의 행복과 타자의 행복을 일치시키는 일은 우리의 전인적인 자기 실현이자 자유의 행사다. "타자를 돌봄으로써 자신의 '밖'으로 빠져나와야만 우리는 윤리적인 자기를 구축할 수 있다."[53]

개인적으로 이 자기 실현이 진정한 자기 실현인 이유는 우리가 그로부터 인간의 본질뿐만 아니라 존재의 이유도 발견할 수 있기 때문이라고 생각한다. 타자와의 관계를 고려하지 않고 이기심만으로 살아간다면 인간이 생애에 걸쳐 얻은 것, 쌓은 것은 죽음과 함께 모두 무의미해진다. 그렇다면 궁극적으로 우리가 이 세상에 태어난 의미는 어디서도 찾을 수 없다. 하지만 관계적 존재로서의 자기를 돌아보고 자신과 이어진 숱한 타자를 해방시키기 위해 이 몸이 있음을 깨닫는다면, 그것은 고스란히 우리가 사는 목적이 된다. 해방이야말로 인간의 존재 이유다. 함께 사는 존재자가 개화하면 우리 또한 개화하고, 그들이 기쁨을 느끼면 우리도 기쁨을 얻는다. 함께 사는 이가 충족된 삶을 이루면 우리의 삶도 충족된다. 이것이야말로 가장 원형에 가까운 사랑일지 모른다. 사랑으로 자타의 경계를 넘고 지구의 모든 생태

---

53 Sanbonmatsu, 2007, p. 230.

계를 제 몸의 연장으로서 지키는 일, 그로부터 우리의 새로운 해방 운동, 새로운 사회 변혁은 시작된다.

옮긴이의 말

1인 가구가 늘어나면서 동물을 키우는 가구도 많아졌습니다. 그들은 대체로 동물을 반려라고 부르며 가족처럼 대합니다. 그래서인지 이제 애완동물이라고 부르면 마치 동물을 장난감으로 취급하는 사람이 된 것 같아 거부감이 들기도 합니다. 아닌 게 아니라 애완의 완玩에는 가지고 놀다, 장난하다라는 뜻이 있고, 장난감을 완구라고도 합니다. 하지만 호칭은 눈속임에 지나지 않습니다. 애완동물이라 부른다고 동물을 덜 사랑하는 것도 아니고 반려동물이라 부른다고 동물을 더 사랑하는 것도 아닙니다. 남들 앞에서는 반려라고 부르면서 끔찍이 위하는 척하다가 뒤에서는 보살핌을 소홀히 한 끝에 길바닥에 내버리는 일이 끊이지 않는 요즘입니다. 그러고 보면 어쩌면 단순히 귀여워서 혹은 외로움을 달래려고 동물을 데려와 키우는 행동 자체가 잘못된 일인지도 모릅니다.

저는 한때 햄스터와 래트를 키웠고 지금은 뱀과 도마뱀과 거미를 키웁니다. 곁에 두고 싶은 이기심, 욕망 때문에 애먼 동물을 가둬 키우는 것은 아닌가 싶어 죄책감이 들곤 합니다. 수요는 공급을 낳으므로 동물을 키우려는 사람이 있는 한 어디선가는 계속 동물이 수입되고 번식되고 유통될 것입니다.

애완동물이 반려동물로 불리기 시작하면서 동물에 대한 인식이 크게 바뀐 것은 사실입니다. 이제 동물에게도 권리가 있음을 의식하고 될 수 있으면 보장하려고 노력하는 시대가 되었습니다. 특히 고양이나 강아지가 학대받고 버림받은 사연을 접하면 많은 이들이 큰 분노에 휩싸입니다. 인간이 아닌 동물의 고통을 마치 자기 고통처럼 느껴 공감하고, 동물을 학대하는 행위에 곧바로 이의를 제기하게 되었다는 점에서 예전과는 크게 달라졌다고 느낍니다.

제가 아직 어렸던 1990년대, 멋도 모르고 개고기를 먹은 적이 있습니다. 그때만 해도 개가 보양식으로 여겨져 어디서 어떻게 유통되어 식탁에 올랐는지 아무도 따지지 않았습니다. 하지만 어린 마음에도 인간의 친구인 개를 먹으려니 왠지 꺼림직했습니다. 그래도 소나 돼지나 닭도 먹으니 개를 먹는 것도 이상한 일은 아닐 거라고 스스로를 납득시켰습니다.

2024년 1월 9일, '개 식용 금지 법안'이 국회에서 통과되었습니다. 그에 따라 특별법이 제정되면 2027년부터는 식용으로 개를 사육하거나 도살, 유통, 판매하는 행위가 전면 금지된다고 합니다. 한국에서 개를 먹는 것은 이제 문화가 아니라 불법인 셈입니다. 개를 좁고 더러운 뜬장에 가둬 키우다가 마취도 없이 때려 죽인다는 이야기에 경악했던 제게는 퍽 반가운 소식이었습니다. 그러나 한편으로는 의문이 들었습니다. 그럼 다른 동물(반려동물보다 가축이라는 호칭이 더 걸맞아 보이는 동물)은 먹어도 괜찮은가.

개와 달리 엄격한 관리하에 유통된다지만 좁고 더러운 우리에 갇혀 살다가 제일 맛있을 시기에 출하되어 짧은 삶을 마감하니, 어디서 어떻게 죽었든 그들도 개와 다를 바 없이 착취당하는 처지입니다. 나아가 가축 전염병이 돌 때마다 산 채로 매장당하는 동물은 어떤가

요. 쓸모가 있어 키우다가 쓸모가 없어지거나 위협이 되면 마치 물건 처분하듯이 쉽게 눈앞에서 치워 버립니다. 소, 돼지, 닭 등은 개보다 덜 귀엽고 덜 친근해서 그런 취급을 받는 것일까요. 역시 무엇이든 귀엽고 볼 일이고 친구도 잘 두고 볼 일입니다.

부끄럽지만 저는 채식을 하지는 않습니다. 2000년도 후반에 약 2년간 채식을 한 적이 있는데 오로지 제 몸을 위한 일이었습니다. 한의원에 갔더니 고기 체질이 아니니 먹지 말라고 했습니다. 체질을 개선하기 위해 식이 제한을 했는데 당시에는 채식 문화가 지금보다 훨씬 덜 보급되어 있었습니다. 채식 식당이 거의 없었고 저 역시 그런데가 있는 줄도 몰랐습니다. 고기를 먹지 않으려니 먹을 수 있는 게 별로 없었습니다. 그래서 밖에 나가면 늘 비빔밥이나 김밥을 먹었습니다. 그마저 속에 든 고기 재료를 빼 달라고 요청해야 했고 딸려 나오는 육수에 손을 댈 수도 없었습니다. 모처럼 일본 여행을 가서도 편의점에서 파는 삼각김밥만 먹었습니다. 사람들과 외식을 할 때 채식을 한다고 밝히면 모두 당황했습니다. 저 하나 때문에 채소 위주의 식당에 갈 수는 없었습니다. 결국 고기를 취급하는 식당에 가서 최대한 고기가 들지 않은 음식을 골라 먹었습니다. 그런데도 모두에게 불편을 끼치는 것 같아서 면목이 없었습니다. 제 채식 생활은 취직을 함으로써 막을 내렸습니다. 고깃집에서 환영회가 열렸기 때문입니다. 먹기 싫은 고기를 억지로 입에 욱여넣으며 씁쓸했던 기억이 있습니다.

강압적인 그 직장에서는 몇 개월밖에 버티지 못했지만 그 후로는 그저 채식을 좋아하는 사람이 되고 말았습니다. 그로부터 약 15년이 지난 지금은 선택지가 많아졌습니다. 곳곳에 채식 식당이 들어섰고 일반 식당이지만 채식 메뉴를 따로 마련한 곳도 눈에 띕니다. 샐

러드 전문점도 있으니 이제 채식을 하더라도 김밥이나 비빔밥만으로 끼니를 때우지 않아도 됩니다. 이번에는 저 자신의 몸이 아니라 착취당하는 동물의 고통을 돌아보는 마음으로 좀 더 적극적인 채식을 시작하면 어떨까 싶습니다.

크고 작은 모든 동물을 사랑하지만 동물 윤리나 동물권에 대해 깊이 고민할 기회가 별로 없었습니다. 하물며 비판적 동물 연구는 더더욱 접할 기회가 없었기에 저자의 말을 경청하는 자세로 이 책을 번역했습니다. 중간중간 고개를 끄덕이며 무신경하게 고기를 소비하며 살았던 자신의 행동을 반성했습니다. 뜻깊은 책을 번역하게 되어 영광입니다. 이 책을 쓰신 이노우에 타이치 선생님, 번역을 맡겨 주신 두번째테제 대표님께 감사드립니다.

2024년 1월
정혜원

찾아보기